KB084413

삼
국
지

정사 비교 고증 완역판

삼국지

6

나관중 지음 | 모종강 정리
송도진 옮김

글항아리

일러두기

1. 역자가 번역의 기본으로 삼은 소설 『삼국지三國志』의 판본은 역사적으로 가장 압도적으로 유행하고 보편적으로 읽히는 세칭 '모종강본毛宗崗本' 120회본이다. 2009년 평황출판사鳳凰出版社에서 간행된 '교리본校理本' 『삼국연의』(선보권沈伯俊 교리)를 기본으로 삼고, 부가적으로 2013년 런민문학출판사人民文學出版社에서 간행된 『삼국연의』 제3판을 채택했다. 그 외에 모종강毛宗崗의 비평이 실려 있는 평황출판사의 모종강 비평본 『삼국연의』(2010)와 중화서국中華書局의 모륜毛綸, 모종강 점평點評 『삼국연의』(2009) 등 관련 서적들을 추가로 참조했다.

2. 소설 『삼국지』는 매회 두 구절의 제목을 제시하여 전체 줄거리를 예시했는데, 제목이 길고 번잡하여 역자가 간단한 제목을 세로 붙였다.

3. 독자들의 이해를 돕고 소설과 실제 역사와의 차이를 살펴볼 수 있도록 매회 말미에 【실제 역사에서는……】을 추가해 역사서에 기록된 내용을 소개했다. 정사正史 자료를 기본으로 삼았으며, 소설과 역사가 상이한 경우에는 그 내용을 소개하여 독자들이 비교할 수 있도록 했으며, 역자의 비평은 최대한 지양했다.

4. 소설 『삼국지』에는 내용상 이치에 맞지 않는 부분 혹은 지명, 관직명, 정확한 연대, 허구 인물, 등장인물의 한자 성명이나 자 혹은 직책, 출신 지역, 연령 등 상당히 많은 부분에 오류가 있다. 오류는 주석을 통해 '오류'라고 명시하고, 교리본을 기초로 정사 자료를 일일이 대조하여 이를 바로잡았다. 또한 이해하기 어려운 개념이나 역사적 사실 등 설명이 필요하다고 판단되는 내용을 함께 소개했다. 일부는 【실제 역사에서는……】에서 지적하기도 했다.

5. 오류 가운데 전체에 걸쳐 반복되는 것은 처음 등장할 때 주석을 통해 바로잡고 '이하 동일'이라 표기했다.

6. 주석 혹은 【실제 역사에서는……】은 기본적으로 정사인 진수陳壽 『삼국지』와 배송지裵松之 주석, 『후한서』와 이현李賢 주석, 『진서』, 『자치통감』을 기본으로 삼았고, 필요한 경우에는 『사기』와 『한서』, 왕선겸王先謙의 『후한서집해』와 노필盧弼의 『삼국지집해』를 참조했다. 또한 일부 소개 자료는 2007년 상하이런민출판사上海人民出版社에서 간행된 『삼국연의 보증본補證本』을 참고했으며, 역자의 의견이나 비평은 최대한 지양했다.

7. 맞춤법과 외래어 표기는 국립국어원 표준국어대사전 및 외래어표기법을 따랐다. 독자들이 이해하기 어려운 한자어나 고사성어, 고유명사 등은 한자를 병기했고, 본문에 등장하는 고사성어 및 인용문의 원문, 출처, 상세한 배경 등을 주석을 통해 최대한 자세히 소개하고자 했다.

8. 지명은 『후한서』 「군국지」를 기본으로 하여 주석에 명시했고, 현재와 다른 명칭으로 사용되는 지명은 현재 중국에서 사용되는 정식 지명으로 적었다.

9. 본문에 등장하는 도량형은 후한 시기의 기준으로 표기했으며, 독자들의 이해를 돕기 위해 주석 혹은 【실제 역사에서는……】에서 상세히 설명했고, 현재 사용되는 도량형으로 환산하여 제시했다.

10. 날짜와 계절은 모두 음력으로, 시간은 시진時辰으로, 밤은 고대 관습에 따라 오경五更으로 표기했다.

11. 본문에 표기된 서기 연도는 독자의 이해를 돕기 위해 역자가 표기한 것이다.

12. 최대한 원전에 충실하게 번역했으나 매끄러운 번역을 위해 부득이 단어를 보충한 부분이 있음을 미리 밝혀둔다.

13. 후한 13자사부刺史部 명칭 중에 涼州와 揚州는 우리말 발음상의 혼동을 피하고 이를 구별하기 위해 涼州는 '양주涼州'로, 揚州는 '양주'로 표기했다.

14. 독자들에게 생소한 어휘는 쉽게 이해되고 많이 사용되는 단어를 선택했음을 밝혀둔다. 예를 들어 '경사京師', '경京', '도都' 등은 '도성'으로, '채寨'는 '군영'으로 표기했으나 【실제 역사에서는……】에서는 원문 그대로 번역했다.

15. 대화체에 자주 등장하는 '모某(아무개)'는 문맥상 변경하기 곤란한 경우를 제외하고는 '저' 혹은 '제가'로 번역했음을 밝혀둔다.

16. 모종강의 정통론과 서술 기법, '재자서才子書'의 목록에서 삼국지를 첫 번째로 해야 한다는 당위성과 우수성을 분석·설명한 「삼국지 읽는 법讀三國志法」을 6권 마지막에 부록으로 실었다.

계속되는 북벌의 실패

농상으로 나간 공명은 천신으로 가장하고,
검각으로 달려가던 장합은 계책에 떨어지다

出隴上諸葛妝神,
奔劍閣張郃中計

공명은 군사를 줄이고 아궁이를 늘리는 전략으로 군사를 물려 한중에 당도했다. 사마의는 매복이 있을까 두려워 감히 뒤쫓지 못하고 군사를 거두어 장안으로 돌아갔기 때문에[1] 단 한 명의 군사도 잃지 않고 전쟁을 멈출 수 있었다. 공명은 삼군에게 크게 상을 내리고 성도로 돌아와서는 궁으로 들어가 후주를 알현해 아뢰었다.

"늙은 신하가 기산을 나가 장안을 취하고자 했는데 갑자기 폐하께서 내리신 조서를 받들어 돌아왔지만 무슨 큰일이 있으신지 모르겠습니다."

후주는 답할 말이 없어 한참 후에 입을 열었다.

"짐이 오랫동안 승상의 얼굴을 보지 못해 몹시 그리운 마음에 특별히 조서를 내린 것이지 다른 일은 없소."

공명이 말했다.

"이것은 폐하의 본심이 아니고 필시 간신이 신에게 다른 뜻이 있다고 중상모략을 한 것입니다."

그 말을 들은 후주는 묵묵히 말이 없었다. 공명이 말했다.

"이 늙은 신하는 선제의 두터운 은혜를 입어 죽음으로 보답하리라 맹세했습니다. 지금 만약 궁 안에 간사한 자들이 있다면 신이 어찌 역적을 토벌할 수 있겠습니까?"

후주가 말했다.

"짐이 환관의 말을 듣고 우발적으로 승상을 불러들였소. 띠로 막힌 것처럼 생각이 밝지 못하다 오늘에야 비로소 열렸지만 후회해도 소용없게 되었소!"

공명은 즉시 환관들을 불러 추궁하고서야 비로소 구안이 근거 없는 소문을 퍼뜨린 것을 알게 되었다. 급히 사람을 시켜 잡아들이게 했으나 구안은 이미 위나라로 도망친 뒤였다. 공명은 함부로 천자께 아뢴 환관을 주살하고 나머지도 모조리 궁 밖으로 쫓아냈다. 또 간사한 무리를 감지하여 천자에게 충심으로 권고하지 않은 장완과 비의 등을 심히 질책했다. 두 사람은 "예, 예" 하면서 자신들의 죄를 인정했다.

공명은 후주에게 작별을 고하고 다시 한중으로 돌아가 이엄에게 격문을 보내 군량과 마초를 공급하고 이전처럼 전장으로 운송하게 하는 한편 다시 출병을 상의했다. 양의가 말했다.

"전에 몇 차례 군사를 일으켰기에 병사들은 피로하여 궁핍해지고 양식 또한 부족합니다. 지금은 군사를 두 반班으로 나누어 3개월 기한으로 교대하는 것이 좋을 듯합니다. 20만 명 중에 10만 명만 이끌고 기산을 나가 3개월간 머물렀다가 다시 돌려보내고 이를 쉬고 있던 10만 명으로 대체해 서로 순환시켜 보완하는 것입니다. 만약 이렇게 한다면 병력이 모자라지 않으니 그 후 서서히 진격한다면 중원을 도모할 수 있을 것입니다."

공명이 말했다.

"그 말이 바로 내 뜻과 부합되네. 우리가 중원을 정벌하는 것은 하루아침 혹은 하룻저녁 일이 아니니 이렇게 장구한 계책을 마련하는 것이 합당하네."

마침내 명령을 하달하여 군사를 두 반으로 나누어 100일로 기한을 정해 순환하기로 하고 기한을 어기는 자는 군법에 따라 처리하겠노라 했다.

건흥 9년(231) 봄 2월, 공명은 다시 위를 정벌하고자 출병했다. 이때 위나라는 태화 5년이었다. 위주 조예는 공명이 또 중원을 치러 온다는 소식을 듣고는 급히 사마의를 불러 상의했다. 사마의가 말했다.

"자단은 이미 죽었으니 원컨대 신 한 사람이라도 힘을 다해 도적들을 섬멸하여 폐하께 보답하겠습니다."

조예는 크게 기뻐하며 주연을 베풀어 대접했다. 이튿날 촉군의 침략이 다급하다는 보고가 들어왔다. 조예는 즉시 사마의에게 출병하여 적들을 막으라고 명하고는 친히 난가鑾駕(천자의 수레)를 움직여 성 밖까지 전송했다. 사마의는 위주와 작별하고 곧장 장안으로 가서 각 길의 인마를 대대적으로 모아 촉군을 깨뜨릴 계책을 논의했다. 장합이 말했다.

"원컨대 내가 일군을 거느리고 옹현과 미현을 지키면서 촉군을 막겠소."

사마의가 말했다.

"우리 선두 부대만으로는 공명의 무리를 감당할 수 없는 데다 또 군사를 나누어 전후로 삼으면 승산이 없소. 차라리 군사를 남겨두어 상규上邽를 지키게 하고 나머지 무리는 모두 기산으로 가는 것이 좋을 듯하오. 공이 선봉이 되어주시겠소?"

장합이 크게 기뻐하며 말했다.

"내 평소에 충의를 품고 마음을 다해 나라에 보답하려고 했으나 애석하게도 아직 나를 알아주는 사람을 만나지 못했소. 지금 도독께서 막중한 소임을 맡기려 하시니 비록 만 번 죽는다 해도 사양하지 않겠소!"

이에 사마의는 장합을 선봉으로 삼아 대군의 총감독을 맡겼다. 또 곽회에게 명해 농서의 각 군을 지키게 하고 나머지 장수는 각기 길을 나누어 전진하게 했다. 선두 부대의 정찰 기병이 보고했다.

"공명이 대군을 인솔하여 기산을 향해 진군해오고 있습니다. 선두 부대의 선봉인 왕평과 장억은 곧장 진창으로 가 검각을 거쳐[2] 산관을 경유해 야곡으로 오고 있습니다."

사마의가 장합에게 일렀다.

"지금 공명이 빠른 속도로 대대적으로 진격해오고 있는데 틀림없이 농서의 밀을 베어 군량으로 사용할 것이오. 그대는 군영을 꾸려 기산을 지키고 나는 곽회와 함께 천수 각 군을 돌아보면서 적병이 밀을 베는 것을 방비하겠소."

장합은 응낙하고 즉시 4만 명의 군사를 이끌고 가 기산을 지켰다. 사마의는 대군을 거느리고 농서를 향해 떠났다.

한편 공명의 군사는 기산에 당도해 군영을 세웠다. 위수 가에 이미 방비하고 있는 위군을 보고는 공명이 장수들에게 일렀다.

"이는 틀림없이 사마의일 것이오. 지금 군영 안에 군량이 부족하여 여러 차례 이엄에게 사람을 보내 군량을 운반해달라고 재촉했으나 아직 당도하지 않고 있소. 내 헤아리건대 농상[3]의 밀이 익었을 터이니 몰래 군사를 이끌고 가 밀을 베어 오도록 해야겠소."

이에 왕평, 장억, 오반, 오의 네 장수에게 기산의 군영을 지키게 하고 공명은 직접 강유, 위연 등의 장수들을 거느리고 나아가 노성[4]에 이르렀다. 노성 태수[5]는 평소에 공명의 명성을 알고 있던 터라 황망히 성문을 열고 나와 항복했다. 위로를 마친 공명이 물었다.

"이 무렵에는 어느 곳 밀이 잘 익었소?"

태수[6]가 고했다.

"농상의 밀은 이미 익었습니다."

이에 공명이 장익과 마충을 남겨 노성을 지키게 하고 자신은 장수들과 삼군을 거느리고 농상으로 향했다. 선두 부대가 돌아와 보고했다.

"사마의가 군사를 이끌고 이곳에 와 있습니다."

공명은 놀라며 말했다.

"이 사람이 내가 밀을 베러 올 것을 미리 알고 있었구나!"

공명은 즉시 목욕하고 옷을 갈아입고는 같은 종류의 사륜거 세 대를 끌어오게 했다. 세 대의 수레는 위가 모두 같은 장식으로 꾸며져 있었다. 이 수레들은 공명이 촉에서 미리 제조해둔 것이었다. 즉각 강유에게 1000명의 군사를 이끌고 수레를 호위하게 하고는 500명은 북을 두드리며 상규의 뒤쪽에 매복하게 했다. 마대는 왼쪽에, 위연은 오른쪽에 있으면서 또한 각자 1000명의 군사를 이끌고 수레를 호위했으며 500명은 북을 두드렸다. 매 수레에는 24명의 병사가 배치되었는데 검은 옷에 맨발이었고 머리를 풀어헤친 채 검을 들었으며 북두칠성이 그려진 검은 깃발을 잡고 좌우에서 수레를 밀었다. 세 사람은 각자 계책을 받고 군사를 이끌고 수레를 밀며 떠났다. 공명은 또 3만 명의 군사에게 낫과 등에 짐을 싣고 묶을 새끼줄을 갖고 밀을 벨 준비를 한 채 기다리게 했다. 그리고 24명의 건장한 사졸을 선발하여 검은 옷을 입히고 머리를 풀어헤친 채 맨발에 검을 들게 하고는 사륜거를 에워싸고 수레를 미는 하인으로 삼았다. 관흥에게 명하여 천봉[7]의 모습으로 치장한 채 북두칠성이 그려진 검은 깃발을 손에 들고 수레 앞에서 걸어가게 했다. 공명은 수레 위에 단정히 앉아 위의 군영을 바라보며 나아갔다.

그 광경을 본 정찰병은 깜짝 놀랐고 사람인지 귀신인지 알 수가 없어 화급하게 사마의에게 보고했다. 사마의가 직접 군영을 나가 살펴보니 공명이 잠관[8]에 학창의를 걸치고 손으로 깃털 부채를 흔들며 사륜거에 단정히 앉아 있었다. 좌우에는 24명이 머리를 풀어헤친 채 검을 들었고, 앞쪽의 한 사람은 손에 검은 깃발을 들고 있었는데 분명하지는 않으나 천신 같았다. 사마의가 말했다.

"이것은 공명이 또 기괴한 짓을 하는 것이로다!"

즉시 2000명의 인마를 선발해 분부했다.

"너희는 빨리 가서 수레와 사람까지 모조리 잡아오도록 하라!"

명령을 받든 위병들이 일제히 추격에 나섰다. 위병이 추격해오는 것을 본 공명은 즉시 수레를 돌리게 하더니 멀리 촉 군영을 바라보며 천천히 움직였다. 위병은 말을 질주해 뒤를 쫓았으나 음습하고 차디찬 바람이 살살 불면서 차가운 안개가 끝없이 덮였고 있는 힘을 다해 일정 거리를 추격했으나 따라잡을 수가 없었다. 깜짝 놀란 군사들은 말고삐를 당겨 말을 세우고는 말했다.

"기괴하다! 우리가 급하게 30리를 뒤쫓았는데 앞에 보이는데도 따라잡을 수 없으니 어찌된 일인가?"

위병이 추격해오지 않는 것을 본 공명은 또 수레를 밀어 위병 쪽으로 다가가 그들과 마주한 채 쉬게 했다. 위병들은 한참 동안 망설이다 다시 말을 달려 다가왔다. 공명은 다시 수레를 돌려 천천히 나아갔다. 위병들은 또 20리를 쫓았으나 앞쪽에 보이기만 할 뿐 따라잡을 수 없어 모두들 멍해졌다. 공명이 수레를 돌려 위병과 마주한 채 수레를 거꾸로 밀도록 했다. 위병이 다시 추격하려고 할 때 뒤쪽에서 사마의가 직접 한 부대를 이끌고 당도하여 명령을 전달했다.

"공명은 팔문둔갑[9]을 잘할 수 있고 육정육갑[10]의 신神을 부릴 수 있다. 이것은 육갑천서六甲天書에 있는 '축지'[11]의 방법이니 군사들은 그를 쫓아서는 안 된다."

군사들이 고삐를 당겨 막 돌아가려 할 때 왼쪽에서 전고가 크게 진동하더니 한 무리의 군사가 몰려왔다. 사마의가 급히 막도록 했다. 촉군 부대 속에서 24명이 머리를 풀어헤친 채 검을 들고 검은 옷에 맨발로 사륜거 한 대를 에워싸고 있었다. 수레에 단정히 앉아 잠관에 학창의를 걸치고 손에 깃털 부채를 흔드는 공명이 보였다. 사마의는 깜짝 놀랐다.

"방금 그 수레에 앉아 있던 공명을 50리를 쫓아도 따라잡을 수 없었는데, 어찌하여 이곳에 또 공명이 있단 말인가? 괴이하구나, 괴이하도다!"

미처 말을 끝내기도 전에 오른쪽에서 또 전고가 울리더니 한 무리의 군사가 몰려왔다. 사륜거 위에는 역시 공명이 앉아 있었고 좌우에 또한 24명이 검은 옷을 입고 맨발에 머리를 풀어헤친 채 검을 들고는 수레를 에워싸고 있었다. 속으로 크게 의심이 든 사마의는 장수들을 돌아보며 말했다.

"이는 틀림없이 신병神兵이로다!"

군사들은 내심 크게 어지러워져 감히 교전을 벌이지 못하고 각자 달아났다. 한창 달아나고 있는데 별안간 북소리가 크게 진동하더니 또 한 무리의 군사가 들이닥쳤다. 앞장선 한 대의 사륜거에는 공명이 단정히 앉아 있었고 좌우에 수레를 미는 하인들은 이전에 나타난 자들과 같은 모습이었다. 위병들 중에 놀라지 않는 자가 없었다. 사마의는 사람인지 귀신인지 알 수가 없는 데다, 또 촉병의 숫자가 어느 정도인지도 가늠할 수가 없어 몹시 놀라 두려워하며 화급히 군사를 이끌고 상규로 돌아 성문을 걸어 잠그고는 나오지 않았다. 이때 공명은 어느새 3만 명의 정예병에게 명하여 농상의 밀을 모조리 벤 다음 타작하여 햇볕에 말리고자 노성으로 운반시킨 후였다.

사마의는 상규성 안에서 사흘 동안 감히 싸우러 나오지 못했다. 이후에 촉병이 물러간 것을 보고는 비로소 군사를 내보내 정찰하게 했다. 정찰병이 길에서 촉병 한 명을 사로잡아 사마의에게 끌고 왔다. 사마의가 묻자 그자가 고했다.

"저는 밀을 베던 사람인데 말을 잃어버려 잡혀왔습니다."

사마의가 말했다.

"지난번의 신병은 무엇이었느냐?"

그자가 대답했다.

"세 갈래 길의 복병이 모두 공명은 아니고 바로 강유, 마대, 위연이었습니다. 갈래 길마다 단지 1000명의 군사만이 수레를 호위하고 500명이 북을 두드렸습니다. 처음에 진으로 나와 유인한 수레에 앉아 있던 사람이 바로 공명이었습니다."

사마의는 하늘을 우러러 탄식했다.

"공명에게는 신출귀몰하는 능력이 있구나!"❶

그때 별안간 부도독 곽회가 만나러 왔다는 보고가 들어왔다. 사마의가 맞아들여 예를 마치자 곽회가 말했다.

"듣자 하니 많지 않은 촉병이 현재 노성에서 밀을 타작하고 있다고 하니 그들을 치는 것이 좋겠습니다."

사마의가 있었던 일을 상세히 이야기하자 곽회가 웃으며 말했다.

"잠시 속임수일 뿐이고 지금은 이미 간파되었는데 말할 가치도 없습니다! 내가 한 부대를 이끌고 그 배후를 칠 것이니 공께서 일군을 이끌고 앞을 치시면 노성을 깨뜨리고 공명도 사로잡을 수 있을 것입니다."

사마의는 그의 말에 따라 즉시 군사를 두 갈래 길로 나누어 쳐들어갔다.

한편 공명은 군사를 거느리고 노성에서 밀을 타작하여 햇볕에 말리고 있었는데 별안간 장수들을 불러놓고는 명령했다.

"오늘 밤에 적들이 반드시 성을 공격하러 올 것이오. 내가 헤아리건대 노성 동서쪽 밀밭 안에 군사를 매복시킬 만하니 누가 나를 위해 감히 가보겠소?"

강유, 위연, 마충, 마대 네 장수가 나서며 말했다.

"저희가 원컨대 가보겠습니다."

공명이 크게 기뻐하며 강유, 위연에게 각자 2000명의 군사를 이끌고 동남과 서북쪽 두 곳에 매복하게 했고, 마대와 마충에게도 각자 2000명의 군사를 이끌고 서남과 동북쪽 두 곳에 매복하도록 하고는 포 소리가 들리거든 네 귀퉁이에서 일제히 쏟아져 나오도록 했다. 네 장수는 각자 군사를 이끌고 계책을 받아 떠났다. 공명 자신은 100여 명을 이끌고 각자 화포를 지닌 채 성을 나가 밀밭 안에 매복해 기다렸다.

한편 사마의는 군사를 이끌고 곧장 노성 아래에 이르렀고 날이 이미 어둑해지자 장수들에게 일렀다.

"만약 대낮에 군사를 진격시키면 성안에서 틀림없이 준비가 있을 것이니, 밤을 틈타 지금 공격하는 것이 좋을 듯하오. 이곳은 성벽이 낮고 해자가 깊지 않아 바로 성을 깨뜨릴 수 있을 것이오."

그러고는 바로 군사들을 성 밖에 주둔시켰다. 초경 무렵 곽회도 군사를 이끌고 당도했다. 양군이 한데 합쳐 북소리와 함께 노성의 사면을 철통같이 에워쌌다. 성 위에서 수많은 쇠뇌가 일제히 발사되고 화살과 돌이 비 오듯 쏟아지자 위병들은 감히 앞으로 나아가지 못했다. 그때 별안간 위군 속에서

포 소리가 연이어 들렸고 삼군이 깜짝 놀랐으나 어디에서 군사들이 몰려오는지 알 수가 없었다. 곽회가 사람을 시켜 밀밭을 수색하게 했는데 네 모퉁이에서 불빛이 하늘로 솟구치고 함성이 크게 진동하더니 촉병이 네 갈래 길에서 한꺼번에 몰려들었다. 또한 노성의 네 성문이 활짝 열리면서 성안에 있던 군사가 쏟아져 나오며 안팎으로 호응하여 한바탕 크게 들이쳐 무수히 많은 위병이 죽임을 당했다. 사마의는 패잔병을 이끌고 필사적으로 겹겹의 포위망을 뚫고 나가 산꼭대기에 올라 간신히 머물렀고, 곽회 또한 패잔병을 이끌고 산 뒤쪽으로 달아나 주둔했다. 공명은 성으로 들어가 네 장수에게 귀퉁이 네 곳에 군영을 세우게 했다. 곽회가 사마의에게 고했다.

"촉군과 대치한 지 오래되었으나 그들을 물리칠 계책이 없습니다. 지금 또 한바탕 싸움에 져서 3000여 명을 잃었습니다. 만약 서둘러 도모하지 못한다면 나중에는 더 물리치기 어려울 것입니다."

사마의가 말했다.

"그럼 어찌하면 좋겠소?"

곽회가 말했다.

"격문을 보내 옹주와 양주涼州의 인마를 이동시켜 힘을 합친다면 촉군을 소멸시킬 수 있을 것입니다. 원컨대 제가 군사를 이끌고 검각을 기습하여 그들의 퇴로를 차단해 군량과 마초를 운반하지 못하게 한다면 삼군이 허둥거리며 혼란에 빠질 것입니다. 그때 기세를 몰아 공격한다면 적들을 전멸시킬 수 있을 것입니다."

사마의는 그 말에 따라 즉시 격문을 띄워 밤새 옹주, 양주涼州로 달려가 인마를 조달하게 했다. 하루가 못 되어 대장 손례가 옹주와 양주涼州 각 군의 인마를 이끌고 당도했다. 사마의는 즉시 손례에게 곽회와 약속을 정하고

검각을 습격하러 가게 했다.[12] ❷

한편 공명은 노성에서 서로 대치한 지 오래되었는데도 위군이 싸우러 나오지 않는 것을 보고는 마대와 강유를 성으로 불러들여 명령을 내렸다.

"지금 위군이 산세가 험준한 곳을 지키면서 우리와 싸우지 않는 이유는, 첫 번째 우리 밀이 다 떨어져 양식이 없는 것을 헤아린 것이고, 두 번째 군사를 보내 검각을 습격하여 군량 보급로를 끊으려는 것이다. 그대 두 사람은 각자 군사 1만 명을 거느리고 먼저 가서 요충지를 지키도록 해라. 위병은 우리가 준비되어 있는 것을 보면 저절로 물러갈 것이다."

두 사람은 군사를 이끌고 떠났다. 장사 양의가 군막으로 들어와 고했다.

"종전에 승상께서는 대병을 100일에 한 번씩 바꾸기로 명하셨는데, 지금 이미 기한이 찼고 한중의 군사들은 이미 천구川口(서천 입구)를 나갔으며 공문도 이미 당도하여 군사를 교환하기만을 기다리고 있습니다. 현재 8만 명 가운데 4만 명을 교체해야 합니다."

공명이 말했다.

"이미 그런 명령이 있었다면 즉시 속히 시행하게."

그 소식을 들은 군사들은 각자 길을 떠날 준비를 했다. 그때 별안간 손례가 옹주와 양주涼州 인마 20만 명을 거느리고 싸움을 도우러 와서 검각을 습격하여 빼앗으려 하고 있고 사마의는 직접 군사를 이끌고 노성을 공격하러 온다는 보고가 들어왔다. 촉병들 중에 놀라 두려워하지 않는 자가 없었다. 양의가 들어와 공명에게 고했다.

"위군이 몹시 급하게 쳐들어오고 있으니 승상께서는 교체할 군사를 잠시 머물게 하여 적을 물리치다가 새로운 군사가 당도한 다음에 바꾸도록 하십시오."

공명이 말했다.

"아니 되네. 내가 군사를 부리고 장수들에게 명령하는 것은 신의를 근본으로 삼네. 이미 먼저 명령을 했는데 어찌 신의를 잃을 수 있겠는가? 게다가 군사들 중에 마땅히 떠나야 할 군사는 모두 돌아갈 준비를 했고 그들 부모와 처자식은 문짝에 기대어 돌아오기만을 기다리고 있을 것이네. 내 지금 큰 어려움에 직면해 있다 하더라도 결코 그들을 머물게 하지는 않겠네."

즉시 명령을 전달하여 마땅히 떠나야 할 군사들은 그날로 출발하게 했다. 그 소식을 들은 군사들은 크게 외쳤다.

"승상께서 이토록 은혜를 베푸시니 저희는 원컨대 잠시 돌아가지 않고 각자 한목숨 버려 위군을 크게 무찔러 승상의 은혜에 보답하겠습니다!"

공명이 말했다.

"너희는 집으로 돌아가야 하거늘 어찌 다시 이곳에 남으려 하는가?"

군사들은 나가 싸우려 하면서 집으로 돌아가려 하지 않았다. 공명이 말했다.

"너희가 이미 나와 함께 싸우겠다고 하니 성을 나가 군영을 세우고 위병이 오기를 기다렸다가 그들이 잠깐의 휴식을 취할 틈도 주지 말고 즉시 세차게 공격하라. 이것이 바로 이일대로以逸待勞, 즉 힘을 비축했다가 피로한 적군을 맞아 싸우는 방법이니라."

명령을 받든 군사들은 각자 병기를 들고 기뻐하며 성을 나가 대오를 정렬하고 위군이 오기를 기다렸다.

한편 서량[13]의 인마들은 하루에 이틀의 노정을 달려오느라 사람과 말이 모두 피곤했다. 군영을 세우고 막 휴식을 취하려 하는데 촉병들이 저마다 용기를 내어 한꺼번에 진격해왔다. 장수들은 날카롭고 군사들은 날래니 옹주와 양주凉州 병사들은 당해내지 못하고 즉시 뒤로 물러갔다. 촉병들이 있는 힘을 다해 추격하자 옹주와 양주凉州 병사들의 시체가 온 들판에 널리고 피가 흘러 도랑을 이루었다. 공명은 성을 나가 승리를 거둔 군사들을 수습하여 성으로 들어와 그들의 노고를 위로하고 상을 내렸다.

그때 별안간 영안궁에 있는 이엄으로부터 급보를 알리는 서신이 당도했다는 보고가 들어왔다. 공명이 깜짝 놀라 편지를 뜯어 살펴보니 내용은 다음과 같았다.

"근래에 듣자 하니 동오가 낙양으로 사람을 보내 위와 연합하여 화친을 맺었다고 합니다. 위가 오에게 촉을 취하라고 했는데 다행히 오가 아직은 군대를 일으키지 않았습니다. 지금 제가 소식을 탐지했으니 엎드려 바라건대 승상께서는 속히 좋은 계책을 마련하십시오."

편지를 읽고 난 공명은 몹시 놀라고 의심스러워하며 이에 장수들을 모아 놓고 말했다.

"만약 동오가 군대를 일으켜 촉을 침범한다면 내가 신속히 돌아가야 하오."

그러고는 즉시 명령을 전달하여 기산 본영의 인마를 잠시 물려 서천으로 돌아가게 했다.

"사마의는 내가 이곳에 군사를 주둔시킨 것을 알고 있어 반드시 감히 추격하지 못할 것이오."

이에 왕평, 장억, 오반, 오의는 군사를 두 갈래 길로 나누어 서서히 물러나 서천으로 들어갔다. 촉군이 물러가는 것을 본 장합은 계책이 있을까 두려워 감히 추격하지 못했고 이에 군사를 이끌고 사마의를 찾아와 말했다.

"지금 촉군이 물러가는데 무슨 뜻인지 모르겠습니다."

사마의가 말했다.

"공명은 간사한 계책이 지극히 많은 자라 함부로 움직여서는 안 되오. 차라리 단단히 지키면서 그들의 양식이 다 떨어지기를 기다리면 자연히 물러갈 것이오."

대장 위평魏平이 나서며 말했다.

"촉군이 기산의 군영을 뽑아 물러가고 있으니 바로 기세를 몰아 추격해야 합니다. 도독께서 군사 행동을 멈추고 움직이지 않는 것이 촉을 호랑이처럼 두려워하는 것으로 보여 천하에 웃음거리가 되면 어찌하시겠습니까?"

그러나 사마의는 고집을 부리고 따르지 않았다.

한편 공명은 기산의 군사들이 이미 돌아간 것을 알고는 즉시 양의와 마충을 군막으로 불러들여 비밀 계책을 주면서 1만 명의 궁노수를 이끌고 검각과 목문도木門道[14]로 가서 양쪽에 매복하게 했다.

"만약 위병이 추격해오면 내가 쏘는 포 소리를 신호로 급히 나무와 돌을 굴려 먼저 그 퇴로를 차단하고 양쪽에서 일제히 화살과 쇠뇌를 쏘도록 하라."

두 사람은 군사를 이끌고 떠났다. 또 위연과 관흥을 불러 군사를 이끌고 뒤를 끊도록 했고 성 위에는 사면으로 깃발을 꽂게 했다. 성안에는 땔나무를 어지럽게 쌓아놓고 허위로 불을 질러 연기와 불이 나도록 했다. 그리고 대군은 모조리 목문도를 향해 떠났다. 위 군영의 정찰병이 사마의에게 와서 보고했다.

"촉병의 대부대는 이미 물러갔으나 성안에 얼마나 많은 군사가 있는지는 모르겠습니다."

사마의가 직접 가서 살펴보니 성 위에는 깃발들이 꽂혀 있고 성안에서는 연기가 피어오르는 것이 보이자 웃으면서 말했다.

"이것은 바로 빈 성이로다."

사람을 시켜 탐지하게 했더니 과연 빈 성이었다. 사마의는 크게 기뻐했다.

"공명이 이미 물러갔으니 누가 감히 그를 추격하겠는가?"

선봉 장합이 말했다.

"원컨대 내가 가겠소."

사마의가 말렸다.

"공은 성질이 조급해서 가서는 안 되오."

장합이 말했다.

"도독께서는 관을 나올 때 내게 명하여 선봉으로 삼으셨소. 오늘 공을 세우려는데 도리어 쓰지 않겠다고 말씀하시니 무엇 때문이오?"

사마의가 말했다.

"촉병이 물러가면서 험준하고 다니기 어려운 곳에 매복을 두었을 테니 대단히 조심해야 비로소 추격할 수 있을 것이오."

장합이 말했다.

"내 이미 알고 있으니 염려할 필요 없소."

사마의가 말했다.

"공이 스스로 가겠다고 하니 후회하지는 마시오."

장합이 말했다.

"대장부가 목숨을 바쳐 나라에 보답하는 것이니 비록 만 번 죽는다 할지라도 여한이 없소."

사마의가 말했다.

"공이 가겠다고 고집을 부리니 5000명의 군사를 이끌고 먼저 떠나도록 하시오. 위평에게 마보군 2만 명을 이끌고 뒤를 따라가면서 매복을 방비하도록 하겠소. 나는 3000명의 군사를 이끌고 뒤를 따르면서 호응하리다."

명령을 받든 장합은 군사를 이끌고 화급히 추격에 나섰다. 30여 리를 달렸는데 별안간 배후에서 함성이 크게 진동하더니 숲속에서 한 무리의 군사가 갑자기 나타났다. 앞장선 대장은 칼을 비껴들고 말을 세우고는 크게 소리 질렀다.

"적장은 군사를 이끌고 어디로 가느냐!"

장합이 고개를 돌려보니 바로 위연이었다. 크게 노한 장합은 말을 돌려 맞붙어 싸웠다. 10합을 싸우지도 않았는데 위연이 거짓으로 패한 척하고 달아났다. 장합은 또 30여 리를 추격했고 고삐를 당겨 말을 세우고 돌아보았으나 복병이라고는 한 명도 보이지 않자 다시 말에 채찍질하며 앞으로 쫓아갔다. 산비탈을 막 돌아가는데 별안간 함성이 또 크게 일어나더니 한 무리의 군사가 쏟아져 나왔다. 앞장선 대장은 바로 관흥이었는데 칼을 비껴들고 고삐를 당겨 말을 세우고는 크게 소리 질렀다.

"장합은 달아나지 마라! 내가 여기에 있노라!"

장합은 말을 박차 바로 맞붙어 싸웠다. 10합을 싸우지 못하고 관흥이 말을 젖히더니 이내 달아났다. 장합이 그 뒤를 쫓았다. 나무가 빽빽한 곳까지 쫓다가 의심이 들어 사람을 시켜 사방을 정찰하게 했다. 복병이라고는 보이지 않자 이에 마음 놓고 다시 추격에 나섰다. 그런데 생각지도 못하게 위연이 지름길로 달려와 또 앞쪽에 나타났고, 장합은 다시 10여 합을 싸웠으나 위연은 또 패해서 달아났다. 장합이 분노하여 뒤를 쫓는데 또 관흥이 질러가서 앞쪽에 나타나더니 가는 길을 차단했다. 크게 노한 장합이 말을 박차며 달려들어 맞붙어 싸웠다. 10합을 싸우고 있는데 촉병들이 갑옷과 잡동사니를 모조리 버리는 바람에 길이 막혔고 위병들은 말에서 내려 그것들을 줍느라 다투었다. 위연과 관흥 두 사람은 교대로 맞붙어 싸웠고 장합은 용기를 내며 추격했다. 날이 저물어갈 무렵 목문도 입구까지 추격하자 위연이 말을 젖히더니 고성을 지르며 욕설을 퍼부었다.

"장합, 이 역적 놈아! 내 네놈을 저지하지 않았는데 쫓아왔으니 이제 목숨을 걸고 싸우겠노라!"

몹시 분노한 장합이 창을 잡고 말을 쏜살같이 몰아 곧장 위연에게 달려들었다. 위연도 칼을 휘두르며 나와 맞섰다. 그러나 10합을 싸우지도 못하고 위연은 대패해 갑옷, 투구, 말을 모조리 버리고 패잔병을 이끌고 달아났다. 머리꼭지까지 화가 난 장합은 위연이 대패해 달아나는 것을 보고는 이내 말을 질풍같이 몰아 뒤를 쫓았다. 이때는 날이 어둑어둑해질 무렵이었는데, '쾅!' 하는 포성이 울리더니 산 위에서 불길이 하늘로 솟구치고 큰 돌과 나무토막이 어지럽게 굴러떨어져 가는 길을 가로막고 말았다. 장합은 깜짝 놀랐다.

"내가 계책에 당했구나!"

급히 말을 돌렸으나 등 뒤에는 이미 나무와 돌이 길을 가득 채워 막힌 상태였다. 중간에 한 구간의 빈 땅만 남아 있었고 양쪽은 모두가 가파른 절벽이라 장합은 나아가고 물러날 길이 없었다. 그때 별안간 '딱, 딱!' 딱따기 소리가 울리더니 양쪽에서 수많은 쇠뇌가 한꺼번에 발사됐고 장합과 100여 명의 부하 장수는 모두 목문도 안에서 죽임을 당하고 말았다. 이에 대해 후세 사람이 지은 시가 있다.

매복해 있던 수많은 쇠뇌 일제히 별처럼 날리니
목문 길에 갇혀 있던 정예 군사들을 쏘아버렸네

지금까지도 검각[15] 그곳을 지나다니는 행인들은

군사 제갈량의 옛 명성을 이야기하는구나

伏弩齊飛萬點星, 木門道上射雄兵

至今劍閣行人過, 猶說軍師舊日名 ❸

한편 뒤따라 추격해오던 위병들은 도로가 막힌 것을 보고서야 장합이 계책에 빠진 것을 알게 되었다. 군사들이 고삐를 당겨 말을 돌려 급히 물러가려 하는데, 별안간 산꼭대기에서 크게 외치는 소리가 들렸다.

"제갈승상께서 여기 계시노라!"

군사들이 올려다보니 공명이 불빛 속에 서 있는 모습이 보였는데 군사들을 가리키며 말했다.

"내 오늘 포위 사냥하여 말 한 마리를 쏘려고 했는데 잘못하여 노루 한 마리를 맞히고 말았구나.[16] 너희는 각자 안심하고 돌아가 중달에게 조만간 반드시 내게 사로잡히게 될 것이라고 전하거라."

위병들은 돌아가 사마의를 만나 있었던 일을 자세히 털어놓았다. 사마의는 몹시 슬퍼해 마지않았고 하늘을 우러러 탄식했다.

"장준예張儁乂(장합의 자)가 죽은 것은 내 잘못이로다!"

이에 군사를 거두어 낙양으로 돌아갔다. 장합이 죽었다는 소식을 들은 위주는 눈물을 훔치며 탄식했고 사람을 시켜 그 시신을 수습해 후하게 장사지내주었다.

한편 한중으로 들어간 공명은 성도로 돌아가 후주를 알현하고자 했다. 그런데 도호[17] 이엄이 터무니없게 후주에게 아뢰었다.

"신이 이미 군량을 준비하여 장차 승상의 전장으로 운반하려 했는데 승상이 무슨 까닭으로 갑자기 회군했는지 모르겠습니다.”

그 말을 들은 후주는 즉시 상서 비의에게 명하여 한중으로 들어가 공명을 만나 회군한 까닭을 묻게 했다. 한중에 당도한 비의가 후주의 뜻을 전달했다. 공명은 깜짝 놀랐다.

“이엄이 편지로 급보를 알리기를 동오가 장차 군대를 일으켜 서천을 침범하려 한다기에 회군한 것이오.”

비의가 말했다.

“이엄은 이미 군량을 준비했는데 승상께서 까닭 없이 회군했다고 천자께 아뢰었고, 천자께서는 이 때문에 저에게 명하여 물어보게 하셨습니다.”

크게 노한 공명은 사람을 시켜 조사했는데, 이엄이 군량이 모자라자 승상이 죄를 물을까 두려워 편지를 보내 돌아가도록 하고는 도리어 터무니없이 천자께 아뢰어 자신의 잘못을 숨기려 했던 것이었다. 공명이 크게 노했다.

“필부 놈이 자기 한 몸을 위해 국가의 대사를 그르쳤구나!”

사람을 시켜 이엄을 불러 목을 치려고 했다. 그러자 비의가 만류했다.

“승상께서는 선제께서 어린 황태자를 부탁하신 뜻을 생각하시어 너그러이 용서해주십시오.”

공명은 그의 말을 따랐다. 비의는 즉시 표문을 갖추어 천자께 아뢰었다. 표문을 읽고 난 후주는 벌컥 성을 내며 무사들에게 이엄을 끌어내 목을 치라고 호통을 쳤다. 참군參軍[18] 장완이 반열에서 나와 아뢰었다.

“이엄은 바로 선제께서 어린 후사를 부탁하신 신하로 바라건대 은혜를 베푸셔서 너그러이 용서해주소서.”

후주는 그 말에 따라 즉시 이엄의 관직을 삭탈하고 평민으로 만들어 재동군[19]으로 보내 한가하게 살도록 했다. ❹

성도로 돌아온 공명은 이엄의 아들 이풍李豐을 장사[20]로 삼았다. 그리고 마초를 쌓고 식량을 저장하여 만반의 준비를 하고, 진법과 용병을 강론하고 군용 기구를 정돈하며, 장수와 사졸을 위로하고 보상하면서 3년 뒤에 출병하려 했다. 서천과 동천의 백성과 군사는 그의 은덕을 우러러보았다. 세월은 덧없이 흘러 어언 3년이란 시간이 지났다. 때는 건흥 12년(234) 봄 2월, 공명이 조정에 들어가 아뢰었다.

"신이 군사를 돌본 지 이미 3년이 지났습니다. 군량과 마초는 풍족하고 군용 기구도 완비되었으며 사람과 말도 웅장하니 위를 정벌할 수 있을 것입니다. 이번에 만약 간사한 무리를 깨끗이 쓸어버리고 중원을 회복하지 못한다면 맹세컨대 폐하를 뵙지 않겠습니다!"

후주가 말했다.

"지금 이미 솥발같이 세 세력이 정립하는 형세를 이루었고 오와 위가 침입해오지도 않는데 상보께서는 어찌하여 태평세월을 편안하게 누리지 않소?"

공명이 말했다.

"신은 선제께서 재주를 알아보시고 막중한 소임을 맡기신 은혜를 입었기에 꿈속에서도 일찍이 위를 정벌할 계책을 마련하지 않은 적이 없습니다. 전력을 기울이고 충성을 다하여 폐하를 위해 중원을 수복하고 한실을 중흥시키는 것이 신이 바라는 바입니다."

말을 마치기도 전에 반열에서 한 사람이 나서며 말했다.

"승상께서는 군사를 일으켜서는 안 됩니다."

사람들이 보니 다름 아닌 초주였다.

무후는 성의와 힘을 다해 나라를 근심하는데

태사는 기미를 알아채고는 또 천문을 논하네

武侯盡瘁惟憂國, 太史知機又論天

초주에게는 어떤 의론이 있을까?❺

제101회 계속되는 북벌의 실패

➊

『삼국지』「위서·명제기」 배송지 주『위서』에 "처음에 제갈량이 출병했을 때 사람들은 제갈량의 군대에는 치중輜重(군사를 따라 운반하는 군용 무기와 군량, 마초 등을 가리킴)이 없고 군량이 틀림없이 이어지지 못할 것이니 공격하지 않아도 스스로 무너질 것이므로 군사들을 수고롭게 할 필요가 없다고 생각했다. 어떤 사람은 상규 부근의 밀을 베어 적(제갈량 군대)의 식량 공급을 끊어야 한다고 말했으나 황제는 모두 듣지 않았다. 다만 앞뒤로 군대를 파견하여 선왕宣王(사마의)의 군대를 증원하고 칙령을 내려 밀을 보호하도록 했다. 선왕이 제갈량과 대치할 때 이 밀에 의지하여 군대의 식량으로 삼을 수 있었다"고 기록하고 있다.

➋

『삼국지』「위서·곽회전」에 다음과 같은 기록이 있다.

"태화 5년(231), 촉나라가 노성鹵城으로 출병했다. 이때 농우隴右(농서隴西로 농산隴山 서쪽에서 황하 동쪽 지구) 일대에 양식이 없었으므로 관중으로부터 대량으로 운송해오는 일을 상의하고자 했다. 곽회가 은혜를 베풀고 징벌을 함께 사용하여 강羌과 호胡의 부락을 어루만져 집집마다 양식을 바치게 하고 그들의 부세 액수를 균등하게 처리했으므로 군량이 풍족해졌다."

장합의 죽음

『삼국지』「위서·장합전」에는 "제갈량이 기산으로 물러나 방어했다. 장합은 목문木門까지 추격하여 제갈량 군대와 교전하던 도중 날아오는 화살에 오른쪽 무릎을 맞아 세상을 떠났다"고 했고, 배송지 주『위략』에는 "제갈량의 군대가 물러나려 할 때, 사마선왕司馬宣王(사마의)이 장합에게 그들을 추격하도록 하자, 장합은 '군법에 따르면 성을 포위하되 반드시 나갈 길을 열어두어야 하고, 돌아가는 군대는 추격하지 말라고 했습니다'라고 말했다. 그러나 선왕은 듣지 않았다. 장합은 하는 수 없이 추격했다. 촉군은 높은 곳에 의지하여 복병을 숨겨두고 활과 쇠뇌를 어지럽게 쏘아댔는데, 화살 가운데 하나가 장합의 넓적다리에 명중했다"고 기록하고 있다.

장합은 제갈량의 계책에 빠진 것이 아니라 교전 중에 전사했음을 알 수 있다. 그리고 장합은 적병을 추격하라는 사마의의 강요에 못 이겨 추격에 나섰다가 전사했음을 알 수 있다.

「위서·장합전」은 장합에 대해 "장합은 사물의 발전 변화의 법칙을 이해하여 군사 배치와 진영 설치를 잘했으며, 전쟁의 형세와 지형을 헤아려 계획된 것에 부합하지 않는 경우가 없었으므로 제갈량 이하 촉 장수는 모두 그를 두려워했다"고 기록하고 있다.

이엄李嚴 사건

이엄이 제갈량을 회군하게 만든 사건을 『삼국지』「촉서·이엄전」에는 다음과 같이 기록하고 있다.

"건흥 9년(231) 봄, 제갈량의 군대는 기산에 주둔했고 이평李平이 군량을 재촉하는 책임을 맡았다. 여름부터 가을 초까지 큰비가 그치지 않아 군량을 운반하는 일이 이어지지 못하므로 이평은 참군 호충狐忠과 독군督軍 성번成藩을 보내 제갈량에게 상황을 설명하고 철군하도록 청했다. 제갈량은 그 말에 따라 회군했다. 이평은 철군했다는 말을 듣고 놀란 척하며 말했다.

'군량이 충분하거늘 무엇 때문에 이렇게 빨리 철군하셨습니까!'

이평은 이런 방법으로 자신이 일을 제대로 처리하지 못한 책임을 회피하고 아울러 철군은 제갈량이 진군하지 않으려 한 잘못으로 만들려 했다.

그러나 제갈량이 이평이 앞뒤로 쓴 편지를 처음부터 끝까지 전부 상소하여 공개함으로써 이평의 잘못이 분명히 드러났다. 이평은 이치에 닿지 않아 말문이 막혀 머리를 숙이고 자신의 죄를 시인하는 수밖에 없었다.

이에 이평을 파면하여 평민으로 삼고 재동군梓潼郡(쓰촨성 쯔퉁梓潼)으로 귀양 보냈다."

소설처럼 동오가 위와 연합하려 했다는 서신을 보내 제갈량이 철군한 것은 아니었다.

그리고 이 사건이 있기 1년 전에 이엄은 이평으로 이름을 바꾸었다고 역사는 기록하고 있다. 이평은 곧 이엄이다.

❺

제갈량의 제5차 기산 출병

소설에서 말하는 제5차 기산 출병은 실제 역사와 대체적으로 부합하지만 귀신으로 분장하는 신출귀몰 계책을 사용하여 사마의를 물리쳤다는 내용은 허구다. 소설 속의 제5차 기산 출병에서 기산으로 출병했고 장합을 죽이고 군량이 떨어져 철군했다는 내용은 실제 역사와 부합한다.

『삼국지』「촉서·제갈량전」에 "건흥 9년(231), 제갈량은 다시 기산으로 출병했으며 목우木牛(산지에서 운송하는 기구)를 이용하여 군수 물자를 운송했는데 양식이 다 떨어져 군대를 물렸다"고 했고, 「촉서·후주전」에는 "건흥 9년(231) 봄 2월, 제갈량은 다시 출병하여 기산을 포위하고 처음으로 목우를 이용한 운반을 시작했다. 위나라 사마의와 장합이 기산을 구원했다. 여름 6월에 제갈량은 양식이 다 떨어져 군사를 물렀다. 장합이 청봉靑封(간쑤성 톈수이天水 서남쪽)까지 추격하여 제갈량과 교전을 벌였으나 화살에 맞아 죽었다. 가을 8월에 도호 이평이 파면되어 재동군으로 유배됐다"고 기록하고 있다.

또한, 「촉서·제갈량전」 배송지 주 『한진춘추』에 따르면 "5월 신사辛巳(초십일), 사마의는 장합을 파견해 남쪽에서 포위 중이던 무당감無當監(관직 명칭으로 군사들이 정예하고 용감하여 적들이 감당할 수 없는 것을 말하는데 하평에게 감독하게 했기 때문에 무당감이라 했다) 하평何平(왕평王平을 말한다. 어려서 하何씨로부터 양육되었다가 후에 왕씨를 회복했다)을 공격하게 했고 자신은 중간 큰길로 제갈량에게 향했다. 제갈량은 위연, 고상, 오반을 보내 맞서 공격하게 하여 사마의를 대파하고 수급 3000급, 철제 갑옷 5000벌, 각노角弩(뿔로 만든 강한 쇠뇌) 3100장을 노획하자 선왕은 물러나 자신의 군영을 보전했다"고 기록하고 있으나, 『진서』「선제기」에서는 "제갈량은 노성에 주둔하고 남산과 북산 두 산에 의지하여 물길을 끊고 겹겹이 포위했다. 선제가 공격해 그 포위를 무너뜨리자 제갈량은 밤을 틈타 달아났다. 추격하며 공격해 그를 격파했는데 포로로 잡고 참살한 자가 만 명이었다"고 다르게 기록하고 있다. 어쨌든 제갈량이 철군한 이유는 군량 부족이었다.

그리고 실제 역사 기록에서는 이때 '목우'를 사용했다고 하는데, 소설에서는 제6차 기산 출병에서 목우가 등장한다.

목우와 유마

―

사마의는 북원 위교를 점거하고,
제갈량은 목우와 유마를 만들다

司馬懿占北原渭橋,
諸葛亮造木牛流馬

초주의 관직은 태사였는데 자못 천문에 밝았다. 공명이 다시 출병하려 하자 초주가 후주에게 아뢰었다.

"신은 지금 사천대[1]를 관장하는 직분이라 화와 복의 징조가 있으면 아뢰지 않을 수 없습니다. 근래에 수만 마리의 새떼가 남쪽에서 날아와 한수에 떨어져 죽었는데 이것은 상서롭지 못한 징조입니다. 신이 또 천문 현상을 살펴보았는데 규성[2]이 태백의 분야에 달라붙어 왕성한 기운이 북쪽에 있으니 위를 정벌하는 것은 이롭지 못합니다. 또한 성도의 백성 모두가 밤에 측백나무가 우는 소리를 들었다고 합니다. 여러 가지 자연재해와 특이 현상이 있으니 승상께서는 신중히 지키셔야지 경솔하게 움직여서는 안 됩니다."

공명이 말했다.

"내 선제께서 후사를 부탁하신 막중한 소임을 받아 있는 힘을 다해 역적을 토벌하려 하는데 어찌 상서롭지 못한 자연재해의 징조 때문에 국가의 대사를 그르칠 수 있겠소!"

즉시 유사[3]에게 명하여 소열황제의 사당에 태뢰[4]를 준비하여 제사를 올리게 하고는 눈물을 흘리며 절을 올려 고했다.

"신 량은 다섯 차례 기산을 나갔으나 아직 한 치의 땅도 얻지 못했으니 지은 죄가 가볍지 않습니다! 지금 신이 다시 전군을 통솔하여 기산을 나가 맹세컨대 전력을 기울이고 마음을 다해 한나라 역적을 소멸시켜 중원을 회복하고 나라를 위해 죽을 때까지 몸과 마음을 다 바치겠습니다!"

제사를 마치고 후주에게 작별을 고하고는 밤새 달려 한중에 이르러 장수들을 모아놓고 출병을 상의했다. 그때 별안간 관흥이 병으로 죽었다는 보고가 들어왔다. 공명은 목놓아 통곡하다 땅바닥에 혼절하여 쓰러졌고 한나절이 지나서야 비로소 깨어났다. 장수들이 거듭 위로하자 그가 탄식하며 말했다.

"가련하게도 충의의 사람에게는 하늘이 장수를 허락하지 않는구나! 내 이번에 출병하려 하는데 또 한 명의 대장이 줄었구나!"

후세 사람이 이에 대해 탄식한 시가 있다.

사람이 태어나 죽는 것은 당연한 이치니
하루살이와 마찬가지로 참으로 허무하도다
사람이 남길 것은 충효의 절개일 뿐이니
어찌 왕자교와 적송자[5] 같은 수명 필요하리
生死人常理, 蜉蝣一樣空
但存忠孝節, 何必壽喬松

공명은 촉병 34만 명을 이끌고 다섯 갈래 길로 나누어 진군하면서 강유와 위연을 선봉으로 삼고 모두 기산으로 나가 모이도록 했다. 이회에게 명하여 먼저 군량과 마초를 야곡 입구로 운반해 기다리게 했다.

한편 위나라는 지난해에 마파摩坡⁶의 우물에서 청룡靑龍이 나왔으므로 연호를 청룡⁷ 원년으로 변경했다. 이때가 바로 청룡 2년(234) 봄 2월이었다. 근신이 아뢰었다.

"변경의 관원이 비보를 띄우기를 촉병 30여 만 명이 다섯 갈래 길로 나누어 다시 기산으로 나왔다고 합니다."

위주 조예는 깜짝 놀라 급히 사마의를 불러들이고는 그에게 일렀다.

"촉이 3년 동안 침입해오지 않더니 지금 제갈량이 또 기산을 나온다고 하는데 어떻게 하면 좋겠소?"

사마의가 아뢰었다.

"신이 밤에 천문을 살펴보니 중원이 번창할 운수가 왕성하고 규성이 태백을 범하여 서천에 이롭지 못합니다. 지금 공명이 자신의 재능과 지혜만 믿고 하늘의 뜻을 거슬러 일을 저지르는 것이므로 이는 바로 패망을 자초하는 것입니다. 신은 폐하의 크나큰 복에 의지하여 가서 그를 깨뜨리겠으나, 다만 원컨대 네 사람과 함께 가고자 합니다."

조예가 말했다.

"경은 누구를 추천하려 하오?"

사마의가 말했다.

"하후연에게 네 아들이 있는데 맏아들은 이름이 패霸고 자가 중권仲權이며, 둘째 아들은 이름이 위威이고 자가 계권季權이며, 셋째 아들은 이름이 혜惠이고 자가 치권稚權이며, 넷째 아들은 이름이 화和이고 자가 의권義權이라 합니다. 하후패와 하후위는 활쏘기와 말타기에 능숙하고, 하후혜와 하후화는 육도와 삼략의 병법을 잘 알고 있습니다. 이 네 사람은 항상 아비의 원수를 갚고자 하고 있습니다. 신이 지금 보증하여 하후패와 하후위를 좌우 선봉으로 삼고 하후혜와 하후화를 행군사마行軍司馬로 삼아 군사 기밀을 함께 보좌하도록 하여 촉병을 물리치겠습니다."

조예가 말했다.

"지난번에 하후무 부마駙馬가 군사 지침을 위반하는 바람에 허다한 인마를 잃고 지금까지도 부끄러워 돌아오지 않고 있소. 지금 이 네 사람 또한 하후무와 같지 않겠소?"

사마의가 말했다.

"이 네 사람은 하후무와 견줄 바가 아닙니다."

조예는 사마의의 요청에 따르기로 하고 즉시 그를 대도독으로 삼아 장수와 사졸들을 재주를 헤아려 마음대로 임용하게 했으며 각처의 병마를 모두 배정할 수 있도록 했다. 명을 받은 사마의는 조정에 하직을 고하고 성을 나갔다. 조예는 또 친히 쓴 조서를 사마의에게 내렸다.

"경은 위수 가에 이르면 보루를 더욱 견고히 하고 굳게 지키면서 교전을 벌이지 마라. 촉군이 뜻을 이루지 못하면 틀림없이 거짓으로 물러나는 척하며 유인할 것이니 신중히 대처하며 추격하지 마라. 저들의 군량이 떨어지기를 기다리면 반드시 스스로 달아날 것이니, 그런 다음에 빈틈을 이용해 그들을 공격한다면 승리를 쟁취하기 어렵지 않을 것이며 또한 군마가 피로해지는 고생을 면할 수 있을 것이다. 계책으로 이보다 좋은 것은 없느니라."

사마의는 머리를 조아려 조서를 받고 그날로 장안에 당도해 각처의 군마 40만 명을 모아 모두 위수 가로 가서 군영을 세웠다. 또 군사 5만 명을 선발하여 위수에 아홉 개의 부교浮橋를 설치하고 선봉인 하후패와 하후위에게 위수를 건너 군영을 꾸리게 했다. 또한 큰 군영 뒤의 동쪽 평원에 성을 수축하여 예기치 못한 상황을 방비하게 했다. 사마의가 장수들과 상의하고 있는데 별안간 곽회와 손례가 찾아왔다는 보고가 들어왔다. 그들을 맞아들이고 예를 마치자 곽회가 말했다.

"지금 촉병은 기산에 있는데 만일 위수를 건너 평원으로 올라와 북산[8]과 연결하여 농서의 길을 끊는다면 크게 우려할 만합니다."

사마의가 말했다.

"그대의 말이 대단히 옳소. 공은 농서의 군마를 총감독하여 북원[9]을 점유하고 군영을 세우되 도랑을 깊이 파고 보루를 높인 채 군사 행동을 멈추어 움직이지 마시오. 저들의 군량이 떨어지기를 기다렸다가 그때 공격하도록 하시오."

명령을 받은 곽회와 손례는 군사를 이끌고 군영을 세우러 떠났다.

한편 다시 기산으로 나간 공명은 왼쪽, 오른쪽, 중간, 앞뒤로 다섯 개의 큰 군영을 세웠다. 야곡에서 곧장 검각까지 연이어 또 14개의 큰 군영을 세우고 군마를 나누어 주둔시키고는 오래 머물 생각을 했다. 그리고 매일 사람을 시켜 정찰을 했는데, 별안간 곽회와 손례가 농서의 군사를 이끌고 북원에 군영을 세웠다는 보고가 들어왔다. 공명이 장수들에게 일렀다.

"위병이 북원에 군영을 세운 것은 우리가 이 길을 차지해 농서로 통하는 길을 끊어버릴까 두려워하기 때문이오. 내 지금 북원을 공격하는 척하면서 도리어 은밀하게 위수 가를 빼앗을 작정이오. 사람을 시켜 뗏목 100여 척을 묶고 그 위에 마초를 싣고는 물에 익숙한 수병 5000명을 선발하여 그 뗏목을 젓도록 하시오. 내가 깊은 밤에 북원을 공격하면 사마의는 틀림없이 군사를 이끌고 구하러 올 것이오. 저들이 만약 조금이라도 패하면 후군을 먼저 맞은편 기슭으로 건너가도록 한 다음 선두 부대를 뗏목에 태우고 기슭에 오르지 않은 채 물의 흐름을 따라 내려가 불을 질러 부교를 끊고 그 배후를 공격하겠소. 내가 직접 일군을 이끌고 앞쪽 군영의 문을 빼앗겠소. 위수의 남쪽을 얻기만 한다면 군사를 진격시키는 데 어려움이 없을 것이오."

장수들은 명령에 따라 움직였다.

어느 결에 정찰 기병이 사마의에게 나는 듯이 보고했다. 사마의가 장수들을 불러놓고 의논했다.

"공명이 이렇게 조치한 것 속에는 계책이 있을 것이오. 저들이 북원을 취하겠다고 내세우고는 물의 흐름을 따라 내려와 부교를 태워 우리 뒤를 어지럽히고는 도리어 앞을 공격하려는 것이오."

그러고는 즉시 하후패와 하후위에게 명령을 전달하며 말했다.

"만약 북원에서 고함 소리가 들리거든 즉시 군사를 위수 남쪽 산속으로 이끌고 가서 촉병이 이르기를 기다렸다가 공격하라."

또 장호와 악침에게 궁노수 2000명을 위수 부교 북쪽 기슭에 매복시키도록 했다.

"만약 촉병이 뗏목을 타고 물의 흐름을 따라 내려오면 일제히 화살을 쏘아 부교에 접근하지 못하도록 하라."

또 곽회와 손례에게도 명령을 전달했다.

"공명이 북원으로 오려고 몰래 위수를 건널 것이나 그대들이 새로 세운 군영에는 인마가 많지 않으니 모조리 도중에 매복시키시오. 만약 촉병이 오후에 물을 건너면 황혼 무렵에는 틀림없이 그대를 공격하러 올 것이오. 그대들은 거짓으로 패한 척하며 달아나시오. 그러면 촉병은 반드시 추격해올 것이니, 그대들은 활과 쇠뇌를 쏘시오. 나는 수륙 양면으로 진격하겠소. 만약 촉병이 대대적으로 몰려오면 그때는 내 지휘를 살피면서 공격하시오."

각처에 명령 하달을 마치자 사마의는 자신의 두 아들 사마사와 사마소에게 군사를 이끌고 앞쪽 군영을 지원하게 했다. 사마의 자신은 일군을 이끌고 북원을 구하러 갔다.

한편 공명은 위연과 마대에게 군사를 이끌고 위수를 건너 북원을 공격하게 했고, 오반과 오의에게는 뗏목의 수군을 이끌고 부교를 불태우게 했으며, 왕평과 장억을 선두 부대로 삼고 강유와 마충을 중간 부대, 요화와 장익을 후대로 삼아 군사를 세 갈래 길로 나누어 위수의 육지 군영을 공격하도록 했다. 촉군은 이날 오시午時에 큰 군영을 떠나 위수를 건너 진세를 펼치고 천천히 나아갔다.

한편 위연과 마대가 북원에 다가갈 무렵에는 날이 이미 어두컴컴해지고 있었다. 손례는 정찰하다 촉군을 보고는 즉시 군영을 두고 달아났다. 준비가 있음을 눈치챈 위연이 급히 군사를 물리려 하는데 사방에서 함성이 크게 진동하더니, 왼쪽에는 사마의, 오른쪽에는 곽회가 양쪽 길로 군사들을 이끌고 몰려나왔다. 위연과 마대는 필사적으로 뚫고 나왔으나 촉병의 태반이 물속으로 떨어졌고 나머지 무리는 달아나려 해도 길이 없었다. 다행히 오의의 군사들이 달려와 패잔병을 구하고 맞은편 기슭으로 건너가 적을 막아냈다. 오반은 군사를 절반으로 나누어 삿대로 뗏목을 저어 물의 흐름을 따라 부교를 불태우러 내려왔으나 장호와 악침이 언덕 위에서 어지럽게 화살을 쏘아대며 저지했다. 이때 오반은 화살에 맞아 물에 떨어져 죽고 말았다.❶

나머지 군사들은 목숨을 구하고자 물로 뛰어들었으나 뗏목을 모조리 위병에게 빼앗기고 말았다. 이때 왕평과 장억은 북원에서 군사들이 패한 줄 모르고 곧장 위의 군영까지 달려갔고 이경 무렵에 사방에서 함성이 일어났다. 왕평이 장억에게 일렀다.

"군마가 북원을 공격하고 있는데 승부가 어떻게 됐는지 모르겠소. 위수 남쪽 군영이 앞쪽에 있는데 어찌하여 한 명의 위병도 보이지 않는 것이오? 혹시 사마의가 알아채고 미리 준비한 것은 아니오? 우리는 잠시 부교에서 불길이 일어나는 것을 본 다음에 군사를 진격시키는 것이 좋을 듯하오."

두 사람이 군마를 멈춰 세웠는데 별안간 뒤쪽에서 한 기병이 달려와 보고했다.

"승상께서 급히 군마를 돌리라고 하십니다. 북원을 공격하러 간 군사와 부교를 불태우려던 군사 모두 실패했습니다."

왕평과 장억이 깜짝 놀라 급히 군사를 물리려는데 위군이 뒤로 질러왔다. '쾅!' 하는 포성과 함께 일제히 몰려드는데 불빛이 하늘로 솟구쳤다. 왕평과 장억이 군사를 이끌고 맞서면서 양군은 한바탕 혼전을 벌였다. 두 사람은 필사적으로 뚫고 나왔으나 촉병의 태반을 잃고 말았다. 기산 큰 군영으로 돌아온 공명이 패잔병을 거두었으나 대략 1만여 명이나 잃어 내심 풀이 죽었다. ❷

이때 느닷없이 비의가 성도로부터 승상을 만나러 왔다는 보고가 들어왔다. 공명이 그를 청해 들이고 비의가 예를 마치자 공명이 말했다.

"내가 서신 한 통을 줄 테니 공이 번거롭더라도 동오로 가서 전해줬으면 하는데 가시겠소?"

비의가 말했다.

"승상의 명령인데 어찌 감히 거절하겠습니까?"

공명은 즉시 편지를 써서 비의에게 건넸다. 비의는 편지를 가지고 곧장 건업에 이르러 궁으로 들어가 오주 손권을 알현해 공명의 서신을 올렸다. 손권이 뜯어보니 편지의 내용은 대략 다음과 같았다.

"한실이 불행하여 천자의 기강을 잃으니 역적 조씨가 반역하여 지금까지 이어지고 있습니다. 이 량은 소열황제께서 부탁하신 막중한 소임을 받아 감히 진력하여 충성을 다하지 않을 수 없습니다. 지금 대군이 이미 기산에 모였으니 미친 도적들은 위수에서 망하게 될 것입니다. 엎드려 바라건대 폐하께서는 동맹의 의리를 생각하시어 북쪽 정벌을 명하시고 함께 중원을 취해 천하를 같이 나누십시오. 글로는 모두 말씀드릴 수 없으니 부디 들어주십시오!"

편지를 읽고 난 손권은 크게 기뻐하며 이에 비의에게 일렀다.
"짐이 오래전부터 군대를 일으키고자 했으나 아직 공명과 한데 모이지 못했소. 지금 편지가 당도했으니 수일 내로 짐이 친히 정벌에 나서 거소문居巢門[10]으로 들어가 위의 신성[11]을 취하고, 다시 육손과 제갈근 등에게 강하와 면구[12]에 군사를 주둔시켜 양양을 빼앗게 하며, 손소와 장승張承 등은 광릉으로 출병하여 회양淮陽[13] 등을 취하게 하겠소. 세 곳에서 일제히 진군하되 도합 30만 명으로 기한을 정해 군대를 일으키겠소."
비의가 감사를 드리며 말했다.
"진실로 그와 같이 하신다면 중원은 머지않아 저절로 망할 것입니다!"
손권은 연회를 열어 비의를 대접했다. 한창 술을 마시다가 손권이 물었다.
"승상은 전장에서 누구를 앞장세워 적을 격파하오?"
비의가 말했다.
"위연이 선두로 나서고 있습니다."

손권이 웃으면서 말했다.

"그 사람은 용맹의 남음이 있으나 마음은 바르지 못하오. 만약 하루아침에 공명이 없다면 그는 반드시 화가 될 것이오. 공명이 어찌 모른단 말이오?"

비의가 말했다.

"폐하의 말씀이 지당하십니다! 신이 이제 돌아가거든 즉시 폐하의 말씀을 공명에게 알리겠습니다."❸

마침내 비의는 손권에게 작별을 고하고 기산으로 돌아와 공명을 만나 오주가 대군 30만 명을 일으켜 친히 정벌에 나설 것이며 군사를 세 갈래 길로 나누어 진격한 것이라고 구체적으로 말했다. 공명이 또 물었다.

"오주가 다른 말은 없었소?"

비의는 위연을 평가한 말을 고했다. 공명이 탄식했다.

"참으로 총명한 군주로다! 내 이 사람을 알지 못하는 것이 아니라 그 용맹이 아까워 쓸 따름이오."

비의가 말했다.

"승상께서는 서둘러 처리하셔야 합니다."

공명이 말했다.

"내게 방법이 있소."

비의는 공명과 작별하고 성도로 돌아갔다.

공명이 장수들과 진군하여 정벌할 일을 상의하고 있는데 별안간 위나라 장수가 투항했다는 보고가 들어왔다. 공명이 불러들여 물으니 그가 대답했다.

"아무개는 바로 위나라 편장군 정문鄭文입니다. 근래에 진랑秦朗과 함께 인마를 인솔하고 사마의에게 배치되었습니다. 그런데 뜻하지 않게 사마의가 사리사욕에 눈이 멀어 진랑을 감싸면서 전장군으로 높여주고 이 문은 초개와 같이 보는지라 불쾌하여 특별히 승상께 투항하러 온 것입니다. 원컨대 거두어주십시오."

말을 마치기도 전에 진랑이 군사를 이끌고 군영 밖에서 정문과 단독으로 맞붙겠다고 싸움을 건다는 보고가 들어왔다. 공명이 말했다.

"이자의 무예는 자네와 비교해서 어떠한가?"

정문이 말했다.

"제가 즉시 그놈의 목을 베겠습니다."

공명이 말했다.

"자네가 만약 먼저 진랑을 죽인다면 내 그때는 의심하지 않겠네."

정문은 흔쾌히 말에 올라 군영을 나가 진랑과 맞붙어 싸웠다. 공명은 직접 군영을 나가 살펴보았다. 진랑이 창을 잡고 욕설을 퍼부었다.

"배반한 도적놈이 내 전마를 가지고 이곳에 왔으니 어서 내게 돌려보내라!"

말을 마치더니 곧장 정문에게 달려들었다. 정문은 말을 박차고 나가 칼을 춤추듯 휘두르며 맞섰고 단 1합 만에 진랑을 베어 말 아래로 떨어뜨렸다. 위군들은 제각기 달아났다. 정문이 수급을 들고 군영으로 들어왔다. 공명은 군막으로 돌아와 자리에 앉아 정문을 부르고는 벌컥 성을 내더니 좌우에 호통을 쳤다.

"끌어내 목을 치거라!"

정문이 말했다.

"소장에게는 죄가 없습니다!"

공명이 말했다.

"내가 이전부터 진랑을 알고 있는데 네가 지금 벤 자는 진랑이 아니다. 어찌 감히 나를 속이려 드느냐!"

정문이 절을 올리며 고했다.

"그 사람은 사실 진랑의 아우 진명秦明입니다."

공명이 웃으면서 말했다.

"사마의가 너를 거짓으로 항복하게 하여 군중에서 일을 벌이려고 한 모양인데, 어떻게 나를 속일 수 있겠느냐! 사실대로 말하지 않으면 반드시 네 목을 치겠노라!"

정문은 어쩔 수 없이 거짓 항복한 것이라 하소연하고는 눈물을 흘리며 살려달라고 애원했다. 공명이 말했다.

"살고 싶다면 편지 한 통을 써서 사마의에게 직접 군영을 기습하러 오라고 하거라. 그럼 네 목숨을 살려주마. 만약 사마의를 사로잡는다면 바로 네 공이니 그때는 마땅히 너를 중용하겠다."

정문은 하는 수 없이 편지 한 통을 써서 공명에게 올렸다. 공명은 정문을 감방에 가두라 명했다. 번건樊建이 물었다.

"승상께서는 어떻게 그자가 거짓 항복한 것을 아셨습니까?"

공명이 말했다.

"사마의는 가볍게 사람을 쓰지 않네. 만약 진랑의 벼슬을 더해 전장군으로 삼았다면 틀림없이 무예가 출중할 텐데, 지금 정문과 어우러져 단 1합 만에 죽임을 당했으니 필시 진랑이 아닐 것이네. 그래서 그가 속이는 것을 알았다네."

모두들 탄복했다.

공명은 언변이 좋은 군사 한 명을 선발해 귓속말로 이러이러하게 하라고 분부했다. 명령을 받든 군사는 편지를 가지고 곧장 위의 군영으로 가 사마의를 뵙기를 청했다. 사마의가 불러들여 편지를 뜯어 읽어보고는 물었다.

"너는 누구냐?"

그 군사가 대답했다.

"아무개는 중원 사람인데 외지를 떠돌다 촉중으로 들어갔습니다. 정문은 아무개와 같은 고향 사람입니다. 지금 공명은 정문에게 공이 있어 선봉으로 삼았습니다. 정문이 특별히 저에게 이 편지를 도독께 바치라고 부탁했는데 대략 내일 저녁에 불길이 일어나는 것을 신호로 삼으라고 하십니다. 바라건 대 도독께서 대군을 모조리 일으켜 군영을 급습하러 오시면 정문이 안에서 호응하겠다고 합니다."

사마의는 반복해서 따져 묻고 또 가져온 편지를 자세히 검사하니 과연 사실이었다. 즉시 그 군사에게 술과 음식을 하사하고는 분부했다.

"오늘 이경에 내가 직접 군영을 습격하러 가겠다. 큰일이 이루어지면 반드시 너를 중용하겠다."

군사는 삼가 작별을 고하고 본영으로 돌아와 공명에게 알렸다. 공명은 검을 잡고 마치 북두칠성 위를 걷는 것처럼 구불구불 걸으면서 별자리에 예배하고 신령을 부르며 기도를 마치고는 왕평과 장억을 불러 이렇게 저렇게 하라고 분부했다. 또 마충과 마대를 불러 이러이러하게 하라고 지시했다. 다시 또 위연을 불러 이렇게 저렇게 하라고 분부했다. 공명은 직접 수십 명을 이끌고 높은 산 위에 앉아 군사를 지휘했다.

한편 정문의 편지를 읽은 사마의는 즉시 두 아들과 대군을 거느리고 촉의 군영을 급습하려 했다. 그러자 맏아들 사마사가 간언했다.

"아버님께서는 무슨 까닭으로 편지 한 장에 의지하여 친히 적진 속으로 들어가려 하십니까? 만일 실수라도 발생하면 어찌하시겠습니까? 다른 장수를 먼저 보내고 아버님께서는 뒤에서 호응하시는 것이 좋을 듯합니다."

사마의는 그 말에 따라 즉시 진랑에게 만 명을 이끌고 촉의 군영을 기습하러 가게 하고 사마의 자신은 군사를 이끌고 지원하기로 했다.

이날 밤 초경에는 바람이 맑고 달빛이 밝았다. 이경이 되자 별안간 검은 구름이 사방에서 모여들고 검은 기운이 하늘에 가득 퍼져 얼굴을 맞대고도 서로 알아볼 수 없을 지경이 되었다. 사마의는 크게 기뻐했다.

"하늘이 내가 공을 세우도록 돕는구나!"

이에 병사들은 나무 막대기를 입에 물게 하고 말들은 주둥이를 틀어막은 채 신속히 대대적으로 진격했다. 진랑이 앞장서 만 명의 군사를 이끌고 곧장 촉의 군영 안으로 돌격했으나 사람이라곤 한 명도 보이지 않았다. 계책에 빠진 것을 알아챈 진랑이 황급히 물러나라고 군사들에게 소리를 질렀다. 그러자 사방에서 횃불이 일제히 밝혀지고 함성이 크게 진동하더니 왼쪽에서는 왕평과 장억, 오른쪽에서는 마대와 마충이 두 갈래 길로 쳐들어왔다. 진랑은 죽기로 싸웠으나 벗어날 수가 없었다. 뒤에 있던 사마의는 촉의 군영에서 불빛이 하늘로 솟구치고 함성이 끊이지 않는 데다 또 위군의 승패를 알 수 없게 되자 군사들을 재촉해 진랑의 부대를 지원하고자 불빛 속으로 뛰어들어 갔다. 그때 별안간 '와!' 하는 함성이 일고 고각이 요란하게 울리며 화포 소리가 땅을 흔들더니, 왼쪽에서는 위연, 오른쪽에서는 강유가 두 갈래 길로 쳐들어왔다. 위군은 대패했고 열 중에 여덟아홉은 부상을 입은 채 사방으로 뿔뿔이 흩어져 달아났다. 이때 진랑이 이끌던 1만 명의 군사는 모두 촉병에게 포위되었다. 그들에게 화살이 메뚜기떼처럼 날아들었고, 진랑은 혼란에 빠진 군중에서 죽고 말았다. ❹

사마의는 패잔병을 이끌고 달아나 본영으로 돌아왔다. 삼경이 되자 날씨는 다시 청명해졌다. 산꼭대기에 있던 공명은 징을 울려 군사를 거두었다. 알고 보니 이경 때 몰려온 검은 구름과 암흑은 바로 공명의 둔갑법이었다. 이후에 군사를 거두자 날이 다시 맑아진 것 또한 그가 육정육갑六丁六甲을 몰아 뜬구름을 쓸어버린 것이었다.

승리를 거두고 즉각 군영으로 돌아온 공명은 정문을 참수하라 명하고는 다시 위수 남쪽을 취할 계책을 상의했다. 군사들을 시켜 매일 싸움을 걸었으나 위군은 나오지 않았다. 공명은 작은 수레를 타고 직접 기산 앞쪽과 위수의 동쪽, 그리고 서쪽을 다니면서 지리를 살펴보았다. 그러다 어느 한 골짜기의 입구에 이르렀는데 그 형태가 마치 조롱박과 같았고 그 안쪽은 1000여 명을 수용할 만한 크기였다. 안으로 들어가니 양쪽 산이 또 한 골짜기로 합쳐졌는데 족히 400~500명은 수용할 만한 크기였다. 뒤로는 두 산이 둘러싸고 있어 사람 한 명, 말 한 필이 간신히 다닐 수 있을 정도였다. 이를 본 공명은 속으로 크게 기뻐하며 길을 안내하는 향도관에게 물었다.

"이곳의 지명이 무엇이냐?"

향도관이 대답했다.

"이곳의 지명은 상방곡上方谷[14]인데 호로곡葫蘆谷이라고도 부릅니다."

군막으로 돌아온 공명은 두예杜睿와 호충胡忠을 불러 귓속말로 비책을 전해주었다. 그러고는 군대를 따라온 장인 1000여 명을 모아 호로곡으로 들어가 목우유마木牛流馬를 응용해 제조하도록 했고, 또 마대에게 500명의 군사를 이끌고 골짜기 입구를 지키게 했다. 공명은 마대에게 당부했다.

"장인들이 밖으로 나와서는 안 되고 바깥에서 사람이 안으로 들어가게 해서도 안 된다. 내가 불시에 직접 와서 철저히 점검하고 살펴볼 것이다. 사마의를 사로잡을 계책은 오직 이 일에 달려 있다. 절대로 소식이 새나가서는 안 된다."

마대는 명령을 받고 떠났다. 두예와 호충은 골짜기 안에서 장인들을 감독했고 설계 방법에 따라 제조하도록 했다. 공명은 매일 그곳으로 가서 지시를 내렸다.

그런데 느닷없이 어느 날 장사 양의가 들어와 고했다.

"지금 군량미가 모두 검각에 있어 인부들이 소와 말로 운반하기 쉽지 않으니 어떻게 하면 좋습니까?"

공명이 웃으며 말했다.

"내 이미 운반할 계책을 세운 지 오래되었네. 지난번에 쌓아둔 목재와 서천에서 사들인 큰 나무로 사람들을 시켜 목우와 유마를 만들게 했으니 이를 이용하면 군량을 운반하기가 대단히 편리할 것이네. 이 소와 말들은 모두 풀을 먹지도 않고 물도 마시지 않으니 밤낮으로 끊이지 않고 쉽게 군량미를 운반할 수 있을 것이네."

모두 놀랐다.

"예로부터 지금까지 목우와 유마의 일은 들어본 적이 없습니다. 승상께서 무슨 묘한 방법이 있어 이런 기이한 물건을 만드셨습니까?"

공명이 말했다.

"내 이미 사람을 시켜 제조 방법에 따라 만들게 했는데 아직 완성되지는 않았소. 지금 먼저 목우와 유마를 만드는 방법을 치수와 사각형과 원형의 형태, 길이와 넓이와 폭을 그려 명백히 보여줄 테니 그대들은 살펴보시오."

모두 크게 기뻐했다. 공명은 즉시 종이 한 장에 이를 적어 사람들에게 건네 보여줬다. 장수들은 둘러서서 살펴보았다. 목우의 제작 방법은 다음과 같았다.[15]

"배는 네모지고 소의 머리는 구부러졌는데 다리 하나에 발이 넷이며, 머리는 목 안으로 들어갔고 혀는 배에 붙어 있다. 많이 실으면 느려져 적게 가고 홀로 가면 수십 리를 갈 수 있으나 무리를 지어 가면 20리를 갈 수 있다. 굽은 것은 소의 머리이고 쌍을 이룬 것은 소의 다리이며, 가로로 된 것은 소의 목이고 회전하는 것은 소의 발이다. 덮인 것은 소의 등이고 네모난 것은 소의 배이며, 아래로 드리워진 것은 소의 혀이고 굽은 것은 소의 옆구리다. 깎은 것은 소의 이빨이고 세운 것은 소의 뿔이며, 가는 것은 소의 멍에이고 당기는 것은 소의 추축[16]이다. 소는 두 개의 끌채에 의존하는데 사람이 여섯 척을 가면 소는 네 보를 간다. 소 한 마리에 10명이 한 달 동안 먹을 식량을 싣는데 사람은 크게 피로하지 않고 소는 마시지도 먹지도 않는다."

유마의 제작법은 다음과 같았다.

"갈빗대 길이는 3척 5촌[17]이고 넓이는 3촌이며 두께는 2촌 5분으로 좌우가 똑같다. 앞축 구멍의 분묵分墨(기준선)은 머리까지 4촌 떨어져 있고 직경은 2촌이다. 앞다리 구멍의 분묵은 2촌으로 앞축 구멍에서 4촌 5분 떨어져 있고 넓이는 1촌이다. 앞 버팀목 구멍은 앞다리 구멍의 분묵에서 2촌 7분 떨어져 있고 구멍의 길이는 2촌이며 넓이는 1촌이다. 뒤축 구멍은 앞 버팀목의 분묵에서 1척 5촌 떨어져 있고 크기는 앞과 같다. 뒷다리 구멍의 분묵은 뒤축 구멍에서 3촌 5분 떨어져 있고 크기는 앞과 같다. 뒤 버팀목 구멍은 뒷다리 구멍의 분묵에서 2촌 7분 떨어져 있고 후재극後載克(뒤에 짐을 싣는 부분)은 뒤 버팀목 구멍의 분묵에서 4촌 5분 떨어져 있다. 앞 버팀목은 길이가 1척 8촌이고 넓이가 2촌이며 두께는 1촌 5분이다. 뒤 버팀목은 앞 버팀목과 같다. 사각형의 판자로 된 통이 두 개인데 두께는 8분이고 길이는 2척 7촌, 높이는 1척 6촌 5분, 넓이는 1척 6촌이며, 통마다 쌀 2곡 3두를 담을 수 있다. 위 버팀목 구멍으로 부터 갈빗대 아래까지는 7촌이고 앞뒤가 같다. 아래 버팀목 구멍의 분문까지 1척 3촌이고 구멍의 길이는 1촌 5분이며 넓이는 7분이고, 여덟 개의 구멍이 모두 같다. 앞뒤의 네 다리 넓이는 2촌이고 두께는 1촌 5분이다. 형상은 코끼리 와 같고 마른 가죽은 길이가 4촌이고 횡단면은 4촌 3분이다. 구멍 지름 속에 는 세 다리의 버팀목이 있는데 길이는 2척 1촌이고 넓이는 1촌 5분이며 두께 는 1촌 4분으로 버팀목과 같다."

장수들이 두루 살펴보고는 무릎을 꿇고 엎드려 절을 올렸다.
"승상은 참으로 신인神人이십니다!"
며칠 뒤에 목우와 유마의 제작이 모두 완비되었다. 마치 살아 있는 것 같았고 산을 오르고 고개를 내려오는 모든 일이 편리했다. 그것을 본 군사들 중에 기뻐하지 않는 자가 없었다. 공명은 우장군 고상에게 1000명의 군사를 이끌고 목우와 유마를 몰아 검각에서 곧장 기산의 큰 군영까지 왕래하며 군량과 마초를 운반해 촉병에게 공급하여 쓸 수 있도록 명했다. 후세 사람이 이에 대해 찬탄한 시가 있다.

산세가 높고 험준한 검관[18]에선 유마를 몰고
길이 울퉁불퉁한 야곡에선 목우를 몰고 가네
후세에 만일 이 방법으로 길을 갈 수 있다면
어찌 사람이 수송을 근심하겠는가
劍關險峻驅流馬, 斜谷崎嶇駕木牛

後世若能行此法, 輸將安得使人愁

한편 한창 침울해하고 있던 사마의에게 별안간 정찰병이 보고했다.

"촉병이 목우와 유마를 사용하여 군량과 마초를 운반하고 있는데 사람은 크게 피로하지 않고 소와 말은 먹지도 않는다고 합니다."

사마의가 깜짝 놀랐다.

"내가 단단히 지키기만 하고 나가지 않은 것은 저들이 군량과 마초를 공급할 수 없게 되어 스스로 괴멸하기를 기다렸던 것이다. 지금 그런 방법을 쓰고 있다면 그것은 필시 오래 있을 계책으로 물러날 생각이 없는 것이다. 어찌하면 좋단 말인가?"

급히 장호와 악침 두 사람을 불러 분부했다.

"그대 두 사람은 각자 군사 500명씩을 이끌고 야곡 오솔길로 질러가서 촉병이 목우와 유마를 몰고 오면 모두 지나가도록 내버려두었다가 일제히 들이치거라. 많이 빼앗을 필요는 없고 3~5필만 빼앗아 바로 돌아오도록 하라."

두 사람은 명에 따라 각자 군사 500명을 이끌고 촉병으로 꾸민 다음 밤에 몰래 오솔길을 지나 골짜기 안에 매복했다. 과연 고상이 군사를 이끌고 목우와 유마를 몰고 오는 것이 보였다. 촉병이 모두 지나갈 즈음 장호와 악침의 군대가 양쪽에서 일제히 북을 치고 함성을 지르며 쏟아져 나왔다. 촉병들은 미처 손쓸 겨를도 없이 목우와 유마 몇 필을 버렸고 장호와 악침은 기뻐하며 그것들을 몰아 본영으로 돌아왔다. 사마의가 살펴보니 과연 나아가고 물러섬이 살아 있는 짐승과 다름없자 이에 크게 기뻐하며 말했다.

"네가 이 방법을 쓴다면 설마 내가 쓸 수 없을 줄 아는가!"

즉시 숙련된 장인 100여 명에게 그 자리에서 그것들을 해체해 그 치수와 길이, 두께를 똑같이 하여 목우와 유마를 제조하라고 분부했다. 보름이 못 되어 2000여 마리를 만들었는데 공명이 제작한 것과 같은 법칙으로 역시 달릴 수 있었다. 그러자 즉시 진원장군鎭遠將軍 잠위岑威[19]에게 명하여 1000명의 군사를 이끌고 목우와 유마를 몰아 농서로 가서 군량과 마초를 운반하도록 했고 곧 왕래가 끊이지 않았다. 위 군영 군장[20]들 중에 기뻐하지 않는 자가 없었다.

한편 고상은 돌아와 공명을 만나 위병이 목우와 유마를 각기 5~6필씩 빼앗아 갔다고 말했다. 공명이 웃으며 말했다.

"내가 바로 그들이 빼앗아 가기를 원했네. 비록 몇 필의 목우와 유마를 허비했지만 머지않아 군중에 허다한 도움을 줄 것이네."

장수들이 물었다.

"승상께서는 어떻게 그것을 아십니까?"

공명이 말했다.

"사마의는 목우와 유마를 보고 틀림없이 내 규격을 모방하여 똑같이 제조할 것이오. 그때쯤이면 내게 또 계책이 있소."

며칠 후 위병이 목우와 유마를 제작해 농서로 가서 군량과 마초를 운반해오고 있다는 보고가 들어왔다. 공명은 크게 기뻐했다.

"내 계산에서 벗어나지 않는구나."

즉시 왕평을 불러 분부했다.

"자네는 군사 1000명을 이끌고 위나라 사람으로 꾸며 밤새 남몰래 북원을 지나가서 군량 수송을 순찰하는 군사라고만 말하고 그 군량을 운반하는 군사들 속에 섞여 들어가 군량을 호송하는 자들을 모조리 흩어버리게. 그런 다음 목우와 유마를 몰아 곧장 북원을 거쳐 돌아오도록 하게. 그곳에 있던 위병들이 반드시 추격해올 텐데 그때 자네는 즉시 목우와 유마 입속의 혀를 반대 방향으로 돌리게. 그러면 목우와 유마가 움직일 수 없게 될 것이니 자네들은 즉시 그것들을 버리고 달아나게. 배후에 있던 위병들이 쫓아와 끌고 가려 해도 움직이지 않을 것이고 들거나 어깨에 메고 갈 수도 없을 것이네. 내 다시 병사를 그곳으로 보낼 테니 자네는 돌아가서 다시 목우와 유마의 혀를 돌려 신속히 몰고 오게나. 위병은 틀림없이 의심하며 괴이하게 여길 것이네!"

계책을 받은 왕평은 군사를 이끌고 떠났다. 공명은 또 장억을 불러 분부했다.

"자네는 500명의 군사를 모두 육정육갑의 신병으로 가장하여 귀신 머리에 짐승 몸으로 만들고 다섯 가지 색깔로 얼굴을 칠하여 갖가지 괴이한 모습으로 꾸미게. 그리고 한 손에는 수놓은 깃발을 쥐고 다른 손에는 보검을 들고, 몸에는 조롱박을 걸고는 그 속에 인화 물질을 감추고 산 옆에 매복해 있게. 목우와 유마가 도착할 때를 기다렸다가 연기와 불을 일으키고 일제히 달려나가 목우와 유마를 몰고 가게. 위병이 그 광경을 보면 반드시 귀신이라 의심하여 감히 쫓아오지 못할 것이네."

계책을 받은 장억이 군사를 이끌고 떠났다.

공명은 또 위연과 강유를 불러 분부했다.

"그대 두 사람은 함께 군사 1만 명을 이끌고 북원 군영 입구로 가서 목우와 유마를 지원하고 교전을 방비하라."

또 요화와 장익을 불러 분부했다.

"그대 두 사람은 군사 5000명을 이끌고 사마의가 오는 길을 차단하라."

또 다시 마충과 마대를 불러 분부했다.

"그대 두 사람은 2000명의 군사를 이끌고 위수 남쪽으로 가서 싸움을 걸라."

여섯 명은 각기 명령에 따라 떠났다.

한편 위나라 장수 잠위는 군사를 이끌고 군량과 마초를 실은 목우와 유마를 몰아 한창 길을 가고 있는데 별안간 앞쪽에서 군량 수송을 순찰하는 군사들이 나타났다는 보고가 들어왔다. 잠위가 사람을 시켜 정찰했는데 과연 위병이라 즉시 마음 놓고 앞으로 나아갔다. 양쪽 군사가 한데 합쳐졌다. 그때 갑자기 함성이 크게 진동하더니 촉병이 본대 안에서 싸우기 시작했다. 한 장수가 크게 외쳤다.

"촉중 대장 왕평이 여기 있노라!"

위병은 미처 손쓸 겨를도 없이 태반이 촉병에게 죽임을 당했다. 잠위도 패잔병을 이끌고 대적했으나 왕평에게 한칼에 당했고 나머지는 모두 뿔뿔이 흩어졌다. 왕평은 군사를 이끌고 목우와 유마를 모두 몰고 돌아갔다. 패잔병들이 나는 듯이 북원 군영 안으로 달려가 보고했다. 곽회는 군량을 강탈당했다는 소식을 듣고 서둘러 군사를 이끌고 구원하러 갔다. 왕평은 군사에게 명하여 목우와 유마의 혀를 반대로 돌리고는 모두 길바닥에 버리고 싸우면서 달아났다. 곽회는 추격하지 말고 목우와 유마를 가지고 돌아가도록 했다. 군사들이 일제히 목우와 유마를 몰려 하는데 움직일 리가 있겠는가? 곽회는 내심 의심이 들어 어찌할 바를 모르고 있는데 별안간 고각이 하늘을 진동할 정도로 요란하게 울리고 사방에서 함성이 일어나더니 양쪽 길로 군사들이 쳐들어왔다. 다름 아닌 위연과 강유였다. 왕평도 군사를 이끌고 되돌아와 들이쳤다. 세 갈래 길로 협공해오자 곽회는 대패하여 달아났다. 왕평은 군사들에게 목우와 유마의 혀를 다시 되돌리게 하고는 그것들을 몰고 갔다. 그 광경을 멀리서 본 곽회가 군사를 돌려 다시 추격하려 하는데 산 뒤쪽에서 운무 같은 연기가 솟더니 한 부대의 신병이 우르르 몰려나왔다. 그들은 손에 깃발과 검을 들었고 괴이한 모습으로 목우와 유마를 몰아 순식간에 사라졌다. 곽회는 깜짝 놀랐다.

"이는 필시 귀신이 도와준 것이다!"

그 광경을 본 군사들 중에는 두려워하지 않는 자가 없었고 감히 추격에 나서지 못했다.

한편 사마의는 북원의 병사가 패했다는 소식을 듣고는 급히 직접 군사들을 이끌고 구원에 나섰다. 가는 길 중간쯤에 막 이르렀을 때 별안간 '쾅!' 하는 포성이 울리더니 험준한 곳으로부터 군사들이 두 갈래로 쏟아져 나왔다. 함성이 땅을 울렸고 깃발에는 '한장漢將 장익 요화'라고 큼지막하게 적혀 있었다. 그것을 본 사마의는 깜짝 놀랐다. 위군도 당황하여 목숨을 건지기 위해 제각기 줄행랑쳤다.

> 길에서 신장을 만나 군량 강탈당했는데
> 기습 부대를 만나 목숨이 또 위태롭구나
> 路逢神將糧遭劫, 身遇奇兵命又危

과연 사마의는 어떻게 대적할 것인가?

제102회 목우와 유마

①

오반吳班은 이때 죽지 않았다

『삼국지』「촉서·양희전」에 첨부된 『계한보신찬』에 따르면 "오반은 자가 원웅元雄이며 대장군 하진의 수하 관리였던 오광의 아들이다. 그는 호방하고 의협심이 있다고 알려졌다. 선주 때 영군領軍(금위군 통솔)에 임명되었다. 후주 때는 점점 승진하여 표기장군에까지 이르렀고 가절假節을 받았으며 면죽후縣竹侯에 봉해졌다"고 기록하고 있다. 오반이 당시(234년) 전사했다는 기록은 없으며 243년에 병사한 것으로 알려져 있다.

②

북원北原 위교渭橋의 전투 상황

『삼국지』「위서·곽회전」은 북원의 전투 상황을 다음과 같이 기록하고 있다.

"청룡 2년(234), 곽회는 제갈량이 반드시 북원을 탈취할 거라 예상하고는 먼저 그곳을 점거해야 한다고 했다. 논의하는 자 대부분은 그렇지 않다고 여겼다. 곽회가 말했다.

'만일 제갈량이 위수를 건너 북원으로 올라와 북산北山(구종산九嵕山으로 함양 북부에 위치)에서 전선을 이루고 농도隴道(산시陝西성에서 간쑤성으로 통하는 길)를 끊고

그곳 거주민과 오랑캐를 동요시켜 불안하게 만든다면 국가에 이로울 것이 없습니다.'

사마선왕(사마의)은 그의 의견이 옳다고 여겼다. 곽회는 결국 군사를 거느리고 북원에 주둔했다. 참호와 보루가 아직 완성되지 않았는데 대규모의 촉군이 도착하여 곽회는 그들을 맞아 공격했다. 며칠 뒤에 제갈량은 대부대의 인마를 지휘하며 서쪽으로 진군했고, 이에 위의 장수들은 촉이 서쪽 전선을 공격하려 한다고 여겼다. 그러나 오직 곽회만이 거짓으로 서쪽 전선을 조성하여 우리 측의 막강한 군대를 유인하려는 제갈량의 계책을 간파하고, 사실은 촉군이 양수陽遂(위치는 상세하지 않으며 북원에서 비교적 거리가 가까움)를 공격하려 한다고 생각했다. 그날 밤 촉군은 과연 양수를 공격해왔으나 방비가 있었으므로 점령할 수 없었다."

『진서』「선제기」에는 "장군 호준胡遵과 옹주자사 곽회를 파견해 함께 양수를 방비하게 했다"고 기록하고 있다.

❸

『삼국지』「촉서·동윤전」 배송지 주 『양양기』에 다음과 같은 기록이 있다.

"손권이 일찍이 만취하여 비의에게 말했다.

'양의와 위연은 모두 목동 같은 소인배요. 두 사람이 비록 당면한 정세에 닭이 울고 개가 짖는 하찮은 이로움이 있을지라도 이미 임용되었으니 그 세력이 필시 가볍지 않을 것이오. 만일 하루아침에 제갈량이 없어지기라도 한다면 두 사람은 반드시 재난과 변란이 될 것이오. 그대들이 이토록 어리석어 방비하고 근심할 줄 모르니 어떻게 장래를 계획할 수 있겠소?'

비의는 아연실색하여 바로 대답할 수 없었다."

『삼국지』「촉서·비의전」에 따르면 "비의는 명을 받들어 조정의 뜻을 전달하는 사신으로 오로 가는 일이 잦았다"고 기록하고 있다. 사신의 일을 전담한 듯하다.

또한 "손권은 비의를 대단히 높이 평가했으며 비의에게 '그대는 천하에 미덕을 갖춘 사람이니 틀림없이 촉한을 보좌할 수 있을 것이오. 우리 나라에 자주 올 수 없을까 걱정이오'라고 말했다"고 기록하고 있다.

또한 배송지 주『의별전禕別傳』에 따르면 "손권은 매번 별도로 좋은 술을 비의에게 내주어 그가 취한 것을 보고 나서야 국가 대사를 물었으며 아울러 당대의 논할 일 가운데 대답하기 어려운 문제를 쌓아두었다. 비의는 즉시 취했다고 작별하고 물러나와 질문에 대해 글로 써서 모든 문제에 답했는데 빠뜨린 것이 없었다"고 기록하고 있다.

사신의 신분으로 오에 자주 갔던 비의에 관한 유명한 고사가 있다. 쓰촨성 청두成都 진장錦江강에 만리교萬里橋라는 다리가 있는데 비의가 사신으로 배를 타고 오로 떠날 때 제갈량이 송별연을 벌였던 장소다. 비의가 "만 리 길이 이 다리에서 시작되는구나萬里之行, 始于此橋"라며 탄식했던 것으로 유명하다.

❹

진랑秦朗은 이때 전사하지 않았다

『삼국지』「위서·유방전」에 "경초景初 2년(238), 효기장군驍騎將軍 진랑이 함께 조정을 보좌하도록 했다"는 기록이 있다. 제갈량과 전쟁을 벌였던 시기는 234년의 일로, 역사는 진랑이 4년 뒤인 238년에도 생존한 것으로 기록하고 있어 234년에 전사하지 않았음을 알 수 있다.

「위서·명제기」 배송지 주『위략』에는 진랑에 대해 "진랑은 명제明帝(조예)가 즉위한 이후로 가까이 모시는 내관의 직책을 수여받았으며 어가가 매번 출입할 때마다 항상 수행했다. 이때 명제는 적발하기를 좋아하여 죄가 경미한 자도 사형에 처했는데 진랑은 이를 끝내 말리지 않았으며 또 일찍이 좋은 사람을 천거한 적도 없었다. 황제 또한 그를 아꼈고 매번 그에게 자문을 구했으며 그의 어린 시절 이름인 아소阿蘇라고 부를 때가 많았다. 상을 자주 내리고 경성京城 한가운데에 큰 저택을 지어주기도 했다. 사방에서는 비록 진랑이 무능하고 유익하지 않은 인물임을 알았지만 황제 가까이서 총애를 받아 존귀하게 대했고 뇌물을 많이 받아 그 부유함이 공후와 비견할 정도였다"고 기록하고 있다.

오장원에 지는 별

사마의는 상방곡에서 곤경에 빠지고,
제갈량은 오장원에서 별에 액막이를 하다

上方谷司馬受困,
五丈原諸葛禳星

장익과 요화에게 한바탕 패한 사마의는 홀로 빽빽한 수풀 사이로 달아났다. 장익은 후군을 거두었고 요화는 앞장서서 사마의를 추격했다. 거의 따라잡히자 사마의는 당황하여 나무를 빙 돌았다. 요화가 칼을 휘둘렀으나 나무를 찍고 말았다. 나무에서 칼을 뽑았을 때는 이미 사마의가 숲 밖으로 달아난 뒤였다. 요화가 뒤따라 추격했지만 어디로 갔는지 알 수가 없었다. 숲 동쪽에 황금 투구 하나가 떨어져 있어 투구를 주워 말에 걸고 곧장 동쪽을 향해 추격했다. 알고 보니 사마의는 황금 투구를 숲 동쪽에 버리고는 도리어 반대 방향인 서쪽으로 달아난 것이었다. 일정 거리를 추격한 요화는 종적이 보이지 않자 골짜기 입구를 나갔고 마침 강유와 마주쳐 함께 군영으로 돌아와 공명을 만났다. 장익은 어느새 목우와 유마를 몰아 군영에 당도한 상태였고 인계를 마치니 1만여 석의 군량이 나왔다. 황금 투구를 바친 요화는 일등 공로로 기록되었고, 위연은 내심 기뻐하지 않으며 원망하는 말만 내뱉었다. 이에 대해 공명은 그냥 모르는 척했다.

　한편 도망쳐 군영으로 돌아온 사마의는 몹시 우울했다. 그때 별안간 명령을 받든 사자가 조서를 가지고 군영에 이르렀다. 동오가 세 갈래 길로 침입해 오고 있어 조정에서 장수를 파견하여 대적할 일을 논의하고 있으니 사마의 등은 굳게 지키기만 하고 싸우지 말라는 내용이었다. 명령을 받든 사마의는 도랑을 깊이 파고 보루를 높여 단단히 지키면서 싸우러 나오지 않았다.

한편 조예는 손권이 군사를 세 갈래 길로 나누어 쳐들어온다는 소식을 듣고는 그 역시 군사를 세 갈래 길로 나누어 맞서기로 했다. 유소劉劭에게 군사를 이끌고 강하를 구하게 하고 전예田豫에게는 양양을 구하게 했으며 조예 자신은 민총과 함께 대군을 인솔하여 합비를 구하기로 했다. 만총은 먼저 일군을 거느리고 소호 어귀에 이르렀다. 멀리 동쪽 기슭에 무수히 많은 전선이 보였는데 깃발들이 정연하고 엄숙했다. 만총이 군중으로 들어와 위주에게 아뢰었다.

"오인들은 틀림없이 우리가 멀리서 왔을 것이라 가볍게 여기고 대비하지 않을 것이니, 오늘 밤 빈틈을 이용해 그들의 수채¹를 급습한다면 필시 완승을 거둘 수 있을 것입니다."

위주가 말했다.

"그대의 말이 짐의 뜻과 같소."

즉시 사납고 날랜 장수 장구張球에게 군사 5000명을 인솔하여 각기 점화 도구를 지닌 채 호수 어귀로부터 공격하게 했고, 만총에게는 군사 5000명을 이끌고 동쪽 기슭으로부터 공격하게 했다. 이날 밤 이경 무렵에 장구와 만총은 각기 군사를 이끌고 은밀히 호수 어귀로 진군했고, 수채에 접근하자 일제히 함성을 지르며 치고 들어갔다. 오의 병사들은 허둥대며 싸우지도 않고 달아났다. 위군들이 사방에서 불을 질렀고, 불타버린 전선, 군량과 마초, 전쟁 기구가 그 수를 헤아릴 수 없을 정도로 많았다. 제갈근은 패잔병을 인솔하여 면구沔口로 달아났다.[2] 위군은 대승을 거두고 돌아갔다.❶

이튿날 정찰병이 육손에게 그 사실을 보고했다. 육손은 장수들을 모아놓고 상의했다.

"내가 표문을 작성하여 주상께 아뢰어 신성新城을 포위하고 있는 군사들을 철수시켜 위군의 퇴로를 끊어달라고 청하겠소. 그리고 군사들을 인솔하여 그 앞을 공격한다면 저들은 머리와 꼬리를 막아낼 수 없을 것이니 북 한 번 두드려 깨뜨릴 수 있을 것이오."

그 말에 장수들이 감복했다. 육손은 즉시 표문을 갖추어 하급 무관 한 명을 몰래 신성으로 보냈다. 명령을 받든 그는 표문을 지닌 채 나루터에 이르렀다가 뜻하지 않게 길에 매복해 있던 위병에게 사로잡혀 군중에 있던 위주 조예에게 끌려왔다. 조예는 수색하여 찾아낸 육손의 표문을 읽고는 탄식했다.

"동오의 육손은 참으로 신묘한 계책을 쓰는구나!"

즉시 그 무관을 가두라 명하고는 유소에게 손권의 후군을 신중히 방비하게 했다.

한편 제갈근의 부대는 싸움에서 한바탕 크게 패한 데다 날씨마저 무더워 많은 사람과 말이 병에 걸렸다. 이에 군대를 철수시켜 귀국하자고 건의하는 편지 한 통을 써서 사람을 보내 육손에게 전달했다. 편지를 읽은 육손이 심부름 온 자에게 일렀다.

"내게 나름대로 생각이 있다고 장군께 전하거라."

사자가 돌아가 제갈근에게 보고하자 제갈근이 물었다.

"육장군은 무엇을 하고 계시냐?"

사자가 말했다.

"육장군께서는 사람들을 재촉하여 군영 밖에 콩을 심게 하고는 자신은 장수들과 함께 원문轅門에서 활쏘기를 즐기고 계십니다."

깜짝 놀란 제갈근은 직접 육손의 군영으로 가서 육손을 만나 물었다.

"지금 조예가 직접 왔기 때문에 군세가 몹시 왕성한데 도독께서는 무엇으로 그들을 막으려 하시오?"

육손이 말했다.

"내 앞서 주상께 표문을 바치기 위해 사람을 파견했는데 뜻하지 않게 적들에게 사로잡히고 말았소. 전략이 이미 누설되었으니 저들은 틀림없이 알고 시 대비를 할 테니 저들과 싸우는 것은 무익하오. 그러니 차라리 잠시 물러나는 것이 좋을 듯하오. 이미 다시 표문을 올려 주상께 천천히 군사를 물리기로 약속했소."

제갈근이 말했다.

"도독께서 이미 그런 뜻이 있으시다면 바로 속히 물러나야지 어찌하여 또 이리 지체한단 말이오?"

육손이 말했다.

"우리 군이 물러나려 한다면 마땅히 천천히 움직여야 할 것이오. 지금 만약 바로 물러간다면 위인들이 틀림없이 기세를 몰아 추격해올 것이니 이것은 패하는 길이오. 족하께서는 먼저 전함들을 지휘해 거짓으로 적들에게 대항하는 척하시오. 나는 인마를 모조리 양양으로 진격시켜 적들이 의심하도록 만드는 계책을 쓰겠소. 그런 다음에 서서히 강동으로 돌아간다면 위병들은 감히 접근하지 못할 것이오."

제갈근은 그 계책에 따라 육손과 작별하고 본영으로 돌아와 전함들을 정돈하고 출발할 준비를 했다. 육손은 부오³를 정돈하고 위엄과 기세를 드날리며 양양을 향해 진군했다. 어느새 정탐꾼이 위주에게 보고하며 오군이 움직였으니 조심스럽게 방비를 해야 한다고 아뢰었다. 그 소식을 들은 위나라 장수는 모두 출전하려고 했으나 위주는 평소에 육손의 재주를 알고 있어 장수들에게 명령을 하달했다.

"육손은 꾀가 많으니 혹 유인하려는 계책을 쓰는 것이 아닌가? 함부로 나아가서는 안 된다."

장수들은 그만두었다. 며칠이 지나 초병이 와서 보고했다.

"동오의 세 갈래 병마가 모두 물러갔습니다."

그 말을 믿지 못한 위주가 다시 사람을 시켜 알아보게 했는데 돌아와서는 과연 모두 물러갔다고 보고했다. 위주가 말했다.

"육손의 용병술은 손자와 오자에 뒤지지 않는구나. 동남東南은 아직 평정할 수 없겠다."

위주는 칙령을 내려 장수들에게 각 요충지를 지키게 하고는 직접 대군을 이끌고 합비에 주둔하면서 상황의 변화를 살피기로 했다.❷

한편 기산에 있던 공명은 오래 주둔할 계책을 위해 촉병들에게 위나라 백성과 함께 섞여 농사를 짓도록 했다. 수확의 3분의 1을 군사들이 갖고 3분의 2를 백성이 갖게 하면서 병사들이 백성을 침범하지 못하게 하자 위나라 백성은 모두 안심하고 즐겁게 일했다.❸

사마사가 들어와 부친에게 고했다.

"촉병들이 우리의 허다한 군량을 강탈한 데다 지금은 또 우리 백성과 함께 섞여 위수 가에서 둔전을 하고 있으니 이것은 오래 있으려는 계획입니다. 참으로 국가의 커다란 우환거리라 하겠습니다. 아버님께서는 어찌하여 공명과 날짜를 정해 한바탕 크게 싸워 자웅을 가리지 않으십니까?"

사마의가 말했다.

"내 폐하의 명령을 받들어 굳게 지키는 것이니 함부로 움직여서는 안 된다."

한창 상의하고 있는데 갑자기 보고가 들어왔다. 위연이 지난날 사마의가 잃어버린 황금 투구를 들고 와서는 욕하며 싸움을 걸고 있다는 것이었다. 장수들이 분노하며 모두 나가 싸우려고 했다. 그러자 사마의가 웃으며 말했다.

"성인께서 이르기를 '작은 것을 참지 못하면 큰일을 망치게 된다'[4]고 하셨소. 굳게 지키는 것만이 상책이오."

장수들은 명령에 따라 나가지 않았다. 위연은 한참 동안 욕설을 퍼부어 모욕을 주고는 돌아갔다.

사마의가 나와서 싸우려 하지 않는 것을 본 공명은 마대에게 비밀 명령을 내려 목책을 만들고 군영 안에 깊게 도랑을 판 뒤 다량의 마른 장작과 인화 물질을 쌓도록 했다. 또한 주변의 산 위에도 땔나무를 이용해 거짓으로 움집을 여러 개 세운 뒤 안팎으로 지뢰를 묻었다. 설치를 끝내자 공명은 귓속말로 마대에게 당부했다.

"호로곡 뒷길을 끊어 막고 골짜기 안에 군사들을 몰래 매복시키게. 사마의가 추격해오면 골짜기 속으로 들어오게 내버려두었다가 지뢰와 마른 장작에 일제히 불을 지르게."

또 군사들에게 낮에는 골짜기 입구에서 칠성호대[5]를 들게 하고 밤에는 산위에 일곱 개의 등불을 밝혀 암호로 삼게 했다. 계책을 받은 마대는 군사를 이끌고 떠났다. 공명은 또 위연을 불러 분부했다.

"그대는 군사 500명을 이끌고 위의 군영으로 가서 싸움을 걸어 사마의가 출전하도록 유인하는 데 힘써라. 승리를 거두어서는 안 되고 거짓으로 패하

기만 해야 한다. 그러면 사마의는 틀림없이 추격해올 것이고 그대는 칠성기七
星旗가 보이는 곳으로 들어가라. 만약 야간이면 일곱 개의 등불이 보이는 곳
으로 달아나라. 사마의를 호로곡 안으로 들어오게 할 수만 있다면 내게 그
를 사로잡을 계책이 있노라."

계책을 받은 위연이 군사를 이끌고 떠났다. 공명은 또 고상을 불러 분부
했다.

"그대는 목우와 유마 20~30마리 혹은 40~50마리를 한 무리로 삼아 각
기 군량을 싣고 산길에서 이리저리 왕래하라. 위병이 빼앗으러 간다면 그대가
공을 세운 것이다."

계책을 받은 고상이 목우와 유마를 몰고 떠났다. 공명은 기산의 병사를
일일이 배치하고 둔전을 핑계로 분부했다.

"만일 다른 병사들이 싸우러 오면 거짓으로 패하는 척만 하라. 그러나 사
마의가 직접 온다면 그때는 협력하여 위수 남쪽을 공격하고 그가 돌아갈 길
을 끊으라."

배치를 마친 공명은 직접 일군을 거느리고 상방곡 근처로 가서 군영을 세
웠다.

한편 하후혜와 하후화 두 사람이 군영으로 들어가 사마의에게 고했다.

"지금 촉병이 사방으로 흩어져 군영을 꾸리고 각처에서 둔전을 하고 있어
오래 있을 계획이라 여겨집니다. 만약 이때를 이용하여 그들을 제거하지 않
고 오래도록 마음대로 편안히 지내게 내버려둔다면 뿌리가 깊어지고 꼭지가
단단해져 움직이게 하기 어려워질 것입니다."

사마의가 말했다.

"이것 또한 필시 공명의 계책일 것이다."

두 사람이 말했다.

"도독께서 그토록 의심하고 염려하시면 어느 때에 도적들을 소멸시킬 수 있겠습니까? 우리 형제 두 사람이 목숨 걸고 필사적으로 싸워 나라의 은혜에 보답하겠습니다."

사마의가 말했다.

"너희 두 사람이 각기 분담하여 출전하도록 하라."

마침내 하후혜와 하후화에게 각자 5000명의 군사를 이끌고 나가 싸우게 했다. 사마의는 앉아서 소식을 기다렸다.

한편 하후혜와 하후화가 두 갈래 길로 군사를 나누어 한창 행군하고 있는데 별안간 촉병이 목우와 유마를 몰고 오는 것이 보였다. 두 사람이 일제히 들이치자 촉병은 대패하여 달아났고 위군들은 목우와 유마를 모조리 빼앗아 사마의의 군영으로 끌고 왔다. 이튿날에도 또 인마 100여 명을 사로잡아 역시 군영으로 끌고 왔다. 사마의가 잡혀온 촉병을 심문하자 촉병이 고했다.

"공명은 도독께서 굳게 지키기만 하고 나오지 않을 것이라 헤아려 저희에게 사방으로 흩어져 둔전을 하면서 오래 있을 준비를 하라 명했습니다. 그런데 생각지도 못하게 이렇게 사로잡히게 되었습니다."

사마의는 촉병들을 모두 풀어주고 돌려보냈다. 하후화가 말했다.

"어찌하여 죽이지 않으십니까?"

사마의가 말했다.

"이런 병졸들이야 죽여봤자 이로울 것이 없느니라. 풀어주고 본영으로 돌려보내 위나라 장수가 관대하고 인자하다고 말하게 하여 저들의 군심을 풀어지게 하려는 것이다. 이것이 여몽이 형주를 취한 계책이다."

그러고는 즉시 명령을 전달했다.

"오늘 이후로 촉병을 사로잡더라도 모두 잘해줘서 돌려보내라. 공이 있는 군관들은 이전처럼 후한 상을 내릴 것이다."

장수들은 명령을 듣고 나갔다.

한편 공명은 고상에게 명하여 군량을 운반하는 척하면서 목우와 유마를 몰아 상방곡 안에서 왔다 갔다 하도록 했다. 하후혜 등은 수시로 저지하고 들이쳐 보름 사이에 몇 차례나 연이어 승리를 거두었다. 사마의는 촉병이 여러 차례 패하는 것을 보고는 속으로 기뻐했다. 하루는 촉병 수십 명이 또 사로잡혀 왔다. 사마의가 군막 안으로 불러 물었다.

"공명은 지금 어디에 있느냐?"

군사들이 고했다.

"제갈승상께서는 기산에 계시지 않고 상방곡 서쪽 10리 떨어진 곳에 군영을 세우고 편안히 계십니다. 매일 군량을 운반해 상방곡에 저장하고 계십니다."

사마의는 세세히 물은 다음 즉시 잡혀온 무리를 풀어주고 장수들을 불러 분부했다.

"공명은 지금 기산에 있지 않고 상방곡에 군영을 꾸렸소. 그대들은 내일 일제히 협력하여 기산의 본영을 공격해 빼앗도록 하시오. 나는 직접 군사를 이끌고 지원하리다."

명령을 받은 장수들이 각기 출전을 준비했다. 사마사가 말했다.

"아버님께서는 무슨 까닭으로 상방곡을 치지 않고 도리어 그 뒤인 기산을 공격하려고 하십니까?"

사마의가 말했다.

"기산은 바로 촉군의 근본이라 만약 우리 군사들이 공격하는 것을 알게 되면 틀림없이 모든 군영에서 구하고자 올 것이다. 그때 우리가 도리어 상방 곡을 취해 그들의 군량과 마초를 불태워 머리와 꼬리를 이어지지 못하게 한다면 저들은 반드시 대패할 것이다."

사마사는 탄복했다. 사마의는 즉시 출병시키면서 장호와 악침에게 각자 군사 5000명을 이끌고 위에서 지원하게 했다.

산 위에 있던 공명은 멀리 위병이 3000∼5000명 혹은 1000∼2000명씩 일행이 되어 대오가 어지럽고 앞뒤를 둘러보는 것을 보고는 틀림없이 기산의 본영을 빼앗으러 올 것이라 헤아리고 비밀리에 장수들에게 명령을 전달했다.

"만약 사마의가 직접 온다면 그대들은 즉시 위의 군영을 급습해 위수 남쪽을 빼앗도록 하라."

장수들은 각자 명령에 따라 움직였다.

한편 위병이 모두 기산 군영으로 달려가자 촉병은 사방에서 일제히 함성을 지르며 분주하게 달려 거짓으로 기산을 구하려는 형세를 취했다. 사마의는 촉병이 모두 기산 군영을 구하러 가는 것을 보고는 즉시 두 아들과 중군 호위 인마들을 이끌고 상방곡으로 달려갔다. 이때 골짜기 입구에 있던 위연은 사마의가 오기만을 기다리고 있었다. 별안간 한 갈래의 위군이 몰려왔다. 위연이 말고삐를 놓고 앞으로 달려가 살펴보니 바로 사마의였다. 위연이 크게 고함을 질렀다.

"사마의는 달아나지 마라!"

칼을 춤추듯 휘두르며 맞섰다. 사마의도 창을 잡고 접전을 벌였다. 3합을 싸우지도 못했는데 위연이 말을 젖히더니 이내 달아났고 사마의는 그 뒤를 추격했다. 위연은 칠성기가 있는 곳만 바라보며 달아났다. 사마의는 위연 혼자인 데다 군마의 수도 적어 마음 놓고 추격했다. 사마사는 왼쪽, 사마소는 오른쪽에 두고 사마의 자신은 가운데에서 일제히 공격했다. 위연은 500명의 군사를 이끌고 모두 골짜기 안으로 들어갔다. 골짜기 입구까지 추격한 사마의는 먼저 사람을 시켜 골짜기 안을 정찰했다. 골짜기 안에 매복병은 없고 초가밖에 없다는 걸 확인한 사마의가 말했다.

"이곳은 틀림없이 군량을 저장한 곳일 것이다."

즉시 병마를 대대적으로 몰아 골짜기 안으로 들어갔다. 그런데 초가 위에는 온통 마른 장작뿐이고 앞쪽에 달아나던 위연은 어디로 갔는지 보이지 않았다. 의심이 든 사마의는 두 아들에게 일렀다.

"만일 군사들이 골짜기 입구를 차단하면 어찌한단 말이냐?"

말을 마치기도 전에 함성이 크게 진동하더니 산 위에서 횃불이 일제히 떨어지면서 골짜기 입구를 끊어버리고 말았다. 위병들이 달아나려 해도 길이 없었다. 산 위에서는 불화살이 쏟아져 내리고 땅에서는 지뢰가 튀어나왔으며 초가의 마른 장작에 불이 붙어 활활 타오르면서 불길이 하늘로 솟구쳤다. 놀란 사마의는 당황하여 어찌할 바를 몰라 말에서 내려 두 아들을 끌어안고 통곡했다.

"우리 세 부자가 모두 여기에서 죽게 생겼구나!"

한창 곡을 하고 있는데 별안간 광풍이 세차게 일며 검은 기운이 공중에 가득 퍼지더니 '꽈르릉!' 벼락이 떨어지고 소나기가 억수같이 내리기 시작했다. 골짜기를 가득 채웠던 불길이 모조리 꺼지니 지뢰도 진동하지 않았고 화기들도 효과를 거두지 못했다. 사마의는 크게 기뻐했다.

"지금 뚫고 나가지 않으면 어느 때를 기다린단 말이냐!"

즉시 군사들을 이끌고 있는 힘을 다해 돌격했다. 장호와 악침 또한 각자 군사를 이끌고 달려와 지원했다. 마대는 군사가 적어 감히 추격하지 못했다. 사마의 부자는 장호, 악침과 더불어 군사를 한데 모아 위수 남쪽의 본영으로 돌아갔으나 생각지도 못하게 군영은 이미 촉병에게 빼앗긴 상태였다. 그때 마침 곽회와 손례는 부교 위에서 촉병과 접전을 벌이고 있었다. 사마의 등이 군사를 이끌고 들이치자 촉병은 물러갔다. 사마의는 부교를 불태워 끊고 북쪽 기슭에 머물렀다.

한편 기산에서 촉 군영을 공격하던 위군은 사마의가 대패하고 위수 남쪽 군영을 잃었다는 소식을 듣고는 당황하고 혼란에 빠져 급히 물러가려 했다. 그러나 사면에서 촉병이 들이닥쳤고, 위병은 대패하여 열에 여덟아홉이 다쳤고 죽은 자도 무수히 많았다. 살아남은 패잔병들도 목숨을 건지고자 위수 북쪽으로 달아났다. 산 위에 있던 공명은 위연이 사마의를 유인하여 골짜기로 들어온 뒤 삽시간에 불길이 이는 것을 보고는 속으로 몹시 기뻐하며 사마의가 이번에는 반드시 죽을 것이라 여겼다. 그러나 예기치 않게 하늘에서 큰비가 쏟아지는 바람에 불이 꺼졌고 정찰 기병은 사마의 부자가 모두 달아났다고 보고했다. 공명은 탄식했다.

"일을 계획하는 것은 모두 사람에게 있지만 일의 성패는 하늘에 달려 있구나. 억지로 할 수 있는 것이 아니로다!"

후세 사람이 이를 탄식한 시가 있다.

골짜기 입구로 광풍이 불고 맹렬한 불길이 치솟는데
어찌 알았으랴 푸른 하늘에서 소낙비 쏟아질 줄이야
제갈무후의 기묘한 계책이 만일 성공할 수 있었다면
어찌 천하의 강산이 진나라 소유가 될 수 있었겠는가

谷口風狂烈焰飄, 何期驟雨降靑霄

武侯妙計如能就, 安得山河屬晉朝 ❹

한편 사마의는 위수 북쪽 군영 안에서 명령을 전달했다.

"위수 남쪽의 군영은 이미 잃어버렸으니 장수들 중에 다시 출전하자고 말하는 자가 있으면 그를 참수하겠노라!"

명령을 들은 장수들은 지키기만 하고 나가지 않았다. 곽회가 들어와 고했다.

"근래에 공명이 군사를 이끌고 순찰을 도는데 틀림없이 땅을 골라 군영을 꾸릴 생각인 것 같습니다."

사마의가 말했다.

"공명이 만약 무공⁶을 나가 산을 끼고 동쪽으로 간다면 우리는 모두 위태로워지겠지만, 만약 위수 남쪽으로 나가 서쪽의 오장원⁷에 머문다면 무사할 것이오."

사람을 시켜 정탐했더니 과연 제갈량이 오장원에 주둔했다고 보고했다. 사마의는 손을 이마에 대고 기뻐하며 말했다.

"대위大魏 황제 폐하의 크나큰 복이로다!"

그러고는 즉시 장수들에게 명했다.

"단단히 지키면서 나가지 마라. 시간이 오래 지나면 저들에게 반드시 변고가 생길 것이다."

한편 공명은 직접 일군을 거느리고 오장원에 주둔하면서 여러 차례 사람을 시켜 싸움을 걸었지만 위군은 싸우러 나오지 않았다. 공명은 이에 부녀자들이 쓰는 머릿수건과 소복을 가져다 커다란 함에 담고 편지 한 통을 써서 사람을 시켜 위의 군영으로 보냈다. 장수들은 감히 숨기지 못하고 사자를 인도하여 사마의에게 데려갔다. 사마의가 사람들 보는 앞에서 함을 열어보니 안에는 부녀자들의 머릿수건과 옷, 그리고 편지 한 통이 담겨 있었다. 사마의가 편지를 뜯어보니 내용은 대략 다음과 같았다.

"중달은 이미 대장이 되어 중원의 무리를 통솔하며 단단한 갑옷을 걸치고 예리한 무기를 들고서도 자웅을 가릴 생각은 하지 않고 기꺼이 굴속에서 흙 둥지를 지키면서 조심스럽게 칼과 화살을 피하려고만 하니 여인네와 무엇이 다르겠는가! 이제 사람을 시켜 부녀자들이 쓰는 머릿수건과 소복을 보내니 만일 나와 싸우지 않겠다면 두 번 절하고 받을지어다. 만일 부끄러워하는 마음이 아직 남아 있고 남자의 기개가 있다면 속히 회신을 보내 기일을 정하고 전쟁터로 나와 싸우거라."

편지를 읽고 난 사마의는 속으로 크게 노했으나 웃는 척하며 말했다.

"공명이 나를 부녀자로 보는구나!"

그러고는 즉시 함을 거두어들이고 사자를 후하게 대접했다. 사마의가 물었다.

"공명의 침식과 일의 번거로움은 어떠하오?"

사자가 말했다.

"승상께서는 아침 일찍 일어나고 저녁 늦게 주무시며 20대 이상의 형벌은 모두 친히 참관하십니다. 드시는 식사는 하루에 몇 승에 불과하십니다."

사마의가 장수들을 돌아보며 일렀다.

"식사는 적고 일은 많다고 하니 공명이 과연 오래갈 수 있겠는가?"

사자는 작별을 고하고 오장원으로 돌아와 공명에게 있었던 일을 구체적으로 이야기했다.

"사마의가 머릿수건과 여자 옷을 받고 서찰을 읽었는데도 화를 내지 않고 단지 승상의 침식과 일의 번거로움만 물을 뿐 군사 일은 일절 꺼내지도 않았습니다. 제가 이러하다고 응대했더니 그가 '먹는 것은 적은데 일은 번거로우니 어찌 오래갈 수 있겠는가?'라고 말했습니다."

공명이 탄식했다.

"그가 나를 매우 잘 알고 있구나!"

주부 양옹楊顒이 간언했다.

"제가 보건대 승상께서는 항상 문서 장부를 직접 교정하시는데 삼가 그리 하실 필요가 없습니다. 무릇 다스림에는 법도가 있어 위아래가 서로 침범해서는 안 됩니다. 집안을 다스리는 도리로 비유하자면 하인은 밭을 갈고 하녀는 밥을 지어 사적인 일로 시간을 허비함이 없도록 해야 요구하는 것을 만족시킬 수 있고, 그 주인은 여유롭고 편안히 있으면서 베개를 높여 자고 음식을 먹을 따름입니다. 만약 모든 일을 몸소 하려 한다면 몸은 피로하고 정신은 지쳐 결국 어느 하나도 이룰 수 없게 됩니다. 어찌 주인의 지혜가 하인과 하녀보다 못하겠습니까? 집주인의 도리를 잃기 때문에 하지 않는 것입니다. 이런 까닭으로 옛사람이 말하길, 앉아서 도리를 논하는 이는 삼공三公이고 일하면서 움직이는 이는 사대부士大夫라 했습니다. 옛날에 병길이 소가 헐떡거리는 것은 근심하면서 길에서 횡사한 사람에겐 관심이 없었고,[8] 진평이 돈과 곡물의 수량은 알지 못하면서 '각기 그 일을 주관하는 사람이 있다'[9]고 말했다고 합니다. 지금 승상께서 친히 세세한 일까지 처리하시느라 하루 종일 땀을 흘리시니 어찌 수고롭지 않으시겠습니까? 사마의의 말이 참으로 이치가 있는 말입니다."

공명이 눈물을 흘리며 말했다.

"내가 모르지 않네. 다만 선제께서 후사를 부탁하시어 막중한 소임을 받았기에 다른 사람이 나처럼 마음을 다하지 않을까 염려스러울 따름이네!"

모두 눈물을 흘렸다. 이때부터 공명은 정신이 산란하고 편안하지 못함을 스스로도 느꼈다. 장수들은 이 때문에 감히 군사를 진격시키지 못했다.❺

한편 위나라 장수 모두가 공명이 여인들의 머릿수건과 옷을 보내 사마의를 모욕했고 사마의가 그것을 받고도 싸우지 않고 있음을 알게 되었다. 장수들은 분노하여 군막으로 들어가 고했다.

"우리는 모두가 대국의 명장들인데 어찌 차마 촉인들로부터 그런 모욕을 당한단 말입니까! 청컨대 즉시 출전하여 자웅을 가리겠습니다."

사마의가 말했다.

"내가 감히 출전하지 않으려는 것은 기꺼이 모욕을 받아들인 것이 아니오. 천자의 영명한 조서에 굳게 지키면서 움직이지 말라고 하셨으니 어찌하겠소. 지금 만약 가벼이 움직인다면 천자의 명령을 어기는 것이오."

장수들은 분노하며 불평했다. 사마의가 말했다.

"그대들이 출전하고자 하니 내가 천자께 아뢰어 윤허를 기다렸다가 한마음 한뜻으로 적들과 싸우는 것이 어떠하오?"

장수들은 승낙했다. 사마의는 이에 표문을 써서 곧장 합비의 최전방 진지로 사자를 보내 위주 조예에게 아뢰었다. 조예가 표문을 뜯어보니 내용은 대략 다음과 같았다.

"신의 재주는 모자라고 소임은 막중한데 엎드려 폐하의 뜻을 받자니 신에게 굳게 지키며 싸우지 않으면서 촉인들이 스스로 쇠락하기를 기다리라 하셨습니다. 지금 제갈량이 신에게 여인들이 쓰는 머릿수건을 보내 신을 부녀자처럼 대하여 그 치욕이 지극히 심합니다! 신은 삼가 먼저 폐하께 아뢰오니 세밀히 살피시고, 단시간 내에 목숨을 돌보지 않고 결전을 벌여 조정의 은혜에 보답하고 삼군의 치욕을 씻고자 합니다. 신은 격한 분노를 이기지 못하겠습니다!"

표문을 읽고 난 조예는 관원들에게 일렀다.

"사마의가 견고히 지키면서 나오지 않더니 지금 무슨 까닭으로 다시 표문을 올려 싸우겠다고 청하는가?"

위위[10] 신비辛毗가 말했다.

"사마의는 본래 싸울 마음이 없는데 틀림없이 제갈량에 의한 치욕으로 장수들이 분노한 까닭에 특별히 이 표문을 올려 다시 폐하의 뜻을 받아 장수들의 마음을 억제하려는 것 같습니다."

조예는 그의 말을 옳다고 여겨 즉시 신비에게 부절을 가지고 위수 북쪽 군영으로 가서 출전하지 말라는 지시를 전달했다. 사마의가 조서를 받아 군막으로 들어가자 신비가 명령을 선포했다.

"감히 다시 출전을 말하는 자가 있다면 즉시 폐하의 뜻을 어긴 것으로 여기겠다."

장수들은 조서를 받드는 수밖에 없었다. 사마의가 몰래 신비에게 말했다.

"공은 참으로 내 마음을 잘 아시오!"

그리하여 위주가 신비에게 명하여 부절을 가지고 와서 사마의에게 출전하지 말라는 지시를 하달했다고 군중에 말을 전하도록 했다. 촉의 장수들이 이를 듣고는 공명에게 보고했다. 공명이 웃으며 말했다.

"이것은 사마의가 삼군을 안정시키고자 한 방법이네."

강유가 말했다.

"승상께서는 그것을 어떻게 아십니까?"

공명이 말했다.

"본래 싸울 마음이 없는데도 그가 싸움을 청한 것은 군사들에게 용감하다는 것을 보여주기 위한 것뿐이네. '장수가 외지에 있을 때는 군주의 명령을 받지 않을 수 있다'는 말도 듣지 못했는가? 어찌 천 리 떨어진 곳에서 싸우겠다고 청하는 자가 있겠는가? 이것은 바로 사마의가 장수들의 분노 때문에 조예의 뜻을 빌려 군사들을 억제하려는 것이네. 그리고 지금 또 이 말을 퍼뜨리는 목적은 우리 군심을 해이하게 만들기 위함이네."❻

한창 논의하고 있는데 별안간 비의가 당도했다는 보고가 들어왔다. 공명이 청해 들이고 묻자 비의가 말했다.

"위주 조예는 동오의 군사가 세 갈래 길로 진격하고 있다는 소식을 듣고는 직접 대군을 이끌고 합비에 이르러 만총, 전예田豫, 유소를 시켜 군사를 세 갈래 길로 나누어 적에 맞섰다고 합니다. 만총이 계책을 써서 동오의 군량과 마초, 전쟁 기구를 불태운 데다 다수의 오군이 병까지 걸렸다고 합니다. 육손이 오왕에게 표문을 올려 앞뒤로 협공하기로 약속했는데 뜻하지 않게 표문을 가지고 가던 사람이 도중에 위병에게 사로잡혔고, 이 때문에 계략이 누설되어 오군은 아무 소득도 없이 물러갔다고 합니다."

이 소식을 들은 공명은 길게 탄식하더니 바닥에 쓰러져 혼절하고 말았다. 장수들이 급히 구원했으나 한나절이 지나서야 깨어났다. 공명이 탄식했다.

"내 마음이 혼란스러운 것을 보니 지병이 재발한 모양이구나. 얼마 살지 못할까 염려되는구나!"

이날 밤 공명은 병을 무릅쓰고 군막을 나가 하늘을 우러러 천문을 살펴보고는 몹시 당황하여 군막으로 들어와 강유에게 일렀다.

"내 목숨이 조석에 달렸구나!"

강유가 말했다.

"승상께서는 어찌하여 그런 말씀을 하십니까?"

공명이 말했다.

"내 살펴보니 삼태성[11] 중에 객성[12]이 배나 밝고 주성主星은 어두워지고 있는데 뭇별들이 서로 보조해주고 있으나 그 빛이 어둡네. 천체 현상이 이와 같으니 내 목숨을 알 만하네!"

강유가 말했다.

"천체 현상이 비록 그렇다 할지라도 승상께서는 어찌하여 기양[13]을 하여 만회하지 않으십니까?"

공명이 말했다.

"내 본래 기양의 방법을 잘 알고 있으나 하늘의 뜻이 어떠한지는 아직 모르겠네. 자네는 갑옷 입은 전사 49명에게 각기 검은 깃발을 들고 검은 옷을 입혀서 군막 밖을 둘러싸도록 하게. 나는 군막 안에서 북두에 기양하겠네. 만약 7일 동안 주등主燈이 꺼지지 않으면 내 수명이 1기紀(12년)가 늘어날 수 있으나 꺼진다면 나는 반드시 죽을 걸세. 잡인들을 들여서는 안 되네. 일체의 필요한 물품은 동자 두 명에게 운반시키도록 하게."

명령을 받은 강유는 직접 준비하러 갔다.

때는 8월 중추中秋로 이날 밤 은하수는 밝게 빛났고 옥 같은 가을 이슬이 똑똑 떨어졌다. 깃발은 움직이지 않았고 조두[14]를 두드리는 소리도 없었다. 강유는 군막 밖에서 49명을 거느리고 호위했다. 공명은 군막 안에 직접 향과 꽃, 제물祭物을 차려놓고 땅에는 커다란 등 일곱 개를 배치했으며 밖에는 작은 등을 49개 나열했고 안에는 본명등本命燈 하나를 배치했다. 공명이 절하며 축원했다.

"이 량은 난세에 태어나 기꺼이 숲과 샘이 있는 땅에서 은거하며 늙고자 했으나, 소열황제께서 세 번이나 찾아주신 은혜를 입고 어린 황태자를 부탁하신 막중한 소임을 맡아 감히 개와 말의 하찮은 힘이라도 다하지 않을 수 없어 나라의 역적을 토벌하고자 맹세했습니다. 그러나 뜻하지 않게 장성將星(대장 별자리)이 떨어지려 하고 수명이 끊어지려 합니다.

삼가 척소[15]를 적어 위로 하늘에 고하노니, 엎드려 바라건대 인자하신 하늘이시여, 굽어살피시고 들으시어 신의 수명을 연장하여 위로는 군주의 은혜에 보답하고 아래로는 백성의 생명을 구하며 옛 법령과 제도를 회복하여 한나라의 제사를 길이 이어 나갈 수 있게 해주소서. 감히 망령되이 기도드리는 게 아니라 실로 진실한 감정으로 기원합니다."

절하며 축원을 마친 공명은 즉시 군막 안에서 무릎을 꿇고 엎드려 절을 올리며 날이 밝기를 기다렸다. 이튿날 병을 무릅쓰고 공무를 처리하다가 피를 멈추지 않고 토해냈다. 낮에는 군사 지침을 상의하고 계획했으며 밤이면 보강답두[16]를 거행했다.

한편 군영 안에서 단단히 지키고만 있던 사마의는 어느 날 밤에 하늘을 우러러 천문을 살펴보고는 크게 기뻐하며 하후패에게 일렀다.

"장성이 제 위치를 잃은 것을 보니 공명이 틀림없이 병이 있어 오래지 않아 죽을 것이네. 자네는 군사 1000명을 이끌고 오장원으로 가서 정탐하게.

만약 촉군들이 뒤숭숭하여 싸우러 나오지 않으면 공명이 틀림없이 병세가 위중한 것일세. 그러면 기세를 몰아 내가 공격하겠네."

하후패가 군사를 이끌고 떠났다. 군막 안에서 기양을 한 지 이미 여섯 번째 밤에 주등이 밝게 빛나는 것을 보고 공명은 속으로 매우 기뻐했다. 강유가 군막 안으로 들어가니 마침 공명은 머리를 풀어헤친 채 검을 잡고는 북두칠성 모양을 따라 밟으면서 장성을 누르고 있었다. 그때 별안간 군영 밖에서 외치는 소리가 들리자 사람을 시켜 나가서 알아보게 하려는데 위연이 빠른 걸음으로 들어와 보고했다.

"위병이 쳐들어왔습니다!"

위연의 걸음걸이가 급한 바람에 결국 주등이 발에 치여 꺼지고 말았다. 공명은 검을 내던지고는 탄식했다.

"죽고 사는 것은 천명이니 빈다고 될 일이 아니로다!"

위연은 부끄럽고 황송하여 땅바닥에 엎드려 죄를 청했다. 분노한 강유가 검을 뽑아 위연을 죽이려 들었다.

모든 일은 사람의 뜻대로 되지 않으니
마음을 다해도 천명과 겨루기 어렵구나
萬事不由人做主, 一心難與命爭衡

위연의 목숨은 어떻게 될 것인가? ❼

제103회 오장원에 지는 별

➊

당시 상황을 『삼국지』 「위서·만총전」에서는 "손권은 직접 10만 명의 대군이라 일컬으며 합비合肥 신성新城 아래에 당도했다. 만총은 화급히 달려가 수십 명의 장사를 소집하여 소나무 가지를 꺾어 횃불을 만들고 안팎으로 마麻를 짜낸 기름을 붓고 바람이 불어오는 방향으로 불을 질러 적군의 진공하는 기구들을 불태우고 손권의 조카 손태孫泰를 화살로 쏘아 죽였다. 적군은 이에 물러났다"고 기록하고 있다.

➋

역사는 이 당시의 상황을 다음과 같이 기록하고 있다.

『삼국지』 「오서·오주전」에서는 "가화嘉禾 3년(234) 여름 5월에 손권은 육손과 제갈근 등을 파견하여 강하江夏와 면구沔口에 주둔하게 하고 손소孫韶와 장승張承 등에게는 광릉廣陵과 회양淮陽으로 진군하도록 했으며 손권 자신은 대군을 인솔하여 합비合肥 신성新城을 포위했다. 이 무렵 촉한 승상 제갈량이 무공武功까지 출병했으므로(당시 1월에 제갈량은 야곡으로 출병하면서 사신을 보내 오와 함께 거병하기로 약속함), 손권은 위 명제(조예)가 멀리 출정할 수 없을 것이라 헤아렸다. 그렇지만 명제는 군사를 보내 사마의를 도와 제갈량을 막게 하고 자신은 직접 수군을 이끌고 동쪽 정벌에 나섰다. 명제가 아직 수춘에 다다르기 전에 손권은 물러나 돌아왔고 손소 또한 전쟁을 멈추었다"고 기록하고 있고, 「위서·명제기」에서는 "청룡靑龍 2년(234) 가을 7월 19일, 명제가 직접 용주龍舟를 타고 동쪽 정벌에 나섰다. 손권은 합비 신성을 공격했지만 장군 장영張潁 등이 수비하며 힘을 다해 싸웠다. 명제의 대군이 신성에서 멀리 수백 리쯤 떨어진 곳에 당도하자 손권은 즉시 도주했고 육의陸議와 손소 등도 철군하여 돌아갔다"고 기록하고 있다.

❸

제갈량의 둔전

『삼국지』「촉서·제갈량전」에 "건흥 12년(234) 봄, 제갈량은 항상 군량이 공급되지 않아 자신의 염원을 실현시키지 못할 것을 걱정했으며 이 때문에 병력을 나누어 둔전을 하여 오랫동안 군대를 주둔시킬 토대를 만들었다. 파종하고 둔전하는 병사들과 위수 가에 거주하는 백성이 함께 섞여 지냈는데, 그곳 백성의 삶은 대단히 안정되었고 군대는 사사로운 이익을 꾀하는 행위를 하지 않았다"고 기록하고 있다. 『삼국지』「위서·곽회전」에서도 "청룡 2년(234), 제갈량이 야곡으로 출병했고 난갱蘭坑 (정확한 지점은 알 수 없지만 야곡 부근)에서 둔전을 했다"고 기록하고 있다.

❹

상방곡上方谷에서의 화공

제갈량의 계책에 빠진 사마의가 거의 죽을 뻔했다는 이야기는 역사 기록에 없는 허구다. 이 전투에서 양군의 큰 교전은 없었다.

『삼국지』「촉서·제갈량전」에 따르면 "서로 대치한 지 100여 일이 지났다"고 했고 「위서·명제기」에는 다음과 같이 기록하고 있다.

"제갈량이 야곡으로부터 출병하여 위수 남쪽(지금의 산시陝西성 남부 지구) 기슭에 주둔했으므로 사마의는 각 군을 인솔하여 제갈량을 막았다. 명제가 사마의에게 조서를 내렸다.

'단지 보루를 굳게 지키면서 날카로운 기세를 꺾음으로써 그들이 진격해도 목적을 달성할 수 없게 하고 물러나서도 또 우리 군과 교전할 수 없게 하며, 오랫동안 머물게 하여 양식이 소진되어 약탈을 해도 또한 얻는 것이 없다면 반드시 물러날 것이다. 그들이 철수할 때를 기다려 추격함으로써 쉬면서 힘을 비축했다가 피로한 적군을 맞아 싸우는 것이 완전한 승리를 거두는 방법이다.'"

❺

『자치통감』 권72 「위기 4」와 『삼국지』 「위서·명제기」 배송지 주 『위씨춘추』에서는 다음과 같이 기록하고 있다.

"사마의는 제갈량과 100여 일이 넘도록 서로 대치했고 제갈량이 여러 차례 싸움을 걸었지만 사마의는 싸우러 나오지 않았다. 제갈량이 사마의에게 부녀자들이 사용하는 머릿수건, 장식품과 의복을 보내자 사마의는 부끄럽고 분한 나머지 화를 냈고 표를 올려 나가 싸우기를 청했다. 명제는 위위衛尉 신비를 파견하여 부절을 갖고 군사로 삼아 사마의의 행동을 통제했다.

제갈량이 사마의의 군영으로 사자를 보내자 사마의는 단지 제갈량의 수면, 식사 상황과 그가 처리하는 업무가 많은지 적은지만 묻고 군사와 관련된 일은 묻지 않았다. 사자가 '제갈공은 아침 일찍 일어나 밤늦게 잠을 자면서도 20대 이상의 형벌은 반드시 모두 친히 처리합니다. 먹는 양도 몇 승升(1승은 200밀리리터)에 불과합니다'라고 대답했다.

사마의는 다른 사람에게 '제갈량이 먹는 것은 적은데 업무는 많으니 오래 버틸 수 있겠는가!'라고 말했다."

『진서』 「선제기」에도 비슷한 내용으로 기록하고 있다.

❻

사마의는 제갈량과 싸우려 했다

『삼국지』 「위서·신비전」에 따르면 "청룡 2년(234), 제갈량이 대군을 인솔하여 위수 남쪽으로 출병했다. 이전에 대장군 사마선왕이 여러 차례 군대를 이끌고 제갈량과 교전을 벌이겠다고 청했지만 명제는 끝까지 듣지 않았다. 이해에는 그것을 금지할 수 없음을 걱정하여 신비를 대장군군사大將軍軍師와 사지절使持節(지방 장관의 추가 칭호, 이천석二千石 이하의 관원을 죽일 수 있는 권한이 있음)로 임명했다. 전군은 모두 엄숙했으며 신비의 통제에 따랐고 감히 위반하여 따르지 않는 자가 없었다"고 했고, 배송지 주『위략』에는 "선왕宣王(사마의)은 매번 진공하려 했으나 신비가 금지하고 따르지 않았다. 선왕이 비록 행동하려는 뜻이 있었으나 매번 신비에 의해 좌절되었다"고 기록하고 있어, 사마의는 출전하여 제갈량과 싸우려 했지만 조예의 제지로 출전하지 못했음을 알 수 있다.

『세설신어』「방정方正」에 다음과 같은 내용이 있다.

"제갈량이 위수 가에 주둔하자 관중 지구가 진동했다. 위 명제는 진晉 선왕宣王(사마의)이 출전할까 두려워하여 신비를 군사마軍司馬(『삼국지』에서는 대장군군사大將軍軍師로 기록)로 삼아 파견했다. 선왕은 이미 제갈량과 위수 가에서 대치하고 있었다. 제갈량이 속여 유인하는 갖가지 방법으로 사마의를 출전시키려 하자 사마의는 과연 크게 화를 내며 대군으로 응전하려고 했다. 제갈량이 정탐하기 위해 보낸 간첩이 돌아와서는 보고했다. '위 군중에 한 노장이 손에 황월黃鉞(황금으로 장식한 도끼)을 쥐고 의연히 군영 대문 앞에 서 있는데 위군이 이 때문에 출동하지 못하고 있습니다.' 그러자 제갈량이 '그 사람은 틀림없이 신좌치辛佐治(신비의 자)일 것이다'라고 말했다."

제갈량의 기도

제갈량이 생명을 연장하기 위해 북두에 기도를 올렸다는 기록은 없다. 유사한 것으로는 "여몽의 병세가 위중해지자 손권은 몸소 병상 앞으로 와서 살펴보았고 도사에게 명하여 성신星辰(별) 아래에서 그를 위해 수명을 연장해달라고 기도하게 했다"는 『삼국지』「오서·여몽전」의 기록이 있다. 이 당시에 생명 연장을 위해 별에게 기도하는 관습이 있었던 듯하다.

죽은 제갈량이 산 중달을 도망치게 하다

큰 별이 떨어지자 한나라 승상은 하늘로 돌아가고,
목상을 본 위나라 도독은 간담이 서늘해지다

隕大星漢丞相歸天,
見木像魏都督喪膽

위연이 등을 밟아 꺼뜨린 것을 본 강유는 분노하여 검을 뽑아 그를 죽이려 들었다. 그러자 공명이 제지하며 말했다.

"이것은 내 목숨이 다한 것이지 문장文長(위연의 자)의 잘못이 아니네."

강유는 이에 검을 거두었다. 공명은 몇 차례 피를 토하고 침상에 드러눕고는 위연에게 일렀다.

"이것은 사마의가 내게 병이 있을 것이라 짐작하고는 사람을 보내 허실을 정탐하려 하는 것이다. 그대는 급히 나가 맞서도록 하라."

명령을 받은 위연은 말에 올라 군사를 이끌고 군영을 나갔다. 위연을 본 하후패는 황망히 군사를 이끌고 퇴각했다. 위연은 20여 리를 추격하고 나서야 비로소 돌아왔다. 공명은 위연에게 본영으로 돌아가 지키게 했다.

강유가 군막에서 곧장 공명의 침상 앞으로 다가가 안부를 물었다. 공명이 말했다.

"내가 본래는 충성을 다하고 전력을 기울여 중원을 회복하고 한실을 중흥시키려 했으나, 하늘의 뜻이 이와 같으니 어찌하겠나. 내 조만간 죽을 것이네.

내 평생 동안 배운 바를 이미 24편의 책으로 저술했는데 10만4112자로 그 내용은 팔무八務, 칠계七戒, 육공六恐, 오구五懼의 법이네. 내가 두루 장수들을 살펴보았으나 전해줄 만한 사람이 없었는데 오직 자네만이 내 책을 받을 만하네. 절대로 소홀히 하지 말게나!"❶

강유가 소리 내어 울면서 절하고 받았다. 공명이 또 말했다.

"내게 쇠뇌를 연속으로 발사할 수 있는 '연노連弩'의 방법이 있는데 아직 사용해본 적은 없네. 그 방법은 화살 길이가 8촌이고 한 번에 10대의 쇠뇌를 발사할 수 있는데 모두 그려서 도본으로 만들어뒀네. 자네가 그 방법에 따라 제조해 사용하게나."

강유는 또다시 절하며 받았다. 공명이 또 말했다.

"촉중의 모든 길은 그다지 염려할 필요가 없네. 그러나 음평陰平 땅은 반드시 주의해야 하네. 그 땅이 비록 험준하다 하더라도 오랜 뒤에는 틀림없이 잃게 될 것이네."

또 마대를 군막으로 불러들여 귓속말로 비책을 일러주고 당부했다.

"내가 죽은 다음에 자네는 이 계책에 따라 움직이게."

마대가 계책을 받고 나갔다. 잠시 후 양의가 들어왔다. 공명은 양의를 침상 앞으로 불러 비단 주머니 하나를 건네주면서 은밀히 당부했다.

"내가 죽으면 위연이 반드시 배반할 것이네. 그가 배신하기를 기다렸다가 싸움에 닥치게 되면 이 주머니를 열어보게. 그때 저절로 위연을 베어 죽일 사람이 있을 것이네."

일일이 안배하여 일을 처리한 공명은 정신이 혼미해져 쓰러졌고 저녁이 되어서야 소생했다. 그는 그날 밤 즉시 후주에게 표문을 올렸다.

소식을 들은 후주는 깜짝 놀라 급히 상서[1] 이복李福에게 명하여 밤새 군중으로 달려가 문안을 하고 아울러 뒷일을 묻게 했다. 명령을 받든 이복은 서둘러 오장원에 이르렀고 공명을 만나 후주의 명령을 전달하고 문안을 마쳤다. 공명이 눈물을 흘리며 말했다.

"내가 불행하게도 중도에 죽게 되어 나라의 큰일을 포기하게 되었으니 천하에 죄를 지었소. 내가 죽은 다음에 공 등은 충성을 다해 주공을 보좌해야 하오. 나라의 옛 제도를 바꾸어서는 안 되오. 내가 등용한 사람들 또한 함부로 버려서도 안 되오. 내 병법은 모두 강유에게 넘겼으니 그가 스스로 나의 뜻을 이어 나라를 위해 힘을 다할 것이오. 내 목숨은 이미 조석에 달렸으니 즉시 유표²를 천자께 바쳐 아뢰시오."

그 말을 받아들인 이복은 총총히 작별을 고하고 떠났다.

공명은 억지로 병든 몸을 일으키고 좌우에 부축하도록 명하여 작은 수레 위에 오르고는 목책 밖으로 나가 각 군영을 두루 살펴보았다. 가을바람이 얼굴에 스치자 찬 기운이 뼛속까지 스며드는 것을 느꼈다. 공명은 이에 길게 탄식했다.

"다시는 전장에 임해 역적을 토벌할 수 없겠구나! 아득히 먼 푸른 하늘이여, 어찌하여 나를 이리도 가혹하게 끝내는가!"

한참 동안 탄식한 뒤 군막으로 돌아오자 공명의 병세는 더욱 심해졌고 이에 양의를 불러 분부했다.

"왕평, 요화, 장억, 장익, 오의 등은 모두 충의 있는 인물들로 오래도록 작전을 함께하면서 고생을 마다하지 않고 부지런히 일했으니 임용할 만하다. 내가 죽은 다음에 모든 일은 옛 법에 따라 실행해야 한다. 천천히 군사를 물리고 다급해서는 안 된다. 자네는 지략에 깊이 통달했으니 더 이상 당부할 필요가 없을 것이다. 강백약姜伯約(강유의 자)은 지혜와 용기를 갖추었으니 추격을 끊을 수 있을 것이다."

양의는 울면서 절을 올리고 명령을 받들었다. 공명은 문방사보文房四寶(붓, 먹, 종이, 벼루)를 가져오게 하여 침상에서 손수 유표를 적었고 후주에게 전달하도록 했다. 표문의 내용은 대략 다음과 같다.

"엎드려 듣자오니 살고 죽는 데는 법칙이 있어 정해진 운명을 피하기 어렵다고 합니다. 장차 죽음이 이르렀으니 원컨대 우둔한 충심을 다하고자 합니다. 신량은 천성이 어리석고 우둔한데도 어렵고 곤란한 시기를 만나 부절을 잡아 병권을 장악하고 나라의 막중한 임무를 맡아 주관하면서 군대를 일으켜 북벌에 나섰으나 아직 공을 이루지 못하였습니다. 뜻하지 않게 병이 고황3에 들어 목숨이 조석에 달렸으니 끝내 폐하를 섬기지 못하게 되어 한이 끝도 없습니다! 엎드려 바라건대, 폐하께서는 마음을 편안히 하시고 욕심을 줄이시며 자신을 단속하시고 백성을 사랑하시며, 선황제께 효도를 다하시고 백성을 통치함에 어진 마음과 은혜를 베푸소서. 은거하는 현사를 발탁하시며 덕행과 재능 있는 인재를 진출시키시고, 간사한 무리를 물리치시어 풍속을 두텁게 하소서.

성도에 있는 신의 집에는 뽕나무 800그루와 척박한 밭 15경4이 있어 자식들이 먹고살기에는 넉넉합니다. 신은 지방에서 관리로 있으면서 추가로 징수한 재물의 수입이 없으며 몸에 지닌 의복과 음식물은 모두 관청에 의지했기에 따로 산업을 경영하거나 재산을 조금도 늘리지 않았습니다. 신이 죽는 날, 집안에 비단 한 조각 없게 하고 관청에도 남아 있는 재물 하나 없게 하여 폐하께 부담되지 않도록 하겠습니다." ❷

표문을 쓰고 난 뒤 공명은 양의에게 재차 당부했다.

"내 죽은 다음에 부음을 전해서는 안 된다. 커다란 감실[5]을 하나 만들어 내 시신을 그 속에 앉히고, 쌀 일곱 톨을 내 입속에 넣고, 다리 아래에는 등 하나를 밝히며, 군중은 평상시와 같이 조용해야 하고 절대로 곡을 하지 마라. 그러면 장성將星은 떨어지지 않을 것이다. 내 죽은 영혼이 스스로 일어나 그것을 누를 것이다. 사마의는 장성이 떨어지지 않은 것을 보면 틀림없이 놀라고 의심할 것이다. 우리 군은 뒤쪽 군영부터 먼저 출발한 다음에 군영을 하나씩 하나씩 천천히 물리도록 하라. 만약 사마의가 추격해온다면 그대는 진세를 펼치고 깃발을 돌리고 북을 되돌려라. 그런 다음에 그들이 오기를 기다렸다가 내가 미리 조각해둔 나무 형상을 수레에 설치하고 최전방 진지로 밀고 나가면서 대소 장수와 사졸들을 나누어 좌우에 늘어세우라. 사마의가 그것을 보면 반드시 놀라 달아날 것이다."

양의가 일일이 승낙했다.

이날 밤 공명은 사람을 시켜 부축받으며 나가 북두를 살펴보고는 멀리 한 별을 가리키며 말했다.

"저것이 나의 장성이로다."

사람들이 보니 그 빛깔이 어두컴컴하고 떨어질 듯이 흔들거렸다. 공명은 검으로 장성을 가리키며 입으로 주문을 외웠다. 주문을 마치고 급히 군막으로 돌아갔을 때는 이미 인사불성이 되고 말았다. 장수들이 한창 허둥거리는 사이에 별안간 상서 이복이 다시 왔고, 공명이 혼절하여 말을 할 수 없는 것을 보고는 통곡을 했다.

"내가 나라의 대사를 그르쳤구나!"

잠시 후 공명이 다시 깨어나 눈을 뜨고 두루 살펴보는데 침상 앞에 서 있는 이복의 모습이 보였다. 공명이 말했다.

"내 이미 공이 다시 온 이유를 알고 있소."

이복이 잘못을 시인하며 말했다.

"저는 천자의 명령을 받들어 승상께서 돌아가신 뒤에 대사를 누구에게 맡겨야 하는지 물어야 했습니다. 다급하다 보니 의견을 묻지 못했기에 다시 왔습니다."

공명이 말했다.

"내가 죽은 뒤에 대사를 맡을 사람은 장공염蔣公琰(장완의 자)이 마땅하오."

이복이 말했다.

"공염 다음으로는 누가 이을 만합니까?"

공명이 말했다.

"비문위費文偉(비의의 자)가 이을 만하오."

이복이 또 물었다.

"문위 다음으로는 누가 계승해야 합니까?"

공명은 대답하지 않았다.❸ 장수들이 앞으로 다가가 살펴보니 이미 훙[6]하고 말았다. 때는 건흥 12년(234) 가을 8월 23일로 그의 나이 54세였다. 후에 두공부杜工部(두보杜甫)가 시를 지어 탄식했다.

어젯밤 장성[7]이 군영 앞으로 떨어지더니
오늘 선생의 부고 소식을 듣게 되는구나
장군의 군막에는 호령 소리 들리지 않고
인대[8]에는 공적 세운 이름만 드러냈다네

문하에 헛되이 삼천객[9]을 남겨두었으며

가슴속 십만 명 대군도 헛되게 되었구나

나무 그늘 보기가 좋은 깨끗한 대낮인데

다시는 풍아한 노랫소리 들을 수가 없네

長星昨夜墜前營, 訃報先生此日傾

虎帳不聞施號令, 麟臺惟顯著勳名

空餘門下三千客, 辜負胸中十萬兵

好看綠陰淸晝裡, 於今無復雅歌聲

백낙천白樂天(백거이白居易)**도 시를 지었다.**

선생 자취 감추고 은거하며 숲에 누워 있다가

세 차례나 찾아주신 영명한 군주를 만났도다

물고기 남양 땅에 이르러 비로소 물을 만났고**10**

용이 은하로 날아오르자 즉시 장맛비 뿌리네

어린 아들 부탁하며 정성스럽게 예를 다하니

충의의 마음 모두 기울여 나라에 보답했다네

전후에 걸쳐 올린 출사의 표문이 남아 있으니

한번 읽으면 눈물 흘리며 옷자락 적시게 하네

先生晦迹臥山林, 三顧那逢聖主尋

魚到南陽方得水, 龍飛天漢便爲霖

托孤旣盡殷勤禮, 報國還傾忠義心

前後出師遺表在, 令人一覽淚沾襟❹

촉의 장수교위長水校尉였던 요립廖立은 스스로 재능과 명망이 공명의 다음이라 여겼으나 직위가 일이 적은 한직에 있자 불만족스러워하며 불평하고 원망과 비방을 그치지 않았다. 이에 공명은 그를 파직시켜 평민으로 삼아 문산[11]으로 유배시켰다. 공명이 죽었다는 소식을 들은 그는 눈물을 흘리며 말했다.

"내 끝내 옷섶을 왼쪽으로 여미게 생겼구나!"[12]

공명의 소식을 들은 이엄도 대성통곡하다 병으로 죽고 말았다. 이엄은 일찍이 공명이 자신을 다시 거두어들여 지난날 자신의 과실을 만회할 수 있길 바랐으나, 공명이 죽은 후에는 사람들이 자신을 등용하지 않을 것이라 헤아렸기 때문이다. ❺

훗날 원미지元微之(원진元稹)도 공명을 찬탄한 시를 지었다.

혼란 평정하고 위태로운 군주 떠받치며
정성스레 나이 어린 후사 부탁 받았다네
뛰어난 재능은 관중과 악의 뛰어넘었고
묘한 계책은 손무와 오기보다 월등했네

위엄 있고 늠름하게 올린 출사표여
위풍당당하고 패기 있게 펼친 팔진도여
공과 같이 숭고한 덕을 온전하게 한 이
예나 지금이나 다시 없음을 탄식하노라
撥亂扶危主, 殷勤受托孤
英才過管樂, 妙策勝孫吳

凜凜出師表, 堂堂八陣圖

如公全盛德, 應嘆古今無

그날 밤 하늘도 시름에 잠기고 땅도 비참해하며 달도 빛을 잃더니 공명은 홀연히 죽음을 맞이했다. 강유와 양의는 공명의 유언에 따라 감히 곡을 하지 못하고 생전에 당부한 방법에 따라 입관하고 감실에 안치한 다음 심복 장졸 300명에게 지키게 했으며, 밀령을 전해 위연에게 뒤를 끊도록 했고 각 처의 군영을 하나씩 물러가도록 했다.

한편 밤에 천문을 살펴보던 사마의는 빛살에 뿔이 돋은 커다란 붉은 별 하나가 동북쪽에서 서남쪽으로 흘러가다가 촉 군영 안으로 떨어지더니 두세 번 솟구치며 은은한 소리를 내는 것을 목격했다. 사마의는 놀라면서도 기뻐했다.

"공명이 죽었구나!"

즉시 명령을 전달하여 대군을 일으켜 촉군을 추격했다. 막 군영 문을 나가려는데 문득 또 의심이 들었다.

"공명은 육정육갑의 법을 잘 쓰는데 지금 우리가 오래도록 싸우러 나오지 않는 것을 보고는 이 술법을 써서 죽은 척하고 나를 유인하려는 것이다. 지금 만약 그를 추격한다면 틀림없이 그의 계책에 떨어질 것이다!"

즉시 다시 말고삐를 당겨 군영으로 돌아와 나오지 않았고 하후패를 시켜 은밀히 수십 명의 기병을 이끌고 오장원의 산 후미진 곳으로 가서 정탐하도록 했다.

한편 본영 안에 있던 위연은 간밤에 머리에 갑자기 두 개의 뿔이 돋는 꿈을 꾸었고 깨어나긴 했으나 몹시 의심하며 이상하게 생각했다. 이튿날 행군 사마[13] 조직趙直이 왔기에 위연은 그를 청해 들이고는 물었다.

"오래전부터 족하께서 『주역』의 이치에 정통하다고 알고 있었소. 내 간밤에 머리에 두 개의 뿔이 돋는 꿈을 꿨는데 무슨 길흉인지 모르겠소. 번거롭더라도 나를 위해 판단해주시오."

한참 동안 생각한 조직이 대답했다.

"그 꿈은 크게 길할 징조입니다. 기린의 머리에 뿔이 있고 창룡蒼龍의 머리에도 뿔이 있으니 변화하여 날아오를 형상입니다."

위연이 크게 기뻐했다.

"공의 말대로 된다면 마땅히 후하게 사례하리다!"

조직은 작별을 고하고 떠났고 몇 리 못 가 마침 상서[14] 비의와 마주쳤다. 비의가 어디에서 오는 길이냐고 묻자 조직이 말했다.

"방금 전 위문장의 군영에 갔었는데 문장이 꿈에서 머리에 뿔이 돋았다고 하면서 내게 그 길흉을 판단해달라고 했소. 이것은 본래 길조가 아닌데 곧이곧대로 말했다가 언짢아할까 걱정되어 기린과 창룡에도 뿔이 있다고 풀이해줬소."

비의가 말했다.

"족하께서는 어떻게 길조가 아님을 아시오?"

조직이 말했다.

"'각角(뿔)'의 형상은 '도刀(칼)' 아래에 '용用(쓰다)'이 있는 것이오. 지금 머리 위에 칼을 쓰니 몹시 흉한 징조요!"

비의가 말했다.

"그대는 이것을 누설하지 마시오."

조직은 작별하고 떠났다.❻

비의는 위연의 군영에 이르러 좌우를 물리치고 고했다.

"어젯밤 삼경에 승상께서 별세하셨소. 임종 때 두 번 세 번 당부하셨는데 장군에게 뒤를 끊어 사마의를 맡게 하고 천천히 물러가되 부고를 전해서는 안 된다고 하셨소. 지금 여기 병부15가 있으니 즉시 군대를 일으키시오."

위연이 말했다.

"누가 승상의 대사를 대리하오?"

비의가 말했다.

"승상은 일체의 대사를 양의에게 부탁하셨고, 군사를 부리는 비법은 모두 강백약에게 전수하셨소. 이 병부는 바로 양의의 명령이오."

위연이 말했다.

"승상께서 비록 돌아가셨다 하더라도 내가 여기에 있소. 양의는 일개 장사 長史에 불과한데 어찌 그런 대임을 감당할 수 있겠소? 그는 영구나 호송하여 서천으로 들어가 장사나 지내는 것이 마땅하오. 내 직접 대군을 인솔하여 사마의를 공격하여 기필코 공을 이뤄야겠소. 어찌 승상 한 사람 때문에 국가의 대사를 포기한단 말이오?"

비의가 말했다.

"승상께서 임종 전의 당부로 잠시 물러나라 하셨으니 어겨서는 안 되오."

위연이 성을 냈다.

"승상이 그 당시 내 계책을 따랐다면 장안을 오래전에 취했을 것이오! 내 지금 관직이 전장군, 정서대장군, 남정후16인데, 어찌 장사 따위의 명에 의해 뒤를 끊는단 말이오!"

비의가 말했다.

"장군의 말씀이 비록 옳으나 가벼이 움직여서는 적들의 비웃음거리만 될 것이오. 내 가서 양의를 만나 이해득실로 그를 설득하여 병권을 장군께 양보하도록 하는 것은 어떻겠소?"

위연은 그 말을 따랐다.

비의는 위연과 작별하고 군영을 나가 급히 본영으로 가서 양의를 만나 위연이 했던 말을 자세히 전했다. 양의가 말했다.

"승상께서 임종 때 내게 은밀히 당부하시기를 '위연이 반드시 다른 뜻을 품을 것이다'라고 하셨소. 지금 내가 병부를 보낸 것은 사실 그 마음을 떠보려 했던 것이오. 지금 과연 승상의 말씀대로 되었소. 내 직접 백약에게 뒤를 끊도록 해야겠소."

이에 양의는 군사를 거느리고 영구를 호송하여 먼저 떠났고 강유에게 뒤를 끊도록 했다. 공명이 임종 전에 당부한 명에 따라 천천히 물러갔다. 군영 안에 있던 위연은 비의가 다시 돌아오지 않자 의심을 품고 마대에게 10여 명의 기병을 이끌고 가서 소식을 알아보도록 했다. 마대가 돌아와서 보고했다.

"후군은 강유가 총지휘하고 선두 부대의 태반은 골짜기 안으로 물러갔습니다."

위연이 크게 화를 냈다.

"썩어빠진 유생 놈이 어찌 감히 나를 업신여긴단 말이냐! 내 기필코 그놈을 죽이고 말겠다!"

마대를 돌아보며 말했다.

"공은 나를 도와주지 않겠소?"

마대가 말했다.

"저 또한 평소에 양의를 증오했으니 원컨대 장군을 도와 지금 그를 공격하겠습니다."

위연은 크게 기뻐하며 즉시 군영을 뽑아 본부 군사들을 이끌고 남쪽으로 향했다.

한편 하후패가 군사를 이끌고 오장원에 이르러 살펴보니 군사라고는 단한 명도 보이지 않자 급히 돌아가 사마의에게 보고했다.

"촉병은 이미 모두 물러갔습니다."

사마의가 발을 동동 굴렀다.

"공명이 정말로 죽었구나! 속히 그들을 추격하라!"

하후패가 말했다.

"도독께서는 함부로 추격해서는 안 됩니다. 편장偏將을 앞서가도록 해야합니다."

사마의가 말했다.

"이번만큼은 내가 직접 가야 한다."

즉시 군사들을 이끌고 두 아들과 함께 일제히 오장원으로 달려갔다. 고함을 지르고 깃발을 내저으며 촉의 군영으로 치고 들어갔는데 과연 한 사람도 보이지 않았다. 사마의가 두 아들을 돌아보며 말했다.

"너희는 급히 군사들을 재촉해 쫓아오너라. 내 앞서 군사를 이끌고 전진하겠다."

이에 사마사와 사마소는 뒤에서 군사들을 재촉했고 사마의는 직접 군사를 이끌고 앞장섰다. 산기슭 아래까지 추격하니 멀지 않은 곳에 촉병이 보여 있는 힘을 다해 추격했다. 그때 별안간 산 뒤쪽에서 '쾅!' 하는 포성이 들리며 함성이 크게 진동하더니 촉병이 모두 깃발과 북을 되돌렸고 나무 그늘 속에 중군의 큰 깃발이 펄럭였는데 그 깃발에는 한 줄로 '한승상 무향후 제 갈량'이라는 글자가 크게 적혀 있었다. 사마의는 몹시 놀라 안색이 변했다. 눈여겨 자세히 살펴보는데 중군에서 수십 명의 상장이 한 량의 사륜거를 밀고 나왔다. 수레에는 관건을 쓰고 깃털 부채를 든 채 학창의에 검은 띠를 두른 공명이 단정히 앉아 있었다. 사마의는 소스라치게 놀랐다.

"공명이 아직 살아 있구나! 내가 적의 내부로 함부로 들어와 계책에 떨어졌구나!"

급히 말고삐를 당겨 말 머리를 돌리고는 이내 달아났다. 등 뒤에서 강유가 크게 소리 질렀다.

"적장은 달아나지 마라! 너는 우리 승상의 계책에 걸려들었다!"

위병들은 영혼이 육체에서 떠난 듯 갑옷을 버리고 투구를 내던지며 과와 극을 내팽개치고 각자 살고자 달아나면서 자기편끼리 서로 짓밟은 바람에 죽은 자가 그 수를 헤아릴 수 없었다. 사마의가 50여 리를 달아나는데 등 뒤에서 두 명의 위 장수가 쫓아와 말 재갈을 잡아당기며 소리쳤다.

"도독께서는 놀라지 마십시오."

사마의가 손으로 자신의 머리를 만져보며 말했다.

"내 머리가 있느냐?"

두 장수가 말했다.

"도독께서는 두려워 마십시오. 촉병들은 멀리 갔습니다."

사마의는 한참 동안 헐떡거리더니 안색이 비로소 안정되었고, 눈을 크게 뜨고 보니 바로 하후패와 하후혜였다. 이에 서서히 말고삐를 조이면서 두 장수와 함께 오솔길을 통해 본영으로 돌아왔고 장수들을 시켜 군사를 이끌고 사방으로 흩어져 정탐하게 했다.

이틀이 지나자 마을 사람이 달려와 고했다.

"촉병들이 물러나 골짜기 속으로 들어갔을 때 곡하는 소리가 땅을 진동했고 군중에는 흰 깃발이 세워졌습니다. 공명이 과연 죽은 것으로 강유가 남아서 군사 1000명을 이끌고 뒤를 끊은 것입니다. 전날 수레에 앉아 있던 공명은 바로 나무로 만든 사람의 형상이었습니다."

사마의가 탄식했다.

"나는 그가 살아 있다고만 헤아렸지 죽었다고는 짐작도 하지 못했구나!"

이 때문에 촉중의 사람들에게 '죽은 제갈량이 산 중달을 도망치게 했다'는 속담까지 나돌았다. 후세 사람이 이에 대해 탄식한 시가 있다.

장성이 한밤중에 하늘에서 떨어졌는데도
달아나며 제갈량 아직 살아 있다 의심하네
관[17] 밖의 사람들 여태껏 사마의 비웃으며
머리가 아직 붙어 있는지 없는지 묻는다네
長星半夜落天樞, 奔走還疑亮未殂
關外至今人冷笑, 頭顱猶問有和無 ❼

사마의는 공명이 죽었다는 소식을 확인하고는 군사를 이끌고 추격에 나섰다. 적안파[18]까지 갔으나 촉병은 이미 멀리 간 후였고 이에 군사를 이끌고 돌아오면서 장수들을 보며 일렀다.

"공명이 죽었으니 우리는 모두 베개를 높이고 걱정 없이 잘 수 있게 되었소!"

마침내 위군은 철군했다. 도중에 공명이 군영을 꾸렸던 곳을 살펴보니 전후좌우가 정연하며 법도가 있어 사마의가 탄식했다.

"그야말로 천하에 재능이 비상한 사람이로다!"

이에 군사를 이끌고 장안으로 돌아가 장수들을 나누어 배치하고 각 요충지를 지키게 했다. 사마의 자신은 천자를 알현하러 낙양으로 돌아갔다.

한편 양의와 강유는 진세를 배열하고 천천히 물러나 잔각도棧閣道 입구[19]로 들어간 다음 옷을 갈아입고 부고를 알리고는 조기弔旗를 올려 곡을 했다. 촉군은 모두 머리를 찧고 발을 동동 구르며 곡을 하는데 슬피 울다가 죽은 자도 있었다. 촉병의 선두 부대가 막 잔각도 입구에 이르렀는데 별안간 앞쪽에서 불빛이 하늘로 치솟고 함성이 땅을 진동하더니 한 무리의 군마가 가는 길을 가로막았다. 장수들이 깜짝 놀라 급히 양의에게 보고했다.

> 이미 위나라 군영의 장수들은 물러갔는데
> 촉 땅에서 어떤 군사들이 왔는지 모르겠네
> 已見魏營諸將去, 不知蜀地甚兵來

어디에서 온 군마들일까? ❽

제104회 죽은 제갈량이 산 중달을 도망치게 하다

❶

『삼국지』 「촉서·제갈량전」 배송지 주 『위씨춘추』에 "제갈량은 팔무八務(여덟 가지 힘쓸 일), 칠계七戒(일곱 가지 경계할 일), 육공六恐(여섯 가지 무서워할 일), 오구五懼(다섯 가지 두려워할 일)를 지었는데 이 모두에 조례와 규정이 있어 신하들을 깨우치고 격려했다. 또한 연노連弩(『묵자』에 이미 언급되어 있고 제갈량이 개량했다)를 개량하여 원융元戎이라 했다. 쇠로 화살을 만들었는데 그 길이는 8촌이었고, 한 번 노弩(쇠뇌)를 쏘면 열 개의 화살이 함께 발사되었다"고 기록하고 있다.

『삼국지』를 편찬한 진수는 진晉 무제武帝 사마염司馬炎의 명을 받들어 태시泰始 10년(274)에 『제갈씨집諸葛氏集』을 정리·편집했다. 소설의 내용처럼 제갈량이 스스로 편찬하여 강유에게 전수한 것은 아니다.

❷

『삼국지』 「촉서·제갈량전」에 따르면 "제갈량은 임종할 때 한중의 정군산定軍山(지금의 산시陝西성 몐현勉縣 남쪽)에 매장해달라고 유언했다. 산세에 의지하여 무덤을 만들되 무덤은 관을 넣을 수 있을 정도로만 하며 평소 입던 의복으로 염을 하고 순장품은 쓰지 못하게 했다"고 기록하고 있다.

❸

이복에 대해 『삼국지』 「촉서·양희전」에 첨부된 『계한보신찬』에 따르면 "이손덕李孫德은 이름이 복福이며 재동군梓潼郡 부현涪縣(쓰촨성 몐양綿陽 동쪽) 사람이다. 연희延熙 연간 초에 대장군 장완이 한중으로 출정했을 때 이복은 전감군前監軍의 신분으로 사마를 겸했지만 오래지 않아 죽었다"고 기록하고 있다.

또한 배송지 주 『익부기구잡기益部耆舊雜記』에서는 다음과 같이 기록하고 있다.

"제갈량이 무공에서 병이 위중할 때 후주는 이복을 보내 봉양하게 하고 국가의 대계를 자문하도록 했다. 이복은 가서 성지聖旨(황제의 명령)를 전하고 제갈량의 말을 들었다. 작별하고 며칠이 지나자 그 뜻을 다하지 못한 것 같아 즉시 말을 돌려 다시 제갈량을 만나러 갔다. 제갈량이 이복에게 '나는 그대가 돌아온 뜻을 압니다. 근래에 한 말이 비록 종일토록 했으나 다하지 못한 것이 있어서 다시 와서 결정하려는 것이지요. 그대가 물으려고 하는 사람은 공염公琰(장완의 자)이 적임자입니다'라고 말했다. 이복이 감사했다. '다시 청컨대 장완 다음에 누가 맡을 만합니까?'라고 묻자 제갈량은 '문위文偉(비의의 자)가 계승할 만합니다'라고 말했다. 다시 또 그다음을 물으려 하는데 제갈량은 대답하지 않았다."

❹

제갈량의 사망

『삼국지』 「촉서·제갈량전」 배송지 주 『위서』에서 제갈량의 사망에 대해 "제갈량은 군량이 떨어지고 형세가 곤궁해지자 근심하며 분노하다 피를 토했고 하룻밤에 군영을 불태우고 달아나다 계곡으로 들어간 뒤 도중에 발병하여 사망했다"고 기록하고 있다.

그러나 배송지는 『위서』의 내용에 대해 "제갈량이 위수 가에 있을 때 위나라 군대가 추적했으나 승부의 형세를 예측할 수 없었는데, 피를 토했다고 말하는 것은 아마도 제갈량이 죽었기 때문에 스스로 과장한 것이다. 무릇 공명의 지략이 어찌 중달仲達(사마의의 자) 때문에 피를 토하겠는가? 유곤劉琨이 패해 군사를 잃고 진晉 원제

元帝에게 보낸 서신에서도 '제갈량의 군대가 패하고 피를 토했다'고 했는데, 이것은 잘못된 기록을 인용한 것이다. '계곡(야곡斜谷)으로 들어간 뒤 죽었다'고 한 말은 촉인들이 계곡으로 들어간 뒤 발상發喪했기 때문이다'라고 비평했다.

❺

요립과 이엄

소설은 이 부분에서 요립에 대해 짤막히 소개하는데, 역사도 대체적으로 소설과 비슷하게 기록하고 있다. 『삼국지』「촉서·요립전」에 따르면 "선비들이 제갈량에게 누가 선주를 위해 대계를 계획할 수 있느냐고 묻자 제갈량은 '방통과 요립은 형주의 우수한 인재로 응당 우리 주공을 보좌하여 대업을 진흥시킬 수 있는 사람들입니다'라고 말했다"고 기록하고 있다.

요립은 자신의 재능과 명성이 제갈량 다음이라고 자부했지만 관직이 이엄 등의 아래에 있게 되자 항상 우울해하고 즐거워하지 않았다. 결국 그는 파면되어 서민이 되었고, "제갈량이 죽었다는 말을 듣고는 눈물을 흘리며 '나는 끝내 옷섶을 왼쪽으로 여미게 되었구나!'라고 말했고, 유배지에서 생을 마감한다"고 기록하고 있다.

이엄은 『삼국지』「촉서·이엄전」에 "이평(이엄)은 늘 제갈량이 자신을 다시 이전의 관직으로 회복시켜줄 것이라 기대했는데, 제갈량의 후계자는 자신을 임용해주지 않을 것이라 헤아렸으므로 격분하여 병들고 말았다"고 기록하고 있다.

❻

위연은 제갈량이 죽기 전에 꿈을 꾸었다

뿔이 돋는 꿈을 꾼 위연의 이야기는 정사 기록과는 내용이 다르다. 『삼국지』「촉서·위연전」에서는 다음과 같이 기록하고 있다.

"건흥 12년(234), 제갈량이 북곡구北谷口(포야곡褒斜谷 길의 북쪽 입구, 지금의 산시陝西성 메이현眉縣 서남쪽)로 출병했을 때 위연이 선봉을 맡았다. 제갈량의 진영으로부터 10리 떨어진 곳까지 나간 위연은 머리에 뿔이 돋는 꿈을 꾸었다.

꿈을 풀이하는 조직趙直에게 묻자 조직은 위연에게 거짓으로 말했다.

'무릇 기린은 뿔이 있지만 사용하지 않습니다. 이것은 싸우지 않고도 적군이 스스로 궤멸되는 징조입니다.'

조직은 물러나 다른 사람들에게 말했다.

'각角(뿔) 자의 구성은 도刀(칼) 아래에 용用(쓰다) 자가 있는 것이오. 머리 위에 칼을 쓰니 몹시 흉한 징조요.'"

❼

죽은 제갈량이 산 중달을 도망치게 하다

"죽은 제갈량이 산 중달을 도망치게 하다"는 유명한 말의 내용은 『삼국지』 「촉서·제갈량전」 배송지 주 『한진춘추』와 『진서』 「선제기」에 기록되어 있다.

『한진춘추』에는 "양의 등이 군대를 정비하고 출발하자, 백성이 선왕(사마의)에게 달려가 알렸고 선왕이 추격에 나섰다. 강유가 양의에게 명하여 군기를 반대로 하고 북을 울리게 하여 선왕에게 향하는 것처럼 하자 선왕은 곧 물러나고 감히 접근하지 못했다. 이에 양의는 대형을 이루어 떠났고 계곡으로 들어간 다음에야 부음을 전했다. 선왕이 물러났으므로 백성은 속어를 지어 '죽은 제갈공명이 살아 있는 중달을 도망치게 했다'고 말했다. 어떤 이가 이를 선왕에게 알리자 선왕은 '나는 산 자를 헤아릴 수는 있지만 죽은 자를 헤아리지는 못한다'고 말했다"고 기록하고 있다. 『진서』 「선제기」에서는 "관중關中에 질려蒺藜(마름쇠)가 많아 황제(사마의)는 군사 2000명을 시켜 부드러운 재료를 이용하여 바닥이 평평한 나무 신발을 만들어 신고 앞으로 나아가게 했다. 질려가 모두 신발에 박히자 마보군이 함께 진격했다. 적안赤岸까지 추격했을 때 제갈량이 죽은 것을 알게 되었다"고 기록하고 있다.

❽

제갈량의 제6차 기산 출병

흔히 말하는 제6차 기산 출병에 대해서는 『삼국지』 「촉서·제갈량전」에 "건흥

12년(234) 봄, 제갈량은 전군을 인솔하여 야곡에서 출병했고 유마流馬를 이용하여 군수 물자를 운송했으며 무공 물가의 오장원을 점거하고 사마선왕과 위남渭南(위수 남쪽 기슭)에서 대치했다. 그해 8월에 제갈량은 병들어 군중에서 죽었는데, 그의 나이 54세였다"고 기록하고 있다.

제6차 기산 출병도 실제로는 기산으로 출병하지는 않았으며 제갈량의 사망으로 종결된다.

여섯 번에 걸쳐 제갈량이 기산으로 출병했다는 이야기는 실제로는 건흥 6년(228) 봄의 1차 출병과 건흥 9년(231) 봄의 5차 출병만 기산으로 출병했기 때문에 여섯 번이 아니라 두 번이었다.

그리고 건흥 8년(230) 가을의 제4차 출병은 제갈량이 출병한 것이 아니라 위가 촉한을 공격한 것이었다. 결론적으로 말하면 제갈량의 여섯 차례에 걸친 기산 출병은 허구에 지나지 않으며 실제로는 두 차례에 걸쳐 기산 출병을 단행했고, 북벌의 총 출병 횟수도 여섯 번이 아닌 다섯 번이었다.

반골 위연

무후는 미리 비단 주머니 계책을 숨겨두고,
위주는 승로반을 뜯어내어 차지하다

武侯預伏錦囊計,
魏主拆取承露盤

앞에서 가는 길을 막아선 군사들이 있다는 보고를 받은 양의는 급히 사람을 시켜 정찰을 했다. 정찰병이 돌아와 위연이 잔도를 불태워 끊고 군사를 이끌고 길을 차단하고 있다고 보고했다. 양의는 깜짝 놀랐다.

"승상께서 살아 계실 때 위연은 오랜 후에 반드시 배반할 것이라고 헤아렸는데 오늘 과연 이렇게 될 줄 누가 생각이나 했겠는가! 지금 돌아갈 길이 끊겼으니 어찌하면 좋겠는가?"

비의가 말했다.

"위연은 틀림없이 먼저 날조하여 천자께 아뢰어 우리가 모반했기에 잔도를 불태워 끊고 돌아갈 길을 저지했다고 모함했을 것이오. 우리도 천자께 표문을 올려 위연이 인정을 어긴 사실을 진술한 다음에 그를 도모해야 하오."

강유가 말했다.

"이곳에 사산[1]이라고 불리는 한 오솔길이 있는데 비록 산길이 울퉁불퉁하고 험준하나 잔도 뒤쪽으로 질러 나갈 수 있소."

양의는 표문을 써서 천자께 아뢰는 한편 인마를 사산의 오솔길을 향해 진군시켰다.

한편 성도에 있던 후주는 밥도 먹지 못하고 잠도 제대로 자지 못하며 불안해했고 움직여도 가만히 있어도 편하지가 않았다. 그러던 어느 날 밤 성도의 금병산이 무너지는 꿈을 꾸었다. 놀라 깨어나 앉은 채 날이 새기를 기다려 문무관원을 조정으로 불러들이고는 해몽을 하도록 했다. 초주가 말했다.

"신이 어젯밤 우러러 천문을 살펴보니 빛살에 뿔이 돋은 붉은색 별 하나가 동북쪽에서 서남쪽으로 떨어졌는데 이는 아마도 승상께 흉한 일이 생긴 것입니다. 오늘 폐하께서 산이 무너지는 꿈을 꾸신 것은 바로 이와 상응하는 징조입니다."

후주는 더욱 놀라며 두려워했다. 그때 별안간 이복이 당도했다는 보고가 들어오자 후주는 급히 불러들여 물었다. 이복은 머리를 조아리고 눈물을 흘리며 승상이 이미 죽었다고 아뢰었고 승상이 임종 때 했던 말을 자세히 아뢰었다. 그 말을 들은 후주는 통곡했다.

"하늘이 나를 버리는구나!"

후주는 소리 내어 울다가 용상에 쓰러지고 말았다. 가까이 모시는 시신侍臣들이 부축해 후궁으로 모셨고, 그 소식을 들은 오태후 또한 목놓아 울기를 그치지 않았다. 관원들도 비통해하지 않는 자가 없었고 백성도 저마다 눈물을 흘렸다. 후주는 여러 날 동안 계속 비탄에 빠져 조회를 열지 못했다. 그때 느닷없이 위연이 표문을 올려 양의 등이 모반했다고 아뢰었고 군신들은 깜짝 놀라 궁으로 들어가 후주에게 아뢰었다. 이때 오태후 또한 궁중에 있었다. 후주는 신하들이 아뢴 소식을 듣고는 크게 놀라 근신에게 명하여 위연의 표문을 읽도록 했다. 그 내용은 대략 다음과 같았다.

"정서대장군, 남정후 신 위연은 황공하여 몸 둘 바를 모르겠으나 머리 조아려 말씀을 올립니다. 양의가 스스로 병권을 총괄하고 무리를 인솔하여 반란을 일으켜 승상의 영구를 강탈하고 적들을 인도하여 경내로 들어오려 합니다. 신이 먼저 잔도를 불태워 끊고 군사들로 방어하고 있습니다. 삼가 이 사실을 아룁니다."

표문을 읽은 뒤 후주가 말했다.

"위연은 용장이라 족히 양의 등의 무리를 저지할 수 있을 텐데 무슨 까닭으로 잔도를 불태워 끊었단 말인가?"

오태후가 말했다.

"일찍이 선제께서 하신 말씀이 있는데, 공명이 위연의 뒷머리에 반골이 있는 것을 알고는 매번 그를 베어 죽이려 했으나, 그 용맹이 아까워 잠시 남겨두어 쓴다고 하셨소. 지금 그가 양의 등이 모반했다고 아뢰고 있으나 함부로 믿어서는 안 되오. 양의는 문인으로 승상이 장사의 소임을 맡겼으니 틀림없이 쓸 만한 사람일 것이오. 오늘 만약 위연 한쪽의 말만 듣는다면 양의 등은 분명 위나라로 가버릴 것이오. 이 일은 마땅히 깊이 생각하고 멀리 보며 논의해야지 경솔해서는 안 되오."

관원들이 한창 상의하고 있는데 별안간 장사 양의가 올린 긴급한 표문이 당도했다는 보고가 들어왔다. 근신이 표문을 읽었다.

"장사, 수군장군綏軍將軍 신 양의는 황공하여 몸 둘 바를 모르겠으나 머리 조아려 삼가 표문을 올립니다. 승상께서 임종 시 대사를 신에게 맡기시면서 옛 제도에 따라 처리하고 감히 바꾸지 못하게 하였으며 위연을 시켜 뒤를 끊게 하고 강유가 그다음을 맡도록 하였습니다. 지금 위연이 승상의 유언을 따르지 않고 스스로 본부의 인마를 거느리고 먼저 한중으로 들어가 불을 놓아 잔도를 불태워 끊고는 승상의 영구를 운반하는 수레를 강탈하여 반역을 꾀하려 하고 있습니다. 변란이 급작스럽게 일어난지라 삼가 황급히 표문을 올려 아룁니다."

표문을 듣고 난 태후가 물었다.
"경들의 의견은 어떠하오?"
장완이 아뢰었다.
"신의 어리석은 생각으로는 양의는 비록 천성이 지나치게 조급하여 남을 용납하지 못하나 군량과 마초를 계획하고 군사 사무에 참여하여 협조하면서 승상과 함께 오랫동안 일을 처리했습니다. 지금 승상께서 임종 때 대사를 위임했으니 결코 배반할 위인은 아닙니다. 위연은 평상시에 자신이 공로가 있음을 믿고 지나치게 높은 목표를 추구했으며 모두가 그에게 양보했으나, 양의만이 너그럽게 받아들이지 않았기에 위연은 속으로 앙심을 품고 있었습니다. 지금 양의가 군대를 총괄하는 것을 보고는 복종하지 않고 잔도를 불태워 그 뒤를 끊고는 또 죄명을 날조하여 고발하고 해치려 하는 것입니다. 신은 원컨대 온 집안의 양민과 천민을 걸고 양의가 배반하지 않을 것이라 보증하나 위연은 감히 보증하지 못하겠습니다."
동윤 또한 아뢰었다.
"위연은 자신이 공로가 큰 것에만 의지해 항상 불평하는 마음을 가지고 있고 원망하는 말만 내뱉었습니다. 지금까지 배반하지 않은 것은 승상을 두려워했기 때문입니다. 지금 승상께서 막 돌아가셨으니 기회를 틈타 난을 일으킨 것의 형세가 필연적이라 하겠습니다. 양의로 말하자면 재간이 있고 민첩하며 거침이 없어 승상께 임용되었으니 틀림없이 배반하지는 않을 것입니다."

후주가 말했다.

"만약 위연이 배반했다면 어떤 계책으로 그를 방어해야 하오?"

장완이 말했다.

"승상께서 평소에 위연을 의심하셨으니 필시 양의에게 계책을 남기셨을 것입니다. 만약 양의에게 믿는 것이 없다면 어찌 물러나 골짜기 입구로 들어갔겠습니까? 위연은 틀림없이 계책에 빠질 것입니다. 폐하께서는 마음을 편히 가지십시오."

얼마 지나지 않아 위연이 또 표문을 올려 양의가 모반했다고 보고했다. 한창 위연의 표문을 읽고 있는데 또 양의가 보낸 표문이 당도했고 위연이 배반했다고 아뢰었다. 두 사람은 연이어 표문을 올려 각자 자신이 옳고 상대가 그르다고 진술했다. 그때 갑자기 비의가 당도했다는 보고가 들어왔고 후주가 불러들이자 비의가 위연이 배반한 정황을 세세히 아뢰었다. 후주가 말했다.

"만약 그렇다면 일단 동윤에게 부절을 지니고 가서 화해를 권하고 좋은 말로 위로하도록 하겠소."

동윤이 조서를 받들고 떠났다.

한편 잔도를 불태워 끊은 위연은 남곡²에 군사를 주둔시키고 요충지를 지키면서 자신의 꾀가 먹혀들었다고 여기고 있었고, 양의와 강유가 밤새 군사를 이끌고 남곡의 뒤까지 질러간 것은 생각도 못 하고 있었다. 한중을 잃을까 두려운 양의는 선봉 하평³에게 군사 3000명을 이끌고 먼저 가도록 하고, 자신은 강유 등과 함께 군사를 이끌고 영구를 호송하며 한중으로 향해 갔다.❶

하평은 군사를 이끌고 곧장 남곡 뒤에 당도하자 북을 두드리며 함성을 질렀다. 정찰 기병이 양의가 선봉 하평을 시켜 군사를 이끌고 사산 오솔길로 와서 싸움을 걸고 있다고 위연에게 급히 보고했다. 크게 노한 위연은 즉시 갑옷을 걸치고 말에 올라 칼을 잡고 군사를 이끌고 나와 맞섰다. 양쪽의 진세가 원형으로 펼쳐지자 하평이 말을 몰고 나와 욕설을 퍼부었다.

"모반한 역적 위연은 어디에 있느냐?"

위연 또한 욕설을 했다.

"네놈은 양의를 도와 반란을 일으켰거늘 어찌 감히 나를 욕하느냐!"

하평이 큰 소리로 꾸짖었다.

"승상께서 막 돌아가시이 아직 골육이 식지 않았거늘 네놈이 어찌 감히 반란을 일으킨단 말이냐!"

그러고는 채찍으로 서천의 병사들을 가리키며 말했다.

"너희 군사는 모두가 서천 사람으로 대부분은 부모와 처자식, 형제와 친척, 친구들이 서천에 있는 데다, 승상께서 살아 계실 때 일찍이 너희를 박대하지 않으셨다. 지금 배반한 역적을 도와서는 안 되고 각자 마땅히 고향으로 돌아가 상을 내리기를 기다려야 할 것이다."

그 말을 들은 군사들은 '와!' 하고 외치고는 태반이 흩어졌다. 크게 노한 위연이 칼을 휘두르며 말고삐를 놓고 곧장 하평에게 달려들었다. 하평도 창을 잡고 맞서 달려왔다. 몇 합을 싸우지도 않았는데 하평은 거짓으로 패한 척하며 달아났고 위연은 그 뒤를 쫓았다. 군사들이 활과 쇠뇌를 일제히 발사하자 위연은 말을 젖혀 돌아갔다. 자신의 군사들이 어지럽게 뿔뿔이 흩어지는 것을 본 위연은 성내며 말을 박차 쫓아다니며 몇 명을 죽였으나 도망치는 그들을 멈출 수는 없었다. 그러나 마대가 이끌고 있던 300명만은 꼼짝 않고 있었다. 위연이 마대에게 일렀다.

"공이 진심으로 나를 도우니 일이 이루어진 다음에 결코 그대를 저버리지 않겠소."

위연은 즉시 마대와 함께 하평의 뒤를 쫓았다. 하평은 군사를 이끌고 나는 듯이 달아났다. 위연은 패잔병을 수습하고 마대와 더불어 대책을 상의했다.

"우리가 위나라로 가는 것은 어떻소?"

마대가 말했다.

"장군의 말씀은 심히 지혜롭지 못하오. 대장부가 어찌하여 스스로 패업을 도모하지 않고 쉽게 남한테 무릎을 꿇는단 말이오? 내 살펴보건대 장군은 지혜와 용맹을 겸비했으니 양천의 인사들 중에 누가 감히 대적하겠소? 장군과 함께 먼저 한중을 취한 다음 뒤이어 서천으로 진공하리다."

위연은 크게 기뻐하며 마침내 마대와 함께 군사를 이끌고 곧장 남정南鄭을 취하러 갔다.

남정성 위에 있던 강유는 위연과 마대가 무력을 뽐내고 위풍을 드러내며 한꺼번에 떼 지어 몰려오는 것을 보았다. 강유는 급히 조교를 끌어올리게 했다. 위연과 마대 두 사람이 크게 소리 질렀다.

"어서 항복하라!"

강유는 사람을 시켜 양의를 청해 상의했다.

"비록 그들의 군사가 적다고는 하지만 위연은 용맹한 데다 마대까지 돕고 있소. 어떤 계책으로 물리칠 수 있겠소?"

양의가 말했다.

"승상께서 임종하실 때 비단 주머니 하나를 남기며 당부하시기를 '만약 위연이 모반을 일으켜 싸움에 임해 대적할 때 뜯어보면 위연을 베어 죽일 계책이 있을 것이다'라고 하셨소. 지금 당장 그것을 꺼내 봐야겠소."

즉시 비단 주머니를 열어 봉한 것을 뜯어보니 '위연과 대적하기를 기다렸다가 말 위에서 열어보도록 하라'고 적혀 있었다. 강유는 크게 기뻐했다.

"승상께서 일깨워주셨으니 장사께서는 받아 보관해두시오. 내 먼저 군사를 이끌고 성을 나가 진세를 펼칠 테니 공은 즉시 뒤따라오시오."

강유는 갑옷을 걸치고 말에 올라 창을 움켜쥐고는 군사 3000명을 이끌고 성문을 열어 일제히 돌격했다. 그러고는 북소리를 크게 울리며 진세를 펼쳤다. 강유는 창을 잡고 문기 아래에 말을 세우고 소리 높여 욕설을 퍼부었다.

"배반한 역적 놈, 위연아! 승상께서 일찍이 너를 저버리시지 않았거늘 오늘 이찌하여 배반했느냐?"

위연이 칼을 비껴들고 고삐를 당겨 말을 세우고는 말했다.

"백약, 네가 간섭할 일이 아니다. 양의를 불러와라!"

양의는 문기 그림자 속에서 비단 주머니를 열어보고 있었는데 이렇게 저렇게 하라고 적혀 있었다. 양의는 크게 기뻐하며 가볍게 무장하고 달려나와 진 앞에 말을 세우고는 손으로 위연을 가리키며 웃었다.

"승상께서 살아 계실 때 네가 머지않아 반드시 배반할 것이라는 것을 아시고 내게 방비하게 하셨는데 지금 과연 그 말씀대로 되었구나. 네가 감히 말 위에서 '누가 감히 나를 죽이겠느냐'고 연거푸 세 번 외친다면 대장부라 할 수 있을 테니 내 한중의 성지를 네게 바치겠다."

위연이 껄껄 웃었다.

"양의, 이 필부 놈은 듣거라! 만약 공명이 살아 있다면 내 서푼쯤은 두려워하겠지만, 그가 지금 이미 죽었는데 천하에 누가 감히 나를 대적하겠느냐? 연거푸 세 번은 고사하고 3만 번 외친다 한들 무엇이 어렵겠느냐!"

즉시 말고삐를 당겨 말을 세우고는 말 위에서 크게 소리 질렀다.

"누가 감히 나를 죽이겠느냐?"

그 말 한마디가 미처 끝나기도 전에 머리 뒤쪽에 있던 한 사람이 엄하게 응수했다.

"내가 감히 너를 죽이겠노라!"

손을 들어 칼로 내리찍어 위연을 말 아래로 떨어뜨렸다. 모두들 깜짝 놀랐다. 위연을 베어 죽인 자는 다름 아닌 마대였다. 알고 보니 공명이 임종 때 마대에게 비책을 주면서 위연이 소리치기를 기다렸다가 방심한 틈을 타 즉시 베어버리라고 한 것이었다. 그날 양의는 비단 주머니의 계책을 읽고 이미 마대가 그들 속에 매복해 있는 것을 알고 있었다. 이에 계책에 따라 실행했더니 과연 마대가 위연을 죽인 것이었다. 이에 대해 후세 사람이 지은 시가 있다.

제갈량은 사전에 위연을 분명히 내다보고
뒷날 서천을 배반할 것도 이미 알았다네
비단 주머니 남긴 계책 헤아리기 어려워도
말 앞에서 마대가 공적 이룸을 보게 되네
諸葛先機識魏延, 已知日後反西川
錦囊遺計人難料, 卻見成功在馬前 ❷

한편 동윤이 미처 남정에 도착하기도 전에 마대는 이미 위연을 베어 죽이고 강유와 군사를 한데 모았다. 양의는 표문을 갖추어 밤사이 후주에게 보내 아뢰었다. 후주가 명령을 내렸다.

"이미 그 죗값을 치렀으니 이전에 세웠던 공을 생각하여 관곽을 내려 그를 장사 지내주도록 하라."

양의 등이 공명의 영구를 호송하여 성도에 이르자 후주는 상복을 입은 모든 문무 관료를 거느리고 성 밖 20리를 나가 영접했다. 후주는 대성통곡했다. 위로는 공경대부에서 아래로는 숲에 사는 백성에 이르기까지 남녀노소를 막론하고 통곡하지 않는 이가 없었고 애절한 곡소리가 땅을 뒤흔들었다. 후주는 영구를 성안으로 호송하게 하고는 승상부 부중에 멈추게 했다. 그의 아들 제갈첨諸葛瞻이 상복을 입고 거상居喪했다.

후주가 조정으로 돌아오자 양의가 스스로를 결박하고 죄를 청했다. 후주는 근신에게 명하여 그 결박을 풀어준 뒤 말했다.

"경이 승상의 유언에 따라 행하지 않았다면 영구는 어느 때에 돌아올 수 있었겠소? 그리고 위연을 어떻게 소멸시킬 수 있었겠소? 대사를 보전한 것은 모두 경의 힘이오."

즉시 양의에게 관직을 더해 중군사[4]로 삼았다. 마대는 역적을 토벌한 공을 인정받아 위연의 작위를 그에게 봉했다. 양의가 공명의 유표遺表를 올렸다. 표문을 읽은 뒤 후주는 크게 곡을 했고 명령을 내려 장지를 골라 안장하게 했다. 비의가 아뢰었다.

"승상께서 자신이 임종하면 정군산定軍山에 매장하고 담장이나 벽돌, 석조를 사용하지 말고 일체의 제물도 쓰지 말라고 하셨습니다."

후주는 그 말을 따르기로 했다. 그해 10월 길일을 골라 후주는 직접 영구를 정군산까지 호송하고 안장했다. 후주는 조서를 내려 제사를 지내면서 충무후忠武侯라는 시호를 내리고 면양에 사당을 지어 사계절로 제사를 지내게 했다. 후에 두공부(두보)가 시를 지었다.

승상의 사당[5]이 어느 곳에 있는지 찾아가보니
금관성[6] 밖 측백나무 무성하게 우거진 곳이라네
섬돌에 비친 푸르른 풀은 스스로 봄빛을 떠는데
나뭇잎 사이 꾀꼬리 공연히 듣기 좋게 노래하네

번거롭게 세 번이나 찾아가 천하 대계 물었으니
양대의 창업과 보좌로[7] 노신의 충성을 다했도다
출병하여 승리하지 못하고 자신이 먼저 죽으니
길이 영웅들로 하여금 옷섶 눈물로 적시게 하네

丞相祠堂何處尋, 錦官城外柏森森

映階碧草自春色, 隔葉黃鸝空好音

三顧頻煩天下計, 兩朝開濟老臣心

出師未捷身先死, 長使英雄淚滿襟

두공부가 지은 또 다른 시가 있다.

제갈량이란 큰 이름은 우주에 드리워졌으니
종신[8]의 남은 유상[9]은 엄숙하고 고결하도다
천하를 삼분하여 할거하는 책략 치밀했으니
만고에 난새와 봉황 하늘 끝 홀로 나는구나[10]

이윤과 여상[11]의 공적에 비유해도 대등하고
주도면밀한 지휘는 소하, 조참[12]도 질린다네

명운 다한 한나라 황위 끝내 회복 어려워도

심지 굳건했으나 군무에 지쳐서 쓰러졌다네

諸葛大名垂宇宙, 宗臣遺像肅淸高

三分割據紆籌策, 萬古雲霄一羽毛

伯仲之間見伊呂, 指揮若定失蕭曹

運移漢祚終難復, 志決身殲軍務勞

한편 후주가 성도로 돌아오자 별안간 근신이 아뢰었다.

"변경에서 보고가 들어오기를 동오가 전종全綜을 시켜 군사 수만 명을 이끌고 파구 경계¹³ 입구에 주둔시켰다고 하는데 무슨 의도인지 모르겠습니다."

후주가 놀라며 말했다.

"승상께서 방금 돌아가셨는데 동오가 동맹의 맹세를 저버리고 경계를 침범하려 하니 어찌하면 좋은가?"

장완이 아뢰었다.

"신이 감히 보증하오니 왕평과 장억에게 군사 수만 명을 이끌고 영안¹⁴에 주둔하여 뜻밖의 사태를 방비하게 하소서. 또한 폐하께서는 다시 한 사람을 동오로 보내 승상의 초상을 알리면서 그 동정을 살피게 하소서."

후주가 말했다.

"언변이 좋은 인사를 사자로 삼아야 할 것이오."

한 사람이 응답하며 나섰다.

"비천한 신이 가보겠습니다."

사람들이 보니 바로 남양南陽 안중¹⁵ 사람으로 성은 종宗이고 이름은 예預이며 자는 덕염德艶으로 참군 우중랑장右中郞將 관직을 맡고 있었다. 후주가 크게 기뻐하며 종예에게 명하여 동오로 가서 부음을 알리고 아울러 허실을 살펴보게 했다.

명령을 받든 종예는 곧장 금릉[16]으로 가서 오주 손권을 만났다. 예를 마치자 사람들이 모두 상복을 입고 있는 것이 눈에 들어왔다. 손권이 안색을 바꾸며 말했다.

"오와 촉은 이미 한집안이 되었는데 경의 주인은 무슨 까닭으로 백제를 지키는 군사들을 증강시켰는가?"

종예가 말했다.

"신이 생각하기에 동쪽 파구를 지키는 군대를 늘렸으므로 서쪽 백제를 지키는 군사를 증강시킨 것이며 모든 일의 형세가 그러하니 서로 따져 묻는 것은 마땅치 않은 듯합니다."

손권이 웃으며 말했다.

"경은 등지鄧芝 못지않구려."

이에 종예에게 일렀다.

"짐은 제갈승상이 하늘로 돌아갔다는 소식을 듣고 매일 눈물을 흘리며 관료 모두 상복을 입게 했소. 짐은 위 사람들이 상중을 틈타 촉을 취할까 염려되어 파구를 지키는 군사를 만 명 증강시켜 구원하려 한 것이지 다른 뜻은 없소."

종예가 머리를 조아리고 절을 올려 감사했다. 손권이 말했다.

"짐은 이미 동맹을 승낙했는데 어찌 의리를 배반할 수 있겠소?"

종예가 말했다.

"천자께서는 승상이 막 돌아가셔서 특별히 신에게 명하여 부음을 알리게 하셨습니다."

손권은 즉시 금비전[17] 한 대를 가져와 꺾으며 맹세했다.

"짐이 만약 전에 했던 맹세를 저버린다면 자손이 끊어질 것이오!"

또 명하여 사자에게 향촉과 종이 등의 제사 용품과 전의[18]를 가지고 서천으로 들어가 제사를 지내게 했다.

종예는 오주에게 절을 올려 작별을 고하고 오의 사신과 함께 성도로 돌아와 궁으로 들어가 후주를 뵙고 아뢰었다.

"오주께서 승상께서 돌아가신 것을 알고는 눈물을 흘리며 군신들에게 상복을 입게 했습니다. 파구에 군사를 늘린 것은 위 사람들이 빈틈을 타고 쳐들어오지나 않을까 염려한 것이지 다른 마음은 없다고 합니다. 화살을 꺾어 맹세를 하며 동맹 관계를 저버리지 않겠다고 했습니다." ❸

후주가 크게 기뻐하며 종예에게 큰 상을 내리고 오나라 사신도 후하게 대접하여 돌려보냈다. 마침내 공명의 유언에 따라 장완에게는 관직에 승상,[19] 대장군, 녹상서사[20]를 더해줬으며, 비의에게는 상서령을 더해주고 함께 승상의 일[21]을 처리하게 했다. 오의도 벼슬을 더해 거기장군으로 삼고 가절을 가지고 한중을 감독하게 했고, 강유는 보한장군,[22] 평양후平襄侯로 삼고 각처의 인마를 총지휘하게 했으며 오의와 함께 한중에 주둔하여 위군을 방어하도록 했다. 나머지 군관은 각기 기존의 직급을 유지했다.

양의는 스스로 여기기를 관직에 있었던 햇수가 장완보다 앞서는데 지위가 장완보다 아래가 됐고, 공적도 높다고 자부하고 있었는데 무거운 상도 없자 원망하는 말을 내뱉으며 비의에게 일렀다.

"지난날 승상께서 돌아가셨을 때 내가 만약 군대를 손상 없이 보전하여 위에 투항했다면 설마 이렇게까지 적막했겠소!"

비의는 그의 말을 표문을 갖추어 은밀히 후주에게 아뢰었다. 후주는 크게 성내며 양의를 하옥시켜 심문하라 명하고는 그를 참수하려 했다. 장완이 아뢰었다.

"양의에게 비록 죄가 있다고는 하지만 지난날 승상을 수행하며 많은 공로를 세웠으니 참수해서는 안 됩니다. 관직을 삭탈하여 평민으로 삼으시는 것이 마땅합니다."

후주는 그 말에 따라 마침내 양의를 삭탈하여 한가군[23]으로 보내고 일반 백성으로 삼았다. 양의는 부끄러워하다 자신의 목을 베어 자결했다. ❹

촉한 건흥 13년(235)은 위주 조예의 청룡 3년이자 오주 손권의 가화嘉禾 4년으로 삼국은 그해 모두 군대를 일으키지 않았다. 위주 조예는 사마의를 태위로 봉하고 군마를 총지휘하게 했으며 모든 변경을 위로하고 군대를 주둔시켜 안정시키게 했다. 사마의는 절을 올려 감사하고 낙양으로 돌아갔다. 위주는 허창에 있으면서 대규모 토목공사를 진행해 궁전을 건축했고, 또한 낙양에도 조양전朝陽殿[24]과 태극전을 짓게 했으며 총장관總章觀을 건축했는데 높이가 10장이나 되었다. 또 숭화전崇華殿, 청소각青霄閣, 봉황루鳳凰樓, 구룡지九龍池의 건축을 박사 마균馬鈞에게 감독하도록 했는데 이 건축물들은 지극히 화려했으며, 조각으로 장식하고 채색화를 그린 들보와 호화로운 마룻대, 푸른 기와와 황금빛 벽돌이 햇빛에 비쳐 찬란한 빛을 냈다. 천하에 기술이 뛰어난 장인 3만여 명과 인부 30여 만 명을 선발해 밤낮을 가리지 않고 축조하게 하여 피곤하고 지친 백성의 원망이 끊이지 않았다. 조예는 또 방림원芳林園에 토목공사를 일으키라 명하고 공경들에게도 흙과 나무를 지게 했다. 사도[25] 동심董尋이 표문을 올려 간절히 간언했다.

"엎드려 아뢰니 건안 이래로 전장에서 사망한 백성이 많고 온 가족이 목숨을 잃은 집안도 있으며, 비록 살아 있는 자가 있더라도 어린 고아들과 늙고 쇠약한 노인들뿐입니다. 지금 만약 궁궐이 협소하여 넓히고자 하신다면 형편에 따라 농사에 방해가 되지 않도록 해야 마땅하거늘, 더군다나 무익한 건물을 짓는 것은 더 말할 필요가 있겠습니까? 폐하께서 군신들을 존중하여 관면[26]을 씌워 드러내게 하고 자수한 비단옷을 입히고 화려한 수레를 타게 하시는 것은 그들이 일반 백성과 다르기 때문입니다. 그런데 지금 또 그들에게 나무를 지고 흙을 메도록 하여 몸은 땀에 젖고 발은 진창에 빠지게 만드는 것은 나라의 빛을 훼손시키고 쓸모없는 것을 중시하는 것으로 아무런 의미가 없습니다. 공자께서는 '군주가 신하를 예로써 부리면 신하는 군주를 충성으로 섬긴다君使臣以禮, 臣事君以忠'[27]고 말씀하셨습니다. 충성도 없고 예의도 없다면 나라가 무엇으로 바로 서겠습니까? 신이 이런 말씀을 드리면 반드시 죽을 것임을 알고 있사오나, 신 스스로를 비유하자면 한 가닥 소의 털에 불과하여 살아서도 쓸모가 없으니 죽는다 한들 또한 무슨 손실이 있겠습니까. 붓을 쥐고 눈물을 흘리며 진심으로 세상과 작별합니다. 신에게 아들 여덟이 있는데 신이 죽은 후에도 폐하께 누가 될 것입니다. 두려움을 이기지 못하고 벌벌 떨면서 명령이 이르기만을 기다리겠습니다!"

표문을 읽은 조예가 성내며 말했다.
"동심은 죽음이 두렵지 않다는 말이지!"
좌우에서 그를 참수하라 주청했다. 조예가 말했다.
"이 사람은 평소에 충의가 있었으니 지금 잠시 삭탈하여 평민으로 삼겠노라. 다시 허튼소리를 하는 자가 있다면 반드시 참수하리라!"

이때 태자사인[28] 장무張茂라는 사람이 있었는데 자가 언재彦材[29]로, 그 또한 표문을 올려 간절하게 충고했다가 조예에게 참수당했다.❺

그날 조예는 마균을 불러 물었다.

"짐이 높은 대와 가파른 누각을 지어 신선과 왕래하면서 늙지 않고 오래오래 살 수 있는 방법을 찾고자 한다."

마균이 아뢰었다.

"스물네 명의 한나라 황제 중에 오직 무제만이 재위 연수가 가장 오래되고 수명이 지극히 길었던 것은 무릇 하늘의 해와 달의 기운을 복용했기 때문입니다. 일찍이 장안궁에 백량대柏梁臺를 짓고 대 위에 동인銅人(구리로 만든 사람)을 하나 세웠는데 손으로 '승로반承露盤'이라 부르는 쟁반 하나를 받쳐 들고 있습니다. 삼경이면 북두에서 내려온 밤이슬을 받아 그 이름을 '천장天漿(하늘의 음료)'이라고도 하고 또 '감로甘露(달콤한 이슬)'라고도 불렀습니다. 이 물에 아름다운 옥가루를 섞어 복용하면 노인이 어린아이로 돌아온다고 합니다."

조예가 크게 기뻐하며 말했다.

"너는 지금 인부들을 이끌고 밤새 장안으로 가서 그 동인을 뜯어내어 방림원에 옮겨 세우도록 하라."

명령을 받은 마균은 만 명을 이끌고 장안에 이르렀고 주변에 나무 받침대를 세우고 병사들을 백량대로 올려보냈다. 금세 5000명이 밧줄을 연결하고 당겨 돌면서 올라갔다. 그 백량대는 높이가 20장으로 구리 기둥은 둘레가 10위圍나 되었다. 마균은 먼저 동인을 뜯게 했다. 많은 사람이 힘을 합쳐 동인을 뜯어내기 시작하는데 동인의 눈에서 눈물이 줄줄 흘러내렸다. 모두 깜짝 놀랐다. 그때 별안간 백량대 주변에서 한바탕 광풍이 일더니 모래가 날리고 돌이 구르는데 마치 소낙비가 세차게 쏟아지는 것 같았다. 그러더니 하늘이 무너지고 땅이 갈라질 것 같은 '우르릉!' 소리와 함께 대가 기울어지면서 기둥이 쓰러져 1000여 명이 깔려 죽고 말았다. 마균은 동인과 황금 쟁반을 가지고 낙양으로 돌아와 위주를 뵙고 동인과 승로반을 바쳤다. 위주가 물었다.

"구리 기둥은 어디에 있느냐?"

마균이 아뢰었다.

"기둥의 무게가 100만 근이라 운반해올 수 없습니다."

조예는 구리 기둥을 부수어 낙양으로 운반해오게 했고 두 개의 동인을 주조해 '옹중'30이라 이름 붙이고 사마문31 밖에 늘어세웠다. 또 구리를 주조하여 용과 봉황을 만들었는데, 용의 높이는 4장이었고 봉황의 높이는 3장이 넘었는데 궁전 앞에 세웠다. 또한 상림원上林苑 안에는 각종 기이한 꽃과 이상한 나무들을 심었고 진기한 새와 괴상하게 생긴 짐승들을 키웠다. 소부少傅32 양부楊阜가 표문을 올려 간언했다.

"신이 듣자 하니 요임금이 띠로 지붕을 인 초가집을 숭상하니 사방의 제후들이 안정된 생활을 누렸고, 우임금이 궁궐을 낮게 하니 천하가 즐겁게 일했으며, 은殷, 주周에 이르러서는 혹 명당을 지어도 높이가 3척이었고 너비는 9연33에 불과했다고 합니다. 옛 영명한 제왕들은 궁궐을 지극히 높고 크며 화려하게 하느라 백성의 재산과 힘을 쇠락시키고 파탄내지 않았습니다. 걸桀은 옥으로 장식한 궁궐과 상아로 회랑을 만들고 주紂는 높이 솟은 궁전과 녹대34를 짓는 바람에 사직을 잃었으며, 초나라 영왕35은 장화대36를 건축하느라 스스로 화를 입었고, 진시황은 아방궁을 짓느라 그 아들에게까지 화가 미쳐 천하가 배반해 겨우 2대만에 멸망하고 말았습니다. 무릇 만백성의 재력을 헤아리지 않고 눈과 귀의 욕망만 좇았을 때 멸망하지 않는 자가 없었습니다. 폐하께서는 마땅히 요임금, 순임금, 우임금, 탕왕과 주나라 문왕과 무왕을 본보기로 삼으시고 걸왕, 주왕, 초 영왕, 진시황을 경계로 삼으셔야 합니다. 이에 스스로 안일하고 향락을 탐내며 오로지 궁전과 대각臺閣만을 사치스럽게 장식한다면 반드시 멸망의 재앙이 있을 것입니다. 군주는 머리가 되고 신하는 팔다리가 되어 생존과 죽음을 일체로 하여 득실을 함께해야 합니다. 신이 비록 아둔하고 소심하나 감히 군주의 잘못을 간언하는 신하의 대의까지 망각하겠습니까? 말이 절박하지 않고서는 폐하를 깨닫게 하지 못할 것 같습니다. 삼가 신을 담을 관을 가까이 두고 목욕한 뒤 엎드려 극형을 기다리겠습니다."

표문을 올렸으나 조예는 살펴보지도 않고 마균을 재촉하여 높은 대를 짓고 동인과 승로반을 안치했다. 또 명령을 내려 천하의 미녀들을 선발해 방림원 안으로 들였다. 관원들이 쉴 새 없이 직언이 담긴 표문을 올려 만류했으나 조예는 듣지 않았다.❻

한편 조예의 황후 모씨毛氏는 하내河內 사람이었다. 조예가 평원왕平原王으로 있었을 때부터 가장 애정이 깊었고 황제에 오르면서 그녀를 황후로 삼았다. 후에 조예는 곽郭부인을 총애하게 되어 모황후는 그의 총애를 잃었다. 곽부인은 아름답고 총명하여 조예는 심히 그녀를 총애했고 매일 즐기느라 한달이 넘도록 황궁의 문을 나오지 않았다.

이해 봄 3월, 방림원 안에 온갖 꽃이 다투어 피어나자 조예는 곽부인과 함께 정원에서 꽃을 감상하며 술을 마셨다. 곽부인이 말했다.

"어찌하여 황후를 청해 함께 즐기지 않으시나이까?"

조예가 말했다.

"그녀만 있으면 짐이 물 한 방울도 넘길 수 없노라."

즉시 궁녀들에게 지시를 하달하여 모황후에게 알리지 못하게 했다. 모황후는 조예가 한 달이 지나도록 정궁正宮에 들어오지 않는 것을 보고는 이날 10여 명의 궁인들을 거느리고 취화루翠花樓에 올라 시간을 보내며 답답한 마음을 달래고 있었는데 어디선가 맑고 깨끗한 음악 소리가 들려오자 이에 물었다.

"어디에서 음악을 연주하는가?"

한 궁관宮官(궁중의 여자 관원)이 아뢰었다.

"성상께서 곽부인과 함께 어화원御花園에서 꽃을 감상하며 술을 드시고 계십니다."

그 말을 들은 모황후는 근심하며 궁으로 돌아와 쉬었다. 이튿날 모황후가 작은 수레를 타고 유람하며 즐기고자 궁을 나가는데 마침 구부러진 복도 사이에서 조예와 마주치자 이내 웃으면서 말했다.

"폐하께서는 어제 북쪽 정원에서 노시느라 그 즐거움이 가볍지 않으셨겠어요!"

조예는 크게 노했고 즉시 전날 시중을 들었던 자를 모조리 잡아들이고는 큰 소리로 꾸짖었다.

"어제 북쪽 정원에서 놀면서 짐이 좌우에 모황후가 알지 못하도록 금했거늘 어찌하여 새나갔단 말이냐!"

궁관들에게 호령하여 시중들었던 자를 모조리 참수시켰다. 깜짝 놀란 모황후는 수레를 돌려 궁으로 돌아왔다. 조예는 즉시 조서를 내려 모황후를 죽였고 곽부인을 황후로 삼았다. 조정의 신하들 가운데 감히 간언하는 자가 없었다. ❼

어느 날 유주자사 관구검毌丘儉이 표문을 올렸는데 요동의 공손연公孫淵이 모반을 일으켰고 자칭 연왕燕王이라 부르며 연호를 소한紹漢 원년으로 바꾸었는데 궁전을 짓고 관직을 두었으며 군사들을 일으켜 침범해오고 있어 북방이 요동치고 있다고 보고했다. 깜짝 놀란 조예는 즉시 문무 관료들을 모아놓고 군대를 일으켜 공손연을 물리칠 계책을 상의했다.

방금 토목공사 벌여 중원을 피로하게 했는데
또 외지에서 전쟁 일으키는 것을 보게 되네
纔將土木勞中國, 又見干戈起外方

무엇으로 그들을 막을 것인가?

제105회 반골 위연

❶

하평과 왕평은 같은 사람이다.

『삼국지』「촉서·왕평전」에 따르면 "그는 본래 외가인 하씨何氏에게서 자랐는데 나중에 성을 왕으로 고쳤다"고 기록하고 있고, 「촉서·위연전」에는 "양의 등은 하평에게 앞에서 위연을 막게 했다"고 기록하고 있다. 소설에서는 하평과 왕평이 다른 사람처럼 서술되지만 실제로는 같은 사람이다.

❷

위연은 정말 배반했을까?

흔히 위연에게는 '반골'과 '배신'이라는 꼬리표가 달리는데, 위연 입장에서는 상당히 억울한 일이다. 역사 기록에는 제갈량과 함께 출병했을 때 위연이 머리에 뿔이 돋는 꿈을 꿨다는 기록은 있지만 '반골'이라는 말은 등장하지 않는다.

위연과 관련된 역사 기록을 살펴보면 다음과 같다.

『삼국지』「촉서·위연전」에서는 제갈량이 자신이 죽은 뒤의 철군에 관련된 지시를 내렸는데, "위연에게는 뒤를 끊게 하고, 강유에게는 그다음에 바짝 붙게 했다. 만일 위연이 명령을 따르지 않을 경우에는 대군을 즉시 출발시키도록 했다. 제갈량이 세상을 떠나자 그 사실을 비밀로 하고 상을 치르지 않았다. 양의는 비의에게 명하여 위연에게 가서 그의 의도를 살피게 했다. 위연이 '승상은 비록 죽었지만 나는 아직 건재합니다. 승상 부중의 신임을 받는 관리들은 승상의 영구를 호송하여 돌아가 장례를 치러야 합니다. 나는 각 군을 통솔하여 적을 토벌하겠습니다. 어떻게 한 사람이 죽었다고 하여 국가 대사를 중도에 그만둘 수 있겠습니까? 그리고 나 위연이 어떤 사람인데 양의의 지휘를 받아 그의 후방을 끊는 장군이 되겠습니까!'라고 말했다"고 기록하고 있다.

그리고 "위연과 양의는 각자 조정에 표를 올려 상대방이 반역했다고 비난했다. 하루 사이에 긴급함을 알리는 문서가 조정에 전해졌다. 위연의 병사들은 위연의 행동이 도리에 어긋난다고 생각하여 그를 위해 온 힘을 다하려 하지 않았으며 모두 사방으로 흩어져 떠났다. 위연은 그의 아들 몇 명과 함께 한중으로 도망쳤다. 양의는 마대를 보내 위연을 추격하여 그를 참살하도록 했다"고 했고, 또한 마지막 부분에 "위연의 본뜻을 추측해볼 때 그가 북쪽으로 가서 조위曹魏에 투항하지 않고 남쪽으로 돌아온 것은 양의를 죽이기 위함이었다. 비록 장수들이 평소에 그를 인정하지 않았으나 그는 여전히 자신이 제갈량을 대신해야 한다고 추천받기를 기대했다. 위연의 본심은 이와 같았을 뿐이지 즉시 배반하려 한 것은 아니었다"고 기록하고 있다.

역사 기록을 살펴보면 위연은 결코 배반하려는 뜻이 없었다는 걸 알 수 있다. 양의를 비롯한 정치적 적대 세력에 의해 제거된 내부 권력 다툼의 결과라 할 수 있으며, '반골'과 '배신'의 대명사로 자리 잡은 위연에 대한 평가는 많은 논란이 있지만 수정되어야 할 것이다.

위연과 양의의 관계

역사 기록을 통해 위연과 양의의 관계가 얼마나 좋지 않았는지 엿볼 수 있다.

『삼국지』「촉서·위연전」에 따르면 "위연은 사졸들을 잘 양성하고 남들보다 용맹했으며 또 성격이 오만했으므로 사람들이 그를 피했고 그에게 뒤처지는 것을 인정했다. 그러나 오직 양의만은 위연에게 조금도 양보하지 않으려 했다. 이 때문에 위연이 매우 분개했고 양의와는 불과 물처럼 병립할 수 없었다. 위연의 수급이 양의에게 전해지자 양의는 일어나 직접 그 머리를 발로 밟으며 말했다. '천박한 종놈아! 아직도 나쁜 짓을 할 수 있겠느냐?' 그러고는 위연의 삼족을 멸했다"고 기록하고 있다.

또한 「촉서·양의전」에 따르면 "제갈량은 양의의 재간을 지극히 아끼고 또 위연의 용맹에 의지했으므로 항상 그 두 사람이 화목하게 지내지 못함을 안타까워하며 한쪽을 소홀히 하는 것은 차마 하지 못했다"고 했고, 「촉서·비의전」에서는 "군사軍師 위연과 장사長史 양의가 서로 몹시 싫어하여 상대방을 원수로 여겼고 매번 한자리에 앉을 때마다 논쟁을 했다. 심지어 위연이 칼을 들고 양의에게 보이자 양의는 얼굴에 눈물을 가득 흘렸다. 제갈량이 죽을 때까지 위연과 양의가 각기 능력을 발휘한 것은 비의가 바로잡고 보완해준 덕분이었다"고 기록하고 있다.

❸

『삼국지』「촉서·종예전宗預傳」에서는 종예와 당시 상황에 대해 다음과 같이 기록하고 있다.

"종예는 건안 연간에 장비를 따라 촉으로 들어갔다.

제갈량이 사망하자 오나라는 위나라가 혹시 촉나라의 쇠미한 틈을 타 촉나라를 취할까 우려하여 파구巴丘의 수비병을 1만 명 늘렸다. 이를 통해 촉나라를 구원함과 동시에 촉의 국토를 분할하고자 했다. 촉나라는 그 소식을 듣고 영안의 수비군을 증원하여 만일의 사태에 대비했다. 종예가 명령을 받들어 오나라에 사자로 갔을 때 손권이 종예에게 물었다.

'동오와 서촉은 한집안이나 마찬가지요. 듣자 하니 그대들이 백제성의 수비군을 증원했다고 하던데 무엇 때문이오?'

종예가 대답했다.

'신이 생각하기에 오나라는 파구의 수비군을 늘리고 촉은 백제성의 수비군을 늘렸는데, 이것은 모두 형세의 필요에 따라 그렇게 한 것이니 서로에게 물을 필요는 없습니다.'

손권은 크게 웃으며 종예의 강건함과 솔직함을 칭찬하고 그를 대단히 두텁게 대우했다. 종예가 손권으로부터 받은 존경은 등지, 비의에 버금갔다. 후에 종예는 승진하여 시중이 되었다가 상서로 전임되었다."

❹

양의의 죽음

『삼국지』「촉서·양의전」에서는 양의와 그의 죽음에 대해 다음과 같이 기록하고 있다.

"제갈량은 생전에 내심 양의의 성격이 조급하고 도량이 좁다고 여겼으므로 진정 마음에 들어한 사람은 장완이었다.

양의는 제갈량을 수행하여 출정할 때마다 수고롭고 번잡한 일을 맡았다. 직무를 맡은 것도 장완에 비해 오래되었고 재능도 장완을 뛰어넘는다고 스스로 생각했다. 이에 원망스러움이 말투와 표정에 나타났고 한탄하고 불만스러워하는 소리가 오장육부에서 우러나왔다.

양의가 비의에게 말했다.

'승상이 세상을 떠났을 때 내가 만일 전군을 인솔하여 조위曹魏에 투항했다면 이토록 적막하고 실의한 생활을 보내지는 않았을 것이오! 참으로 후회막급이오.'

비의는 그가 한 말을 비밀리에 표를 올려 보고했다.

건흥 13년(235), 조정은 양의를 파면하여 평민으로 삼고 한가군으로 유배를 보냈다. 양의는 유배지에 이르러서도 조정에 비방하는 글을 올렸는데 그 언사가 격렬했다. 이에 조정은 한가군 군수에게 명령을 내려 양의를 하옥시키고 죗값을 치르게 했다. 양의는 자살했고, 그 아내와 아들은 촉군蜀郡으로 돌아갔다."

제갈량의 후계자 장완

제갈량의 후계자로 지목된 장완에 대해 『삼국지』「촉서·장완전」에서는 다음과 같이 기록하고 있다.

"제갈량은 여러 차례 출정에 나섰는데 장완은 그때마다 양식과 병사를 충분히 공급해줬다. 제갈량은 항상 이렇게 말했다.

'공염公琰(장완의 자)은 충성과 고상함을 지향하니 나와 함께 왕업을 보조할 수 있는 사람이다.'

제갈량은 또 비밀리에 후주에게 표를 올려 말했다.

'신에게 만일 불행이 닥치면 뒷일은 장완에게 맡기십시오.'

당시 군대의 통수권자인 제갈량을 막 잃었으므로 전국 각지의 사람들이 모두 위험을 느끼고 두려워했다. 장완은 뭇사람보다 뛰어나 지위가 백관의 위에 있게 되었지만 두려워하고 근심하는 기색이 없었고 또한 기뻐하는 모양도 없었으며 안색과 행동거지가 평상시와 같았으므로 모두 점점 그를 믿고 따르게 되었다."

❺

조예가 간언하는 신하들을 참수시켰을까?

『삼국지』「위서·명제기」에서는 다음과 같이 기록하고 있다.

"청룡 3년(235), 명제는 대규모로 낙양궁을 건설하고 소양전昭陽殿과 태극전太極殿을 세우기 시작했으며 또한 총장관總章觀을 건축했다. 이로 인해 백성이 농사짓는 시기를 놓치자 강직한 신하 양부楊阜와 고당륭高堂隆 등이 각자 여러 차례에 걸쳐 간절하게 간언했다. 명제는 비록 듣지 않았지만 항상 그들에게 관용을 베풀었다."

또한 동심이 올린 상서는 배송지 주『위략』에 소개되어 있다. 동심은 후에 패구貝丘(치소는 지금의 산둥성 린칭臨淸 동남쪽) 현령이 되었다.

❻

조예가 양부의 진언을 무시했을까?

『삼국지』「위서·양부전」에서는 다음과 같이 기록하고 있다.

"명제는 허도의 궁전을 새로 건설한 다음에 또 낙양에 궁전과 관각觀閣을 지었다. 양부가 상서를 올렸다. 상주문을 보고 천자는 그의 충언에 감동하여 손수 조서를 써서 답장했다. 매번 조정에 모여 회의할 때마다 양부는 항상 당당하고 차분하게 말했고 천하를 다스리는 것을 자신의 직책으로 여겼다. 여러 차례 간언해도 황제가 듣지 않았으므로 양부는 누차 퇴직을 요청했지만 황제는 허락하지 않았다. 양부가 세상을 떠났을 때 집안에는 남아 있는 재산이 없었다."

「위서·양부전」에 양부에 관한 이야기가 또 있다.

"양부는 명제에게 총애를 받지 못하는 궁녀를 줄이려고 상소를 올려 어부御府의 관리(어부령御府令, 승丞 등의 관리로 소부少府에 속했다. 관비의 일을 주관했고 환관이 담당했다)를 소집해 후궁의 숫자를 물었다. 관리는 옛 조령을 준수하여 대답했다.

'이것은 궁궐의 비밀로 누설할 수 없습니다.'

양부는 크게 화를 내며 그를 몽둥이로 100대 때리고 질책했다.

'국가 대사를 구경九卿에게는 비밀로 하지 않는데 도리어 하급 관리에게 비밀로 한단 말이냐?'

이 일을 들은 명제는 더더욱 양부를 경외했다."

❼

모황후毛皇后와 곽황후郭皇后는 누구인가?

모황후의 죽음에 대해서는 역사와 소설이 거의 비슷하게 기록하고 있다. 모황후와 곽황후가 어떻게 황후가 되었는지에 대한 역사 기록은 다음과 같다.

『삼국지』「위서·명도모황후기明悼毛皇后紀」에 따르면 "명도모황후는 하내군 사람으로, 황초 연간에 선발되어 태자 동궁으로 들어갔다. 명제가 평원왕에 봉해졌을 당시 그녀를 총애하여 출입할 때 수레에 함께 태울 정도였고, 태화太和 원년(227)에 그녀를 황후로 삼았다"고 기록하고 있다.

모후의 부친은 모가毛嘉라는 사람이었다. 수레를 만드는 장인이었는데 딸이 황후가 되면서 갑자기 부귀해졌다. "명제가 군신들을 모가의 집에 모아 연회를 열었는데 모가의 행동거지가 특별히 바보스럽고 우스꽝스러웠다. 말할 때마다 자신을 '후신侯身(후의 신분)'이라 했으므로 당시 사람들의 비웃음을 샀다"는 기록이 있다.

당시 사대부들은 대화를 나눌 때 자신을 겸양하여 이름을 칭하거나 복僕(저, 소인)이라 칭했는데, 스스로 '후신'이라 칭했으니 관습에 맞지 않고 무례하며 교양이 없다고 볼 수 있다.

「위서·명원곽황후기明元郭皇后紀」에는 곽황후에 대해 다음과 같이 기록하고 있다.

"명원곽황후는 서평군西平郡(치소는 지금의 칭하이靑海성 시닝西寧) 사람으로 대대로 하우河右(지금의 간쑤성과 칭하이성 사이의 황하 서쪽 지구)의 대족大族이었다. 황초 연간에 서평군에서 반란이 일어났으므로 곽씨는 몰락하여 궁으로 들어갔다. 명제가 즉위한 다음 곽씨는 특별히 총애를 받아 부인夫人(제왕 처첩의 명칭)에 봉해졌다. 명제의 병세가 위중해졌을 때 마침내 곽씨가 황후로 세워졌다. 경원景元 4년(263) 12월 붕어했다."

제 106 회

사마의의 권력 쟁탈

공손연은 싸움에 패하여 양평에서 죽고,
사마의는 거짓으로 병든 체하여 조상을 속이다

公孫淵兵敗死襄平,
司馬懿詐病賺曹爽

공손연은 바로 요동 공손도公孫度의 손자이고 공손강公孫康의 아들이다. 건안 12년(207) 조조가 원상을 추격했을 때 요동에 당도하기도 전에 공손강이 원상을 참수하여 그의 수급을 조조에게 바쳤고, 이에 조조는 공손강을 양평후襄平侯로 봉했다. 공손강에게는 아들이 둘 있었는데, 맏아들은 공손황公孫晃, 둘째 아들은 공손연이었다. 공손강이 죽었을 때 그 둘은 모두 나이가 어렸기 때문에 공손강의 아우인 공손공公孫恭이 직무를 계승했다. 조비 때 공손공을 거기장군, 양평후[1]로 봉했다. 태화 2년(228), 성장한 공손연은 문무를 겸비한 데다 성격이 강하고 싸우기를 좋아하여 숙부인 공손공의 직위를 빼앗았다. 조예는 공손연을 양렬장군揚烈將軍, 요동[2]태수로 봉했다. 후에 손권이 장미張彌와 허안許晏을 파견하여 황금과 진주, 진귀한 옥을 가지고 요동으로 가서 공손연을 연왕燕王으로 봉하려 했다. 공손연은 중원을 두려워하여 장미와 허안을 참수하고 수급을 조예에게 보냈다. 이에 조예는 공손연을 대사마, 낙랑공으로 봉했다.[3] 그러나 공손연은 만족하지 못하고 스스로를 연왕이라 칭하고 연호를 소한紹漢 원년으로 바꾸었다. ❶

부장 가범賈範이 간언했다.

"중원이 주공을 상공의 작위로 대접했으니 신분이 비천하지 않습니다. 지금 만약 배반한다면 진실로 순리가 아닙니다. 게다가 사마의는 용병에 능숙하여 서촉의 제갈무후도 승리를 거두지 못했는데 하물며 주공은 어떠하겠습니까?"

공손연은 크게 노하여 가범을 묶어 목을 치라고 명했다. 참군 윤직倫直[4]이 간언했다.

"가범의 말이 옳습니다. 성인이 말씀하시기를 '국가가 장차 망하려면 괴이한 징조가 생긴다'고 했습니다. 지금 나라 안에 괴이한 일이 수차례 발생했는데, 근래에는 두건을 쓰고 붉은 옷을 입은 개가 지붕에 올라가 사람 행세를 했고, 또 성 남쪽 마을 사람들이 밥을 짓는데 밥 시루 안에 한 어린아이가 쪄 죽은 채 있었다고 합니다. 양평[5] 북쪽 시장에서는 땅이 별안간 움푹 꺼지더니 그 구멍에서 고깃덩어리 하나가 솟아 나왔다고 합니다. 둘레가 몇 척이나 되고 머리, 얼굴, 눈, 귀, 입, 코는 모두 갖추어져 있었으나 유독 손발만 없었는데 칼과 화살을 써도 상하게 할 수 없어 무슨 물건인지 알 수가 없다고 합니다. 점쟁이가 그것을 점쳐보고는 '형태는 있으나 완전하게 이루어지지 않았고 입은 있으나 소리를 낼 수 없으니, 국가가 멸망하려는 징조가 나타난 것이다'라고 했답니다. 이 세 가지 현상은 모두 상서롭지 못한 징조입니다. 주공께서는 흉한 것을 피하고 길한 것을 취하셔야 하니 경거망동해서는 안 될 것입니다."

공손연은 벌컥 성을 내더니 무사들에게 호통을 쳐 윤직과 가범을 함께 저잣거리에서 참수시켰다. 그러고는 대장군 비연卑衍을 원수元帥로 임명하고 양조楊祚를 선봉으로 삼아 요동 군사 15만 명을 일으켜 중원으로 쳐들어갔다.❷

변경의 관원이 위주 조예에게 이 사실을 보고했다. 깜짝 놀란 조예는 사마의를 조정으로 불러들여 대책을 상의했다. 사마의가 아뢰었다.

"신의 부하 마보 관군 4만 명이면 족히 역적들을 깨뜨릴 수 있습니다."

조예가 말했다.

"경의 병사들은 적고 갈 길은 먼데 수복하기 어려울까 염려되오."

사마의가 말했다.

"승패는 숫자가 많은 데에 있지 않고 기묘한 계책을 펼치고 지혜와 꾀를 운용할 수 있는 데 달려 있습니다. 신이 폐하의 크나큰 복에 의지하여 반드시 공손연을 사로잡아 폐하께 바치겠습니다."

조예가 말했다.

"경은 공손연이 어떻게 움직일 것이라고 헤아리시오?"

사마의가 말했다.

"공손연이 만약 성을 버리고 미리 달아난다면 이것은 상책이고, 요동[6]을 지키면서 대군을 막아낸다면 이것은 중책이며, 앉아서 양평을 지킨다면 이는 하책인데, 틀림없이 신에게 사로잡힐 것입니다."

조예가 말했다.

"갔다가 돌아오는 데 얼마나 걸리겠소?"

사마의가 말했다.

"4000리 떨어진 땅이니 가는 데 100일, 공격하는 데 100일, 돌아오는 데 100일, 휴식을 취하는 데 60일 해서 대략 1년 정도면 충분합니다."

조예가 말했다.

"만일 오와 촉이 침범한다면 어찌해야 하오?"

사마의가 말했다.

"신이 이미 방어할 계책을 마련해두었으니 폐하께서는 염려하지 마십시오."

조예가 크게 기뻐하며 즉시 사마의에게 군대를 일으켜 공손연을 정벌하라고 명했다. ❸

천자에게 하직을 고한 사마의는 성을 나가 호준胡遵에게 명하여 선봉으로 삼아 병사들을 이끌고 먼저 요동으로 가서 군영을 세우게 했다. 이에 정찰 기병이 재빨리 공손연에게 보고했다. 공손연은 비연과 양조에게 명하여 군사 8만 명을 나누어주고 요수7에 주둔시켰다. 그리고 주변에 도랑 20여 리를 파고 녹각을 둘러세우고는 빈틈이 없도록 했다. 호준은 이 사실을 사마의에게 보고했다. 사마의가 웃으면서 말했다.

"역적들이 싸움을 피하면서 우리 병사들의 사기를 떨어뜨리려 하는 것뿐이오. 내가 헤아리건대 역적 무리의 태반이 이곳에 있어 그 소굴이 비어 있을 테니 이곳을 버리고 곧장 양평으로 달려가는 것이 좋을 듯하오. 그러면 역적들은 틀림없이 구원하러 갈 것이고 중도에 그놈들을 친다면 반드시 완승을 거둘 수 있을 것이오."

이에 군대를 통솔하여 오솔길로 양평을 향해 진군했다.

한편 비연은 양조와 함께 상의했다.

"만약 위병이 공격한다면 맞붙어 싸우지 마시오. 저들은 1000리 길을 왔으니 군량과 마초가 제때 이어지지 않아 오래 버티기 어려울 것이오. 군량이 떨어지면 반드시 물러갈 것이니 그들이 물러갈 때를 기다렸다가 기습한다면 사마의를 사로잡을 수 있을 것이오. 옛날에 사마의가 촉병과 대치할 때 위수 남쪽을 굳게 지키자 공명이 끝내 군중에서 죽고 말았소. 지금도 바로 그 이치와 같은 것이오."

두 사람이 한창 상의하고 있는데 별안간 보고가 들어왔다.

"위병이 남쪽으로 갔습니다."

비연은 깜짝 놀랐다.

"저들이 우리 양평의 군사가 적은 것을 알고 노영[8]을 기습하러 간 것이오. 만약 양평을 잃는다면 우리가 이곳을 지키는 게 아무런 이득이 없소."

즉시 군영을 뽑아 뒤따라 출발했다. 이에 정찰 기병이 빠르게 달려가 사마의에게 보고했다. 사마의가 웃으며 말했다.

"내 계책에 걸려들었구나!"

이에 하후패와 하후위에게 각자 일군을 이끌고 요수[9] 가에 인접한 곳에 매복하게 했다.

"요동 병사들이 도착하면 양쪽에서 일제히 뛰쳐나와라."

두 사람은 계책을 받고 떠났다. 어느 결에 멀리서 비연과 양조가 군사를 이끌고 달려오는 것이 보였다. '쾅!' 하는 포성이 울리더니 양쪽에서 북을 치고 함성을 질러 기세를 올리고 깃발을 내저으며 왼쪽에서는 하후패, 오른쪽에서는 하후위가 일제히 돌격해 나왔다. 비연과 양조 두 사람은 싸울 마음이 없어져 길을 찾아 달아났다. 수산[10]까지 달아났을 때 마침 당도한 공손연의 병사와 마주쳤고 군사를 한데 모아 말을 돌려 다시 위병과 교전을 벌였다. 비연이 말을 몰고 나와 욕설을 퍼부었다.

"적장은 간계를 쓰지 마라! 네가 감히 나와서 싸워보지 않겠느냐?"

하후패가 말고삐를 놓고 칼을 휘두르며 나가 맞섰다. 몇 합을 싸우지도 않았는데 비연이 칼에 베어 말 아래로 떨어졌고 요동 병사들은 크게 어지러워졌다. 하후패는 군사들을 휘몰아 들이쳤고 공손연은 군사들을 이끌고 양평성으로 들어가 성문을 걸어 잠그고는 단단히 지키면서 나오지 않았다. 위병은 사면으로 성을 에워쌌다.

가을이 되어 비가 끊임없이 내렸고 한 달이 지나도록 그치지 않아 수심이 3척이나 되었다. 군량을 운반하는 배들이 요하遼河 어귀로부터 곧장 양평성 아래까지 이를 지경이었다. 위의 군영은 모두 물에 잠겼고 병사들은 초조해하고 불안해했다. 좌도독 배경裴景이 군막으로 들어가 고했다.

"비가 멈추지 않아 군영 안이 질퍽거려 군사들이 머물 수가 없으니 청컨대 앞쪽 산 위로 군영을 옮기게 해주십시오."

사마의가 노했다.

"공손연을 잡을 일이 조석에 달려 있는데 어찌 군영을 옮긴단 말인가? 다시 군영을 옮기겠다고 말하는 자가 있다면 목을 치리라!"

배경은 "예, 예" 하면서 물러났다. 잠시 후 우도독 구련仇連[11]이 와서는 또다시 고했다.

"군사들이 물 때문에 고생스러우니 태위께서는 높은 곳으로 군영을 옮기시지요."

사마의가 벌컥 성을 냈다.

"내가 군령을 이미 발포했거늘 너는 어찌하여 감히 어긴단 말이냐!"

즉시 끌어내 구련의 목을 쳤고 수급을 원문 밖에 걸었다. 이에 군사들은 두려움에 떨었다.

사마의는 남쪽 군영의 인마를 잠시 20리 물러가게 하여 성안의 군사와 백성이 성을 나가 땔감을 구하고 소와 말을 방목하도록 내버려뒀다. 그러자 사마 진군陳群[12]이 물었다.

"전에 태위께서 상용上庸을 공격하실 때는 군사를 여덟 갈래 길로 나누어 8일 만에 성 아래까지 당도하여 맹달을 사로잡고 큰 공을 이루셨습니다. 그런데 지금은 갑옷 입은 군사 4만 명을 거느리고 수천 리 길을 오셨는데도 성을 공격하지 않고 도리어 병사들을 진창 속에서 오래도록 머물게 하고 또 역적의 무리가 땔감을 구하고 방목하도록 내버려두고 있습니다. 저는 실로 태위께서 무슨 의도가 있으신지 모르겠습니다."

사마의가 웃으면서 말했다.

"공은 병법을 모르시오? 옛날에 맹달은 군량은 많은데 병사들이 적었고 우리는 군량은 적은데 병사들이 많았으므로 속전속결을 벌이지 않을 수 없었소. 그래서 상대가 방심한 틈을 타 불시에 공격하여 승리를 거둔 것이오. 그러나 지금은 요동의 병사는 많고 우리 병사는 적으나 적들은 굶주렸고 우리는 배부르니 구태여 힘들여 공격할 필요가 있겠소? 저들이 스스로 달아나도록 내버려둔 다음에 기세를 몰아 공격할 것이오. 내 지금 한 갈래 길을 열어 저들이 땔감을 구하고 방목하는 것을 끊지 않는 것은 저들 스스로 달아나게 하려는 것이오."

진군이 탄복했다. 사마의는 낙양으로 사람을 보내 군량을 재촉했다.

위주 조예가 조회를 열자 군신들이 아뢰었다.

"근래에 가을비가 그치지 않고 한 달 넘도록 내리고 있어 사람과 말이 피로할 것이니 사마의를 돌아오라 부르시고 잠시 전쟁을 멈추게 하소서."

조예가 말했다.

"사마 태위는 용병에 능숙하여 위험에 직면하면 신속히 임기응변으로 조치할 것이며 훌륭한 계책이 많아 공손연을 잡는 것은 시간 문제일 뿐이오. 경들이 구태여 근심할 필요가 있겠소?"

결국 군신들의 간언을 듣지 않고 군량을 사마의가 있는 최전방 진지로 보냈다. 사마의는 군영 안에서 며칠을 지냈는데 비가 그치고 날씨가 갰다. 그날 밤 사마의가 군막 밖으로 나가 우러러 천문을 살펴보는데 별안간 크기가 말４만 한 별 하나가 몇 장이나 되는 길이의 빛을 달고 수산 동북쪽에서 양평 동남쪽으로 떨어지고 있었다. 각 군영의 장수와 사졸들은 놀라 두려워하지 않는 자가 없었다. 그 광경을 본 사마의가 몹시 기뻐하며 장수들에게 일렀다.

"닷새 후에 별이 떨어진 곳에서 틀림없이 공손연을 베어 죽일 것이오. 내일 협력해서 성을 공격하시오."

명령을 받은 장수들은 이튿날 동틀 무렵에 군사들을 이끌고 사면으로 성을 둘러쌌다. 토산을 쌓고 땅굴을 파며 포가砲架(포신을 올려놓는 받침틀)를 세우고 운제를 설치하여 밤낮으로 쉬지 않고 공격하는데 비가 쏟아지듯 세차게 화살을 쏘아댔다. 공손연이 있는 성안에서는 군량이 떨어지자 소와 말을 모조리 잡아먹었고 사람들이 증오에 가득 차 성을 지킬 마음이 없어져 공손연의 머리를 베고 성을 바쳐 항복하려고만 했다. 그 소식을 들은 공손연은 몹시 놀라고 걱정이 되어 황급히 상국相國 왕건王建과 어사대부 유보柳甫를 위의 군영으로 보내 항복을 청했다. 두 사람은 성 위에서 몸을 묶어 아래로 내려가 사마의에게 와서 고했다.

"청컨대 태위께서 20리를 물러가시면 우리 군주와 신하들이 스스로 와서 투항하겠습니다."

사마의가 벌컥 성을 냈다.

"공손연은 어찌하여 직접 오지 않았는가? 매우 도리에 어긋나는 짓이로다!"

무사들에게 호통을 쳐 그들을 끌어내 목을 치게 하고는 따라온 자들에게 수급을 건넸다. 그들이 돌아가 보고하자 공손연은 크게 놀랐고 다시 시중 위연衛演을 위의 군영으로 보냈다. 사마의는 중군 군막으로 들어가 군사 상황을 들으면서 장수들을 모아 양쪽으로 늘어세웠다. 위연은 무릎을 꿇은 채

들어가 군막 아래에 꿇어앉고는 고했다.

"원컨대 태위께서는 벽력같은 분노를 식히시기 바랍니다. 기한을 정해 먼저 세자 공손수公孫修를 인질로 보낸 다음에 군주와 신하가 스스로 결박하고 항복하러 오겠습니다."

사마의가 말했다.

"군대와 전쟁에 관련된 요지는 다섯 가지가 있다. 싸울 수 있으면 마땅히 싸워야 하고, 싸울 수 없으면 마땅히 지켜야 하며, 지킬 수 없으면 마땅히 달아나야 하고, 달아날 수 없으면 마땅히 항복해야 하며, 항복할 수 없으면 마땅히 죽어야 할 뿐이다! 구태여 아들을 인질로 보낼 필요가 있는가?"

위연을 큰 소리로 꾸짖어 돌아가 공손연에게 보고하게 했다. 위연은 머리를 감싸고 쥐새끼처럼 돌아와 공손연에게 전했다. 깜짝 놀란 공손연은 이에 아들 공손수와 함께 비밀리에 상의한 뒤 1000명의 인마를 선발하여 그날 밤 이경 무렵에 남문을 열고 동남쪽을 향해 달아났다. 아무도 없는 것을 본 공손연은 속으로 몰래 기뻐했다. 그러나 10리도 채 못 가 별안간 산 위에서 '쾅!' 하는 포성이 들리더니 일제히 고각이 울렸다. 한 무리의 군사가 막아섰는데 중앙에 선 자는 바로 사마의였다. 왼쪽에 있는 사마사와 오른쪽에 있는 사마소가 크게 소리 질렀다.

"역적은 달아나지 마라!"

깜짝 놀란 공손연이 급히 말을 돌려 달아날 길을 찾으려 했다. 그러나 그때 호준의 군사들이 당도하여 왼쪽은 하후패와 하후위, 오른쪽은 장호와 악침이 막아서서 사면으로 철통같이 에워쌌다. 공손연 부자는 어쩔 수 없이 말에서 내려 항복을 받아달라고 했다. 사마의가 말 위에서 장수들을 돌아보며 말했다.

"내가 지난밤 병인丙寅일에 큰 별이 이곳에 떨어지는 것을 보았는데 오늘 밤 임신壬申일에 부합하는구나."

장수들이 축하했다.

"태위께서는 참으로 뛰어난 임기응변의 계책을 가지고 계십니다!"

사마의는 그들을 참수하라 명했다. 공손연 부자는 마주 본 채로 죽임을 당했다. 사마의는 즉시 군대를 통솔하여 양평을 취하러 갔는데 성 아래에 이르기도 전에 호준이 일찌감치 군사를 이끌고 성으로 들어갔다. 성안의 백성은 향을 사르고 절을 하며 맞이했고 위병은 전부 성안으로 들어갔다. 사마의는 관아 대청에 앉아 공손언의 친족과 함께 공모한 관료들을 모조리 주였다. 그 수급이 70여 개나 되었다. 그러고는 방문을 붙여 백성을 안정시켰다. 그때 누군가가 사마의에게 고했다.

"가범과 윤직이 모반해서는 안 된다고 간절히 충고했다가 모두 공손연에게 살해되었습니다."

사마의는 즉시 그 두 사람의 묘를 봉분하고 자손들을 영예롭게 해주었다. 창고 안의 재물로 삼군을 포상하고 위로한 다음 낙양으로 회군했다.❹

한편 위주는 궁중에 있었는데 어느 날 밤 삼경에 느닷없이 한바탕 음산한 바람이 불더니 등불이 꺼졌고 모황후가 수십 명의 궁인을 거느리고 와서 곡을 하며 목숨을 돌려달라 청했다. 이 일로 인해 조예는 병에 걸리고 말았다. 병세가 점점 위중해져 시중, 광록대부 유방劉放과 손자孫資에게 추밀원樞密院의 일체 사무를 관장하게 했으며,¹³ 또 조비의 아들 연왕燕王 조우¹⁴를 불러들여 대장군으로 삼고 태자인 조방曹芳을 보좌하여 섭정하게 했다. 조우는 예의가 바르고 겸손하며 온화하여 그런 대임을 감당할 수 없다며 굳이 사양하고 받지 않았다. 조예는 유방과 손자를 불러 물었다.

"친족 가운데 누구에게 이 대임을 맡길 만한가?"

두 사람은 오래도록 조진의 은혜를 입었기에 이에 보증하며 아뢰었다.

"오직 조자단曹子丹(조진의 자)의 아들 조상曹爽만이 감당할 만합니다."

조예는 그 말을 따랐다. 두 사람은 또 아뢰었다.

"조상을 등용하고자 하신다면 마땅히 연왕을 자기 나라로 돌아가게 해야 합니다."

조예는 그 말을 옳다고 여겼다. 두 사람은 즉시 조예에게 조서를 내려달라 청하고는 그 조서를 연왕에게 전달했다.

"천자께서 친필 조서를 내리시어 연왕에게 자기 나라로 돌아가라 명하셨으니 오늘 중으로 떠나도록 하고, 이후에는 조서가 없으면 조정에 들어오지 못하오."

연왕은 눈물을 흘리며 떠났다. 마침내 조상을 대장군으로 봉하고 조정의 정사를 주재하게 했다.❺

병세가 점점 위태해진 조예는 급히 사자에게 부절을 들려 보내어 사마의에게 조정으로 돌아오라는 조서를 전하게 했다. 명령을 받든 사마의는 곧장 허창¹⁵에 당도하여 궁으로 들어가 위주를 알현했다. 조예가 말했다.

"짐은 경을 다신 보지 못할까 두려워했는데 오늘 보게 되었으니 죽어도 여한이 없소."

사마의가 머리를 조아려 아뢰었다.

"신이 도중에 폐하의 성체聖體가 편치 않다는 소식을 듣고는 옆구리에 두 날개가 돋아나 궁정까지 날아오지 못하는 것을 한스러워했습니다. 오늘 용안을 뵐 수 있게 되어 행운입니다."

조예는 태자 조방, 대장군 조상, 시중 유방劉放, 손자孫資[16] 등을 모두 침상 앞으로 오게 했다. 조예는 사마의의 손을 잡고 말했다.

"예전에 유현덕이 백제성에서 병이 위중해져 어린 아들 유선을 제갈공명에게 부탁했고 이 때문에 공명의 충성은 죽음에 이르러서야 비로소 끝났다고 하오. 변경의 소국에서도 이와 같은데 하물며 대국에서는 어떠하겠소? 짐의 어린 아들 조방은 이제 겨우 여덟 살이라 사직을 주관하여 처리하는 것을 감당할 수가 없소. 바라건대 태위와 종형, 공신, 옛 신하들이 있는 힘을 다해 보좌하여 짐의 마음을 저버리지 않도록 해주시오!"

또 조방을 불러 말했다.

"중달과 짐은 한 몸과 같으니 너는 응당 존경하고 예로써 대해야 하느니라."

그러고는 사마의에게 조방을 데리고 가까이 오라 명했다. 조방이 사마의의 목을 끌어안고 놓지 않았다. 조예가 말했다.

"태위는 오늘 어린 아들이 그대에게 연연해하는 정을 잊지 말도록 하라!"

말을 마치고는 눈물을 줄줄 흘렸다. 사마의도 머리를 조아리고 눈물을 흘렸다. 위주는 정신이 혼미해져 말을 잇지 못하고 손으로 태자만 가리키더니 잠시 후에 죽고 말았다. 황제의 지위에 오른 지 13년이었고 나이는 36세로 위 경초景初 3년(239) 봄 정월 하순이었다.❻

즉시 사마의와 조상은 태자 조방을 떠받들어 황제의 자리에 오르게 했다. 조방의 자는 난경蘭卿으로 조예의 양자인데 궁중에서 비밀리에 성장하여 사람들은 그의 출생 내력에 대해 알지 못했다.❼

조방은 조예의 시호를 명제로 하고 고평릉[17]에 장사를 지냈고, 곽황후를 높여 황태후로 삼았으며, 정시正始 원년元年(240)으로 연호를 바꾸었다. 사마의와 조상이 정사를 보좌했다. 조상은 사마의를 매우 조심스럽게 섬겼고 모든 대사를 반드시 먼저 보고했다. 조상은 자가 소백昭伯으로 어릴 때부터 궁중에 출입했는데 명제는 조상의 언행이 신중한 것을 보고는 몹시 사랑하고 존중했다. 조상의 문하에는 식객이 500명 있었는데 그중에는 실속 없이 겉만 화려하고 서로 따르며 숭배하는 다섯 명이 있었다. 하나는 하안何晏으로 자가 평숙平叔이고, 다른 하나는 등양鄧颺으로 자는 현무玄茂인데 바로 후한의 개국 공신인 등우鄧禹의 후손이었다. 또 하나는 이승李勝으로 자가 공소公昭이고, 다른 하나는 정밀丁謐로 자가 언정彦靖이며, 또 다른 하나는 필궤畢軌로 자가 소선昭先이었다. 또 대사농 환범桓範이 있었는데 자는 원칙元則으로 꽤나 지모가 있어 사람들 대부분이 그를 '지낭智囊(꾀주머니)'이라 불렀다. 이들은 조상의 신임을 받았다. 하안이 조상에게 고했다.

"주공께서 대권을 쥐셨으니 다른 사람에게 위탁해서는 안 됩니다. 후환이 생길까 걱정됩니다."

조상이 말했다.

"사마공은 나와 함께 어린 아들을 부탁하신 선제의 명을 받았는데 어찌 차마 그를 배신한단 말인가?"

하안이 말했다.

"지난날 선공[18]께서 중달과 촉병을 깨뜨렸을 때 이 사람으로 인해 노기를 누차 받으셨기 때문에 죽음에 이른 것입니다. 주공께서는 어찌하여 살피지 않으십니까?"

조상은 문득 깨닫고는 즉시 관원들과 상의하여 준비한 다음 궁으로 들어가 위주 조방에게 아뢰었다.

"사마의의 공적이 높고 덕이 두터우니 그의 관직을 높여 태부로 삼으소서."

조방은 그 말에 따랐고 이때부터 병권은 모두 조상에게 넘어갔다. 조상은 아우인 조희曹羲를 중령군中領軍으로 삼고, 조훈曹訓을 무위장군,[19] 조언曹彦을 산기상시散騎常侍로 삼고는 각자 3000명의 어림군을 이끌게 했고 멋대로 궁중에 출입하게 했다. 또한 하안, 등양, 정밀을 상서로 삼고 필궤를 사례교위로 삼았으며 이승을 하남윤으로 삼았다. 이 다섯 사람은 조상과 더불어 주야로 정사를 의논했다. 그리하여 조상 문하의 빈객들은 날로 번성했다. 사마의는 병을 핑계로 나오지 않았고 두 아들 또한 관직에서 물러나 한가하게 지냈다. 조상은 매일 하안 등과 함께 술을 마시며 즐겼고 사용하는 의복이나 용기들이 조정의 것과 다름이 없었다. 각처에서 감상하고 즐길 만한 진기한 물건들이 공물로 오면 자신이 먼저 상등품을 가진 다음 나머지를 궁에 들여보냈다. 관저에는 아름다운 미인들로 가득 채웠다. 황문黃門인 장당張當이 조상에게 아첨하고자 사사로이 선제의 시첩 7~8명을 선발하여 부중으로 보냈다. 조상은 또 춤과 노래를 잘하는 양가의 여인들 30~40명을 선발하여 가기로 삼았다. 또한 여러 층의 채색이 화려한 누각을 짓고 금은 용기들을 제조하고자 솜씨 좋은 장인 수백 명을 불러 주야로 작업을 시켰다.

한편 하안은 평원의 관로管輅가 술수에 밝다는 소리를 듣고는 그를 청하여『주역』을 논했다. 이때 자리에 있던 등양이 관로에게 물었다.

"그대는 스스로『주역』을 잘 안다고 하면서『주역』에 있는 문장과 이치를 언급하지 않으니 무엇 때문이오?"

관로가 말했다.

"『주역』을 잘 아는 자는『주역』을 말하지 않소."

하안이 웃으면서 그 말에 칭찬했다.

"요점이 간단명료하구려."

관로에게 일렀다.

"나를 위해 점괘나 한번 쳐보시오. 삼공에 이를 수 있겠소?"

또 물었다.

"요즘 연이어 꿈속에 파리 수십 마리가 코에 모여드는데 이것은 무슨 징조요?"

관로가 말했다.

"순임금을 보좌한 팔원, 팔개[20]와 주나라 성왕을 보좌한 주공은 모두 온화하며 어질고 인자했으며 겸손하고 공손하여 많은 복을 누렸소. 군후[21]께서는 지금 지위가 존귀하고 권세가 무거우나 그 은덕에 감격한 자가 드물고 그 위세를 두려워하는 자가 많으니 대체로 신중하게 복을 구하는 길이 아니오. 더욱이 코는 산이니, 산이 높아 위태롭지 않아야 귀한 자리를 오래 지킬 수 있는 것이오. 지금 파리들이 악취를 맡고 모여들었소. 지위가 높고 가파르면 넘어지기 마련이니 어찌 두렵지 않겠소? 원컨대 군후께서는 다른 사람들의 의견을 받아들여 자신의 부족함을 채우고 예가 아니면 실행하지 마시기 바라오. 그런 다음에야 삼공의 지위에 이를 수 있고 파리들도 쫓을 수 있을 것이오."

등양이 노했다.

"늙은 서생 놈이 지껄이는 케케묵은 상투적인 말뿐이로다!"

관로가 말했다.

"늙은 서생에게는 살지 못할 자가 보이고 케케묵은 말을 하는 사람에게는 더 이상 이야기를 나누지 못할 자가 보이오."

마침내 옷소매를 뿌리치고 가버렸다. 두 사람은 껄껄 웃었다.

"참으로 미친 사람이로다!"

집으로 온 관로는 있었던 일을 외삼촌에게 말했다. 외삼촌이 깜짝 놀랐다.

"하안과 등양 두 사람은 위세와 권력이 대단히 막강한데 너는 어쩌려고 그들을 건드렸느냐?"

관로가 말했다.

"죽을 사람들과 이야기를 했는데 무엇이 두렵겠소!"

외삼촌이 그 까닭을 묻자 관로가 말했다.

"등양은 걷는 자세가 근육이 뼈를 단단하게 묶어주지 못하고 혈관이 살을 제어하지 못해 곧게 일어서 있지 못하고 쏠려 마치 손발이 없는 것과 같으니 이것은 '귀조鬼躁'의 상입니다. 하안은 사물을 살펴볼 때 혼령이 육신을 지키지 못하고 혈색이 밝지 못하며 정신이 맑지 못해 연기처럼 떠 있어 얼굴이 말라 죽은 나무와 같으니 이것은 '귀유鬼幽'[22]의 상입니다. 두 사람은 조만간 반드시 재앙으로 목숨을 잃을 것인데 어찌 두려워하겠습니까!"

외삼촌도 관로에게 미친놈이라고 욕설을 퍼붓고는 가버렸다.

한편 조상은 하안, 등양과 함께 사냥을 다니곤 했다. 아우 조희가 간언했다.

"형님께서는 위세와 권력이 대단하신데 밖으로 사냥 다니기를 좋아하시니 만일 다른 사람의 계략에 빠지기라도 한다면 후회해도 소용없을 것입니다!"

조상이 큰 소리로 꾸짖었다.

"병권이 내 손안에 있는데 무엇이 두렵단 말이냐!"

대사농 환범도 간언했으나 듣지 않았다. 이때 위주 조방은 연호를 정시正始 10년에서 가평嘉平 원년(249)으로 바꾸었다. 조상은 줄곧 권력을 장악하고 있어 중달의 허실을 알지 못했는데 마침 위주가 이승에게 형주자사를 임명하자 즉시 그에게 중달에게 가 작별을 고하면서 소식을 알아보게 했다. 이승이 곧장 태부 부중에 당도하자 문을 지키는 관리가 들어가 보고했다. 사마의는 두 아들에게 일렀다.

"이는 조상이 내 병의 허실을 알아보려고 보낸 것이다."

이에 관을 벗고 머리를 산발하고는 침상에 올라 이불을 두르고 앉았다. 그러고는 두 명의 하녀에게 부축하게 하고 비로소 이승을 부중으로 청해 들였다. 이승은 침상 앞에 이르러 절을 올리며 말했다.

"근래에 태부를 뵙지 못했는데 이토록 병세가 위중할 줄 누가 생각이나 했겠습니까. 이번에 천자께서 저를 형주자사로 임명하시어 특별히 하직 인사를 올리고자 왔습니다."

사마의는 못 알아들은 척하며 대답했다.

"병주는 삭방²³과 가까우니 잘 대비해야 하네."

이승이 말했다.

"형주자사를 제수받았지 병주가 아닙니다."

사마의가 웃으면서 말했다.

"자네가 병주에서 왔구먼?"

이승이 말했다.

"한상²⁴ 지역 형주입니다."

사마의가 껄껄 웃으면서 말했다.

"아, 자네는 형주에서 왔구먼!"

이승이 말했다.

"태부께서는 어찌 이런 병에 걸리셨소?"

좌우에서 말했다.

"태부께서는 귀가 안 들리십니다."

이승이 말했다.

"종이와 붓을 써야겠소."

좌우에서 종이와 붓을 가져와 이승에게 건넸다. 이승이 적어서 올리자 사마의는 그것을 보더니 웃으며 말했다.

"병이 내 귀를 먹게 했네. 이번에 가면 몸조심하게나."

말을 마치더니 손으로 입을 가리켰다. 시녀가 끓인 물을 올리자 사마의가 입에 대고 마시는데 끓인 물이 흘러 옷섶을 흠뻑 적셨고 이에 흐느껴 울며 말했다.

"내 이제 늙고 쇠약한 데다 병까지 위중하여 죽음이 조석에 달려 있네. 불초한 두 아들을 바라건대 자네가 가르쳐주게. 만약 대장군을 뵙게 되거든 부디 두 아들을 보살펴달라고 하시게!"

말을 마치더니 침상에 쓰러져 목이 쉬어 헐떡거렸다. 이승은 중달에게 작별을 고하고 돌아와 조상을 만나 그 일을 자세하게 이야기했다. 조상이 크게 기뻐하며 말했다.

"그 늙은이가 만약 죽는다면 내 근심이 없어질 것이네!"

사마의는 이승이 가자 즉시 몸을 일으켜 두 아들에게 일렀다.

"이승이 이번에 돌아가 소식을 보고하면 조상은 틀림없이 나를 꺼리지 않을 것이다. 그가 성을 나가 사냥하기를 기다렸다가 그때 그를 도모해야 한다."

하루도 안 되어 조상은 위주 조방에게 고평릉으로 가서 선제께 제사를 지내자고 청했다. 대소 관료들이 어가를 따라 성을 나갔다. 조상이 세 아우와 심복인 하안을 거느리고 어림군과 어가를 호위하며 한창 가고 있는데 사농 환범이 말고삐를 당겨 세우고는 간언했다.

"주공께서는 금군을 맡아 총괄하시는데 형제분들이 모두 나가서는 안 됩니다. 만일 성안에 변고라도 난다면 어찌하시겠습니까?"

조상은 채찍으로 환범을 가리키며 큰 소리로 꾸짖었다.

"누가 감히 변고를 일으킨단 말이냐! 다시는 함부로 지껄이지 마라!"❽

이날 조상이 성을 나가는 것을 본 사마의는 속으로 크게 기뻐하며 즉시 옛날에 함께 적과 싸웠던 수하들과 가장²⁵ 수십 명을 일으켜 두 아들을 거느리고 말에 올라 조상을 모살하러 갔다.

문을 닫아버리자 갑자기 왕성해지더니
군사를 몰아 이때부터 위풍을 뽐내네
閉戶忽然有起色, 驅兵自此逞雄風

조상의 목숨은 어떻게 될 것인가?❾

제106회 사마의의 권력 쟁탈

❶

손권의 요동 연계

『삼국지』「위서·공손도전」에 따르면 "공손연은 남쪽으로 사자를 파견하여 손권과 연락을 취했고 상호 왕래하며 예물을 증정했다. 손권은 장미張彌와 허안許晏을 사자로 파견하여 금과 옥 같은 진귀한 보배를 가지고 요동으로 가서 공손연을 연왕으로 삼았다. 공손연은 손권이 너무 멀리 떨어진 곳에 있어 의지할 수 없을까 걱정스러운 데다 예물을 탐하여 오의 사자가 오도록 유인하고는 장미와 허안을 모조리 참수하고 그 수급을 위나라로 보냈다"고 했다.

「위서·오주전」에서는 "가화 2년(233), 3월에 태상 장미와 집금오執金吾 허안, 장군 하달賀達을 사자로 하여 병사 1만 명을 인솔하고 진귀한 보물과 기이한 물품, 구석九錫에 소용되는 일체의 물품을 가지고 바다를 건너 공손연에게 주도록 했다.

공손연은 장미 등을 죽이고 그들의 머리를 위나라로 보냈으며 지니고 있던 병기와 물자를 몰수했다. 손권은 대로하여 몸소 공손연을 정벌하려고 준비했으나 상서복야 설종薛綜 등이 간곡하게 간언하여 그만두었다"고 기록하고 있다.

❷

공손연의 반란

역사에서는 경초 2년(238) 봄 정월에 사마의가 4만 명의 군사를 이끌고 공손연을 정벌하고자 출병했다고 기록하고 있다. 소설에서는 소개되지 않았지만 사실 1년 전에 이미 위와 공손연은 한차례 충돌했다.

『자치통감』 권73 「위기 5」에 따르면 "경초 원년(237)에 공손연이 여러 차례 중원의 빈객들을 험담하자 명제는 그를 토벌하고자 했다"고 했고, 『삼국지』 「위서·명제기」에서는 "처음에 손권은 사신을 파견해 바다를 건너 고구려와 통하여 요동군을 기습하려고 했다. 위 조정에서는 유주자사 관구검을 파견하여 각 군과 선비, 오환烏丸(모두 북방 소수 민족으로 동호東胡에 속했다)의 병력을 통솔하여 요동군 남쪽 경계에 주둔하도록 하고 한편으로는 황제의 조서를 내려 공손연을 불러들였다. 공손연은 군대를 일으켜 반역했고 관구검은 진군하여 그를 토벌했다. 때마침 열흘간 비가 계속 내려 요수遼水가 크게 불어났으므로 관구검에게 새서璽書(고대에 진흙으로 봉인한 문서를 말한다. 장거리로 발송하는 문서는 파손되기 쉽기 때문에 죽간에 글을 쓰고 끈으로 묶은 다음 매듭을 진흙으로 단단히 봉해 날인했기 때문에 이를 새서라 했다. 진秦 이후에는 황제의 조서를 가리켰다)를 내려 군대를 철수시키도록 했다.

공손연은 관구검이 철군한 다음 스스로 연왕이 되어 백관을 설치하고 연호를 소한紹漢 원년이라 칭했다"고 기록하고 있다.

또한 『삼국지』 「위서·공손도전」에서는 "공손연은 스스로 연왕이라 하고 백관과 유관 부서를 설치했다. 사자에게 부절을 지니고 선비의 선우에게 인새印璽를 수여했으며 변방 백성에게 관직을 봉하고 작위를 하사하고는 선비족을 불러들여 북방 변경을 침략했다.

경초 2년(238) 봄, 조정에서는 태위 사마선왕을 파견하여 공손연을 토벌하도록 했다"고 기록하고 있다.

소설의 내용처럼 1차 관구검의 출병(237)에 이어 그 이듬해인 경초 2년(238) 봄 정월에 사마의가 출병했다.

❸

사마의의 4만 병력은 적은 숫자가 아니었다

『삼국지』「위서·명제기」에 다음과 같은 기록이 있다.

"당초에 명제는 사마의를 파견해 공손연을 토벌하는 데 4만 명을 파병하기로 의논했다. 의논에 참여한 신하 모두가 4만 명을 보내는 것은 너무 많으며 소요되는 비용과 인력을 제공하기 어렵다고 주장하자 명제는 이렇게 말했다.

'4000리 멀리 정벌하러 가는데 비록 기묘한 계책을 쓴다고 할지라도 역시 실력에 의지해야 함이 마땅하니 군비 지출을 지나치게 계산할 필요는 없소.'

그러고는 4만 명을 출정시켰다."

❹

공손도의 패망

『삼국지』「위서·공손도전」에서는 "경초 2년(238) 8월 초 7일 밤에 빛이 수십 장에 달하는 큰 유성이 수산首山 동북쪽에서 양평성 동남쪽으로 떨어졌다.

23일, 공손연의 군대는 붕괴되어 흩어졌고 공손연은 아들 공손수와 함께 수백 명의 기병을 데리고 포위를 뚫고 동남쪽으로 달아났다. 사마의의 대군은 급히 그들을 급습하여, 유성이 떨어진 곳에서 공손연 부자를 참살했다"고 했으며, "공손도가 중평中平 6년(189)에 처음으로 요동을 점거한 이래로 공손연에 이르기까지 3대를 거쳐 50년 만에 멸망했다"고 기록하고 있다.

양평성에서 사마의의 무자비한 학살

소설에서는 양평성을 점령한 사마의가 공손연과 공모한 관료 70여 명을 죽이고 백성을 안정시켰다고 했지만 실제로는 무자비한 학살을 자행한 것으로 역사는 기록하고 있다.

『삼국지』「위서·공손도전」에 따르면 "양평성을 함락한 뒤 상국相國 이하 관원 수천 명의 목을 베었으며 공손연의 수급을 역참을 이용해 낙양으로 보내니 요동, 대방

帶方, 낙랑樂浪, 현도군玄菟郡이 모두 평정되었다"고 했고, 『진서』「선제기」의 기록에 따르면 "15세 이상 남자 7000여 명을 모두 죽여 경관京觀(전쟁에서 승리한 자가 무공을 과시하고자 적의 시체를 모아 흙을 쌓아 만든 높은 무덤)을 만들었고, 공경 이하의 직급도 모두 사형에 처해졌으며, 장군 필성畢盛 등 2000여 명을 죽였다. 4만 호에 30여 만 명을 거두어들였다"고 했다.

또한 『자치통감』 권74 「위기 6」에 따르면 당시 인질로 낙양에 있었던 "공손연의 형 공손황公孫晃과 그의 처와 딸에게 금설주金屑酒(제왕이 죽음을 내리는 술)를 내려 죽였다"고 기록하고 있다.

❺

조우曹宇는 누구인가?

소설에서는 조우를 문제의 아들로 표현했지만 『삼국지』「위서·무문세왕공전武文世王公傳」에 따르면 조우는 무제武帝(조조)의 환環부인 소생으로 기록하고 있다. 또한 조우에 대해 다음과 같이 기록하고 있다.

"명제는 어려서부터 조우와 함께 생활하여 그를 매우 사랑했다. 조예가 황제로 즉위한 다음 조우에게 주는 총애와 상이 다른 여러 왕에 비해 각별했다.

경초 2년(238) 겨울 12월, 명제는 병세가 위중하여 조우를 대장군으로 임명하고 자신이 죽은 뒤의 일을 부탁했다. 임명을 받고 나흘째 조우가 굳게 사양하니 명제 또한 뜻을 바꾸어 마침내 조우를 면직시켰다."

「위서·명제기」에서는 "경초 2년 12월 24일 연왕 조우를 대장군에 임명했다가 27일 면직시키고 무위장군武衛將軍 조상으로 하여금 그 자리를 대신하게 했다"고 기록하고 있다.

❻

조예는 죽으면서 사마의와 조상에게 뒷일을 부탁했다

『삼국지』「위서·명제기」에서는 다음과 같이 기록하고 있다.

"경초 3년(239) 봄 정월 초하루, 태위 선왕이 요동에서 하내군으로 돌아왔다. 황제는 역마驛馬(역참의 말)로 사마의를 불러들였고 침실 안으로 들어온 그의 손을 잡으며 말했다.

'짐의 병이 위중하여 그대에게 뒷일을 부탁하니 그대는 조상曹爽과 함께 내 어린 아들(태자 조방으로 이때 8세였다)을 보필해주시오. 내 그대를 보았으니 어떠한 여한도 없구려.'

사마의는 무릎 꿇고 엎드려 절을 올리며 머리를 바닥에 조아리고 눈물을 흘렸다. 그날 명제는 가복전嘉福殿에서 붕어하니 당시 그의 나이 36세였다."

『삼국지』「위서·조상전」에서는 "황제는 병이 위중해져 침상에서 일어나지 못하자 조상을 침실로 불러 그를 대장군으로 임명하고 부절과 황월을 수여해 내외의 각종 군사 사무를 감독하게 했으며 녹상서사錄尙書事의 사무를 총괄하게 했다. 태위 사마 선왕과 함께 유조遺詔를 받아들여 어린 군주를 보좌하도록 했다"고 기록하고 있다.

배송지는 "위무가 업성을 평정한 건안 9년(204) 8월에 문제가 진후甄后를 처음 맞아들였으므로 명제는 건안 10년(205)에 태어났다. 그해(조예가 사망한 239년) 정월까지 계산하면 34세가 된다. 당시 정삭正朔(정월 초하루)이 개정되어 전년 12월을 그해 정월로 했던 것을 감안한다 하더라도 35년 남짓이니 36세가 될 수는 없다"고 평가했다.

❼

출생의 비밀을 간직한 조방

조방의 출생과 부친에 대한 정확한 기록은 없다. 『삼국지』「위서·삼소제기三少帝紀」에서는 "제왕齊王은 휘를 방芳, 자를 난경蘭卿이라 한다. 명제는 아들이 없었으므로 제왕과 진왕秦王 조순曹詢을 양자로 길렀다. 궁중의 일은 매우 비밀스러워 이 두 사람이 양자가 된 내력을 아는 사람이 아무도 없었다"고 했고, 배송지 주 『위씨춘추』에서는 "혹자는 임성왕任城王 조해曹楷의 아들(조창曹彰의 손자, 조조의 증손)이라고 말하는 사람도 있다"고 기록하고 있다.

❽

조상 형제는 평소에 함께 나가지 않았다

『삼국지』「위서·조상전」에 "정시正始 10년(249) 정월, 어가가 고평릉을 찾았는데 조상 형제도 모두 따라갔다"고 기록하고 있다. 그러나 배송지 주『세어』에서는 "이보다 앞서 조상 형제가 수차례 함께 성문 밖으로 나갔는데 환범이 말하기를 '각종 정사의 중요 사무를 처리하고 금군을 주관하고 있으니 함께 나가서는 안 됩니다. 만일 성문을 닫으면 누가 다시 성안으로 들어갈 수 있겠습니까?'라고 하니, 조상은 '누가 감히 그럴 수 있는가!'라고 하면서도 이 때문에 다시는 함께 나가지 않았다. 그렇지만 이때는 모두 나갔다"고 기록하고 있다.

❾

조상과 사마의의 관계 악화

『삼국지』「위서·조상전」에서는 다음과 같이 기록하고 있다.

"애초에 조상은 사마의가 나이도 지긋하고 덕망도 높았으므로 항상 부친을 대하듯이 섬겼으며 감히 독단적으로 일을 처리하지 않았다. 그런데 하안 등이 임용되자 모두 조상을 추대하면서 대권을 다른 사람에게 줘서는 안 된다고 조상을 설득했다. 하안, 등양, 정밀은 상서를 담당하게 되었고, 하안은 관원을 선발하는 일을 주관했으며 필궤는 사례교위로, 이승은 하남윤으로 임명되었다. 그리하여 선왕에게 각종 정사를 보고하는 경우가 드물어졌고 선왕은 마침내 병을 핑계로 조상을 피했다."

배송지 주석에서는 "처음에 선왕은 조상이 위나라의 폐부肺腑라고 생각해 매번 그를 천거하며 내세웠고 조상 역시 선왕의 명망이 높았으므로 몸을 낮추었기에 당시 사람들이 칭찬했다"고 기록하고 있다.

정권을 탈취한 사마씨

위주의 정권은 사마씨에게 돌아가고,
강유의 군사는 우두산에서 패하다

魏主政歸司馬氏,
姜維兵敗牛頭山

사마의는 조상이 조희, 조훈, 조언과 하안, 등양, 정밀, 필궤, 이승 그리고 어림군을 거느리고 위주 조방을 수행하여 성을 나가 명제의 능을 참배하고 사냥을 한다는 소식을 들었다. 사마의는 크게 기뻐하며 즉시 성중[1]으로 가서 사도 고유高柔에게 절節과 월鉞을 가지고 대장군의 일을 대행하게 하고 먼저 조상의 군영을 점거하도록 했다. 또 태복 왕관王觀에게는 중령군의 일을 대행하게 하고 조희의 군영을 점거하게 했다. 사마의는 옛 관원들을 이끌고 후궁으로 들어가 곽태후에게 아뢰어 조상이 선제께서 어린 아들을 부탁하신 은혜를 저버리고 간사하게 나라를 어지럽혔으니 그 죄를 물어 마땅히 파면시켜야 한다고 말했다. 곽태후는 깜짝 놀랐다.

"천자께서 밖에 계시는데 어찌하면 좋겠소?"

사마의가 말했다.

"신에게 천자께 아뢸 표문과 간신을 죽일 계책이 있으니 태후께서는 걱정하지 마십시오."

태후는 두려웠으나 따를 수밖에 없었다. 사마의는 급히 태위 장제蔣濟와 상서령 사마부司馬孚에게 함께 표문을 쓰게 하고는 황문黃門을 보내 표문을 가지고 성 밖으로 나가 곧장 황제에게 가서 아뢰도록 했다. 사마의는 직접 대군을 이끌고 무기고를 점거하러 갔다. 조상의 집에서 이 사실을 보고받은 조상의 처는 급히 대청 앞으로 나가 관부를 지키는 관원을 불러 물었다.

"지금 주공께서 밖에 계시는데 중달이 군사를 일으킨 것은 무슨 의도냐?"

수문장 반거潘擧[2]가 말했다.

"부인께서는 놀라지 마십시오. 제가 가서 알아보겠습니다."

이에 궁노수 수십 명을 이끌고 문루에 올라 바라보니 마침 사마의가 군사를 이끌고 부중 앞을 지나가고 있었다. 반거가 명하여 군사들이 화살을 어지럽게 쏘자 사마의는 지나갈 수 없었다. 편장 손겸孫謙이 뒤에서 그를 제지했다.

"태부께서 나라를 위해 큰일을 하시는 것이니 화살을 쏘지 마시오."

연거푸 세 차례나 말리자 그제야 반거가 화살 쏘는 것을 멈췄다. 사마소는 부친 사마의를 보호하며 부중 앞을 지나 군사를 이끌고 성을 나가 낙하[3]에 주둔해 부교浮橋를 지켰다. ❶

한편 조상의 수하인 사마 노지魯芝는 성안에서 변란이 일어난 것을 보고는 참군 신창辛敞(신비의 아들)에게 가서 상의했다.

"지금 중달이 이렇게 변란을 일으켰으니 장차 어찌해야 하오?"

신창이 말했다.

"본부의 병사들을 이끌고 성을 나가 천자를 뵈러 갑시다."

노지는 그 말을 옳게 여겼다. 신창이 급히 후당으로 들어갔다. 그의 누나 신헌영辛憲英이 보고서는 물었다.

"무슨 일이 있기에 그토록 당황하느냐?"

신창이 고했다.

"천자께서 밖에 계신데 태부가 성문을 닫아버렸으니 반역을 도모하는 것이 틀림없소."

신헌영이 말했다.

"사마공은 필시 반역을 꾀하려는 게 아니라 조장군을 죽이려는 것일 게다."

신창이 놀라 말했다.

"이 일을 어찌해야 할지 모르겠소."

신헌영이 말했다.

"조장군은 사마공의 적수가 못 되니 틀림없이 패할 것이다."

신창이 말했다.

"지금 사마 노지가 나와 함께 가자고 하는데 가야 할지 모르겠소."

신헌영이 말했다.

"직분을 지키는 것은 사람의 대의다. 보통 사람도 어려움에 처하면 구제해야 하거늘, 남의 수하에서 복무하면서 그 직분을 저버리는 것은 더없이 상서롭지 못한 것이니라."

신창은 그 말에 따라 노지와 함께 수십 명의 기병을 이끌고 빗장을 잘라 문을 박차고 뛰어나갔다. 누군가 이 사실을 사마의에게 보고했다. 사마의는 환범도 달아날까 걱정되어 급히 사람을 시켜 그를 불러오게 했다. 환범이 아들과 대책을 상의했다. 아들이 말했다.

"천자께서 밖에 계시니 차라리 남쪽으로 나가는 것이 나을 듯합니다."

환범은 그 말에 따라 말에 올라 평창문平昌門에 이르렀는데 성문은 이미 닫혀 있었고 환범의 옛 관리였던 사번司蕃이 문을 지키고 있었다. 환범은 소매에서 조서가 적힌 대나무 판 하나를 꺼내며 말했다.

"태후의 조서가 있으니 즉시 문을 열어라."

사번이 말했다.

"청컨대 조서를 검사해야겠소."

환범이 큰 소리로 꾸짖었다.

"너는 예전에 나의 관리였거늘 어찌 감히 이럴 수 있단 말이냐!"

사번은 어쩔 수 없이 성문을 열어 내보냈다. 환범이 성 밖으로 나가자 사번을 불러 말했다.

"태부가 모반을 일으켰으니 너도 속히 나를 따르거라."

깜짝 놀란 사번이 추격했으나 따라잡을 수가 없었다. 누군가 사마의에게 이 사실을 보고하자 사마의는 깜짝 놀랐다.

"'지낭'이 도망쳤구나! 어찌하면 좋단 말인가?"

장제가 말했다.

"노둔한 말은 마구간 콩만 연연해한다'[4]고 했으니 틀림없이 조상은 환범을 쓰지 않을 것입니다."

이에 사마의는 허윤許允과 진태陳泰(진군陳群의 아들)를 불러 말했다.

"그대들은 조상에게 가서 태부가 다른 일은 없고 단지 형제들의 병권만 거두면 될 뿐이라고 전하라."

허윤과 진태 두 사람이 떠났다. 또 장제에게 글을 쓰게 하고는 전중교위殿中校尉 윤대목尹大目을 불러 그에게 그 글을 가지고 가서 조상을 만나도록 했다. 사마의가 분부했다.

"자네는 조상과 관계가 두터우니 이 소임을 맡길 만하네. 조상을 만나거든 내가 장제와 함께 낙수에 맹세하기를 병권의 일 외에 다른 뜻은 없다고 말했다고 전하게."

윤대목은 명령에 따라 떠났다.

한편 조상은 한창 매를 날리고 개를 풀어 새와 짐승을 뒤쫓고 있었는데 별안간 성안에서 변고가 일어났고 태부의 표문이 왔다는 보고가 들어왔다. 조상은 깜짝 놀라 하마터면 말에서 떨어질 뻔했다. 황문관이 표문을 받쳐 들고 천자 앞에 무릎을 꿇었다. 조상이 표문을 받아 뜯고는 근신에게 낭독하게 했다. 표문의 내용은 다음과 같다.

"정서대도독征西大都督, 태부 신 사마의 황공하여 몸 둘 바를 모르겠으나 머리 조아려 삼가 표문을 올립니다. 신이 지난날 요동에서 돌아왔을 때 선제께서는 폐하와 진왕[5] 그리고 신 등에게 조서를 내리시고 어상[6]에 오르게 하여 신의 팔을 잡으시며 뒷일을 깊이 걱정하셨습니다. 지금 대장군 조상은 고명[7]을 저버리고 나라의 전장 제도를 손상시켰으니, 안으로는 본분을 넘어 망령되이 자신을 존귀한 황제와 견주려 하고 밖으로는 위세와 권력을 전횡하고 있습니다. 황문 장당張當을 도감都監으로 삼아 함께 독점하고 내통하면서 지존이신 폐하를 감시하고 제위를 엿보며, 두 궁을 이간시키고 골육 관계를 손상시켰으며, 이로 인해 천하가 시끄러워져 사람들이 불안해하고 두려워하고 있으니 이는 선제께서 폐하께 조서를 내리고 신에게 당부하신 본뜻이 아닙니다.

신이 비록 늙어 쓸모없으나 감히 지난날 선제의 말씀을 잊겠습니까? 태위 장제, 상서 사마부 등이 모두 조상에게 군주를 섬길 마음이 없고 그 형제들이 군대의 통솔과 경호를 담당하는 것이 마땅치 않다고 여겨 영녕궁[8]에 아뢰었더니, 황태후께서 칙령을 내리시어 신이 아뢴 대로 실행하라 하셨습니다. 신이 즉시 칙령을 주관하는 자와 황문령[9]에게 조상과 조희, 조훈과 그 부속들을 파면하고 후작의 신분으로 관저에 돌아가도록 하며 머물면서 어가를 지체시켜서는 안 된다고 전하라 했으니, 감히 지체함이 있으면 바로 군법으로 다스리겠습니

다. 신은 있는 힘을 다해 병든 몸을 지탱하며 군사들을 낙수의 부교에 주둔시
키고 돌발 상황을 살펴보고 있습니다. 삼가 이 표문을 아뢰니 엎드려 분부를
기다리겠습니다."

위주 조방은 표문을 듣고 조상을 불렀다.

"태부의 말이 이와 같으니 경은 어떻게 처리하려 하오?"

조상은 어찌할 바를 몰라 두 아우를 돌아보며 말했다.

"어찌하면 좋겠느냐?"

조희가 말했다.

"이 변변치 못한 아우가 형님께 일찍이 간언했건만 고집을 부리고 듣지 않
으시더니 오늘 같은 지경에 이르렀습니다. 사마의의 교활함은 당할 자가 없
어 공명도 이길 수 없었는데 하물며 우리 형제는 어떻겠습니까? 차라리 스
스로 결박하고 그를 만나 죽음을 면하는 게 나을 듯합니다."

말을 마치기도 전에 참군 신창, 사마 노지가 당도했다. 조상이 묻자 두 사
람이 고했다.

"성안은 철통같고 태부가 군사를 이끌고 낙수의 부교에 주둔하고 있어 이
런 형세에서는 다시 돌아갈 수 없을 것입니다. 어서 서둘러 대계를 결정해야
합니다."

한창 말하고 있는데 사농 환범이 말을 타고 쏜살같이 달려와 조상에게 일
렀다.

"태부가 이미 변란을 일으켰는데 장군께서는 어찌하여 천자께 허도로 행
차하시도록 청하고 바깥 군사들을 파견하여 사마의를 토벌하려 하지 않으십
니까?"

조상이 말했다.

"온 집안이 모두 성안에 있는데 어찌 다른 곳으로 가서 구원을 청한단 말인가?"

환범이 말했다.

"필부라도 난을 만나면 살고자 합니다. 지금 주공께서는 몸소 천자를 수행하며 천하를 호령하시는데 감히 누가 따르지 않겠습니까? 어찌 스스로 죽음으로 가려 하십니까?"

조상은 그 말을 듣고도 결정을 내리지 못하고 오직 눈물만 흘릴 뿐이었다. 환범이 다시 말했다.

"이곳에서 허도까지 가는 데 걸리는 시간은 하룻밤에 불과합니다. 성안에 있는 양식과 마초로 족히 몇 해는 버틸 수 있습니다. 주공의 다른 군영과 병마들이 지금 궐 남쪽 가까이에 있으니 부르면 즉시 달려올 것입니다. 대사마[10]의 인장을 제가 가지고 왔습니다. 주공께서는 급히 가셔야 합니다. 지체해서는 안 됩니다!"

조상이 말했다.

"관원들은 너무 재촉하고 다그치지 말고 내 세세하게 생각해볼 테니 기다려주시오."

잠시 후 시중 허윤과 상서 진태가 당도했다. 두 사람이 고했다.

"태부께서는 단지 장군의 권한이 막중하기에 병권만 삭탈하려는 것이지 다른 뜻은 없습니다. 장군께서는 속히 성으로 돌아가십시오."

조상은 입을 다문 채 말이 없었다. 또 전중교위 윤대목이 와서는 말했다.

"태부께서는 결코 다른 뜻이 없다고 낙수에 맹세하셨습니다. 장태위의 서신이 여기 있습니다. 장군께서는 병권만 포기하시고 어서 승상부로 돌아가십시오."

조상은 선의의 말이라고 여겼다. 그러나 환범이 다시 고했다.

"일이 다급합니다. 바깥 말을 듣고 죽을 곳으로 들어가지 마십시오!"❷

이날 밤 조상은 뜻을 결정할 수가 없어 검을 뽑아 들고 한숨을 쉬며 깊이
생각했다. 황혼 무렵부터 동틀 때까지 눈물을 흘렸지만 끝내 의심이 많아 결
정을 내리지 못했다. 환범이 군막으로 들어가 그를 재촉했다.

"주공께서 하루 낮과 밤을 숙고하셨는데 어찌하여 아직 결정을 내리지 못
하십니까?"

조상이 검을 내던지며 탄식했다.

"나는 군대를 일으키지 않을 것이네. 관직을 버리겠다고 청원하여 부잣집
늙은이로 살 수 있으면 족하네!"

환범은 통곡하며 군막을 나와 말했다.

"조자단은 지모가 있다고 스스로 자랑하더니 그 아들 형제 셋은 참으로
돼지 새끼에 송아지뿐이로구나!"

그러고는 통곡을 그치지 않았다. 허윤과 진태는 먼저 조상이 사마의에게
인수를 반납하게 했다. 조상이 인수를 보내려 하자 주부 양종楊綜이 인수를
잡아당기며 곡을 했다.

"주공께서 오늘 병권을 포기하고 스스로 결박하여 항복하러 가신다면 동
시[11]에서 죽음을 면치 못할 것입니다!"

조상이 말했다.

"태부는 틀림없이 약속을 어기지 않을 것이오."

그리하여 조상은 허윤과 진태 두 사람에게 인수를 넘겨 사마의에게 바쳤
다. 대장군의 인장이 없는 것을 본 군사들은 사방으로 뿔뿔이 흩어졌다. 조

상의 수하에는 단지 말을 탄 관료 몇 명만 남았다. 부교에 당도하자 사마의가 명령을 전달하여 조상과 그의 형제들을 잠시 사택으로 돌려보내고 나머지는 모두 감금시켜 황제의 조서를 기다리도록 했다. 조상이 성으로 들어갈 때는 단 한 명의 시종도 남아 있지 않았다. 환범이 부교 근처에 이르자 사마의가 말 위에서 채찍으로 그를 가리키며 말했다.

"환대부는 무슨 까닭으로 이렇게 되었소?"

환범은 머리를 숙이고 말없이 성으로 들어갔다.

사마의는 어가를 청하고 군영을 철수해 낙양으로 들어갔다. 조상과 그의 형제들이 집으로 돌아가자 사마의는 커다란 자물쇠로 문을 걸어 잠그고 주민 800명에게 그 집을 에워싸고 지키게 했다. 조상은 침울해했다. 조희가 조상에게 일렀다.

"지금 집 안에 양식이 모자라니 형님이 태부에게 편지를 써서 양식을 빌려 보십시오. 만일 양식을 빌려준다면 틀림없이 해칠 마음이 없는 것입니다."

조상은 이에 편지를 써서 사람을 시켜 사마의에게 전했다. 편지를 읽은 사마의는 즉시 사람을 시켜 식량 100곡[12]을 조상의 부중 안으로 운반하게 했다. 조상이 크게 기뻐했다.

"사마공은 본래는 나를 해칠 마음이 없었구나!"

마침내 걱정하지 않았다. ❸

사마의는 황문 장당을 체포하여 옥중에서 죄를 묻고 있었다. 장당이 말했다.

"나 혼자 그런 것이 아니라 하안, 등양, 이승, 필궤, 정밀 다섯 사람이 같이 반역하기로 공모했습니다."

장당의 자백을 받아낸 사마의는 하안 등을 체포해 숨김없이 심문했고 모두 3월 중에 반란을 일으키려 했다고 말했다. 사마의는 장가[13]를 씌우고 못질했다. 성문을 지키던 장수 사번이 고했다.

"환범이 조서를 사칭해 성을 나가면서 태부께서 모반했다고 말했습니다."

사마의가 말했다.

"남을 무고하여 인정을 위반한 자는 그에 상응하는 반좌[14]의 벌을 받아야 한다."

환범 등도 역시 모두 하옥시키고는 조상 형제 세 사람과 그들과 관련된 일당을 모조리 압송하여 저잣거리에서 참수하고 삼족을 멸했다. 그들의 재산과 재물은 모조리 몰수하여 국고에 귀속시켰다. ❹

조상의 종제[15] 조문숙曹文叔의 아내인 하후영녀夏侯令女[16]는 일찍이 과부가 되어 자식이 없었고 그녀의 부친이 그녀를 개가시키려 하자 자신의 귀를 잘라 개가하지 않겠다고 맹세한 적이 있었다. 조상이 죽임을 당하자 그녀의 아비가 다시 시집을 보내려 했고 그녀는 다시 자신의 코를 잘라버렸다. 집안사람들이 놀라 어쩔 줄 몰라 하며 그녀에게 일렀다.

"사람이 세상에서 살아가는 것은 마치 가벼운 티끌이 연약한 풀에 깃들어 사는 것과 같이 무상한 것인데 어찌 이토록 자신을 고통스럽게 한단 말인가? 게다가 시댁인 조씨 가문이 사마씨에게 모조리 살육당했는데 누구를 위해 절개를 지키려 하는 것이냐?"

하후영녀가 울면서 말했다.

"제가 듣기로는 '어진 자는 흥성과 쇠퇴에 따라 절개를 바꾸지 않고 의로운 자는 생존과 죽음에 따라 마음을 바꾸지 않는다'고 했습니다. 조씨 집안이 흥성할 때도 오히려 끝까지 보전하려 했거늘, 하물며 멸망한 지금 어찌 차마 그것을 버린단 말입니까? 이는 금수와 같은 행동이니 내 어찌 그럴 수 있겠습니까!"

그 소식을 들은 사마의는 그녀를 어질게 여겨 양자를 들여 조씨의 뒤를 잇게 했다. 이에 대해 후세 사람이 지은 시가 있다.

연약한 풀의 작은 티끌 같으나 달관의 경지 이르렀으니
하후씨의 가문에는 의리가 산과 같이 큰 딸이 있었구나
사내대장부가 한낱 부녀자의 절개에도 미치지 못했으니
수염과 눈썹 돌아보면 부끄러워 온 얼굴에 땀 흘리리라
弱草微塵盡達觀, 夏侯有女義如山
丈夫不及裙釵節, 自顧須眉亦汗顔

한편 사마의가 조상을 참수하자 태위 장제가 말했다.
"벌을 받아야 할 자가 아직 더 있습니다. 노지와 신창은 빗장을 잘라 문을 박차고 뛰어나갔고 양종은 인장을 빼앗아 주지 않았으니 이들을 그냥 내버려둬서는 안 됩니다."
사마의가 말했다.
"그들은 각자 그 주인을 위한 것이니 의로운 사람들이오."
마침내 그들을 각기 이전의 관직으로 복직시켰다. 신창이 탄식했다.
"내가 만일 누님께 물어보지 않았다면 대의를 잃을 뻔했구나!"
후세 사람이 신헌영을 찬탄한 시가 있다.

신하 되어 녹을 먹었으면 마땅히 보답을 생각해야 하고
주인을 섬겨 위험에 직면하면 충성 다해야 하느니라
신씨 헌영은 일찍이 아우에게 의리와 충성 권했으니

그러므로 천년 지나도록 고상한 풍모 칭송 듣게 하네

爲臣食祿當思報, 事主臨危合盡忠

辛氏憲英曾勸弟, 故令千載頌高風

사마의는 신창 등을 용서하고 이에 방문을 내걸어 조상 문하의 모든 사람은 죽음을 면하게 해줄 것이며 관직에 있던 자들은 이전처럼 복직시켜줄 것이라고 분명하게 알렸다. 군사와 백성이 각자 가업을 지키니 안팎이 평안하게 되었다. 하안과 등양 두 사람은 비명에 죽었으니 과연 관로의 말대로 되었다. 이에 후세 사람이 관로를 찬단한 시가 있다.

성현께서 전해준 참다운 비법 체득했으니

평원 땅의 관로는 귀신과 서로 통했다네

귀유와 귀조로 하안과 등양을 구분했으니

죽기도 전에 먼저 죽은 사람을 알아봤네

傳得聖賢眞妙訣, 平原管輅相通神

鬼幽鬼躁分何鄧, 未喪先知是死人 ❺

한편 위주 조방은 사마의를 승상으로 봉하고 구석九錫을 더해줬다. 사마의는 굳이 사양하고 받지 않으려 했다. 조방은 윤허하지 않고 사마의 부자 세 사람에게 함께 국사를 이끌도록 했다. 사마의는 문득 생각했다.

'조상의 온 가족이 비록 죽었다 해도 조상의 친족인 하후현夏侯玄(하후상의 아들)이 아직 옹주 등지를 지키고 있으니 만일 갑자기 난을 일으킨다면 어떻게 방비한단 말인가? 반드시 처리해야 한다.'

그러고는 즉시 조서를 내려 사자를 옹주로 보내 상의할 일이 있다며 정서장군征西將軍 하후현을 낙양으로 데려오게 했다. 그 소식을 들은 하후현의 숙부 하후패는 깜짝 놀라 즉시 본부 군사 3000명을 이끌고 반란을 일으켰다.

옹주를 지키고 있던 자사 곽회는 하후패가 반란을 일으켰다는 소식을 듣고는 즉시 본부 병사들을 인솔해 달려와 하후패와 교전을 벌였다. 곽회가 말을 몰아 나가 욕설을 퍼부었다.

"너는 이미 대위大魏의 황족인 데다 또한 천자께서 저버리지 않으셨는데 무슨 까닭으로 배반한단 말이냐?"

하후패 또한 욕설을 했다.

"내 조부와 부친께서 나라에 많은 공로를 세우셨는데 지금 사마의 같은 필부 놈들이 내 형님인 조상의 종족을 멸하고 또 나까지 취하려 드니 조만간 틀림없이 제위를 찬탈할 것이다. 내가 정의를 받들어 역적을 토벌하는데 어찌 반란을 일으켰다 하느냐?"

곽회가 크게 노하여 창을 잡고 쏜살같이 말을 몰아 곧장 하후패에게 달려들었다. 하후패도 칼을 휘두르며 맞섰다. 10합을 채 싸우기도 전에 곽회가 패하여 달아났고 하후패는 그 뒤를 쫓았다. 그때 별안간 후군 쪽에서 고함 소리가 들렸고 하후패가 급히 말을 돌리니 진태가 군사를 이끌고 쳐들어오고 있었다. 곽회도 다시 돌아와 양쪽 길에서 협공하자 하후패는 대패하여 달아났고 병사 태반을 잃고 말았다. 여러모로 궁리를 해봐도 뾰족한 수가 없자 하후패는 마침내 후주에게 투항하고자 한중으로 갔다.❻

누군가 이 사실을 강유에게 보고했으나 강유는 쉽게 믿을 수 없어 사람을 시켜 사실인지 자세히 알아본 다음에 비로소 그를 성으로 들였다. 인사를 마친 하후패는 울면서 있었던 일들을 고했다. 강유가 말했다.

"옛날에 미자[17]는 주나라로 갔기에 만고에 전해질 이름을 이룰 수 있었소. 공이 한실을 보위한다면 옛사람에게 부끄러움이 없을 것이오."

즉시 주연을 베풀어 대접했다. 강유가 술자리에서 물었다.

"지금 사마의 부자가 중대한 권력을 장악했는데 우리 나라를 넘볼 뜻을 가지고 있는 것은 아니오?"

하후패가 말했다.

"늙은 역적이 반역을 도모한 지 얼마 되지 않았기에 바깥일까지 돌볼 겨를이 없습니다. 다만 위나라에는 새로운 인물이 둘 있는데 한창 젊은 나이라[18] 만약 그들이 병마를 이끈다면 오와 촉에 실로 커다란 우환거리가 될 것입니다."

강유가 물었다.

"그 두 사람이 누구요?"

하후패가 고했다.

"한 사람은 영천穎川 장사長社 사람으로 비서랑[19]을 맡고 있으며 성이 종鍾이고 이름이 회會, 자가 사계士季입니다. 태부 종요鍾繇의 아들로 어려서부터 담력과 지혜가 있었습니다. 종요가 일찍이 두 아들을 데리고 문제를 알현했는데 종회는 그때 나이가 일곱 살이었고 그 형인 육毓은 여덟 살이었습니다. 종육은 황제를 보고는 당황하고 두려워하여 온 얼굴 가득 땀을 흘렸습니다. 황제가 종육에게 '경은 어찌하여 땀을 흘리는가?'라고 묻자 종육이 '경계하고 두려운 나머지 물이 솟아오르듯 땀이 납니다'라고 대답했습니다. 이번에는 종회에게 '경은 어찌하여 땀을 흘리지 않는가?'라고 묻자 종회가 대답하기를 '경계하고 두려운 나머지 떨려 감히 땀이 나지 않습니다'라고 했습니다. 그래서 황제가 유독 그를 기이하게 여겼다고 합니다. 성장해서는 병서 읽기를 좋아하여 육도와 삼략의 책략에 아주 밝아 사마의와 장제가 그 재주를 기이하게 여기고 있습니다. 또 한 사람은 의양義陽[20] 사람으로 지금 연리掾吏를 맡고 있으며, 성이 등鄧이고 이름이 애艾이며 자가 사재土載입니다. 어려서 부친을 잃었으나 평소에 큰 뜻을 품고 있어, 높은 산이나 큰 못을 보면 언제나 어림잡아 헤아려 어느 곳에 군사를 주둔시킬 만하고 어느 곳에 군량을 쌓을 만하며 어느 곳에 매복을 둘 만한지 손가락으로 가리켰다고 합니다. 사람들은 그를 비웃었으나 유독 사마의가 그 재주를 기이하게 여겨 그를 군사 기밀에 참여시켰습니다. 등애가 매번 일을 아뢸 때마다 말을 더듬어 '애艾……애……' 하자 사마의가 농담으로 '경은 애애艾艾 하는데 애(등애)가 몇이나 있는가?'라고 일렀습니다. 그러자 등애가 대답하기를 '봉황새여, 봉황새여鳳兮鳳兮[21] 하는데 봉황새는 한 마리뿐이기 때문입니다'라고 했습니다. 그의 자질이 민첩하기가 대체로 이와 같습니다. 이 두 사람은 몹시 두려워할 만한 자들입니다."

강유가 웃으며 말했다.

"그런 어린아이들쯤이야 말할 가치가 있겠소!"

강유는 하후패를 데리고 성도로 가 궁에서 후주를 알현했다. 강유가 아뢰었다.

"사마의가 조상을 모살하고 다시 하후패를 속여 죽이려 했기에 하후패가 투항했습니다. 지금 사마의 부자가 권력을 독점하고 있고 조방은 유약하니 위나라는 장차 위태로워질 것입니다. 신은 한중에 여러 해 있으면서 병사를 정예화하고 군량을 비축했습니다. 원컨대 군대를 통솔하여 즉시 하후패를 길잡이 삼아 중원을 차지하고 한실을 중흥시켜 폐하의 은혜에 보답하고 제갈승상의 뜻을 완수하고자 합니다."

상서령²² 비의가 간언했다.

"근래에 장완과 동윤이 모두 연이어 세상을 떠나는 바람에 나라 안을 다스릴 사람이 없소. 백약은 때를 기다려야지 가볍게 움직여서는 안 되오."❼

강유가 말했다.

"그렇지 않소. 인생은 마치 달려가는 흰색 준마를 문틈으로 보는 것처럼 빨리 지나가는 것인데 이처럼 시일을 보내다가 어느 때에 중원을 회복할 수 있겠소?"

비의가 또 말했다.

"손자가 이르기를 '적을 알고 나를 알면 백 번 싸워 백 번 이긴다知彼知己, 百戰百勝'고 했소. 우리는 승상보다 훨씬 못한 처지인데 승상께서도 회복하지 못한 중원을 하물며 우리가 어찌하겠소?"

강유가 말했다.

"나는 오랫동안 농상隴上에 거주하여 강인들의 마음을 잘 알고 있소. 지금 만약 강인들과 연계하여 지원을 받는다면 비록 중원을 수복할 수는 없을지언정 농서 지역을 차지할 수 있을 것이오."

후주가 말했다.

"경이 위를 정벌하고자 하니 목숨을 바쳐 충성하고 전력을 기울이도록 하며 날카로운 기세를 떨어뜨리지 말고 짐의 명령을 저버리지 마시오."❽

이리하여 강유는 칙명을 받들고 조정에 하직을 고한 다음 하후패와 함께 곧장 한중에 당도하여 군대를 일으킬 일을 상의했다. 강유가 말했다.

"먼저 강인들에게 사신을 보내 동맹을 맺은 다음 서평²³으로 나가 옹주에 접근하는 것이 좋겠소. 국산²⁴ 아래에 두 개의 성을 축조하여 지키면서 기각지세掎角之勢를 이루도록 해야 하오. 우리는 군량과 마초를 전부 천구로 보내 승상의 옛 제도에 따라 순차적으로 군사를 진격시키도록 합시다."

그해 가을 8월, 먼저 촉장 구안句安과 이흠李歆이 군사 1만5000명을 이끌고 국산 앞으로 가서 성 두 채를 연이어 축조하게 했다. 구안은 동쪽 성을 지키고 이흠은 서쪽 성을 지켰다.

어느새 정탐꾼이 옹주자사[25] 곽회에게 이 사실을 보고했다. 곽회는 낙양에 서면으로 보고하는 한편 부장[26] 진태에게 군사 5만 명을 이끌고 국산으로 가서 촉병과 교전을 벌이게 했다. 구안과 이흠은 각기 일군을 이끌고 맞서러 나왔으나 병사가 적었기 때문에 대적할 수 없어 성으로 들어가버렸다. 진태는 성을 사면으로 에워싸 공격하는 동시에 한중의 군량 보급로를 끊었다. 그러자 성안에 있던 구안과 이흠의 군량이 모자라게 되었다. 직접 군사를 이끌고 당도한 곽회가 지세를 살펴보고는 흡족해했다. 군영으로 돌아와 바로 진태와 계책을 상의했다.

"이 성은 산세가 높은 토산에 있어 틀림없이 물이 부족해 성을 나가서 물을 구해야 할 것이네. 만약 상류를 끊는다면 촉병은 모두 목이 말라 죽을 것이네."

즉시 군사들에게 흙을 파서 제방을 쌓아 상류를 끊게 했다. 과연 성안에 물이 바닥났다. 이흠이 물을 구하고자 군사를 이끌고 성을 나갔으나 옹주 병사들에게 포위되어 매우 곤란한 지경에 빠지고 말았다. 이흠이 죽기로 싸웠으나 뚫고 나갈 수 없자 어쩔 수 없이 물러나 성으로 들어갔다. 구안 또한 성안의 물이 바닥나자 이흠과 함께 군사를 이끌고 성을 나갔다. 둘은 한곳에 모여 오래도록 싸웠으나 또 패하여 성으로 돌아오고 말았다. 군사들은 목이 타들어갈 지경이었다. 구안이 이흠에게 말했다.

"강도독의 군사가 여태 오지 않으니 무슨 영문인지 모르겠소."

이흠이 말했다.

"내가 목숨을 돌보지 않고 뚫고 나가 구원을 청하겠소."

즉시 수십 명의 기병을 이끌고 성문을 열어 달려나갔다. 옹주의 군사들이 사면으로 에워쌌고 이흠은 죽기로 싸워 부딪쳐 간신히 벗어날 수 있었다. 그러나 이흠은 중상을 입은 채 홀로 살아남았고, 나머지 기병은 혼란에 빠진 군중에서 모두 전사하고 말았다. 그날 밤 북풍이 크게 일고 검은 구름이 하늘을 뒤덮더니 폭설이 쏟아졌다. 그 덕분에 성안에 있던 촉병들이 군량을 나누어 눈을 녹여 밥을 해 먹었다.

한편 겹겹의 포위를 뚫고 나간 이흠은 서쪽 산 오솔길로 이틀을 가다가 마침 오고 있던 강유의 인마와 마주쳤다. 이흠이 말에서 내려 땅바닥에 엎드려 고했다.

"국산의 두 성이 모두 위병에게 포위되어 곤경에 빠진 데다 물길마저 끊어졌습니다. 다행히 하늘에서 폭설이 내려 눈을 녹여 먹으면서 어렵게 날을 보내고 있을 것이지만 몹시 위급한 상황입니다."

강유가 말했다.

"내가 늦게 온 것이 아니네. 모이기로 한 강병들이 오지 않는 바람에 일이 잘못되고 말았네."

즉시 사람을 시켜 이흠을 서천으로 호송해 상처를 치료하게 했다. 강유가 하후패에게 물었다.

"강병들은 오지 않고 위병이 국산을 포위해 곤경에 빠져 심히 위급한데 장군께서는 어떤 고견이 있으시오?"

하후패가 말했다.

"만약 강병이 국산에 당도하기만을 기다렸다간 두 성 모두 함락될 것입니다. 제가 헤아리건대 옹주 병사들이 국산을 공격하느라 틀림없이 전부 와 있을 테니 옹주성[27]은 필연코 텅 비어 있을 것이오. 장군께서는 군사를 이끌고 곧장 우두산[28]으로 가 옹주의 뒤쪽[29]으로 질러가십시오. 곽회와 진태는 옹주를 구원하러 반드시 돌아갈 것이니 국산의 포위는 저절로 풀릴 것입니다.”

강유가 크게 기뻐하며 말했다.

“그 계책이 가장 훌륭하오!”

이에 강유는 군사를 이끌고 우두산으로 향했다.

한편 진태는 이흠이 성 밖으로 뚫고 나가는 것을 보고는 곽회에게 일렀다.

“이흠이 만약 강유에게 급한 상황을 알린다면 강유는 우리 대병이 모두 국산에 있다는 것을 헤아리고 반드시 우두산으로 질러가 우리 배후를 기습할 것입니다. 장군께서는 일군을 이끌고 가서 조수洮水[30]를 취하시고 촉병의 군량 보급로를 끊으십시오. 저는 군사를 절반으로 나누어 곧장 우두산으로 가서 그를 치겠습니다. 저들이 만약 군량 보급로가 끊어진 것을 알게 되면 틀림없이 스스로 달아날 것입니다.”

곽회는 그 계책에 따라 즉시 일군을 거느리고 은밀히 조수[31]를 취하러 떠났다. 진태는 일군을 거느리고 곧장 우두산으로 향했다.

한편 강유의 군사가 우두산에 이르렀는데 별안간 선봉대에서 고함 소리가 들리더니 위병이 길을 차단했다는 보고가 들어왔다. 강유가 황급히 최전방 진지로 직접 가 살펴봤다. 진태가 크게 고함을 질렀다.

“네가 우리 옹주[32]를 기습하려 하다니! 내 이미 오래전부터 기다리고 있었다!”

화가 난 강유가 창을 잡고 말고삐를 놓은 채 곧장 진태에게 달려들었다. 진태도 칼을 휘두르며 맞섰다. 3합도 싸우지 않았는데 진태가 패해 달아났고 강유는 군사들을 지휘하며 들이쳤다. 옹주 병사들은 물러나 산꼭대기를 점거했다. 강유는 군사를 거두어 우두산에 군영을 세웠다. 강유가 매일 병사들을 시켜 싸움을 걸었으나 승부를 가리지 못했다. 하후패가 강유에게 일렀다.

"이곳은 오래 머물 곳이 못 됩니다. 연일 교전을 벌여도 승부가 나지 않는 것은 바로 우리 군사를 유인하려는 것이니 틀림없이 다른 계책이 있을 것입니다. 차라리 잠시 물러나 다시 좋은 계책을 마련하는 것이 좋을 듯합니다."

한창 말하고 있는데 느닷없이 곽회가 일군을 거느리고 조수[33]를 취해 군량 보급로를 끊었다는 보고가 들어왔다. 깜짝 놀란 강유는 급히 하후패를 먼저 퇴가시키고 자신은 뒤를 맡았다. 그러자 진태가 군사를 다섯 갈래 길로 나누어 추격해왔다. 강유는 홀로 다섯 갈래 길이 모이는 입구를 막고 위군과 싸움을 벌였다. 진태는 군사를 통솔하여 산으로 올라가 화살과 돌을 비오듯 쏟아부었다. 강유가 급히 조수로 물러나자 곽회가 군사들을 이끌고 쳐들어왔다. 강유는 군사를 이끌고 이리저리 오가며 부딪쳤다. 위병이 그의 길을 저지했는데 조밀하기가 철통같았다. 강유는 죽을힘을 다해 뚫고 나갔으나 병사 태반을 잃고 급히 양평관으로 올라갔다. 앞쪽에 또 일군이 돌격해왔는데, 앞장선 대장이 칼을 비껴든 채 달려 나왔다. 그 장수는 둥근 얼굴에 큰 귀, 네모진 입에 두터운 입술을 가졌고 왼쪽 눈 아래에 검은 혹이 달려 있었는데 혹에는 수십 개의 검은 털이 나 있었다. 그는 다름 아닌 사마의의 큰아들 표기장군[34] 사마사였다. 강유가 크게 노했다.

"어린놈이 어찌 감히 내 돌아갈 길을 막는단 말이냐!"

창을 잡고 말을 박차 달려가 곧장 사마사를 찔렀다. 사마사도 칼을 휘두르며 맞섰다. 단 3합 만에 사마사를 물리친 강유는 빠져나와 곧장 양평관을 향해 달아났고 성 위에 있던 사람들이 성문을 열어 강유를 들여보냈다. 사마사가 관을 빼앗으러 달려오자 양쪽에 매복해 있던 궁노수들이 일제히 살을 날렸는데 한 개의 쇠뇌에서 열 대의 살이 발사되니, 바로 제갈무후가 임종 때 남긴 '연노'의 방법이었다.

이날 삼군이 패하여 지탱하기 어려운 상황인데
유독 그해에 전해진 열 대의 화살에 의지하네
難支此日三軍敗, 獨賴當年十矢傳

사마사의 목숨은 어떻게 될 것인가?

제107회 정권을 탈취한 사마씨

①

『삼국지』「위서·조상전」 배송지 주 『세어』는 다음과 같이 기록하고 있다.

"당초에 선왕(사마의)이 병사를 이끌고 궐 밖에서부터 무기고로 달려가다가 조상의 관저 문에 이르자(조상의 관저는 무기고 남쪽에 있었으므로 사마의가 무기고를 취하려면 조상의 관저 문을 지나야 했다) 사람들이 수레를 멈춰 세웠다. 조상의 처 유劉씨는 두려워하며 관서의 대청으로 나가 장하수독帳下守督(개부장군開府將軍의 속관으로 장하독이 있었는데, 7품이었다. 장하도독, 장하수독의 명칭도 있었다)에게 '공은 바깥에 있는데 지금 변란이 일어났으니 어찌하면 좋겠소?'라고 말하니, 장하수독이 '부인께서는 걱정하지 마십시오'라고 대답하고는 문루로 올라가 쇠뇌에 화살을 얹고 쏘려고 했다. 장수 손겸이 뒤에서 잡아끌며 '천하의 일은 알 수 없는 것이오!'라고 말했고, 세 차례나 쏘려는 것을 막았다. 결국 선왕은 무사히 통과할 수 있었다."

그러나 『진서』「선제기」에서는 조금 다르게 기록하고 있다.

"선제는 궐 밖에서 진세를 펼치고 조상의 관저 문을 지나려 했다. 조상의 장하독帳下督 엄세嚴世가 문루에 올라 쇠뇌를 당겨 선제를 쏘려 하자 손겸孫謙이 이를 제지하며 '앞으로의 사태가 어떻게 될지 아직 알 수 없소'라고 말했다. 세 차례나 쏘려고 했으나 손겸이 그의 팔을 잡아당겨 발사하지 못했다."

❷

『삼국지』「위서·조상전」에서는 "조상은 사마의의 상주문을 얻었지만 황제에게 전하지 않았으며 처지가 곤란하고 난처하여 어찌할 바를 몰라 했다"고 기록하고 있으나, 배송지 주 간보干寶의 『진기晉紀』와 『진서』 「선제기」에서는 "조상은 어가를 남겨두어 이수伊水(이수는 당시 낙양현洛陽縣 남쪽에 있었고, 북쪽으로 흘러 낙수洛水에 유입되었다) 남쪽에 노숙시키고 나무를 베어 녹각을 만들고 둔전의 병사 수천 명을 징발하여 방비했다"고 했고, 『위말전魏末傳』에서는 "선왕은 아우인 사마부에게 폐하께서 밖에서 노숙할 수는 없다고 말하면서 장막을 급히 보내고 태관太官(황제의 음식 관장)에게 식기를 행재소行在所(황제가 순행하는 곳, 잠시 머무는 곳)로 보내도록 했다"고 기록하고 있다. 당시에 조상이 가만히 있기만 한 것은 아니었던 듯하다.

❸

『삼국지』「위서·조상전」 배송지 주 『위말전魏末傳』에 따르면 "조상 형제가 집으로 돌아왔다. 낙양현에 칙령을 내려 현위縣尉에게 백성 800명을 선발하여 조상의 저택 네 모서리를 에워싸게 했으며 귀퉁이에 높은 누각을 세워 조상 형제의 거동을 감시했다. 조상은 어찌할 수 없어 우울해했다. 그가 탄궁을 가지고 후원으로 갔는데 누각 위에 있던 사람이 즉시 큰 소리로 '전 대장군이 동남쪽으로 간다!'고 외쳤다. 조상은 대청으로 돌아와 형제들과 함께 의논했지만 선왕이 품고 있는 의도를 알지 못해 선왕에게 편지를 보냈다. '비천한 저 조상은 슬프고 황공하며 신중하지 못해 화를 불렀으니 죽음을 받아야 마땅합니다. 지난번에 하인을 보내 양식을 요청했으나 지금까지 오고 있지 않아 여러 날 동안 부족하여 걱정하면서 아침저녁을 잇고 있습니다.' 편지를 받아 본 선왕은 깜짝 놀라 즉시 답장을 보냈다. '양식이 부족하다는 것을 알지 못했는데 심히 어찌해야 할지 모르겠소. 쌀 100곡과 육포, 소금, 시豉(콩을 찌거나 끓인 뒤에 발효시킨 조미료의 일종, 메주), 대두를 보내주겠소.' 그러고는 물건을 보내줬고 조상 형제는 별다른 변수가 없자 기뻐하며 죽음에 이르지는 않을 것이라 여겼다"고 기록하고 있다.

❹

조상의 몰락

『삼국지』「위서·조상전」에 따르면 "처음에 장당張當은 자신이 사사로이 선발한 재인才人(비빈妃嬪의 칭호) 장씨張氏와 하씨何氏 등을 조상에게 바쳤다. 이 때문에 조상과 함께 간사한 계략을 꾸몄을 거라 의심하여 장당을 체포해 죄를 다스렸다. 장당은 조상이 하안 등과 은밀하게 반역을 꾸미고 있으며 아울러 일찍이 병사들을 훈련시켜두어 3월 중순에 군대를 일으킬 것이라고 진술했다. 그리하여 하안 등을 체포하여 옥에 가두었다.

조상, 조희, 조훈, 하안, 등양, 정밀, 필궤, 이승, 환범, 장당 등을 체포하여 모두 사형에 처했고 삼족을 멸했다"고 기록하고 있다.

❺

하안何晏은 누구인가?

『삼국지』「위서·조상전」에 따르면 "하안은 하진의 손자다. 모친 윤씨尹氏는 태조의 부인이었다. 하안은 궁궐에서 성장했으며 공주를 아내로 맞이했다. 어려서부터 재능이 우수하고 노장의 학문을 좋아하여 『도덕론』과 각종 문장, 사부辭賦 등 수십 편을 저술했다"고 했고, 배송지 주『위략』에서는 "태조가 사공이었을 때 하안의 모친을 아내로 들이고 아울러 하안을 거두어 양육했다"고 했다. 또한 하안은 "뻔뻔스러웠고 복장이 태자를 모방했으므로 문제는 특히 그를 증오했고 매번 그의 이름을 부르지 않고 '가짜 아들(양자)'이라고 했다"고 기록하고 있다.

『위씨춘추』에서는 다음과 같이 기록하고 있다.

"당초 선왕은 하안과 함께 조상의 죄를 다스리고 하옥시켰는데 하안은 조상의 일당을 철저하게 조사하여 처벌하게 하면서 자신은 사면받기를 희망했다. 선왕이 말했다.

'죄인들은 모두 8족이오.'

하안이 정밀, 등양 등 일곱 개 성씨를 고하자 선왕이 말했다.

'아직 부족하오.'

하안이 다급해지자 말했다.

'이 하안을 말씀하시는 것입니까!'

선왕이 말했다.

'그렇소.'

그러고는 하안을 잡아들였다."

또 『세설신어』「숙혜夙慧」에 다음과 같은 내용이 있다. "하안이 일곱 살 때 총명하고 영민하기가 신과 같아 위 무제武帝(조조)는 특별히 그를 사랑했다. 또한 하안이 궁중에 기거했기 때문에 그를 거두어 양자로 삼으려고 했다. 하안은 이에 땅에다 네모로 금을 그려놓고는 그 안에 들어갔다. 사람들이 그 까닭을 묻자 '여기는 하씨가 잠시 기거하는 집입니다'라고 했다. 위 무제는 이 일을 알고 즉시 바깥으로 돌려보냈다."

촉에 투항한 하후패

하후패가 촉으로 오게 된 경위에 대해 『삼국지』「위서·하후연전」에서는 "하후연의 둘째 아들 하후패는 평소에 조상의 신임을 받았다. 조상이 주살되었다는 소식을 듣고는 스스로 의심을 품고 두려워하여 촉나라로 도망갔다. 조정에서는 부친 하후연이 세운 공훈을 고려해 하후패의 아들을 사면하고 그를 낙랑군樂浪郡으로 귀양 보냈다"고 기록하고 있고, 배송지 주 『위략』에서는 "사마선왕이 조상을 주살하고 마침내 하후현을 불러들였고 하후현은 동쪽으로 향했다. 하후패는 조상이 주살되었고 조정에서 하후현을 불러들였다는 소식을 듣고 틀림없이 화가 미칠 것이라 여기고는 내심 두려워했다. 또 하후패는 옹주자사 곽회와 화목하게 지내지 못했는데 곽회가 하후현을 대신하여 정서장군이 되자 더욱 불안해져 결국 촉으로 달아났다. 남쪽 음평陰平으로 가던 하후패는 길을 잃어 외진 골짜기로 들어섰다. 식량이 바닥나 타고 가던 말도 죽고 걸어가니 발을 다쳤고 바위를 타고 내려와 사람을 시켜 길을 찾았으나 어디로 가야 할지 몰랐다. 촉에서 그 소식을 듣고 사람을 보내 하후패를 맞아

들였다"고 기록하고 있다.

❼

『삼국지』「촉서·동윤전」배송지 주 『화양국지華陽國志』에 따르면 "당시 촉 사람들은 제갈량, 장완, 비의, 동윤을 '사상四相'으로 삼았으며 '사영四英'이라 불렀다"고 기록하고 있다.

❽

강유의 출병

제갈량 사후 강유는 거듭 출병을 한다. 이때의 출병을 『삼국지』「촉서·강유전」에서는 "연희延熙 12년(249), 조정에서는 강유에게 가절의 권한을 주어 재차 서평군으로 출병하도록 했지만 이기지 못하고 돌아왔다. 강유는 자신이 서쪽 지역(양주涼州)의 풍속에 익숙하며 아울러 자신의 재능과 무략에 자부심을 가졌으므로 강인羌人과 호인胡人을 꾀어내어 자신의 날개로 삼으려 했고 농산隴山 서쪽의 땅을 위나라로부터 끊어 촉한이 차지할 수 있다고 여겼다. 항상 대규모로 출병하려고 했으나 비의가 번번이 제지시켜 강유가 받은 병마는 1만 명을 넘지 않았다"고 기록하고 있다.

비의 사망

소설에서는 이후로 더 이상 비의가 등장하지 않는데 강유가 출병한 4년 뒤인 연희 16년(253)에 살해된다.

『삼국지』「촉서·비의전」에서는 "연희 16년 정월에 대규모가 벌어졌는데 항복해 온 위나라 사람 곽순郭循(강유가 서평을 공격했을 때 포로가 되었다)이 그 자리에 나왔다. 비의는 가슴을 열고 마음껏 마셔 곤드레만드레 취했을 때 곽순의 손에 들린 날카로운 칼에 살해당했다. 비의의 맏딸은 태자 유선劉璿(유선의 장자)의 비가 되었다"고 기록하고 있다.

또한 『삼국지』「촉서·장억전」에서는 "장억은 비의가 대장군이 되어 자신의 성정에 따라 널리 사랑을 베풀어 새로 귀순한 사람을 지나치게 신임하자 편지를 써서 경계하길 당부했다.

'예전에 잠팽岑彭이 군대를 통솔했고 내흡來歙이 부절을 지니고 장군이 되었지만 모두 자객에게 살해당했습니다. 지금 장군의 지위가 높고 권력이 중대하니 이전의 일을 거울 삼아야 하는데 경계함이 부족하다고 생각됩니다.'

이후에 비의는 과연 위나라에서 항복해온 사람 곽수郭脩에게 살해당했다"고 기록하고 있다.

「촉서·비의전」에서는 곽순이라 했지만 「촉서·장억전」과 「촉서·후주전」에서는 곽수로 기록하고 있다.

사마의와 손권,
역사 속으로

정봉은 눈 속에서 짧은 병기로 분투하고,
손준은 술자리에서 비밀 계책을 쓰다

丁奉雪中奮短兵,
孫峻席間施密計

한창 달아나던 강유는 군사를 이끌고 길을 차단한 사마사와 맞닥뜨렸다. 알고 보니 강유가 옹주를 취하려 할 때 곽회가 급히 조정에 보고했고 위주는 사마의와 함께 상의하여 준비를 마친 것이었다. 그리하여 사마의는 맏아들 사마사에게 군사 5만 명을 이끌고 옹주로 달려가 싸움을 돕게 했다. 곽회가 촉군을 물리쳤다는 소식을 들은 사마사는 촉군의 세력이 약해졌을 것이라 판단하여 바로 중간에 그들을 공격했다. 곧장 양평관까지 추격했으나 도리어 강유가 제갈무후가 전해준 연노법을 사용해 반격했다. 양쪽에서 은밀히 매복해 있던 연노 100여 대에서 각기 쇠뇌당 10대의 살이 발사되었는데 모두 독을 바른 화살이었다. 양쪽에서 쇠뇌의 살이 일제히 발사되자 최전방진지에서는 사람과 말 가릴 것 없이 살에 맞아 죽은 자가 헤아릴 수 없을 정도로 많이 나왔다. 혼란에 빠진 군사들 속에 있던 사마사는 간신히 목숨을 건져 돌아갔다.

한편 국산성 안에 있던 촉장 구안은 구원병이 오지 않자 성문을 열고 위에 항복하고 말았다. 수만 명의 군사를 잃은 강유는 패잔병을 이끌고 한중으로 돌아가 주둔했다. 사마사도 낙양으로 돌아갔다.

가평嘉平 3년(251) 가을 8월, 사마의가 병에 걸리더니 점점 위중해졌고 이에 두 아들을 침상 앞으로 불러 당부했다.

"나는 지나온 여러 해 동안 위를 섬겼고 태부의 관직을 수여받았으니 신하로서는 가장 높은 지위에 올랐다. 사람들이 모두 내가 다른 뜻을 품었다고 의심했기에 나는 항상 두려운 마음을 가지고 살았다. 내가 죽은 다음에도 너희 두 사람은 국정을 잘 처리하거라. 신중하고 또 신중해야 한다!"

말을 마치고는 세상을 떠났다. 맏아들 사마사와 둘째 아들 사마소는 위주조방에게 아뢰었다. 조방은 후하게 제사 지내 추도하고 안장을 거행했고 두터운 상과 시호를 하사했다. 사마사를 대장군으로 봉하고 상서의 기밀 대사를 총괄하게 했으며 사마소는 표기상장군驃騎上將軍으로 임명했다.❶

한편 오주 손권은 서부인의 소생인 태자 손등孫登이 있었는데 적오赤烏[1] 4년(241)에 죽었으므로 낭야의 왕王부인 소생인 차남[2] 손화孫和를 세워 태자로 삼았다. 그러나 손화는 전공주[3]와 화목하게 지내지 못했다. 손권은 공주가 험담하는 것을 듣고는 폐했고 손화는 근심하며 원망하다 죽고 말았다. 다시 셋째 아들[4] 손량孫亮을 태자로 삼았는데 반潘부인의 소생이었다. 당시 육손과 제갈근은 모두 사망하여 크고 작은 사무는 전부 제갈각諸葛恪에게 돌아간 상태였다.❷

태원太元[5] 원년(251) 가을 8월 초하루, 별안간 큰 바람이 일더니 강과 바다에 파도가 넘쳐 평지의 수심이 8척이나 되었다. 오주의 선조 능묘에 심어진 각종 소나무와 잣나무가 모조리 뽑혀 곧장 건업성 남문 밖까지 날아들어 길에 거꾸로 세워졌다. 손권은 이 때문에 놀라 병이 들고 말았다. 이듬해

4월 병세가 위중해지자 태부 제갈각과 대사마 여대呂岱를 침상 앞으로 불러 후사를 당부했다. 재위 24년에 그의 나이 71세로, 촉한 연희延熙[6] 15년이었다. 이에 대해 후세 사람이 지은 시가 있다.

자줏빛 수염에 푸른 눈으로 영웅이라 불렸으며
신료들 목숨 바쳐 충성을 다하게 만들었다네
황제 자리 이십사 년 동안 대업을 일으켰으니
강동에서 용이 서리고 범이 버텨 앉은 듯했네
紫髯碧眼號英雄, 能使臣僚肯盡忠
二十四年興大業, 龍盤虎踞在江東

손권이 죽자 제갈각은 손량을 세워 황제로 삼았으며 천하에 사면령을 내리고 연호를 건흥建興[7] 원년(252)으로 바꾸었다. 손권의 시호를 대황제大皇帝로 하고 장릉[8]에 장사 지냈다.❸ 어느새 정탐꾼이 그 사실을 알고 낙양에 보고했다. 손권이 죽었다는 소식을 들은 사마사는 즉시 군대를 일으켜 오를 정벌할 일을 상의했다. 상서 부하傅嘏가 말했다.

"오에는 장강의 험준함이 있고 선제께서 여러 차례 정벌하셨으나 모두 뜻대로 되지 않았습니다. 차라리 각기 변경을 지키는 것이 상책인 듯합니다."

사마사가 말했다.

"하늘의 이치는 30년에 한 번씩 변하는 법인데 어찌 항상 솥발처럼 세 세력이 대치할 수 있단 말이오? 나는 오를 정벌하고자 하오."

사마소가 말했다.

"지금 손권이 막 죽었고 손량은 어리고 연약하니 그 틈을 이용해야 합니다!"

마침내 정남대장군征南大將軍 왕창王昶에게 군사 10만 명을 이끌고 남군을 공격하게 하고 정동장군征東將軍 호준胡遵에게 군사 10만 명을 이끌고 동흥[9]을 공격하게 하며 진남도독鎭南都督[10] 관구검毌丘儉에게는 군사 10만 명을 거느리고 무창을 치게 하여 세 갈래 길로 출발했다. 또 아우인 사마소를 대도독으로 삼아 세 갈래 길의 군마를 총지휘하게 했다.

그해 겨울 12월, 사마소의 병사들이 동오 경계에 이르렀고 사마소는 인마를 주둔시킨 채 왕창, 호준, 관구검을 군막으로 불러 계책을 상의했다.

"동오의 가장 긴요한 곳은 동흥군[11]이오. 지금 그들이 거다란 제방을 쌓고 좌우에 성 두 개를 축조하여 소호 후면의 공격에 방비하고 있으니 공들은 자세히 살펴야 할 것이오."

왕창과 관구검에게 각기 군사 1만 명[12]을 이끌고 좌우에 늘어서게 했다.

"잠시 전진하지 말고 동흥군[13]을 취할 때까지 기다렸다가 그때 일제히 진군하시오."

왕창과 관구검은 명령을 받고 떠났다. 사마소는 또 호준을 선봉으로 삼아 세 갈래 길의 군사를 모두 거느리고 앞으로 나아가게 했다.

"먼저 부교를 가설해 동흥의 큰 제방을 취하시오. 만약 좌우의 두 성만 빼앗을 수 있다면 큰 공이 될 것이오."

호준은 군사를 이끌고 부교를 가설하러 갔다.

한편 오의 태부 제갈각은 위군이 세 갈래 길로 쳐들어왔다는 보고를 듣고는 관원들을 불러 상의했다. 평북장군平北將軍[14] 정봉丁奉이 말했다.

"동흥은 동오의 가장 중요한 곳으로 만약 잃게 되면 남군과 무창이 위태로워질 것입니다."

제갈각이 말했다.

"그 말씀이 내 뜻에 부합하오. 공은 즉시 수군 3000명을 이끌고 강을 따라가시오. 내 뒤이어 여거呂據(여범의 둘째 아들), 당자唐咨, 유찬留贊에게 각기 1만 명의 마보군을 이끌고 세 갈래 길로 나누어 호응하러 가게 하겠소. 연주포連珠砲(연속해서 발사하는 화포) 터지는 소리가 들리거든 일제히 군사들을 진격시키시오. 내 직접 대군을 이끌고 뒤따라가겠소."

명을 받은 정봉은 즉시 수군 3000명을 30척의 선박에 나누어 태우고 동흥을 향해 갔다.

한편 호준은 부교를 건너 제방에 군사를 주둔시키고 환가桓嘉(환계의 아들)와 한종韓綜(한당의 아들)에게 두 성을 공격하게 했다. 왼쪽 성은 오의 장수 전단全端(전종의 조카)이 지키고 있었고 오른쪽 성은 장수 유략留略(유찬의 장자)이 지키고 있었다. 이 두 성은 높고 험준하며 견고하여 급히 공격을 해도 함락시키지 못했다. 위군의 형세가 대단한 것을 본 전단과 유략은 감히 나가 싸우지 못하고 죽기로 성을 지키기만 했다. 호준은 서당15에 군영을 세웠다. 때는 마침 추운 겨울이라 하늘에서 폭설이 내렸고 호준은 여러 장수와 함께 술자리를 마련해 모였다. 그때 별안간 물 위에서 30척의 전선이 몰려오고 있다는 보고가 들어왔다. 호준이 군영을 나가 살펴보니 배들이 막 기슭에 접근하고 있었고 배마다 대략 100여 명의 병사가 타고 있었다. 즉시 군막으로 돌아온 호준이 장수들에게 일렀다.

"3000명에 불과하니 두려워할 가치도 없소!"

부하 장수를 시켜 정탐하고는 여전히 술을 마셨다. 정봉은 닻을 내려 전선을 일자로 물 위에 늘어세우고는 부하 장수들에게 일렀다.

"대장부가 공적과 명성을 세우고 부귀를 취할 날이 바로 오늘이다!"

즉시 군사들에게 갑옷과 투구를 벗고 긴 창이나 큰 극을 사용하지 말고 단도만 지니게 했다. 그 광경을 본 위병들은 박장대소하며 더욱 방비를 하지 않았다. 그때 느닷없이 연주포 터지는 소리가 세 차례 들리더니 정봉이 칼을 들고 앞장서서 기슭으로 뛰어올랐다. 그러자 군사들도 모두 단도를 뽑아 들고 정봉을 따라 기슭으로 올랐고 칼로 찍으며 위 군영으로 돌진하자 위병들은 어찌할 바를 몰라 당황했다. 한종이 급히 군막 앞에 있던 큰 극을 뽑아 들고 맞섰으나 어느새 정봉이 가슴 안쪽으로 부딪쳐 들어오더니 손을 들어 칼로 내리찍었다. 한종은 그만 땅바닥에 쓰러지고 말았다. 그때 환가가 왼쪽에서 돌아 나오며 급히 창을 꼬나 잡고 정봉을 찔렀으나 정봉이 창대를 겨드랑이에 끼워버렸다. 환가가 창을 버리고 달아나자 정봉이 순식간에 단도를 날렸다. 단도가 정통으로 왼쪽 어깨에 꽂히면서 환가는 그만 뒤로 자빠지고 말았다. 정봉은 잽싸게 쫓아가 창으로 환가를 내리찍었다. 3000명의 오병이 위의 군영 안에서 좌충우돌했다. 호준은 황급히 말에 올라 길을 찾아 달아났다. 위병들은 일제히 부교로 달아났다. 그러나 부교는 이미 끊어져 있었고 태반이 물에 빠져 죽었다. 눈으로 덮인 땅에서 죽임을 당한 자가 그 수를 셀 수 없을 정도로 많았다. 수레와 병장기, 마필, 군용 기구를 전부 오병에게 빼앗기고 말았다. 사마소, 왕창, 관구검은 동흥의 군사들이 패했다는 소식을 듣고는 군대를 거느리고 물러갔다.❹

한편 제갈각은 군사를 이끌고 동흥에 당도하여 군사를 거두어 상을 내리고 위로한 다음 장수들을 모아놓고 일렀다.

"사마소의 군사들이 패해 북으로 돌아갔으니 바로 이 형세를 이용해 진격하여 중원을 취해야겠소."

그러고는 즉시 사람을 시켜 서신을 가지고 촉으로 가서 강유에게 군사를 북으로 진격시켜 천하를 공평하게 나누자고 청하는 한편, 자신은 20만 대군을 일으켜 중원을 정벌하고자 했다. 곧 출발하려는데 별안간 땅에서 한 줄기 흰 기운이 일어나더니 삼군의 시야를 가렸다. 얼굴을 맞대고도 서로를 알아볼 수 없을 정도였다. 장연蔣延이 말했다.

"이 기운은 바로 흰 무지개로 군사를 잃을 징조입니다. 태부께서는 조정으로 돌아가셔야 합니다. 위를 정벌해서는 안 됩니다."

제갈각이 벌컥 성을 냈다.

"네가 어찌 감히 이롭지 못한 말을 내뱉어 우리 군심을 나태하게 만든단 말이냐!"

무사들에게 목을 치라고 호통을 쳤다. 모두 살려달라고 애원하자 제갈각은 장연의 관직을 삭탈하여 평민으로 만들고는 군사들을 재촉해 앞으로 나아갔다. 정봉이 말했다.

"위나라는 신성을 가장 중요한 협곡의 입구로 여기고 있으니 만약 먼저 이 성을 취한다면 사마사는 간담이 서늘할 것입니다."

제갈각이 크게 기뻐하며 즉시 군사들을 다그쳐 곧장 신성으로 쳐들어갔다. 성을 지키고 있던 아문장군 장특張特은 오군이 대규모로 몰려오는 것을 보고는 성문을 닫고 굳게 지키기만 했다. 제갈각은 병사들을 시켜 성을 사면으로 에워쌌다. 어느새 유성마가 낙양으로 가 보고했다. 주부 우송虞松이 사마사에게 고했다.

"지금 제갈각이 신성을 곤경에 빠뜨렸지만 일단 그와 싸워서는 안 됩니다. 오군은 멀리서 온 데다 군사는 많고 양식은 적어 군량이 다 떨어지면 스스로 달아날 것입니다. 그들이 달아나기를 기다렸다가 공격한다면 틀림없이 완승을 거둘 수 있을 것입니다. 다만 촉군이 경계를 침범할까 염려되니 방비하서야 합니다."

사마사는 그 말을 옳다고 여겨 즉시 사마소에게 일군을 이끌고 곽회를 도와 강유를 방비하게 했다. 관구검과 호준에게는 오군을 저지하게 했다.

한편 제갈각은 여러 달을 연이어 공격했으나 신성을 함락시키지 못하자 장수들에게 명령을 하달했다.

"협력하여 성을 공격하고 태만히 하는 자는 즉시 참수하리라!"

이에 장수들은 필사적으로 힘을 내어 공격했다. 이에 성 동북쪽 모퉁이가 무너지려 했다. 성안에 있던 장특은 한 가지 계책을 냈는데, 언변이 좋은 인사를 시켜 명부를 받들고 오의 군영으로 가서 제갈각을 만나게 했다. 그 사람이 고했다.

"위나라의 법에, 적이 성을 포위하여 궁지에 빠졌을 때 만약 성을 지키는 장수가 100일을 굳게 지켰는데도 구원병이 오지 않을 경우 성을 나가 적에게 항복해도 그 가족이 연대로 처벌받지 않게 되어 있습니다. 지금 장군께서 성을 포위한 지 90여 일이 지났으니, 바라건대 며칠만 더 기다려주시면 제가 모든 군사와 백성을 인솔하여 성을 나와 투항할 것입니다. 지금 우선 명부부터 바치겠습니다."

제갈각은 그 말을 깊이 믿고는 군마를 거두어 성을 공격하지 않았다. 알고 보니 이것은 군사 공격을 늦추려는 장특의 완병지계[16]로, 오병들이 야단법석을 떨며 물러가자 즉시 성안의 집을 부숴 깨진 성벽을 보수하여 완비하고는 성에 올라 욕설을 퍼부었다.

"우리 성안에는 아직도 반년치의 양식이 있거늘 어찌 오의 개들에게 항복하겠는가! 모조리 덤벼들어 싸워도 염려할 필요가 없다!"

크게 노한 제갈각은 군사들을 재촉해 성을 공격했다. 성 위에서는 화살이 비 오듯 쏟아졌다. 제갈각의 이마에 화살 한 대가 정통으로 꽂혔고 몸을 뒤집으며 그만 말에서 떨어지고 말았다. 장수들이 구출하여 군영으로 돌아왔으나 화살에 맞은 상처 때문에 발작을 일으켰다. 군사들은 모두 싸울 마음이 없어진 데다 또 날씨마저 몹시 무더워 병에 걸린 군사가 많았다. 화살 맞은 상처가 조금 아물자 제갈각은 군사들을 재촉해 성을 공격하려 했다. 그러자 군영의 관리가 고했다.

"군사들 모두 병에 걸렸는데 어찌 싸울 수 있겠습니까?"

제갈각이 크게 노했다.

"다시 병을 말하는 자는 참수하리라!"

그 말을 들은 군사들 중에 도망치는 자가 무수히 많았다. 그때 별안간 도독[17] 채림蔡林이 본부의 군사들을 이끌고 위로 가버렸다는 보고가 들어왔다. 깜짝 놀란 제갈각은 직접 말을 타고 각 군영을 두루 살펴보았는데 과연 군사들의 낯빛이 누렇게 들뜨고 각자 병색을 띠고 있어 결국 군대를 거두고 오로 돌아가기로 했다. 어느새 정탐꾼이 이 사실을 관구검에게 보고했다. 관구검은 대군을 전부 일으켜 뒤를 쫓아 들이쳤다. 오병은 대패하여 돌아갔다. 제갈각은 몹시 부끄러워 병을 핑계로 조정에 나가지 않았다. 오주 손량이 친히 그의 집으로 행차하여 안부를 물었고 문무관원도 모두 찾아왔다. 제갈각은 사람들이 자신의 잘못을 논할까 두려워 미리 관원들의 과실을 찾아내 가벼우면 먼 곳으로 귀양 보내고 무거우면 참수하여 사람들에게 보였다. 그리하여 안팎의 관료 중에 두려워하지 않는 자가 없었다. 또 자신의 심복인 장수 장약張約과 주은朱恩을 시켜 어림군을 관할하게 하여 이빨과 발톱으로 삼았다.❺

한편 손준孫峻의 자는 자원子遠으로 손견의 아우인 손정孫靜의 증손이며 손공孫恭의 아들이었다. 손권은 생전에 그를 매우 사랑했으며 어림군마를 관장하도록 명했다. 제갈각이 장약과 주은에게 어림군을 관장하게 하여 권한을 빼앗기자 손준은 속으로 크게 노했다. 평소에 제갈각과 사이가 나빴던 태상경太常卿 등윤滕胤이 그 틈을 이용하여 손준을 설득했다.

"제갈각이 권력을 독점하고 제멋대로 포악하게 굴며 공경들을 살해하고 있으니 신하의 본분을 지키지 않고 장차 난을 일으킬 야심을 품고 있는 것이오. 공은 종실이신데 어찌하여 일찌감치 그를 도모하지 않으시오?"

손준이 말했다.

"내가 그런 마음을 가진 지 오래되었소. 지금 당장 천자께 아뢰어 그를 죽이라는 명령을 내리도록 청하겠소."

그리하여 손준과 등윤이 들어가 오주 손량을 알현하고 몰래 그 일을 아뢰었다. 손량이 말했다.

"짐 또한 그 사람을 보면 몹시 공포를 느껴 항상 그를 제거하려고 했으나 아직까지 기회를 얻지 못했소. 경들에게 과연 충의가 있다면 지금 비밀리에 그를 도모하도록 하시오."

등윤이 말했다.

"폐하께서 술자리를 마련해 제갈각을 부르시면 벽을 장식한 휘장 속에 무사들을 은밀히 매복시켰다가 술잔을 던지는 것을 신호로 그를 죽여 후환을 끊겠습니다."

손량이 따르기로 했다.

한편 제갈각은 전쟁에서 패하고 조정으로 돌아온 후 병을 핑계로 칩거하고 있었는데 정신이 맑지 않았다. 어느 날 우연히 정중앙의 대청으로 나갔는데 별안간 삼베로 만든 상복을 입은 한 사람이 들어왔다. 제갈각이 큰 소리로 꾸짖어 묻자 그 사람은 깜짝 놀라 어쩔 바를 몰라 했다. 제갈각이 잡아와 심문하도록 하니 그 사람이 고했다.

"저는 막 부친상을 당해 성으로 들어와 승려를 청해 경문을 읽고 참회하며 제도濟度하고자 했습니다. 사원으로 보이기에 들어왔는데 생각지도 못하게 태부님의 부중이었습니다. 알았다면 어떻게 이곳으로 들어올 수 있었겠습니까?"

제갈각이 노하여 문을 지키는 군사들을 불러 물었다. 군사들이 고했다.

"수십 명이 모두 무기를 들고 문을 지키고 있었고 잠시도 자리를 떠난 적이 없으며 결코 단 한 사람도 들어오는 것을 보지 못했습니다."

크게 성난 제갈각이 군사들뿐만 아니라 상복한 자까지 모조리 목을 쳐 죽였다. 그날 밤 제갈각은 누웠으나 잠을 이룰 수 없어 불안해하고 있었는데 별안간 정당正堂에서 벼락이 치는 듯한 소리가 들렸다. 제갈각이 나가 살펴보니 대들보 두 개가 부러져 있었다. 놀란 제갈각이 침실로 돌아오는데 갑자기 한바탕 음산한 바람이 일면서 상복 입은 사람과 문을 지키던 군사 수십 명이 제각기 머리를 들고 목숨을 구해달라고 했다. 제갈각은 질겁하여 바닥에 쓰러지고 말았고 한참이 지나서야 간신히 의식을 회복했다. 이튿날 아침 세수를 하려 하자 세숫물에서 역겨운 피비린내가 심하게 났다. 제갈각이 시녀를 큰 소리로 꾸짖어 대야를 연거푸 수십 번 바꿨지만 역겨운 냄새가 가시지 않았다.

제갈각이 한창 놀라 의심하고 있는데 별안간 천자의 사자가 왔다는 보고가 들어왔고 태부께서는 연회에 참석하라는 명을 전달했다. 제갈각이 수레와 병장기를 준비하고 막 부중을 나가려는데 누런 개가 의복을 물고 늘어지더니 흑흑거렸다. 마치 곡을 하는 것 같은 형상이었다. 제갈각이 노했다.

"이놈의 개가 나를 희롱하는구나!"

좌우에 개를 쫓으라고 호통치고는 마침내 수레를 타고 부중을 나갔다. 몇 걸음을 걷지도 않았는데 수레 앞에서 한 줄기 흰 무지개가 땅에서 일어나며 마치 흰 명주처럼 하늘로 치솟았다. 제갈각은 놀라며 괴이하게 여겼다. 심복 장수 장약이 수레 앞으로 오더니 몰래 고했다.

"오늘 궁중의 연회가 좋은 것인지 아닌지 알 수 없으니 주공께서는 함부로 들어가셔서는 안 됩니다."

그 말을 들은 제갈각은 즉시 수레를 돌리게 했다. 10여 걸음을 가지도 못했는데 손준과 등윤이 말을 타고 수레 앞으로 다가와 말했다.

"태부께서는 무슨 까닭으로 돌아가십니까?"

제갈각이 말했다.

"갑자기 복통이 나서 천자를 뵐 수 없을 것 같소."

등윤이 말했다.

"조정에서는 태부께서 회군하신 이후로 직접 만나 이야기하지 못해 특별히 연회를 열어 소집하고 아울러 대사를 의논하려 합니다. 태부께서 비록 탈이 나셨다 하지만 억지로라도 가시는 것이 마땅합니다."

제갈각은 그 말에 따라 결국 손준, 등윤과 함께 입궁했고 장약 또한 뒤따라 들어갔다. 제갈각은 오주 손량을 뵙고 예를 마치고는 바로 자리에 앉았다. 손량이 술을 올리라 명하자 속으로 의심이 든 제갈각이 사양했다.

"병든 몸이라 술을 마실 수가 없습니다."

손준이 말했다.

"태주께서는 부중에서 항상 약술을 드신다고 하던데 드시겠습니까?"

제갈각이 말했다.

"그러면 좋지요."

즉시 수행원에게 부중으로 돌아가 약으로 만든 술을 가져오도록 했고 제갈각은 그제야 마음 놓고 술을 마셨다. 술이 몇 순배 돌자 오주 손량이 일을 핑계로 먼저 자리에서 일어났다. 손준도 전각을 내려가 긴 옷을 벗어버렸는데 안에는 짧은 옷을 입고 있었고 또 그 안에는 갑옷을 둘러 걸치고 있었다. 손에 예리한 도검을 든 채 전각에 올라 크게 소리 질렀다.

"천자께서 조서를 내리셨으니 역적을 죽여라!"

소스라치게 놀란 제갈각이 바닥에 잔을 던지고는 검을 뽑아 맞서려 했으나 이미 머리가 땅바닥에 떨어진 뒤였다. 손준이 제갈각을 베어버린 것을 본 장약이 칼을 휘두르며 달려와 맞섰다. 손준은 급히 몸을 피했으나 예리한 칼끝에 스쳐 왼쪽 손가락을 다치고 말았다. 손준은 곧장 몸을 휙 돌려 한칼에 장약의 오른팔을 찍어버렸다. 그 순간 무사들이 일제히 몰려와 장약을 쓰러뜨렸고 난도질하여 잘게 다진 고기로 만들었다. 손준은 무사들에게 제갈각의 가솔을 잡아들이게 하는 한편 사람을 시켜 장약과 제갈각의 시신을 삿자리로 싸서 작은 수레에 실어 성 남문 밖 석자강[18]의 어지럽게 널려 있는 무덤들의 구덩이 속에 던져버리게 했다.

한편 방 안에 있던 제갈각의 처는 정신이 맑지 못하여 앉으나 서나 편안하지 못했다. 그때 갑자기 한 시녀가 방으로 들어왔다. 제갈각의 처가 물었다.

"네 몸에서 어찌하여 역겨운 피비린내가 나느냐?"

그 시녀는 별안간 낯빛을 바꾸고 이를 갈면서 펄쩍펄쩍 뛰더니 머리를 집기둥에 들이받고는 입으로 크게 소리 질렀다.

"내가 바로 제갈각이다! 간사한 역적 손준에게 모살당했다!"

제갈각의 집안 식구들은 놀라 두려워하며 울부짖었다. 잠시 후 군마들이 당도했고 제갈각의 관저를 에워싸더니 노소를 막론하고 온 집안사람을 모조리 포박하여 저잣거리로 끌고 가 참수했다. 이때가 오나라 건흥 2년(253) 겨울 10월이었다. 옛날에 제갈근이 살아 있을 때 총명함을 밖으로 다 드러내는 제갈각을 보고는 탄식하며 말했다.

"아들이 집안을 보전할 주인은 아니로구나!"

또 위나라 광록대부 장집張緝이 일찍이 사마사에게 이렇게 말한 적이 있다.

"제갈각은 오래지 않아 죽을 것이오."

사마사가 그 까닭을 묻자 장집이 말했다.

"위엄이 그 주인을 떨게 하는데 어찌 오래 살 수 있겠습니까?"

오늘에 이르러 과연 그 말이 적중하고 말았다.

손준이 제갈각을 죽이자 오주 손량은 손준을 승상, 대장군, 부춘후富春侯로 봉하고 나라 안팎의 모든 군사 사무를 총감독하게 했다. 이때부터 권력은 전부 손준에게 돌아갔다.

한편 성도에 있던 강유는 제갈각의 편지를 받고는 서로 도와 위를 치고자 했다. 즉시 조정으로 들어가 후주에게 아뢰어 허락을 받고 다시 대군을 일으켜 중원을 정벌하려 했다.

한 차례 군사를 일으켜 공적을 아뢰지 못하자
두 번째로 역적을 토벌하여 공적 이루고자 하네
一度興師未奏績, 兩番討賊欲成功

승부는 과연 어떻게 될 것인가? ❻

제108회 사마의와 손권, 역사 속으로

❶

『진서』「선제기」에 따르면 가평 3년(251) 8월 5일 사마의가 73세로 사망했다고 기록하고 있다. 사마의에게는 사마사와 사마소 말고도 다섯 명의 아들이 더 있어 모두 일곱 명이었다.

❷

손량의 모친 반潘부인

손권의 후계자로 황제가 된 손량의 모친인 반부인에 대해『삼국지』「오서·반부인전」에서는 "오주 손권의 반부인은 회계군 구장현句章縣(치소는 지금의 저장성 위야오余姚 동남쪽) 사람이다. 그녀의 부친은 군부郡府의 벼슬아치였는데 법을 위반하여 사형을 당했다. 반부인은 언니와 함께 황궁의 방직 작업장으로 호송되어 왔다. 그녀를 본 손권이 남다르다고 여겨 후궁으로 불러들였다.

적오赤烏 13년(250) 손량이 태자로 세워졌고, 이듬해에 반부인이 황후로 세워졌다.

반부인은 성품이 음험하고 질투가 많아 손권에게 아첨하고 비위를 잘 맞추어 궁으로 들어와 죽을 때까지 원袁부인(원술의 딸) 등 매우 많은 사람을 비방하고 해쳤다. 그녀는 병든 손권을 보살피느라 지나친 과로로 결국 병에 걸리게 되었는데, 궁녀들이 그녀가 정신없이 자는 틈을 타 함께 목 졸라 죽이고는 귀신이 들려 죽었다고 했다. 나중에 일이 발각되어 처형당한 자가 6~7명이나 되었다"고 기록하고 있다.

❸

『삼국지』「오서·제갈각전」배송지 주『오서吳書』는 다음과 같이 기록하고 있다.

"손권이 병으로 눕자 누구에게 뒷일을 의탁해야 할지 논의했다. 당시 조정 신하 모두가 제갈각을 주의하고 있었다. 손준孫峻이 표를 올려 제갈각이 신임받고 군주를 보좌하여 정사를 처리하므로 대사를 맡길 만하다고 했다. 손권은 제갈각이 강하고 고집이 세며 스스로 옳다고 여기는 것을 싫어했으나 손준이 당시 조정의 신하 모두가 그에 미치지 못한다고 굳게 보증하여 제갈각을 불러들였다. 이후 제갈각 등을 침실 안으로 불러 침상 아래에서 조서를 받도록 했다. 손권은 조서에서 '내 병세가 심하니 아마 다시 여러분을 보지 못할 것 같다. 모든 일을 여러분에게 맡기노라'라고 했다. 제갈각은 흐느끼며 눈물을 흘리면서 말했다. '신들이 모두 두터운 은혜를 입었으므로 마땅히 죽음으로써 조서를 받들 것입니다. 원컨대 폐하께서는 정신을 안정시키고 생각을 줄이시어 바깥일은 유념하지 마십시오.' 손권은 유관 부서에 조서를 내려 모든 일을 제갈각이 주관하도록 했다."

❹

동흥東興 전투

소설에서는 손권이 죽고 나이 어린 손량이 뒤를 이었기 때문에 그 틈을 이용해 오를 정벌하는 것으로 동흥 전투를 묘사하고 있지만 사실은 그렇지 않다. 이 전쟁의 발발 원인에 대해『삼국지』「오서·제갈각전」에서는 다음과 같이 설명하고 있다.

"처음에 손권은 황룡黃龍 원년(229), 건업으로 천도하고, 2년(230)에 동흥제東興隄(제방 명칭, 안후이성 차오후巢湖 경계에 위치)를 수축하여 소호수巢湖水를 막았다. 후에 회남淮南(군 명칭, 지금의 안후이성 서우현壽縣)을 정벌하러 갔을 때 도리어 호수 안의 배들 때문에 패했는데(적오 4년(241) 오의 전종全琮, 위의 왕릉王淩과 작피芍陂에서의 전투), 이때부터 더 이상 수리하여 복원하지 않고 내버려두었다. 제갈각은 건흥建興 원년(252) 10월 동흥東興에 사람들을 소집하여 다시 큰 제방을 수축하고 양쪽의 산세에 의지하여 두 보루를 쌓았다. 매 보루에 1000명씩 남겨두어 지키도록 했다.

위나라는 오의 군대가 그들의 변방 지역을 침입하고 모욕한 것을 치욕스러워했기 때문에 대장 호준과 제갈탄 등에게 명하여 7만 명을 이끌고 두 곳의 보루를 공격하여 호수를 막고 있는 제방을 무너뜨리기 위해 준비했다. 제갈각은 군사 4만 명을 일으켜 밤낮으로 서둘러 구원하러 달려갔다."

『자치통감』 권75 「위기 7」에서는 "11월(252), 위나라 황제는 왕창 등에게 명하여 군사를 이끌고 세 갈래 길로 나누어 오를 공격하게 했다. 12월, 왕창은 남군으로 진공했고, 관구검은 무창으로 진격했으며, 호준과 제갈탄은 7만 명의 군사를 이끌고 동흥으로 진공했다. 오나라 태부 제갈각은 4만 명의 군사를 이끌고 동흥을 구하고자 밤낮으로 달려왔다'고 기록하고 있다.

소설과는 다르게 이때 사마소를 대도독으로 삼았다는 기록은 없으며 위의 7만 명과 오의 4만 명이 격돌한 전투였다.

그리고 정봉의 부하 3000명의 활약은 「오서·정봉전」에 기록되어 있는데 소설의 내용과 거의 같다.

환가桓嘉와 한종韓綜의 죽음

소설에서는 정봉이 용맹을 뽐내며 환가와 한종을 단도로 죽이는 것으로 표현됐지만 사실은 그렇지 않다. 『삼국지』 「오서·제갈각전」에 따르면 "낙안樂安(군 명칭, 위魏 시기 치소는 산둥성 보싱博興 서남쪽) 태수 환가 등은 물에 빠진 사병들과 함께 익사했고 죽은 자가 수만 명이나 되었다. 이전에 모반한 장수 한종은 위나라의 전군독前軍督(선두 부대의 지휘관)이 되었는데 그 또한 참수되었다"고 기록하고 있어 이 두 사람은 정봉의 단도에 의해 죽임을 당한 것은 아니었음을 알 수 있다.

한종은 누구인가?

한종은 오나라 맹장 한당韓當의 아들이다. 『삼국지』 「오서·한당전」에 따르면 "황무黃武 2년(223), 손권은 석양石陽(현 명칭, 치소는 지금의 후베이성 잉청應城 동남쪽)으로 진공하면서 한종이 아직 복상服喪 중이었기 때문에 그에게 무창을 지키게 했다. 그러나 한종은 음란하며 법률과 기율을 지키지 않았다. 손권이 그의 부친과의 인연 때문에 추궁하지는 않았지만 한종은 내심 두려워하여 부친의 영구를 수레에 실어 모친과 가족 그리고 부곡 남녀 수천 명을 이끌고 위나라로 달아나 투항했다.

그는 여러 차례 오나라 변경을 침범하여 백성을 해쳤다. 손권은 늘 그를 증오하며 이를 갈았다. 동흥의 싸움에서 한종이 선봉을 맡아 군사가 패하고 죽자 제갈각은 그의 목을 잘라 수급을 건업으로 보냈고 손권의 묘에 바치고 제사를 지냈다"고 기록하고 있다.

❺

신성新城 전투

소설에서는 동흥 전투에서 승리한 제갈각이 곧장 신성으로 쳐들어가는 것으로 이야기를 전개시키지만 사실은 그렇지 않다. 동흥 전투는 252년 12월에 마무리가 되어 제갈각은 회군하고 이듬해인 253년 3월에 다시 출병하여 신성 전투가 벌어진다.

『삼국지』 「오서·제갈각전」에 따르면 동흥 전투에서 승리한 제갈각은 "적을 경시하는 마음이 생겨 12월의 승리에 의지해 그 이듬해 봄에 다시 출병하고자 했다"고 기록하고 있고, "사람들의 의견을 어기고 출병했다. 대규모로 각 주군 20만 명을 징집했으므로 백성이 술렁거렸고 제갈각은 인심을 잃기 시작했다. 본래 회남에서 무용을 뽐내고 위엄을 과시하며 병사들을 몰아 백성을 약탈하고자 했으나 장수들 중에 어떤 사람이 반대했고, 제갈각은 그의 계책에 따라 군대를 돌려 신성을 공격했다. 쌍방이 공격하고 지키며 몇 개월간 지속되었으나 신성을 점령할 방법이 없었다"고 기록하고 있다.

또한 "장군 주이朱異가 비난하자 제갈각은 노하여 즉시 그의 병권을 빼앗았고, 도위都衛 채림蔡林은 여러 차례 용병의 계책을 진술했다가 제갈각이 받아들이지 않자 말을 타고 위군에 투항했다"고 했고, "제갈각에게 돌아오라는 조서가 끊이지 않자 그는 비로소 천천히 군사를 이끌고 돌아왔다. 이때부터 사람들은 그에게 실망했고 원한과 멸시의 정서가 생겨났다"고 기록하고 있다. 결국 제갈각은 3월에 출병하여 대패하고 가을 8월에 철군한다.

또한 신성에서 장특의 기지와 활약은 「위서·삼소제기」 배송지 주 『위략』과 『자치통감』 권76 「위기 8」에 같은 내용으로 기록되어 있다.

❻

제갈각이 피살된 원인

제갈각이 살해된 첫 번째 원인은 소설의 내용과 같이 위나라 토벌에 실패하면서 백성이 원망하고 조정 신하들이 불만을 품은 기회를 틈타 손준에 의해 살해된 것이다. 그리고 소설에서 소개하지 않은 또 다른 원인이 있는데, 「오서·손화전孫和傳」에 다음과 같은 기록이 있다.

"태원太元 2년(252), 4월에 손권이 훙하고 제갈각이 집정하게 되었다. 제갈각은 손화의 비妃 장비張妃의 외삼촌이었다. 장비는 황문 진천陣遷을 건업으로 보내 중궁中宮(황후궁)에 상서를 올리고, 아울러 제갈각에게 소식을 전했다. 떠나려 할 때 제갈각이 진천에게 말했다. '나 대신 장비에게 전해주게. 내 반드시 그녀를 다른 사람보다 높은 지위에 오르도록 하겠네.' 그러나 이 말은 누설되고 말았다. 게다가 제갈각은 천도할 생각이 있어 사람을 무창으로 보내 옛 궁전을 수리하게 했으므로 민간에서 제갈각이 손화를 영접하여 세우려 한다고 말하는 사람도 있었다. 제갈각이 주살된 후 손준은 손화의 남양왕南陽王 인수를 빼앗고 그를 신도군新都郡으로 옮겼고, 또 사신을 파견해 자살하도록 했다. 손화가 장비와 이별하게 되자 장비가 말했다. '좋은 일이든 흉한 일이든 서로 따라가야 하니 절대로 홀로 살아갈 수는 없습니다.' 장비도 자살하자 온 나라가 슬퍼했다."

결국 손화를 영접해 황제로 세우려 한다는 소문도 제갈각이 살해된 또 다른 원인이라 할 수 있다.

소설에서는 손화가 전공주全公主와의 불화로 인해 근심하며 원망하다 죽고 말았다고 했는데, 역사는 전공주와의 불화는 사실이지만 걱정하다 죽은 사람은 손화의 모친인 왕王부인으로 기록하고 있다.

제 109 회

돌고 도는 권력

사마씨는 한나라 장수의 기묘한 계책으로 곤경에 빠지고,
조방은 폐위되어 위나라 집안의 인과응보를 받다

困司馬漢將奇謀,
廢曹芳魏家果報

촉한 연희 16년(253) 가을,¹ 장군² 강유는 군사 20만 명을 일으켰다. 요화와 장익을 좌우 선봉으로 삼고 하후패를 참모, 장억을 군량을 운반하는 책임을 맡게 하여 위를 정벌하고자 양평관을 나섰다. 강유는 하후패와 함께 상의했다.

"지난번 옹주를 취하려다 이기지 못하고 돌아갔소. 지금 만약 다시 나간다 해도 틀림없이 또 준비를 하고 있을 것이오. 공은 어떤 고견이 있으시오?"

하후패가 말했다.

"농상의 여러 군 가운데 남안³의 돈과 양식이 가장 풍부하니 만약 그곳을 먼저 취한다면 족히 근본으로 삼을 만합니다. 지난번에 이기지 못하고 돌아간 것은 무릇 강인의 군사들이 오지 않았기 때문입니다. 지금 먼저 사람을 보내 강인들을 농우隴右에 모이게 한 다음 군사를 진격시켜 석영⁴으로 나가 동정⁵에서부터 곧장 남안⁶을 취하십시오."

강유가 크게 기뻐하며 말했다.

"공의 말씀이 대단히 묘하오!"

즉시 극정郤正을 사신으로 삼아 황금과 진주, 촉의 비단을 갖추어 강羌으로 들어가 강왕과 우호 관계를 맺도록 했다. 예물을 받은 강왕 미당迷當은 즉시 5만 명의 군사를 일으켜 강의 장수 아하소과俄何燒戈[7]를 선봉으로 삼아 군사를 이끌고 남안으로 가게 했다.

보고를 들은 위나라 좌장군[8] 곽회는 급히 낙양에 아뢰었다. 사마사가 장수들에게 물었다.

"누가 감히 가서 촉군과 대적하겠소?"

보국장군輔國將軍 서질徐質이 말했다.

"제가 가겠습니다."

평소에 남보다 출중한 서질의 용맹을 알고 있던 사마사는 속으로 크게 기뻐하며 즉시 서질을 선봉으로 삼고 사마소를 대도독으로 삼아 군사를 통솔하여 농서를 향해 출발하게 했다. 동정에 이르렀을 때 강유와 맞닥뜨렸고 양군은 진세를 펼쳤다. 개산대부開山大斧를 사용하는 서질이 말을 몰아 나와 싸움을 걸었다. 촉 진영에서는 요화가 나와 맞섰다. 몇 합을 싸우지도 않았는데 요화가 칼을 끌며 패해 돌아갔다. 장익이 창을 잡고 달려나와 맞섰으나 몇 합을 싸우지 못하고 또 패해 자신의 진으로 돌아갔다. 서질이 군사를 몰아 들이치자 촉군은 대패하여 30리를 물러갔다. 사마소 또한 군사를 거두어 돌아갔고 각자 군영을 세웠다.

강유가 하후패와 상의했다.

"서질의 용맹이 대단한데 어떤 계책을 써야 그를 사로잡을 수 있겠소?"

하후패가 말했다.

"내일 거짓으로 패한 척한 다음 매복 계책을 쓴다면 그를 이길 수 있을 것입니다."

강유가 말했다.

"사마소는 중달의 아들인데 어찌 병법을 모르겠소? 지세가 들쭉날쭉 뒤얽히고 가로막혀 있거나 은폐되어 있으면 틀림없이 추격하려 들지 않을 것이오. 내가 보건대 이전에 위병이 여러 차례 우리 군량 보급로를 끊었으니 역으로 그 계책을 써서 그들을 유인한다면 서질을 베어 죽일 수 있을 것이오."

그러고는 즉시 요화를 불러 분부하고 또 장익을 불러 명령했다. 두 사람은 군사를 이끌고 떠났다. 군사들을 시켜 철질려[9]를 길에 뿌리는 한편 군영 밖에 녹각을 다수 배치하여 오래 있을 계책을 마련했다. 서질은 연일 군사를 이끌고 싸움을 걸었으나 촉병은 싸우러 나오지 않았다. 정찰 기병이 사마소에게 보고했다.

"촉병이 철롱산[10] 뒤쪽에서 목우와 유마를 사용하여 군량과 마초를 운반하는 것을 보니 오래 머물 계책으로 여겨지며 강병이 오기를 기다렸다가 협공할 생각인 것 같습니다."

사마소가 서질을 불러 말했다.

"이전에 촉을 이길 수 있었던 것은 저들의 군량 보급로를 끊었기 때문이다. 지금 촉병이 철롱산 뒤쪽에서 군량을 운반하고 있다고 하니 그대가 오늘 밤 군사 5000명을 이끌고 가서 군량 보급로를 끊는다면 촉군은 스스로 물러갈 것이다."

명령을 받든 서질이 초경 무렵 군사를 이끌고 철롱산으로 가자 과연 촉병 200여 명이 100여 대의 목우와 유마에 군량과 마초를 싣고 가는 것이 보였다. 위병이 일제히 함성을 질렀고 서질이 앞장서서 가는 길을 차단했다. 촉병은 군량과 마초를 모두 버리고 달아났다. 서질은 군사를 절반으로 나누어 군량과 마초를 군영으로 호송하게 하고, 자신은 나머지 절반의 군사를 이끌고 촉병을 추격했다. 채 10리도 못 갔는데 앞쪽에 수레와 병장기들이 길을 가로막았다. 서질은 군사들에게 말에서 내려 수레와 병장기들을 치우라고 했는데 그때 양쪽에서 별안간 불길이 일었다. 서질이 급히 고삐를 당겨 왔던 길로 되돌아가려 했으나 뒤쪽 산의 후미지고 비좁은 곳도 수레와 병장기로 길이 차단되었고 불길이 솟아올랐다. 서질은 연기를 무릅쓰고 불길을 뚫고 말을 달렸다. 이때 '쾅!' 하는 포성이 울리더니 양쪽 길로 군사가 쏟아져 나왔다. 왼쪽은 요화, 오른쪽은 장익으로 한바탕 크게 싸우자 위군은 대패하고 말았다. 서질은 죽기로 싸워 간신히 빠져나와 달아났다. 사람과 말이 모두 지친 채 한참 달아나고 있는데 앞쪽에서 한 갈래 군사가 들이닥쳤다. 다름 아닌 강유였다. 깜짝 놀란 서질이 어찌할 바를 몰라 하는 사이에 강유가 창으로 안장 뒤쪽을 한 번 찌르자 서질은 말 아래로 떨어졌고 군사들이 칼로 난도질해 그를 죽였다.❶

서질의 군량을 호송하던 절반의 병사도 하후패에게 사로잡혀 모두 항복했다. 하후패는 위병의 갑옷과 마필을 촉병에게 입히고 말을 타도록[11] 한 다음 위군의 깃발을 앞세워 오솔길로 곧장 위의 군영으로 달려갔다. 본부의 군사들이 돌아오는 것을 본 위군은 문을 열어 들여보냈다. 촉병은 즉시 군영 안에서 위병을 무찔렀다. 사마소는 깜짝 놀라 황급히 말에 올라 달아났는데 앞쪽에서 요화가 들이닥쳤다. 사마소가 앞으로 나아갈 수 없게 되자 급히 물러나려 하는데 강유가 군사들을 이끌고 오솔길로 몰려들었다. 사마소는 사방으로 벗어날 길이 없자 하는 수 없이 군대를 거느리고 철롱산으로 올라가 점거하고 방비했다. 철롱산은 단 한 갈래 길밖에 없는 데다 사방이 모두 산세가 높고 험준하여 올라가기가 어려웠다. 산 위에는 샘물이 하나밖에 없었는데 100여 명 정도만이 마실 수 있는 양이었다. 이때 사마소의 수하에는

6000명의 군사가 있었고 강유가 길 입구를 막고 있어 산 위에서는 샘물이 부족해 사람과 말 모두 목이 타들어갔다. 사마소가 하늘을 우러러 탄식했다.

"내가 여기서 죽게 되는구나!"

이에 대해 후세 사람이 지은 시가 있다.

강유의 신묘한 계책은 평범하지 않아서
위나라 군사 철롱산에서 곤경에 빠졌네
방연이 마릉도[12]로 들어간 것과 같으며
항우가 구리산[13]에서 포위된 것과 같네
妙算姜維不等閒, 魏師受困鐵籠間
龐涓始入馬陵道, 項羽初圍九里山

주부 왕도王韜가 말했다.

"옛날에 경공耿恭이 곤란한 지경에 빠졌을 때 우물에 절을 올리자 감미로운 샘물을 얻었다고 합니다.[14] 장군께서는 어찌하여 그것을 본받지 않으십니까?"

사마소는 그 말에 따라 즉시 산꼭대기로 올라가 샘물가에서 두 번 절하며 축원했다.

"이 소는 조서를 받들어 촉군을 물리치러 왔습니다. 만약 제가 죽어 마땅해 감미로운 샘물을 바싹 마르게 하신다면 저는 스스로 목을 베어 자결할 것이며 부하 군사를 모조리 항복하게 하겠습니다. 만일 목숨과 녹봉이 다 끝나지 않았다면 원컨대 푸른 하늘이여, 어서 감미로운 샘물을 내려주시어 군사들의 목숨을 살려주소서!"

축원을 마치자 샘물이 넘쳐흘렀고 아무리 퍼내도 없어지지 않아 사람과 말이 살 수 있게 되었다.

산 아래에서 위병을 에워싸 곤경에 빠뜨린 강유는 장수들에게 일렀다.

"이전에 승상께서 상방곡上方谷에서 사마의를 사로잡지 못한 것을 내 몹시 한스러워하고 있었소. 이번에 사마소는 반드시 내가 사로잡을 것이오."

한편 사마소가 철롱산 위에서 곤경에 빠졌다는 소식을 들은 곽회는 군사를 일으켜 가고자 했다. 그러자 진태가 말했다.

"강유는 강병을 모아 먼저 남안을 빼앗으려 하고 있습니다. 지금 이미 강병이 당도했는데 장군께서 만약 군사를 철수시켜 구원하러 가신다면 강병은 틀림없이 빈틈을 이용해 우리 뒤쪽을 기습할 것입니다. 먼저 사람을 시켜 강인에게 거짓으로 항복시킨 다음 그들 속에서 일을 벌이도록 하시지요. 저들 군사만 물리친다면 철롱산의 포위를 구원할 수 있을 것입니다."

곽회는 그 말을 따르기로 하고 즉시 진태에게 군사 5000명을 이끌고 곧장 강왕羌王의 군영으로 가게 했다. 진태는 갑옷을 벗고 들어가 울면서 절을 올렸다.

"곽회가 지나치게 잘난 체하면서 항상 저를 죽일 마음을 품고 있어 투항하러 왔습니다. 곽회 군중의 허실을 제가 모두 알고 있습니다. 오늘밤 일군을 이끌고 군영을 급습한다면 공을 이룰 수 있을 것입니다. 만일 군사들이 위의 군영에 이른다면 안에서 호응하는 군사들이 있을 것입니다."

미당은 크게 기뻐하며 즉시 아하소과에게 진태와 함께 위의 군영을 급습하게 했다. 아하소과는 진태의 항복한 군사들을 후방에 두고 진태에게 강병을 이끌게 하여 선봉대로 삼았다. 그날 밤 이경에 위의 군영에 이르렀다. 군영 문은 활짝 열려 있었고 진태는 홀로 말을 타고 먼저 들어갔다. 아하소과가 창을 잡고 군영 안으로 말을 질주해 들어가는데 문득 '악!' 하는 외마디

소리와 함께 사람과 말이 잇달아 구덩이 속으로 빠지고 말았다. 그때 진태의 병사가 뒤쪽에서 몰려들었고 곽회가 왼쪽에서 들이닥치자 강병은 크게 어지러워지면서 자기편끼리 짓밟았으며 무수히 많은 군사가 죽었고 살아남은 자들은 전부 항복했다. 아하소과는 스스로 목을 베어 자결하고 말았다.[15] 곽회와 진태는 군사들을 이끌고 곧장 강인의 군영으로 쳐들어갔다. 미당대왕은 급히 군막을 나가 말에 오르려다가 위병에게 사로잡혔고 곽회에게 끌려왔다. 곽회는 황급히 말에서 내려 손수 그 결박을 풀어주고는 좋은 말로 위로했다.

"조정에서는 평소에 공을 충성스럽고 의로운 인사로 여기고 있는데 지금 무슨 까닭으로 촉인을 돕고 있는 것이오?"

미당이 부끄러워하며 자신의 죄를 인정했다. 곽회가 이에 미당을 설득했다.

"공이 지금 선봉대가 되어 철롱산의 포위를 풀고 촉병을 물리친다면 내가 천자께 아뢰어 후한 하사품을 받을 수 있도록 하겠소."

미당은 그 말에 따라 즉시 강병을 이끌고 앞에 섰고 위병은 뒤에 있으면서 곧장 철롱산으로 달려갔다.

때는 삼경이었는데 먼저 사람을 시켜 강유에게 보고하자 강유가 크게 기뻐하며 들어와 만나기를 청했다. 위병 대부분은 강인 부대 안에 섞여 있었다. 촉 군영 앞까지 이르자 강유가 대군을 모두 군영 밖에 주둔시키게 했다. 미당은 100여 명을 이끌고 중군 군막 앞으로 갔고 강유와 하후패가 나와 맞이했다. 위의 장수는 미당이 입을 열기를 기다리지도 않고 바로 뒤에서부터 들이치기 시작했다. 깜짝 놀란 강유는 급히 말에 올라 달아났다. 강병과 위병이 일제히 들이닥쳤고 촉병은 사방으로 뿔뿔이 흩어져 제각기 목숨을 건지고자 달아났다. 강유는 손에 든 무기도 없는 데다 허리에 한 벌의 활과 화살만을 차고 있었는데 황급히 달아나느라 화살을 모두 떨어뜨려 빈 화살

통만 남아 있었다. 강유는 산속을 향해 달아났고 뒤에서는 곽회가 군사를 이끌고 추격해왔다. 강유의 손에 작은 무기조차 없는 것을 보고는 창을 잡고 말을 질주해 뒤를 쫓았다. 거의 따라잡았을 즈음 강유가 거짓으로 활시위를 잡아당겼고 연이어 시위 소리가 10여 차례 들렸다. 곽회는 연거푸 수차례 피했으나 날아오는 화살이 보이지 않자 강유에게 화살이 없음을 알아채고는 이에 강창[16]을 안장에 걸고 활을 집어 강유를 향해 화살을 쏘았다. 강유는 급히 몸을 피하면서 손으로 날아오는 화살을 낚아채 자신의 활시위에 걸고는 곽회가 가까이 접근하기를 기다렸다가 그의 얼굴을 향해 있는 힘을 다해 쏘았다. 곽회는 시위 소리와 함께 말에서 떨어지고 말았다. 강유가 말고삐를 당겨 말을 돌려 곽회를 죽이러 가는데 위군이 몰려들었다. 강유는 미처 손을 쓰지 못한 채 곽회의 창만 뽑아 들고 달아났다. 위병도 감히 추격하지 못하고 급히 곽회를 구해 군영으로 돌아왔다. 화살촉을 뽑아냈으나 피가 멈추지 않고 흘러 결국 곽회는 죽고 말았다. 사마소가 산을 내려와 군사를 이끌고 추격에 나섰으나 도중에 돌아갔다. 하후패도 뒤따라 도망쳤고 강유와 함께 일제히 달아났다. 수많은 인마를 잃은 강유는 도중에 군사를 주둔시켜 머무를 수가 없어 한중으로 돌아갔다. 비록 전쟁은 패했지만 곽회를 화살로 쏘아 죽였고 서질도 죽여 위나라의 위엄을 손상시키고 동요시켰기에 그 공으로 죄를 보충했다.❷

　　한편 사마소는 강병을 위로하고 자기들 나라로 돌려보냈다. 회군하여 낙양으로 돌아온 사마소는 사마사와 함께 조정의 대권을 독단적으로 결정했고 군신들은 감히 복종하지 않을 수 없었다. 위주 조방은 사마사가 매번 조정에 들어올 때마다 벌벌 떨었고 마치 바늘로 등을 찌르는 듯했다. 어느 날 조방이 조회를 열고 있는데 사마사가 검을 차고 어전에 오르는 것을 보고는 황망히 긴 탁자에서 내려가 그를 맞이했다. 사마사가 웃으며 말했다.

"어찌 군주가 신하를 맞이하는 예가 있겠습니까? 청컨대 폐하께서는 편하게 하소서."

잠시 후 군신들이 정사를 아뢰자 사마사는 모든 것을 자신이 판단을 내리면서 위주에게는 아뢰지도 않았다. 얼마 지나지 않아 조회가 파하자 당당히 어전에서 내려가 수레를 타고 나가는데 앞뒤로 빽빽하게 에워싼 인마가 수천 명을 넘었다. 조방이 물러나 뒤쪽 전당으로 들어가며 좌우를 돌아보니 세 사람뿐이었다. 바로 태상[17] 하후현, 중서령[18] 이풍李豐, 광록대부[19] 장집張緝이었다. 장집은 장황후張皇后의 부친으로 조방의 장인이었다. 조방은 근시에게 물러가라 호통을 치고 세 사람과 함께 밀실에서 상의했다. 조방이 장집의 손을 잡고 울면서 말했다.

"사마사가 짐을 어린아이 보듯 하고 백관을 초개와 같이 여기니 사직이 조만간 틀림없이 그 사람에게 돌아갈 것이오!"

말을 마치고는 통곡을 했다. 이풍이 아뢰었다.

"폐하께서는 염려 마십시오. 신이 비록 재주는 없으나 원컨대 폐하의 영명한 조서를 받들어 사방의 영웅호걸을 모아 이 역적 놈을 소탕하겠습니다."

하후현이 아뢰었다.

"신의 숙부인 하후패가 촉에 항복한 것은 사마 형제들이 모해할까 두려워했기 때문입니다. 지금 만약 이 역적 놈을 섬멸한다면 신의 숙부는 반드시 돌아올 것입니다. 나라의 옛 친족으로서 신이 어찌 감히 간사한 역적이 나라를 어지럽히는 것을 앉아서 두고 보겠습니까? 원컨대 함께 조서를 받들어 그놈을 토벌하겠습니다."

조방이 말했다.

"다만 할 수 없을까 두려울 따름이오."

세 사람이 울면서 아뢰었다.

"신은 맹세코 한마음으로 역적을 멸하고 폐하께 보답하겠습니다!"

조방은 용과 봉황을 수놓은 적삼을 벗고 손가락 끝을 깨물어 피로 조서를 쓰고는 장집에게 건네며 당부했다.

"짐의 조부이신 무황제武皇帝께서 동승을 죽일 수 있었던 것은 동승이 무릇 기밀을 치밀하게 지키지 못했기 때문이오. 경들은 신중하고 세밀해야 하며 밖으로 누설되지 않도록 해야 할 것이오."

이풍이 말했다.

"폐하께서는 어찌하여 그런 이롭지 못한 말씀을 하십니까? 신들은 동승의 무리가 아니며 사마사를 어찌 무조(조조)[20]와 비교하십니까? 폐하께서는 의심하지 마십시오."

세 사람이 작별을 고하고 나가 동화문東華門 좌측에 이르렀는데 마침 사마사가 검을 차고 오고 있었고 따르는 자 수백 명이 무기를 들고 있었다. 세 사람이 길옆으로 비켜섰다. 사마사가 물었다.

"그대 세 사람은 어찌하여 퇴청이 늦었소?"

이풍이 말했다.

"성상聖上께서 내정에서 책을 보시기에 우리 세 사람이 시독[21]했을 뿐입니다."

사마사가 말했다.

"무슨 책을 읽었소?"

이풍이 말했다.

"바로 하, 상, 주 3대의 책입니다."

사마사가 말했다.

"성상께서 그 책을 보시고 무슨 고사를 물으셨소?"

이풍이 말했다.

"천자께서는 이윤이 상나라를 떠받친 일과 주공이 섭정한 일을 물으셨는데 우리 모두 '지금 사마 대장군이 바로 이윤과 주공입니다'라고 아뢰었습니다."

사마사가 냉소하며 말했다.

"너희가 어찌 나를 이윤과 주공에 비교했겠느냐! 그 마음은 실제로 나를 왕망과 동탁이라고 가리켰겠지!"

세 사람이 한목소리로 말했다.

"우리는 모두 장군 문하의 사람으로 어찌 감히 그리 말할 수 있겠습니까?"

사마사가 크게 노했다.

"네놈들은 직접 마주해서는 아첨만 떠는 겉과 속이 다른 작자들이다! 방금 천자와 밀실 안에서 무슨 일 때문에 울었느냐?"

세 사람이 말했다.

"진실로 그런 일은 없었습니다."

사마사가 큰 소리로 꾸짖었다.

"네놈들은 눈물을 흘려 눈이 아직도 붉은데 어찌 발뺌하려 드느냐!"

일이 이미 누설되었음을 안 하후현이 엄한 목소리로 욕설을 퍼부었다.

"우리가 운 것은 네놈의 위세가 주인을 놀라게 하니 장차 찬역을 꾀할 것이라 여겼기 때문이다!"

크게 화가 난 사마사는 무사들에게 하후현을 체포하라 호통을 쳤다. 하후현은 소매를 걷어붙이고 주먹을 드러내 곧장 사마사를 치려 했으나 도리어 무사들에게 사로잡히고 말았다. 사마사는 세 사람의 몸을 뒤져 조사했다. 장집의 몸에서 용과 봉황을 수놓은 적삼이 나왔고 거기에 혈서가 적혀 있었다. 좌우에서 그 혈서를 사마사에게 올렸다. 사마사가 보니 바로 비밀 조서였다. 조서의 내용은 다음과 같다.

"사마사 형제는 함께 대권을 잡고 장차 찬역을 도모하려 한다. 지금까지 행해진 명령은 모두 짐의 뜻이 아니었다. 각 부 군대의 장수와 사졸들은 함께 충의를 다하여 역신을 토벌하고 섬멸하여 사직을 보위하라. 공이 이루어지는 날 무거운 작위와 상을 더해주겠노라."

조서를 읽고 난 사마사는 벌컥 성을 냈다.

"알고 보니 네놈들이 바로 우리 형제를 모해하려 했구나! 용서할 수 없다!"

즉시 저잣거리에서 세 사람의 허리를 잘라 두 동강 내고 삼족을 멸하라 명했다. 세 사람은 욕설을 그치지 않았다. 동시東市에 이르렀을 때는 치아가 모조리 부러져 나갔고 각자 불분명한 말투로 꾸짖으며 욕하다 죽고 말았다.❸

사마사는 곧장 후궁으로 들어갔다. 위주 조방은 마침 장황후와 그 일을 상의하고 있었다. 황후가 말했다.

"궁정에는 귀와 눈이 심히 많으니 만일 일이 새나가기라도 하면 틀림없이 첩에게 누가 될 것입니다!"

한창 말하고 있는데 별안간 사마사가 들어왔고 황후는 소스라치게 놀랐다. 사마사가 검을 어루만지며 조방에게 일렀다.

"신의 부친께서 폐하를 세워 군주로 삼으셨으니 그 공덕이 주공에 미치지 않고, 신이 폐하를 섬기는 것 또한 이윤과 무엇이 다르겠습니까? 그런데 지금 거꾸로 은혜를 원수로 삼고 공을 과실로 삼아 세 신하와 더불어 신의 형제를 모함하여 해치려 한 것은 무엇 때문입니까?"

조방이 말했다.

"짐은 그럴 마음이 없소."

사마사가 소매에서 적삼을 꺼내더니 바닥에 내던지며 말했다.

"이것은 누가 썼단 말이오!"

조방은 영혼이 몸에 붙어 있지 않고 하늘로 날아가 흩어져버린 듯이 벌벌 떨며 대답했다.

"이것은 모두 다른 사람이 핍박했기 때문이오. 짐이 어찌 감히 그런 마음을 품었겠소?"

사마사가 말했다.

"대신이 모반을 일으켰다고 터무니없이 모함한다면 어떤 죄로 처벌해야 마땅하오?"

조방이 무릎을 꿇고 고했다.

"짐에게 죄가 있으니 바라건대 대장군께서는 용서해주시오!"

사마사가 말했다.

"폐하는 일어나십시오. 국법을 폐해서는 안 되오."

이에 장황후를 가리키며 말했다.

"이 사람은 장집의 딸이니 이치상 제거해야 마땅하오!"

조방이 통곡하면서 살려달라고 했으나 사마사는 듣지 않고 장황후를 끌어내라고 좌우에 큰 소리로 꾸짖었다. 그러고는 동화문 안에 이르러 장황후를 흰 비단으로 목매달아 죽였다. 이에 대해 후세 사람이 지은 시가 있다.

그 당시에 복황후는 궁문을 나가면서

맨발로 목놓아 울다 지존과 작별했네

사마사 오늘 그 전례를 따르고 있으니

하늘이 그 자손에게 업보 치르게 하네

當年伏后出宮門, 跣足哀號別至尊

司馬今朝依此例, 天教還報在兒孫 ❹

이튿날 사마사는 군신들을 모아놓고 말했다.

"지금 주상은 황음무도荒淫無道하고 기녀를 가까이하여 총애하고 이간질하는 말을 곧이듣고는 어질고 재능 있는 사람이 임용되는 것을 막고 있소. 그 죄는 한나라의 창읍²²보다 심하니 천하를 주재할 수가 없소. 내 삼가 이윤과 곽광霍光의 방법에 따라 새로운 군주를 세워 사직을 보전하고 천하를 안정시키고자 하는데 어떻소?"

군신들이 응답했다.

"대장군께서 이윤과 곽광의 일을 행하시는 것은 천명에 순응하고 인심에 부합하는 것이니 누가 감히 명을 어기겠습니까?"

사마사는 마침내 관원들과 함께 영녕궁永寧宮으로 들어가 태후에게 아뢰었다. 태후가 말했다.

"대장군께서는 누구를 군주로 세우려 하시오?"

사마사가 말했다.

"신이 살펴보건대 팽성왕彭城王 조거曹據가 총명하고 어질며 효성스러우니 천하의 주인이 될 만합니다."

태후가 말했다.

"팽성왕은 바로 이 늙은이의 시숙부인데 지금 군주로 세운다면 내가 어찌 그를 감당하겠소? 문황제의 손자인 고귀향공高貴鄕公 조모曹髦는 온화하고 공경하며 겸양하니 그를 세울 만하오. 경과 대신들은 천천히 신중하게 상의하시오."

누군가 아뢰었다.

"태후의 말씀이 옳습니다. 즉시 그분을 군주로 세우십시오."

사람들이 보니 바로 사마사의 종숙宗叔(삼촌) 사마부司馬孚였다. 사마사는 즉시 사자를 원성²³으로 보내 고귀향공을 불러왔고 태후를 태극전에 오르도록 청했다. 태후가 조방을 불러 꾸짖었다.

"너는 황음무도하여 기녀를 가까이하고 총애했으니 천하를 계승할 수 없다. 마땅히 옥새를 반납하고 다시 제왕齊王의 작위로 돌아가야 한다. 당장 길을 떠나도록 하라. 황제가 부르지 않으면 조정에 들어오는 것을 허락하지 않겠다."

조방은 울면서 태후께 절을 올리고 국새를 반납하고는 왕의 수레에 올라 통곡하며 떠났다. 충의를 지닌 몇 명의 신하만이 눈물을 머금고 그를 전송했다. 이에 대해 후세 사람이 지은 시가 있다.

옛날 조조가 한나라 승상으로 있을 때
황후와 천자를 업신여기고 기만했다네
누가 알았으랴 사십여 년이 지난 뒤에
황후와 천자 역시 기만을 당했다네
昔日曹瞞相漢時, 欺他寡婦與孤兒
誰知四十餘年後, 寡婦孤兒亦被欺 ❺

한편 고귀향공 조모는 자가 언사彦士로 바로 문제의 손자이며 동해정왕東海定王 조림曹霖의 아들이다. 이날 사마사는 태후의 명으로 조모를 불러들였는데 문무관원들이 난가鑾駕(천자의 수레)를 준비하여 서액문西掖門 밖에서 절을 올리며 영접했다. 조모가 황망히 답례를 했다. 그러자 태위[24] 왕숙王肅이 말했다.

"주상께서는 답례하시면 안 됩니다."

조모가 말했다.

"나 또한 신하이거늘 어찌 답례를 하지 않을 수 있겠소?"

문무관원들이 조모를 부축해 어가에 태우고 궁으로 들어가려 하자 조모가 사양했다.

"태후께서 명령을 내리셨는데 무엇 때문인지 모르니 내 어찌 감히 어가를 타고 들어가겠소?"

마침내 걸어서 태극전의 동당[25]에 이르렀다. 사마사가 영접했는데 조모가 먼저 무릎을 꿇고 절을 하자 사마사가 급히 부축해 일으켰다. 안부를 묻고는 태후에게 인도했다. 태후가 말했다.

"내 너를 보았을 때 어려서부터 제왕의 상이 있다 여겼는데, 네가 지금 천하의 주인이 되었으니 공손하고 겸손하며 절약하는 데 힘써야 하고 덕을 펼치고 인을 실행하여 선황제를 욕되게 하지 말아야 한다."

조모는 거듭 겸손하게 사양했다. 사마사는 이날 문무관원들에게 조모를 태극전에 모시게 하고는 새로운 군주로 세웠으며, 조모는 가평嘉平 6년(254)을 정원[26] 원년元年으로 고치고 천하에 사면령을 내렸다. 대장군 사마사에게는 황월을 수여하고 입조할 때 종종걸음으로 빨리 걷지 않아도 되며 일을 아뢸 때 자기 이름을 부르지 않아도 되고 검을 차고 어전에 오를 수 있도록 했다. 문무백관에게도 각기 작위를 봉하거나 상을 하사했다.

정원 2년(255) 봄 정월, 정탐꾼이 급히 보고하기를 진동장군 관구검과 양주자사 문흠文欽이 군주를 폐했다는 명분으로 군대를 일으켜 오고 있다고 했다. 사마사는 깜짝 놀랐다.

한의 신하들 일찍이 왕의 일에 전력하는 뜻 있었고
위의 장수들 또한 역적 토벌하고자 군사를 일으키네
漢臣曾有勤王志, 魏將還興討賊師

어떻게 맞서 대적할 것인가?

제109회 돌고 도는 권력

서질徐質은 두 명이다

서질은 이 당시 강유에게 죽임을 당했지만 또 한 명의 서질이 역사 기록에 등장한다.

『삼국지』 「위서·문제기」에 따르면 "황초 6년(225) 6월, 이싱군利成郡(치소는 지금의 장쑤성 롄윈강連雲港 간위贛楡구 서쪽)의 병사 채방蔡方 등이 이성군을 점령하고 반란을 일으켜 태수 서질을 살해했다"는 기록이 있다.

곽회는 병사했다

소설에서는 강유가 쏜 화살에 곽회가 맞아 죽은 것으로 묘사되지만 사실 곽회는 병사했다.

『삼국지』 「위서·곽회전」에 따르면 "가평 2년(250) 조정에서 조서를 하달했다.

'관우關右(함곡관 서쪽 지구, 관서關西)에서 30여 년간 있으면서 대외적으로는 도적을 토벌하고 대내적으로는 백성과 이민족을 안위했다.'

정원 2년(255) 세상을 떠났다"고 기록하고 있다.

곽회는 상당히 오랜 기간 관중과 농서 지역을 방비하면서 촉한과 대치했던 사람이다. 역사는 그가 255년에 사망한 것으로 기록하고 있는데, 강유가 출병하여 서질과 교전을 벌인 시기는 곽회가 죽기 1년 전인 254년의 일이다. 결국 곽회는 강유에게 죽임을 당한 것이 아니라 1년 뒤에 병사했다는 걸 알 수 있다.

당시 강유는 두 차례 출병했다

소설에서 구성한 강유의 출병과 역사 기록은 차이가 난다. 이 당시 강유의 출병에 대해 역사는 두 차례로 기록하고 있다.

『삼국지』「촉서·강유전」에 따르면 "연희 16년(253) 여름에 강유는 수만 명의 병마를 이끌고 석영石營(취락 명칭, 간쑤성 우산武山 서남쪽)을 나와 동정董亭(간쑤성 우산 남쪽)을 지나 남안南安을 포위하고 공격했지만 위나라의 옹주자사 진태가 와서 포위를 풀고 낙문洛門(취락 명칭, 지금의 간쑤성 간구甘谷 서쪽으로 30킬로미터 떨어진 위하渭河 남쪽 기슭)까지 이르렀다. 강유는 군량이 다 떨어져 군사를 물리고 돌아갔다"고 했다.

또 "그 이듬해(254)에 재차 농서隴西로 출병했는데 적도현狄道縣(치소는 지금의 간쑤성 린타오臨洮)의 현장縣長 대리 이간李簡이 성 전체 군민을 인솔하여 투항했다. 강유가 나아가 양무현襄武縣(치소는 지금의 간쑤성 룽시隴西 동남쪽)을 포위하고 위나라 장수 서질과 교전을 벌여 서질을 베고 적군을 격퇴시키자 위나라 군대는 패하여 물러났다.

강유는 승세를 몰아 허다한 지방을 공격해 점령했고 하관河關(현 명칭, 치소는 지금의 칭하이성 퉁런同仁 서북쪽), 적도狄道(현 명칭, 지금의 간쑤성 린타오臨洮), 임조臨洮(현 명칭, 지금의 간쑤성 민현岷縣) 세 현의 백성을 구출하여 촉한으로 돌아왔다"고 기록하고 있다.

「촉서·장억전」에서는 당시 상황을 "위나라 적도현의 현장으로 있던 이간이 밀서로 항복을 요청했다. 위장군衛將軍 강유는 장억 등을 이끌고 이간이 저장해둔 물자에 의지해 농서로 출병했다. 적도에 이른 뒤에 이간은 성안의 관원과 백성을 이끌고 나와 강유의 부대를 맞이했다. 대군이 전진하여 위나라 장수 서질과 교전을 벌였는데 장억이 전투에 임하다 전사했다. 그러나 그가 죽이거나 상처를 입힌 적이 훨씬 많았다"고 기록하고 있다.

역사 기록에 따르면 강유는 소설과는 달리 두 차례에 걸쳐 출병했다. 그리고 소설에서는 그가 허다한 인마를 잃고 도중에 군사를 거두어 주둔해 머무를 수가 없어 한중으로 돌아갔다고 했지만, 역사 기록을 보면 군량이 떨어져 회군했고, 상당한 전과를 올리고 철군했음을 알 수 있다.

또한 장억의 죽음이 소설에서는 제111회에 등장하는데, 사실은 당시 서질에 의해 죽임을 당했다.

❸

하후현, 이풍, 장집의 사마사 제거 시도 사건의 전말

사마사를 제거하기 위한 사건의 내막에 대한 역사 기록은 소설과 다르다. 『삼국지』 「위서·하후상전」에서는 이 사건의 전말을 다음과 같이 기록하고 있다.

"조상이 주살되고 하후현을 불러 대홍려大鴻臚로 임명했고 몇 년 뒤에는 태상太常으로 승진시켰다. 하후현은 조상과의 관계를 이유로 억눌리고 해임되었으므로 내심 불만을 품고 있었다. 중서령 이풍은 줄곧 대장군 사마경왕司馬景王(사마사)의 신임을 얻어 후한 대접을 받았지만 속마음은 오히려 하후현에게 가 있었다. 이에 그는 황후의 부친인 광록대부 장집과 친분을 맺고 하후현이 정사를 보좌하도록 일을 도모했다. 이풍은 이미 조정에서 권력을 장악했고 그의 아들도 공주를 아내로 맞이했으며 또한 같은 풍익馮翊(군 명칭, 치소는 지금의 산시陝西성 다리大荔) 출신이었기 때문에 장집은 이풍을 신임했다. 이풍은 아우인 연주자사 이익李翼에게 조정에 들어오도록 은밀히 요청했는데, 그가 군사를 이끌고 도성으로 진입하면 힘을 합쳐 일을 일으킬 생각이었다. 때마침 이익이 황제의 알현을 요청했지만 조정으로부터 윤허를 받지 못했다.

가평 6년(254) 2월, 귀인貴人(비빈妃嬪의 칭호로 황후 다음)을 책봉하려 했으므로 이풍 등은 황제가 전전前殿에 행차하고 각 궁문을 모두 폐병陛兵(황궁 호위 병사)들이 지키고 있을 때 대장군(사마사)을 주살한 다음 하후현에게 그를 대신하게 하고 장집을 표기장군으로 삼으려 했다.

대장군이 그들의 계략을 알고는 이풍에게 만나기를 청했다. 이풍은 일이 누설된 줄도 모르고 만나러 왔고 대장군이 즉시 그를 죽였다.

이풍, 하후현, 장집, 악돈樂敦, 유현劉賢 등은 모두 삼족을 멸하는 벌을 받았고 남은 친족은 낙랑군樂浪郡으로 유배되었다. 하후현은 도량이 넓고 거침이 없어 동시東市에서 형을 받을 때도 안색이 태연자약했고 행동도 평상시와 같았다. 당시 그의 나이 46세였다."

❹

장황후는 죽지 않았다

소설에서는 장황후를 흰 비단으로 목매달아 죽였다고 했는데, 『삼국지』 「위서·삼소제기」에 따르면 "가평 6년(254) 3월 장씨를 내쫓았다"고 기록되어 있어 사마사 제거 사건 1개월 뒤에 쫓거나 죽임을 당하지는 않았다. 또한 관련자들의 삼족을 멸했다고 했는데, 「위서·하후상전」에 "황제가 조서를 내려 '제장공주齊長公主는 선제가 사랑한 딸이니 그녀의 세 아들은 죄를 사면한다'고 했다"는 기록이 있다. 제장공주는 명제의 딸이며 이풍의 아들인 이도李韜에게 출가했으므로 이풍의 손자들은 죽음을 면했다는 걸 알 수 있다.

그리고 『진서』 「후비전」에서는 "경회황후景懷皇后 하후휘夏侯徽의 부친은 하후상夏侯尙"이라고 기록하고 있다. 경회황후는 사마사의 첫 번째 부인이고 하후현은 하후상의 아들이므로 결국 사마사의 부인은 하후현의 누이동생으로 하후현과 남매지간이었다. 그러나 경회황후는 이미 청룡靑龍 2년(234) 24세의 나이에 짐주로 죽임을 당했다.

❺

조방의 폐위

조방은 사마씨 형제를 제거할 기회가 있었지만 놓치고 말았다. 『자치통감』 권76

「위기 8」과 「위서·삼소제기」 배송지 주 『세어』 및 『위씨춘추』에 다음과 같은 기록이 있다.

"황제는 이풍이 살해되자 속으로 분개하며 불평했다. 안동장군安東將軍 사마소가 허창을 지키고 있었는데 조서를 내려 그를 불러들이고 강유를 공격하도록 명했다. 9월(254)에 사마소가 군대를 인솔하여 조정으로 들어와 알현하는데 황제가 평락관平樂觀(당시 낙양성 서쪽에 위치)으로 가서 그의 군대를 검열했다. 사마소가 작별 인사를 할 때 그를 죽인 다음 군대를 통솔하여 대장군(사마사)을 격퇴하라고 좌우에서 황제에게 권했다. 이미 써놓은 조서를 면전에 두었지만 황제는 두려워하여 감히 손을 쓰지 못했다.

사마소가 군대를 인솔하여 도성으로 진입하자 이에 대장군 사마사는 황제의 폐위를 계획했다."

결국 「위서·삼소제기」에 따르면 "가평 6년(254) 9월, 대장군 사마사는 황제를 폐위하려는 계획을 황태후에게 말했다"고 했고, 결국 조방은 9월 19일 폐위된다.

"그날 조방은 다른 궁전으로 옮겨졌고 당시 나이 23세였다. 사자가 부절을 가지고 그를 호송하여 궁을 나갔고, 하내군河內郡 중문重門(지명으로 지금의 허난성 후이셴輝縣 서북쪽)에 제왕궁齊王宮을 짓고 제도는 모두 번국藩國의 예법과 같게 했다."

거듭되는 강유의 출병

문앙은 단기로 강대한 군대를 물리치고,
강유는 물을 등지고 큰 적을 깨뜨리다

文鴦單騎退雄兵,
姜維背水破大敵

위나라 정원 2년(255) 정월, 양주도독이자 진동장군으로 회남淮南의 군마를 통솔하는 관구검은 자가 중공仲恭이고 하동 문희[1] 사람이다. 그는 사마사가 독단적으로 황제를 폐위하고 새로운 군주를 세운 일을 듣고는 내심 크게 노했다. 맏아들 관구전毌丘甸이 말했다.

"아버님께서는 한 지구의 군사와 정치를 총괄하는 관리의 신분으로 사마사가 권력을 독점하고 군주를 폐위하여 나라를 계란을 쌓아놓은 듯 위태로운 지경에 빠뜨렸는데 어찌 편안히 지키고만 계십니까?"

관구검이 말했다.

"네 말이 옳다."

마침내 자사 문흠을 청해 상의했다. 문흠은 바로 조상曹爽의 문객이었다. 관구검이 청한다는 소식을 듣고 문흠은 그날 즉시 알현하러 왔다. 관구검이 후당으로 청해 들이고 예를 마치고는 이야기를 나누는데 관구검이 눈물을 그치지 않았다. 문흠이 그 까닭을 묻자 관구검이 말했다.

"사마사가 권력을 독점하고 황제를 폐위하여 천지가 뒤집어졌는데 어찌 상심하지 않을 수 있겠소!"

문흠이 말했다.

"도독께서는 한 지역에 군대를 주둔시켜 지키고 계신데 만약 정의로 역적을 토벌하려 하신다면 원컨대 목숨을 돌보지 않고 돕겠습니다. 제 둘째 아들 문숙文俶[2]은 어릴 때 이름이 아앙阿鴦으로 1만 명을 당해낼 수 있는 용맹이 있고 항상 사마사 형제를 죽여 조상의 원수를 갚고자 했습니다. 이 아이를 선봉으로 삼을 만할 것입니다."

관구검이 크게 기뻐하며 즉시 술을 땅에 뿌려 추모하고 맹세했다. 두 사람은 태후의 비밀 조서가 있다고 꾸미고 회남의 대소 군대 장수와 시졸을 모두 수춘성壽春城에 불러들였다. 그러고는 서쪽에 단을 설치하고 흰 말을 잡아 삽혈[3]하며 맹세한 후 사마사가 대역무도하여 지금 태후의 비밀 조서를 받들어 회남의 군마를 모두 일으켜 정의로서 역적을 토벌한다고 선언했다. 모두가 진심으로 탄복했다. 관구검은 6만 명의 군사를 거느리고 항성[4]에 주둔했다. 문흠은 군사 2만 명을 통솔하고 밖에서 유병[5]이 되어 왕래하며 호응하기로 했다. 관구검은 각 군郡에 격문을 발포하고 각기 군사를 일으켜 돕게 했다.❶

한편 사마사는 왼쪽 눈의 혹이 자주 아프고 가려워 의관에게 명하여 그 혹을 잘라내게 했고 약으로 막은 다음 여러 날을 계속 부중에서 요양하고 있었다. 그때 별안간 회남에서 다급함을 알려 왔고 이에 태위[6] 왕숙을 청해 대책을 상의했다. 왕숙이 말했다.

"예전에 관운장의 위엄이 중원에 진동할 때 손권이 여몽을 시켜 형주를 기습하여 취하고 장수들과 사졸들의 가솔을 구휼했기 때문에 관공의 군세가 와해된 것입니다. 지금 회남의 장수와 사졸의 가솔이 모두 중원에 있으니 급히 위로하고 보상하며 그들의 돌아갈 길을 끊는다면 틀림없이 흙이 무너지는 형세가 될 것입니다."

사마사가 말했다.

"공의 말씀이 지극히 맞소. 다만 내가 방금 눈의 혹을 잘라내어 직접 갈 수가 없소. 다른 사람을 시키자니 마음이 또 불안하구려."

이때 중서시랑[7] 종회鍾會가 곁에 있다가 진언했다.

"회淮와 초楚의 병사들은 강건하여 그 창검의 날이 심히 날카로우니, 만약 사람을 보내 군사를 이끌고 물리치러 간다면 이롭지 못한 점이 많을 것입니다. 만일 소홀함이 있기라도 하면 대사를 그르칠 것입니다."

사마사가 벌떡 일어나며 말했다.

"내가 직접 가지 않으면 적을 깨뜨릴 수 없을 것이오!"

마침내 아우 사마소를 남겨두어 낙양을 지키면서 조정을 총괄하게 하고 사마사는 가마를 타고 병든 몸을 이끌고 동쪽으로 나아갔다. 진동장군鎭東將軍[8] 제갈탄諸葛誕에게 예주의 각 군사를 총지휘하게 하여 안풍진[9]으로부터 수춘을 취하게 했고, 또 정동장군征東將軍 호준胡遵에게 청주의 각 군을 이끌고 초와 송[10]의 땅으로 나가 그들이 돌아갈 길을 끊게 했으며, 또 형주자사이자 감군監軍[11]인 왕기王基에게 선봉대 병사들을 이끌고 먼저 진남鎭南의 땅을 취하게 했다.[12] 사마사는 대군을 거느리고 양양襄陽[13]에 주둔했고 문무관원들과 군막 안에 모여 상의했다. 광록훈[14] 정무鄭袤가 말했다.

"관구검은 꾀를 잘 부리나 일을 처리하는 데 결단력이 없고 문흠은 용맹은 있으나 지혜가 없습니다. 지금 대군이 방심한 틈을 타서 행동을 취해야 하나 강江과 회淮의 군사들의 예기가 한창 왕성하니 가볍게 대적해서는 안 됩니다. 도랑을 깊게 파고 보루를 높여 그 날카로운 기세부터 꺾어야 합니다.

이것은 아부[15]의 만전의 계책입니다."

감군 왕기가 말했다.

"안 됩니다. 회남의 반란은 군민들이 어지럽힐 생각으로 그런 것이 아니라 모두 관구검의 세력에 핍박받아 어쩔 수 없이 따른 것입니다. 대군이 한 번에 들이닥친다면 반드시 와해될 것입니다."

사마사가 말했다.

"그 말이 심히 묘하오."

마침내 군사를 은수[16]로 진격시켜 중군을 은교隱橋에 주둔시켰다. 왕기가 말했다.

"남돈[17]은 군사를 주둔시키기에 지극히 좋은 곳이니 군사를 거느리고 밤새 달려가 그곳을 취하십시오. 만약 지체한다면 관구검이 틀림없이 먼저 이를 것입니다."

사마사는 즉시 왕기가 거느린 선봉대 병사들에게 남돈성으로 가서 군영을 세우게 했다.

한편 항성項城에 있던 관구검은 사마사가 직접 왔다는 소식을 듣고는 이에 무리를 모아 상의했다. 선봉 갈옹葛雍이 말했다.

"남돈의 땅은 산을 의지하고 곁에 물이 있어 군사를 주둔시키기에 지극히 좋은 곳입니다. 만약 위군이 선점한다면 쫓아내기 어려우니 속히 그곳을 취해야 합니다."

관구검은 그 말을 옳다 여기고 군사를 일으켜 남돈을 향해 갔다. 한창 행군하고 있는데 앞쪽에서 유성마가 달려와 보고하기를 남돈에 이미 어떤 인마가 군영을 세웠다고 보고했다. 관구검은 믿을 수 없어 직접 최전방 진지로 가서 살펴보니 과연 깃발이 온 들판을 가득 채웠고 군영들이 가지런히 세워져 있었다. 군중으로 돌아온 관구검은 어찌해볼 대책이 없었다. 이때 별안간 정찰 기병이 급히 보고했다.

"동오의 손준이 군대를 거느리고 강을 건너 수춘을 기습하러 오고 있습니다."

관구검은 크게 놀랐다.

"수춘을 잃는다면 나는 어디로 돌아간단 말인가!"

그날 밤 군사들을 항성으로 물렸다.

사마사는 관구검의 군사가 물러간 것을 보고는 관원들과 모여 상의했다. 상서 부하傳嘏가 말했다.

"지금 관구검의 군사가 물러난 것은 오인이 수춘을 기습할까 두려워하기 때문입니다. 그들은 반드시 항성으로 돌아가 군사를 나누어 방어할 것입니다. 장군께서 일군에게 낙가성[18]을 취하게 하고 다른 일군은 항성, 또 다른 일군에게 수춘을 취하게 한다면 회남의 졸개들은 반드시 물러갈 것입니다. 연주자사 등애는 지혜가 풍부하고 지모가 많으니 군사를 이끌고 곧장 낙가를 취하게 하고 역량이 충분한 군대로 호응해준다면 적을 깨뜨리기 어렵지 않을 것입니다."

사마사는 그 말에 따라 급히 사신에게 격문을 주어 등애에게 보내고 연주의 병사들을 일으켜 낙가성을 깨뜨리게 했다. 사마사는 뒤따라 군사들을 이끌고 등애와 합류하고자 갔다.

한편 항성에 있던 관구검은 수시로 낙가성으로 사람을 보내 정찰하면서 군사들이 쳐들어올까 염려했다. 문흠을 군영으로 청해 상의했는데 문흠이 말했다.

"도독께서는 걱정하지 마십시오. 저와 제 우둔한 아들 문앙文鴦에게 5000명의 군사만 있으면 낙가성을 보전할 수 있습니다."

관구검이 크게 기뻐했다. 문흠 부자는 군사 5000명을 이끌고 낙가성을 향해 갔다. 선봉대에서 보고했다.

"낙가성 서쪽의 위병은 1만여 명 되는 것 같습니다. 멀리 바라보니 중군에 백모와 황월, 조개[19]와 주번[20]이 호장虎帳(장군의 군영)을 빽빽이 둘러싸고 있습니다. 안쪽에 '수帥' 자를 수놓은 비단 깃발 한 폭이 세워져 있는데 필시 사마사일 것입니다. 군영을 설치하고 있지만 아직 완비되지는 않았습니다."

이때 부친 곁에서 편鞭을 걸고 서 있던 문앙이 그 말을 듣고는 부친에게 고했다.

"저들의 군영이 완성되지 않은 틈을 이용해 군사를 두 갈래 길로 나누어 좌우로 공격한다면 완승을 거둘 수 있을 것입니다."

문흠이 말했다.

"언제 가면 좋겠느냐?"

문앙이 말했다.

"오늘 해질 무렵에 아버님께서는 병사 2500명을 이끌고 성 남쪽으로 쳐들어가시고, 저는 병사 2500명을 이끌고 성 북쪽으로 들이치겠습니다. 삼경 무렵에 위 군영에서 합류하시지요."

문흠은 그 말에 따라 그날 밤 군사를 두 갈래로 나누었다.

문앙은 당시 나이 18세에 신장이 8척이었다. 그는 갑옷을 둘러 완전 무장하고 허리에 강편[21]을 건 뒤 창을 움켜쥐고는 말에 올라 멀리 위의 군영을 바라보며 전진했다. 그날 밤 사마사의 병사들은 낙가에 당도하여 즉시 군영을 세우고 등애를 기다렸으나 아직 오지 않았다. 사마사는 눈 밑에 새로 잘라낸 혹의 터진 자리가 아파 군막에 누워 있었고 수백 명의 갑옷 입은 군사가 둘러서서 호위하고 있었다. 삼경 무렵 별안간 군영 안에서 함성이 크게 진동하더니 사람과 말이 크게 혼란스러워졌다. 사마사가 급히 물어보자 누군가 보고했다.

"한 부대가 군영 북쪽에서 둘러친 울타리 목책을 베어내고 곧장 들어오는데 앞장선 한 장수의 용맹을 당해낼 수가 없습니다!"

깜짝 놀란 사마사는 마치 심장에 불길이 세차게 타오르는 것 같더니 혹이 터진 자리 안에서 눈알이 튀어나왔다. 피가 흘러내려 땅바닥이 온통 피투성이가 됐으며 통증은 견딜 수 없을 지경이었다. 사마사는 군심이 어지러워질까 두려워 이불깃을 악물고 참아냈다. 이불이 모두 해질 정도로 꽉 물고 있었다. 알고 보니 문앙의 군마가 먼저 당도하여 한꺼번에 몰려들면서 군영 안에서 좌충우돌한 것으로, 이르는 곳마다 사람들이 감당하지 못했고 저지하는 자가 있기라도 하면 창으로 쑤시고 편으로 두들기니 죽임을 당하지 않는 자가 없었다. 문앙은 부친이 당도하여 밖에서 호응해주기만을 기다렸으나 보이지 않았다. 여러 차례 중군까지 들이쳤지만 번번이 활과 쇠뇌를 쏘아대는 바람에 되돌아왔다. 문앙이 줄곧 동이 틀 때까지 싸우고 있었는데 문득 북쪽에서 하늘을 진동시키는 요란한 고각 소리가 들렸다. 문앙이 따르는 자를 돌아보며 말했다.

"아버님께서 남쪽에서 호응하지 않고 북쪽에서 오시니 무엇 때문이냐?"

문앙이 말을 타고 앞서 나가 살펴보는데 한 부대가 맹렬한 바람처럼 달려오고 있었다. 앞장선 대장은 다름 아닌 등애였고 칼을 비껴들고 말을 박차 달려오며 크게 소리 질렀다.

"역적은 달아나지 마라!"

크게 노한 문앙이 창을 잡고 맞섰다. 50합을 싸웠으나 승부를 가리지 못했다.

한창 싸우고 있는데 위병이 대대적으로 진격하여 앞뒤로 협공해왔다. 문앙의 부하 병사들은 이에 각자 도망쳐서 뿔뿔이 흩어졌고 문앙 홀로 필마단기로 위병들을 뚫고 남쪽을 향해 달아났다. 등 뒤에서는 수백 명의 위나라 장수가 혈기 왕성하게 말을 질주해 추격해왔다. 낙가교 근처에 다다를 즈음 거의 따라잡혔을 때 별안간 문앙이 말을 젖혀 되돌리더니 크게 고함을 지르며 곧장 위 장수들의 진중으로 부딪쳐 들어갔다. 강편이 번쩍 들리는 곳마다 장수들이 어지럽게 말에서 떨어지자 위의 장수들은 저마다 뒷걸음쳤다. 문앙은 다시 가던 길로 천천히 나아갔다. 한곳에 모인 장수들은 놀라며 의아해했다.

"이자가 감히 우리를 물리쳤단 말인가! 협력해서 다시 추격하자!"

그리하여 100명의 장수는 다시 추격에 나섰다. 그러자 문앙이 벌컥 성을 냈다.

"쥐새끼 같은 무리가 어찌하여 목숨을 아까워하지 않는단 말이냐!"

편을 들고 말을 젖히더니 위의 장수들 무리 속으로 돌격해 편을 휘둘러 몇 명을 때려죽이고 다시 말을 돌려 고삐를 늦추고는 가던 길을 갔다. 장수들이 연이어 네댓 번 추격했으나 그럴 때마다 문앙에게 죽임을 당하고 물러났다. 이에 대해 후세 사람이 지은 시가 있다.

당시 장판에서 홀로 조조 대군 막아냈으니
자룡 그때부터 영웅호걸의 명성 드날렸네
이제 낙가성 안에서[22] 교전 벌이는 곳마다
문앙의 높은 담력과 용기 다시 보게 되네

長坂當年獨拒曹, 子龍從此顯英豪

樂嘉城內爭鋒處, 又見文鴦膽氣高 ❷

문흠은 산길이 험난하고 평탄하지 않아 길을 잃고 골짜기 속으로 들어갔다가 한밤중에 헤매었고 간신히 길을 찾아 나왔을 때는 날이 이미 밝아 있었다. 문앙의 인마는 어디로 갔는지 알 수가 없었고 단지 대승을 거둔 위병만이 보였다. 결국 문흠은 싸우지 않고 물러갔다. 위병들은 기세를 몰아 추격했고 문흠은 군사를 이끌고 수춘을 향해 달아났다.

한편 전중교위殿中校尉 윤대목尹大目은 바로 조상의 심복이었고 조상이 사마의에게 모살되자 사마사를 섬기기는 했으나 항상 사마사를 죽여 조상의 원수를 갚을 마음을 품고 있었다. 또 평소에 문흠과도 교분이 두터웠는데 지금 사마사의 눈 혹²³이 튀어나와 거동을 할 수 없는 것을 보고는 이에 군막으로 들어가 고했다.

"문흠은 본래 배반할 마음이 없었는데 지금 관구검에게 핍박받아 이 지경에 이른 것입니다. 제가 가서 그를 설득한다면 틀림없이 와서 항복할 것입니다."

사마사가 그 말을 따랐다. 윤대목은 투구를 쓰고 갑옷을 두르고는 말을 타고 문흠을 쫓아갔고 거의 따라잡을 즈음에 소리 높여 외쳤다.

"문자사께서는 윤대목을 알아보시겠소?"

문흠이 고개를 돌려보니 윤대목이 투구를 벗어 안장 턱 앞에 내려놓고는 채찍으로 가리키며 말했다.

"문자사께서는 어찌하여 며칠을 참지 못하시오?"

윤대목은 사마사가 곧 죽을 것임을 알고 문흠을 머물게 하려는 의도였다.

그러나 그 뜻을 알아채지 못한 문흠은 엄한 목소리로 욕설을 퍼붓더니 활을 당겨 그를 쏘려고 했다. 윤대목은 통곡하며 돌아갔다. 문흠이 인마를 수습하여 수춘으로 달려갔을 때는 이미 제갈탄이 군사를 이끌고 와서 차지한 다음이었다. 다시 항성으로 돌아가려 했으나 호준, 왕기, 등애의 군사가 세 갈래 길로 모두 당도해 있었다. 사태가 위급함을 깨달은 문흠은 마침내 몸을 의탁하고자 동오의 손준에게로 갔다.

한편 항성 안에 있던 관구검은 수춘이 이미 함락되었고 문흠의 세력이 패했으며 성 밖에 세 갈래 길로 군사들이 당도했다는 소식을 듣고는 결국 성안의 병사를 모두 이끌고 싸우러 나갔고 마침내 등애와 맞닥뜨렸다. 관구검은 갈옹에게 말을 타고 나가 등애와 맞붙어 싸우게 했다. 그러나 단 1합 만에 등애가 갈옹을 벤 후 군사를 이끌고 관구검의 진으로 돌격해왔다. 관구검은 죽기로 싸우며 저항했다. 강회江淮의 병사들은 크게 어지러워졌다. 게다가 호준과 왕기가 군사를 이끌고 사면으로 협공해왔다. 관구검은 대적해 내지 못하고 10여 명의 기병만을 이끌고 길을 찾아 달아났다. 신현성[24] 아래에 이르자 현령 송백宋白이 성문을 열어 맞아들였고 술자리를 마련해 대접했다. 관구검이 만취하자 송백은 사람을 시켜 그를 죽이고 머리를 잘라 위병에게 바쳤다. 그리하여 회남은 평정되었다. ❸

사마사는 병으로 누워 일어나지 못했다. 그는 제갈탄을 군막으로 불러 인수를 하사하고 진동대장군鎭東大將軍의 관직을 더해주어 양주 여러 갈래 길의 군마를 총지휘하게 한 다음 허창으로 회군했다. 사마사는 눈의 통증이 멈추지 않았다. 매일 밤마다 이풍, 장집, 하후현 세 사람이 침상 앞에 서 있는 모습이 보였다. 심신이 쇠약해진 사마사는 스스로 살기 어렵다고 헤아리고는 즉시 낙양으로 사람을 보내 사마소를 데려오게 했다. 사마소는 울면서 침상 아래에서 절을 올렸다. 사마사가 유언을 남겼다.

"내 지금 권력을 쥐고 있어 어깨의 짐을 그만 내려놓고 싶지만 할 수가 없구나. 네가 내 자리를 이어받도록 하되 대사는 절대로 쉽게 다른 사람에게 맡겨서는 안 된다. 그러면 스스로 멸족의 화를 자초하게 될 것이다."

말을 마치고는 인수를 사마소에게 넘기고 얼굴 가득 눈물을 흘렸다. 사마소가 급히 물어보려 하자 사마사는 외마디 비명을 지르더니 남은 눈알마저 튀어나오면서 죽고 말았다. 정원 2년(255) 2월[25]이었다.[26]

이에 사마소는 부음을 전하고 위주 조모에게 아뢰었다. 조모는 사신에게 조서를 주어 허창으로 보내고 사마소에게 잠시 군사를 허창에 주둔시키고 머물러 있으면서 동오를 방어하게 했다. 사마소가 내심 망설이며 결정을 내리지 못하자 종회가 말했다.

"대장군께서 방금 돌아가셨기에 인심이 아직 안정되지 않았는데 장군께서 이곳에 머물러 계시다가 만일 조정에 변고라도 생기면 그때는 후회해도 늦지 않겠습니까?"

사마소는 그 말에 따라 즉시 군대를 일으켜 낙수 남쪽으로 돌아가 주둔했다. 그 소식을 들은 조모는 깜짝 놀랐다. 태위[27] 왕숙이 아뢰었다.

"사마소가 이미 그 형의 대권을 이어받았으니 폐하께서는 작위를 봉하여 그를 안심시키십시오."

조모는 마침내 왕숙에게 사마소를 대장군, 녹상서사錄尙書事로 봉하는 조서를 가지고 가게 했다. 사마소는 조정으로 들어와 은혜에 감사했다. 이후로 조정 안팎의 사무는 모두 사마소에게 돌아갔다.

한편 서촉의 정탐꾼이 이런 사실을 탐지하고 성도로 돌아와 보고했다. 강유가 후주에게 아뢰었다.

"사마사가 죽고 이제 사마소가 대권을 장악했으니 틀림없이 감히 낙양을 벗어나지 못할 것입니다. 신이 청컨대 이 틈을 이용하여 위를 정벌하고 중원을 회복하겠습니다."

후주가 그 말을 따르기로 하고 즉시 강유에게 군대를 일으켜 위를 정벌하라 명했다. 한중에 당도한 강유는 인마를 정돈했다. 정서대장군 장익이 말했다.

"촉의 땅은 협소하고 돈과 양식이 부족하니 원정을 나가서는 안 됩니다. 차라리 험준함에 의지해 나누어 지키면서 군사들을 구제하고 백성을 아끼고 사랑하는 것이 나을 듯합니다. 이것이 바로 나라를 보전하는 계책입니다."

강유가 말했다.

"그렇지 않소. 예전에 승상께서 초려를 나오시기도 전에 이미 천하가 셋으로 나뉘어졌음에도 여섯 차례나 기산을 나가 중원을 도모하셨소. 불행하게도 도중에 돌아가시어 공업을 이루지 못하셨지만 내 이미 승상의 유언을 받았으니 마땅히 충성을 다해 나라를 보전하고 그 뜻을 이어받아야 하오. 그러기 위해서는 비록 죽는다 해도 한이 없을 것이오. 위나라를 공격할 틈이 생겼는데 지금 정벌하지 않는다면 다시 어느 때를 기다린단 말이오!"

하후패가 말했다.

"장군의 말씀이 옳습니다. 가볍게 무장한 기병으로 먼저 부한[28]으로 나가서 조수洮水 서쪽과 남안만 손에 넣는다면 나머지 각 군을 평정할 수 있을 것입니다."

장익이 말했다.

"지난번에 이기지 못하고 돌아온 것은 군사들이 너무 늦게 나갔기 때문입니다. 병법에 이르기를 '적이 방비가 없는 틈을 타 기습하고 적이 예상치 못할 때 행동을 취하라攻其無備, 出其不意'²⁹고 했습니다. 지금 신속히 군사를 진격시켜 위인들이 방비할 수 없게 한다면 틀림없이 완승을 거둘 것입니다."

이에 강유는 5만 명의 군사를 이끌고 부한을 향해 진군했다.

촉군이 조수에 이르자 변경을 지키던 군사가 옹주자사 왕경王經과 정서장군 진태에게 이를 보고했다. 왕경이 먼저 마보군 7만 명을 일으켜 맞서러 나왔다. 강유는 장익에게 분부했고 또 하후패에게도 이렇게 저렇게 하라고 지시했다. 두 사람은 계책을 받들고 떠났다. 강유는 대군을 이끌고 조수를 등진 채 진을 정렬했다. 왕경은 몇 명의 아장牙將을 거느리고 나오더니 물었다.

"위나라와 오와 촉은 이미 솥발처럼 세 세력이 정립하는 형세를 이루었다. 그런데도 너는 누차 침범해오니 무엇 때문이냐?"

강유가 말했다.

"사마사가 아무 이유 없이 군주를 폐했으니 이웃 나라의 이치상 죄를 물어야 마땅하거늘, 하물며 원수의 나라인데 더 말할 필요가 있겠느냐?"

왕경이 장명張明, 화영花永, 유달劉達, 주방朱芳 네 장수를 돌아보며 말했다.

"촉군이 배수의 진을 쳤으니 패하면 모조리 물에 빠져 죽을 것이다. 강유는 용감하고 날래니 너희 네 장수가 그와 싸우도록 하라. 저자가 물러나면 즉시 추격하라."

네 장수는 좌우로 나뉘어 달려나가 강유와 싸웠다. 강유는 대충 몇 합을 싸우더니 말을 젖혀 자신의 본진을 향해 달아났다. 왕경이 대대적으로 병마를 몰아 일제히 추격에 나섰다. 강유는 군사들을 이끌고 조수를 바라보며 달아났고, 막 강물에 가까워지자 장수와 사졸들에게 크게 소리쳤다.

"일이 급하게 되었다! 장수들은 어찌하여 힘쓰지 않는가!"

장수들이 일제히 돌아서서 필사적으로 싸우자 위병은 크게 패했다. 장익과 하후패는 위병의 뒤쪽으로 질러가 두 갈래 길로 나누어 돌격했고 위병은 한가운데에 포위되어 곤란한 지경에 빠지고 말았다. 강유는 용기를 북돋우고 위풍을 펼치며 위군 속으로 돌진해 들어가 좌충우돌했다. 위병은 크게 어지러워지면서 자기편끼리 서로 짓밟아 태반이 죽었고 조수로 몰아넣어 빠뜨려 죽인 자도 무수히 많았다. 1만여 명의 머리를 베었고 시체가 몇 리에 걸쳐 쌓였다. 왕경은 패잔병 100기를 이끌고 있는 힘을 다해 뚫고 나가 곧장 적도성[30]으로 달아났다. 성안으로 들어가서는 문을 걸어 잠그고 지키기만 했다.❹

대승을 거둔 강유는 군사들을 위로한 후 즉시 진격하여 적도성을 공격하려고 했다. 그러자 장익이 간언했다.

"장군께선 이미 공적을 이루어 명성을 크게 떨쳤으니 이만하는 것이 좋을 듯합니다. 지금 전진했다가 만일 뜻대로 되지 않는다면 뱀을 그리려다 발까지 그려넣는 격이 되어 도리어 일을 망칠 수 있습니다."

강유가 말했다.

"그렇지 않소. 지난번 군사가 패했어도 오히려 밀고 나가 중원을 종횡하려 했소. 오늘 조수의 싸움 한 번으로 위인들의 간담이 떨어졌을 테니 내 짐작컨대 적도성은 손바닥에 침을 뱉기만 해도 얻을 수 있을 것이오. 그대는 뜻을 스스로 떨어뜨리지 마시오."

장익이 거듭 충고했으나 강유는 따르지 않았고 마침내 군사들을 거느리고 적도성을 취하러 갔다.❺

한편 옹주의 정서장군 진태는 막 군사를 일으켜 왕경의 군대가 패한 원수를 갚고자 했는데 별안간 연주자사[31] 등애가 군사를 이끌고 당도했다. 진태가 맞아들였고 예를 마치자 등애가 말했다.

"지금 대장군의 명령을 받들어 특별히 장군을 도와 적을 깨뜨리러 왔소."

진태가 등애에게 계책을 묻자 등애가 말했다.

"조수에서 승리를 거두었으니 만일 강인의 무리를 불러들여 동쪽으로 관중과 농서의 광대한 지구를 다투고 농서, 남안, 천수, 광위廣魏³²의 네 군에 격문을 전한다면 이것은 우리 군의 커다란 우환거리가 될 것이오. 그러나 지금 저들은 그렇게 생각하지 않고 도리어 적도성을 도모하려 하오. 적도성은 성벽이 견고하여 급히 공격하기 어렵기에 헛되이 군사들을 수고롭게 하고 힘만 낭비할 뿐이오. 이제 항령項嶺³³에 군대를 배치시킨 다음 진격시켜 그들을 공격한다면 촉병은 틀림없이 패할 것이오."

진태가 말했다.

"참으로 묘한 분석이오!"

즉시 각 부대에 50명씩 스무 개 부대를 선발하여 모두 깃발, 전고와 호각, 봉화烽火 같은 것을 가지고 낮에는 숨고 밤에는 행군하면서 적도성 동남쪽으로 가 높은 산 깊은 계곡에 들어가 매복하게 했다. 촉군이 오길 기다렸다가 일제히 북을 울리고 호각을 불며 호응하고 밤이면 불을 붙이고 포를 쏘아 적들을 놀라게 하기로 했다. 배치를 마치고는 오로지 촉병이 오기만을 기다렸다. 진태와 등애는 각자 2만 명의 군사를 이끌고 줄지어 나아갔다.

한편 적도성을 에워싸고 있던 강유는 군사들을 시켜 팔면으로 공격하게 했는데 며칠을 연거푸 공격해도 성을 함락시키지 못하자 내심 답답하고 우울했으나 어찌할 도리가 없었다. 그날 황혼 무렵에 별안간 3~5차례 유성마가 달려와 보고했다.

"양쪽 길로 군사들이 오고 있는데 깃발에 큰 글씨로 뚜렷하게 한쪽 길에는 '정서장군 진태', 다른 길에는 '연주자사 등애'라고 적혀 있습니다."

깜짝 놀란 강유가 즉시 하후패를 청해 상의했다. 하후패가 말했다.

"제가 지난번에 장군을 위해 말씀드렸듯이 등애는 어려서부터 병법에 통달하고 지리에 정통한 자입니다. 지금 군사를 거느리고 왔다고 하니 자못 강한 적수가 될 것입니다."

강유가 말했다.

"저들 군사는 멀리서 왔으니 다리를 멈추고 쉬지 못하도록 즉시 공격하는 것이 좋겠소."

이에 장익을 남겨두어 성을 공격하게 하고 하후패에게 명하여 군사를 이끌고 진태와 맞서게 했다. 그리고 강유 자신은 군사를 거느리고 등애와 맞서고자 나갔다. 5리를 채 가지도 못했는데 별안간 동남쪽에서 '쾅!' 하는 포성이 울리더니 고각의 요란한 소리가 땅을 진동시켰고 불빛이 하늘로 치솟았다. 강유가 말을 몰아 나가서 살펴보니 주변이 온통 위병 깃발뿐이었다. 강유는 깜짝 놀랐다.

"등애의 계책에 당하고 말았구나!"

즉시 명령을 전달하여 하후패와 장익에게 각기 적도를 버리고 퇴각하게 했다. 그리하여 촉병들은 모조리 한중으로[34] 물러갔다. 강유가 직접 뒤를 끊었는데 배후에서 북소리가 끊이지 않고 들려왔다. 강유는 검각까지[35] 물러나서야 비로소 불길이 일고 전고가 울린 스무 곳 남짓이 모두 거짓으로 설치된 것임을 알았고 이에 군사를 거두어 물러나 종제[36]에 주둔했다.

한편 후주는 강유에게 조수 서쪽에서의 공이 있다고 하여 조서를 내려 강유를 대장군으로 봉했다. 직분을 받은 강유는 표문을 올려 은혜에 감사하고 다시 출병하여 위를 정벌할 계책을 의논했다.

공을 이루었으면 뱀의 다리 그려넣을 필요 없건만

역적 치면서 오히려 호랑이 위풍 떨칠 일 생각하네

成功不必添蛇足, 討賊猶思奮虎威

이번 북벌은 어떻게 될 것인가?❻

제110회 거듭되는 강유의 출병

❶

관구검과 문흠이 군대를 일으킨 이유

소설에서는 사마사가 황제를 폐위하고 새로운 군주를 세운 것 때문에 관구검이 군사를 일으켰다고 설명했지만 사실은 그렇지 않다. 관구검과 문흠이 군사를 일으킨 이유를 『삼국지』 「위서·관구검전」에서는 다음과 같이 기록하고 있다.

"관구검은 하후현, 이풍 등과 교분이 매우 두터웠다. 양주자사 문흠은 조상과 동향으로 날래고 과감하며 호탕하고 용맹했다. 여러 차례 전공을 세웠는데 포로의 수를 허위로 보고하여 총애와 상을 얻길 좋아했지만 대부분 허가를 받지 못하여 원망과 불만이 나날이 깊어졌다. 관구검이 방법을 강구하여 문흠을 후하게 대접했기에 두 사람의 정은 돈독해졌다. 문흠 또한 충심으로 감사하여 성심으로 따르며 두마음을 품지 않았다.

정원 2년(255) 정월, 꼬리가 수십 장 길이인 혜성이 서북쪽 방향으로 하늘 끝 가득 가르며 지나갔는데 오와 촉의 분야에 출현했다. 관구검과 문흠은 매우 기뻐하며 상서로운 징조로 생각했다. 그래서 날조된 태후의 조서를 사칭하여 대장군 사마경왕司馬景王(사마사)의 죄상을 열거하고 각 군郡과 국國에 격문을 발포하여 군대를 일으켜 모반했다.

군영을 지키는 회남淮南의 장사들을 협박하고 대소 관리와 백성을 모조리 수춘성으로 진입시킨 후 성 서쪽에 단을 설치하여 삽혈하고 맹세하고는 군대를 일으켰다. 노약자들은 남겨 성을 지키도록 하고 관구검과 문흠은 직접 5~6만 명에 이르는 병사를 인솔하여 회하淮河를 건너 서쪽으로 향해 항성項城에 이르렀다. 관구검은 항성을 굳게 지켰고 문흠은 성 밖에서 유격전을 펼쳤다."

❷

문앙의 용맹에 관한 내용은 『삼국지』 「위서·관구검전」 배송지 주 『위씨춘추』에 "문흠의 아들 문숙文俶은 어릴 때 이름이 앙鴦이었다. 나이는 어렸지만 용맹과 힘이 남보다 뛰어났다"고 기록되어 있고, 밤에 위군을 기습 공격한 상황을 소설과 같은 내용으로 기록하고 있다.

『자치통감』 권76 「위기 8」에는 "사마사는 좌장사左長史 사마반司馬班을 파견하여 날랜 기병 8000명을 이끌고 양쪽으로 추격하게 했다. 문앙은 필마단창으로 수천의 기병 속으로 들어가 100여 명을 죽인 다음 포위를 뚫고 나갔는데 이렇게 예닐곱 차례 반복하자 추격하던 기병들 또한 감히 앞으로 나가 압박하지 못했다"고 기록하고 있다.

문앙은 이후 팔왕八王의 난 때 제갈탄의 외손자인 서진西晉의 동안왕東安王 사마요司馬繇에게 291년에 살해당한다.

❸

관구검의 죽음

관구검의 패배와 그의 죽음에 대해 『삼국지』 「위서·관구검전」에서는 "관구검은 문흠이 패했다는 소식을 듣고 두려워하다 밤에 도주했으며 부하들은 붕괴되어 흩어졌다. 신현愼縣에 이르렀을 때 병사들은 관구검을 버리고 떠났다. 그는 아우 관구수丗丘秀, 손자 관구중丗丘重과 함께 강변의 풀숲 속으로 들어가 숨었다. 안풍진安風津 도위의 소속 백성 장속張屬이 관구검에게 접근하여 화살로 쏘아 죽이고 그의 수급을 역참 수레를 이용해 도성으로 보냈다. 관구수와 관구중은 오나라로 도망쳤다.

관구검의 아들 관구전은 치서시어사治書侍御史(의문이 풀리지 않는 사건 처리를 관장)를 맡고 있었는데 사전에 관구검이 음모하여 군사를 일으켜 모반한다는 것을 알고 사사로이 가족을 데리고 성을 나가 신안新安(현 명칭, 치소는 지금의 허난성 몐츠澠池 동쪽) 영산靈山(신안현 경내에 위치)으로 도주했다. 조정에서 별도로 군사를 보내 점령했고 관구검의 삼족을 멸했다"고 기록하고 있다.

수춘성 함락과 제갈탄의 입성

『삼국지』「위서·제갈탄전」에 "관구검과 문흠은 군사를 일으켜 모반했을 때 제갈탄에게 사자를 파견하여 예주의 군사와 백성에게 호소했다. 제갈탄은 그들의 사자를 베고 천하에 포고하여 사람들이 관구검과 문흠의 흉악한 반역을 알도록 했다.

관구검과 문흠이 격파되자 제갈탄이 수춘에 도착했다. 수춘 성안에 있던 10만여 명은 그들이 패했다는 소식을 듣고 살해될까 두려워 모두 성문을 부수고 달아났고 산과 강으로 떠돌았으며 어떤 자들은 흩어져 오나라로 도망쳤다"고 기록하고 있다.

❹

왕경과의 전투에서 강유가 배수의 진을 쳐서 승리를 거뒀다는 소설의 내용은 사실이 아니다. 『삼국지』「촉서·강유전」에 따르면 "조수洮水 서쪽 지구에서 위나라 옹주자사 왕경을 대파했고 왕경의 군사 수만 명이 죽임을 당했다"고 기록하고 있고, 「위서·진태전」에 따르면 "마침 왕경이 인솔하는 군대가 고관故關(지금의 간쑤성 린타오臨洮 서북쪽)에서 적과 교전을 벌였는데 전세가 불리했으므로 왕경은 즉시 조수를 건넜다. 진태는 왕경이 적도를 굳게 지키지 못하면 반드시 다른 변고가 발생할 것이라 여기고 오영군五營軍의 군대를 파견하여 앞에서 진군하게 하고 자신은 각 군을 인솔하여 뒤따라 출발했다. 왕경은 이미 강유와 교전을 벌여 크게 패하고 1만여 명만이 돌아와 적도성狄道城을 지키고 있었고, 나머지는 모두 사방으로 흩어져 달아났다. 강유는 승세를 타고 적도성을 포위했다"고 기록하고 있다. 강유는 왕경을 조수 서쪽에서 대파했지 결코 배수의 진을 쳐서 승리를 거둔 것이 아니었다.

뱀을 그리려다 발까지 그려넣는다

소설에서는 이 말을 장익이 한 말로 표현하지만 사실은 강유가 한 말이다. 『삼국지』 「촉서·장익전」에 다음과 같이 기록하고 있다.

"연희 18년(255), 강유가 재차 출병을 제의하자 장익만이 조정에서 논쟁하여 현재 국가가 약소하고 백성이 피로하므로 무력을 남용하는 것은 마땅하지 않다고 주장했다. 강유는 듣지 않고 장익 등을 이끌고 출병했고, 진남대장군鎭南大將軍(촉한이 설치했고 진남장군鎭南將軍과 같다)으로 승진시켰다. 강유는 적도狄道에 당도하여 위나라 옹주자사 왕경을 대파했다. 왕경의 사졸 가운데 조수洮水에서 죽은 자가 수만 명에 이르렀다. 장익이 말했다.

'이제 그쳐야지 다시 진군해서는 안 됩니다. 다시 진격한다면 모든 공이 다 수포로 돌아갈 수도 있습니다.'

강유가 크게 화를 내며 말했다.

'나는 뱀을 그리면서 발을 더하고자 하는 것이오.'

강유는 적도에서 왕경을 포위하여 곤경에 빠뜨렸지만 끝내 성을 함락시킬 수 없었다. 장익이 다른 의견을 낸 이후로 강유는 내심 장익을 좋아하지 않았지만 항상 그를 데리고 함께 출정했고, 장익 또한 어찌할 도리가 없어 나아갔다."

강유의 패배

『삼국지』 「위서·진태전」에서는 진태가 강유를 패퇴시킨 것을 다음과 같이 기록하고 있다.

"진태는 군사를 진군시켜 고성령高城嶺(산 명칭으로 지금의 간쑤성 웨이위안渭源 서북쪽)을 넘고 은밀히 행군하여 밤에 적도의 동남쪽에 있는 높은 산 위에 이르러 다수의 봉화에 불을 붙이고 고각을 울리게 했다. 적도성 안에 있던 장수와 병사들은 구원병이 도착한 것을 보고 분발하며 떨쳐 일어났다. 강유는 구원병이 군사를 모은 후에야 출발할 것이라 여겼는데 돌연 구원병이 도착했다는 것을 듣고는 이를 생각지도 못한 변화로 사전에 계획된 것이라 여겼다. 전군 위아래가 모두 놀라며 두려워했다. 진태는 자신을 따르는 군대가 농서에서부터 출발하여 산이 깊고 길이 험하기 때문에 적병이 반드시 매복을 설치했을 것으로 여겼다. 그리하여 속이고 남쪽 길로 진군해왔는데 강유는 과연 군대를 파견해 사흘간 매복을 배치했다. 진태가 군대를 진정시키며 몰래 행군하여 갑자기 적도의 남쪽에서 출현했다. 강유는 즉시 산을 따라 빠르게 돌격해왔다. 진태는 강유와 교전을 벌였고 강유는 철군하여 돌아갔다."

그러나 구원병이 도착하는 것을 몰랐다면 무슨 까닭으로 사흘간 위험하게 복병을 배치했겠는가? 매복을 두고 살핀 것은 몰랐다는 것이 아니다. 배송지는 주석에서 이 부분의 모든 말이 통하지 않는다고 비평했다.

강유 출병

강유의 출병에 대해 『삼국지』 「촉서·강유전」에서는 "연희 18년(255) 강유는 다시 거기장군 하후패 등과 함께 적도현狄道縣으로 진군했다. 조수洮水 서쪽 지구에서 위나라 옹주자사 왕경을 대파했고 왕경의 군사 수만 명을 죽였다. 왕경이 철군하여 적도성狄道城을 지키자 강유는 그곳을 포위했다. 위나라 정서장군征西將軍 진태가 군사를 진격시켜 포위를 풀자 강유는 물러나 종제鍾題에 주둔했다"고 기록하고 있다.

제갈탄의 봉기

등사재는 지혜로 강백약을 깨뜨리고,
제갈탄은 의리로 사마소를 토벌하다

鄧士載智敗姜伯約,
諸葛誕義討司馬昭

강유는 물러나 종제에 군사를 주둔시켰고 위병은 적도성 밖에 주둔하고 있었다. 왕경은 진태와 등애가 성으로 들어오자 영접하여 절을 올리며 포위를 풀어준 일을 감사했고 주연을 베풀어 대접하면서 삼군에게도 큰 상을 내렸다. 진태가 등애의 공을 위주 조모에게 아뢰자 조모는 등애를 안서장군[1] 으로 봉하고 가절[2]을 내렸으며 호동강교위[3]를 겸하게 했다. 그리고 진태와 함께 군사를 옹주와 양주涼州 등지에 주둔시키게 했다. 등애는 표문을 올려 은혜에 감사했고, 진태는 연회를 베풀어 등애에게 축하하며 말했다.

"강유가 야밤에 도망쳤으니 힘을 다 써버려 감히 다시 나오지 못할 것이오."

등애가 웃으면서 말했다.

"내가 짐작하건대 촉병이 반드시 다시 나올 이유가 다섯 가지 있습니다."

진태가 그 까닭을 묻자 등애가 말했다.

"촉병이 비록 물러갔다고는 하지만 끝내는 승세를 타고 있고 우리 군사들은 결국 약해서 패한 사실이 있으니 이것이 그들이 반드시 다시 나올 첫 번째 이유입니다. 그리고 촉병은 모두가 공명이 훈련시킨 정예병이라 파견이 용이하나 우리 장수들은 수시로 교체되고 군사들 또한 익숙하게 훈련받지 못했으니 이것이 두 번째 이유지요. 또한 촉인들은 배로 움직이는 경우가 많지만 우리 군은 모두 육지로만 행군해야 하기에 수고로움과 편안함이 다르니 이것이 그들이 반드시 다시 나올 세 번째 이유입니다. 적도, 농서, 남안, 기산의 네 곳은 모두 방어와 진공을 같이해야 하는 곳으로, 촉인들이 동쪽을 치는 척하다가 실제로는 서쪽을 치거나 혹은 남쪽을 주시했다가 북쪽을 공격하면 우리 군은 반드시 따로 분담하여 방비해야 합니다. 촉병은 한곳에 모여 쳐들어오는데 우리는 각기 넷으로 나뉘어 감당해야 하니 이것이 네 번째 이유입니다. 만약 촉병이 남안과 농서로부터 나온다면 강인들의 곡식을 취해 식량으로 삼을 수 있고, 기산으로 나온다면 밀을 바로 먹을 수 있으니 이것이 그들이 반드시 다시 나올 다섯 번째 이유지요."

진태가 탄복했다.

"공이 적들을 귀신과 같이 헤아리고 있으니 촉병을 어찌 근심할 필요가 있겠소!"

그리하여 진태와 등애는 나이를 따지지 않는 교분(망년지교忘年之交)⁴을 맺었다. 등애는 즉시 옹주와 양주涼州 등지의 군사들을 매일 조련하고 각처의 협곡 입구에 모두 군영을 세워 예상치 못한 상황에 대비했다.❶

한편 종제에 있던 강유는 연회를 크게 열어 장수들을 모아놓고 위나라를 토벌할 일을 상의했다. 영사⁵ 번건樊建이 간언했다.

"장군께서는 여러 차례 출정하여 아직 완벽한 공적을 얻지는 못했으나 이번에 조수 서쪽의 승리로 위인들이 이미 장군의 명성에 굴복했는데 무슨 까닭으로 또 출정하려 하십니까? 만에 하나라도 이롭지 못하게 된다면 이전에 세운 공적까지 모조리 쓸모없어질 것입니다."

강유가 말했다.

"그대들은 위나라가 땅이 광대하고 사람이 많아 급하게 취할 수 없는 것만 알고 있지 위를 공격하여 이길 수 있는 다섯 가지가 있는 것은 모르는 것 같소."

사람들이 그것을 묻자 강유가 말했다.

"저들은 조수 서쪽에서 한 번 패하고는 날카로운 기세가 모조리 꺾였소. 우리 군은 비록 물러났지만 잃은 것이 없으니 지금 만약 군사를 진격시킨다면 이길 수 있는 것이 첫 번째 이유요. 우리 병사들은 배를 타고 진격하기에 피곤하지 않으나 저들 병사는 육지로 와서 맞서야 하니 이것이 이길 수 있는 두 번째 이유요. 또한 우리 병사들은 오래도록 훈련을 거친 군사들이나 저들은 모두 오합지졸 무리라 법도가 없으니 이것이 이길 수 있는 세 번째 이유요. 우리 군사가 기산으로 나가면 가을 곡식을 빼앗아 먹을 수 있으니 이것이 이길 수 있는 네 번째 이유요. 저들 병사는 각처를 방비하기 위해 병력을 나누어야 하지만 우리 병사들은 한곳에 모여서 갈 수 있으니 저들이 어찌 구원하러 올 수 있겠소. 이것이 이길 수 있는 다섯 번째 이유인데 지금 위를 정벌하지 않고 다시 어느 때를 기다린단 말이오?"

하후패가 말했다.

"등애는 비록 나이가 어리나[6] 계책이 심원한 데다 근래에 안서장군의 직분으로 봉해졌으니 필시 각처에 준비를 해두어 지난날과는 상황이 같지 않을 것입니다."

강유가 엄하게 말했다

"내 어찌 그를 두려워하겠는가! 공은 남의 예기는 늘려주면서 우리 위풍을 소멸시키는 짓은 하지 마시오! 내 뜻은 이미 결정했으니 반드시 먼저 농서[7]를 취할 것이오."

모두 감히 간언하지 못했다.

강유는 직접 선봉대를 이끌고 장수들에게 뒤따라 전진하게 했다. 그리하여 촉군은 모두 종제를 떠나 기산으로 쳐들어갔다. 척후 기병이 보고하기를 위병이 이미 기산에 아홉 개의 군영을 세웠다고 했다. 강유가 믿지 못하여 직접 몇 명의 기병을 이끌고 높은 곳에 의지하여 바라보니 과연 기산에 늘어선 아홉 개의 군영이 마치 긴 뱀과 같았고 머리와 꼬리가 서로 마주 보고 있었다. 강유가 좌우를 돌아보며 말했다.

"하후패의 말이 사실이었구나. 이 군영의 절묘한 형세는 내 스승이신 제갈 승상만이 할 수 있는 것이다. 지금 등애가 하는 것을 보니 내 스승님보다 못하지 않구나."

즉시 본영으로 돌아와서는 장수들을 불러 말했다.

"위인들이 이미 준비를 하고 있으니 반드시 우리가 올 것을 알고 있는 듯하오. 내 짐작에 등애는 틀림없이 이곳에 있을 것이오. 그대들은 허장성세로 내 깃발을 세우고 여기 골짜기 입구에 의지해 군영을 세우도록 하시오. 그리고 매일 100여 명의 기병을 내보내 정찰을 시키는데 정찰을 나갈 때마다 한 번씩 갑옷과 깃발을 바꾸고 청·황·적·백·흑색의 오방기[8]도 순서에 따라 교체하도록 하시오. 나는 대군을 이끌고 남몰래 동정董亭으로 나가 곧장 남안을 기습하러 가겠소."

즉시 포소鮑素에게 기산 골짜기 입구에 군사를 주둔시키게 하고 강유 자신은 대군을 인솔하여 남안을 향해 진군했다.

한편 등애는 촉병이 기산으로 나올 것을 알고 일찌감치 진태와 함께 군영을 세우고 준비를 하고 있었다. 그러나 촉병은 여러 날 계속 싸움을 걸지 않고 대신 하루에 다섯 번씩 정찰 기병만 군영을 나와 10리 혹은 15리를 나왔다가 돌아갔다. 등애는 높은 곳에 올라 바라보더니 황급히 군막으로 들어와 진태에게 말했다.

"강유는 이곳에 있지 않고 틀림없이 동정을 취하고 남안을 기습하러 갔을 것이오. 군영을 나온 정찰 기병이 단지 몇 필에 불과하고 갑옷을 바꿔 입고 왔다 갔다 하며 정찰하고 있는데 말들이 피로한 것을 보니 그들의 주장主將은 필시 무능한 자일 것이오. 진장군은 일군을 거느리고 그들을 공격하여 군영을 깨뜨리시오. 목책을 깨뜨린 다음에는 즉시 군사를 이끌고 동정으로 향하는 길을 기습하여 강유의 뒤를 끊으시오. 나는 일군을 이끌고 가 남안을 구하고 곧장 무성산[9]을 취할 것이오. 만약 그 산꼭대기를 먼저 차지한다면 강유는 필시 상규上邽를 취하려 할 것이오. 상규에는 단곡[10]이라 불리는 골짜기가 있는데 땅이 좁고 산이 험준하여 매복하기 좋은 곳이오. 저들이 무성산을 빼앗으러 올 때 내가 먼저 단곡에 군사들을 양쪽으로 매복시켜두면 틀림없이 강유를 깨뜨릴 수 있을 것이오."

진태가 말했다.

"내가 농서를 지킨 지 20~30년[11]이 되었는데도 여지껏 이토록 지리를 세밀히 관찰하지 못했소. 공의 말씀은 참으로 신묘한 계책이오! 공은 속히 떠나시오. 내가 직접 이곳 목책을 공격하겠소."

이에 등애는 군사들을 이끌고 밤새 평소보다 갑절의 길을 행군했고 곧장 무성산에 당도했다. 군영을 세웠는데도 촉병이 아직 오지 않아 즉시 아들인 등충鄧忠과 장전교위帳前校尉 사찬師纂에게 각기 군사 5000명을 이끌고 먼저 단곡 입구로 가서 매복하게 하고는 어떻게 움직일지를 지시했다. 두 사람은 계책을 받고 떠났다. 등애는 군기를 내려놓고 북소리를 멈추게 하고는 촉병을 기다렸다.

한편 강유는 동정에서 남안을 향해 갔고 무성산 앞에 이르자 하후패에게 일렀다.

"남안 가까이에 무성산이라 불리는 산이 있는데 만약 먼저 손에 넣는다면 남안을 빼앗을 형세를 이룰 수 있을 것이오. 다만 등애가 꾀가 많아 먼저 방비를 했을까 염려되오."

한창 의심하며 염려하고 있는데 별안간 산 위에서 '쾅!' 하는 포성과 함께 함성이 크게 진동했고 고각이 일제히 울리면서 깃발이 사방으로 세워졌는데 모두 위병이었다. 그 중앙에 한 황새 깃발이 보였고 바람에 나부끼는데 '등애'라고 큼지막하게 적혀 있었다. 촉병들은 깜짝 놀랐다. 산 위 여러 곳에서 정예병이 쏟아져 내려오자 촉의 선봉대는 그 형세를 감당할 수 없어 대패하고 말았다. 강유가 급히 중군 인마를 인솔하여 구하러 갔을 때 위병은 이미 물러간 후였다. 곧장 무성산 아래로 가서 등애에게 싸움을 걸었으나 산 위의 위병들은 결코 내려오지 않았다. 강유가 군사들을 시켜 욕설을 퍼붓게 하고는 저녁이 되어 막 군사를 물리려 하는데 산 위에서 고각이 울렸다. 그러나 내려오는 위병은 보이지 않았다. 강유가 산 위로 돌격하려 했지만 산 위에서 포석을 마구 날리는 바람에 진격할 수가 없었다. 삼경 무렵까지 지키고 있다가 돌아가려 하자 또 산 위에서 고각이 요란하게 울렸다. 강유는 군사들을 산 아래로 이동시켜 주둔시켰다. 군사들에게 나무와 돌을 운반시켜 막 군영을 세우려 하는데 산 위에서 또 한 번 고각이 울렸고 위병이 몰려 내려왔다. 촉병들은 크게 어지러워졌으며 자기편끼리 서로 짓밟다가 물러나 이전에 세웠던 군영으로 돌아갔다.

이튿날 강유는 군사들에게 군량과 마초, 수레와 병장기를 무성산으로 운반하게 했다. 함께 연결시켜 고정시키고 목책을 세워 군사들을 주둔시킬 계책이었다. 그날 밤 이경에 등애는 병사 500명에게 각자 횃불을 들고 두 갈래 길로 나누어 산을 내려와 수레와 병장기를 불태우게 했다. 양쪽 군사들이 하룻밤 내내 뒤섞여 싸우는 바람에 또 군영을 세우지 못했다. 강유는 다시 군사를 이끌고 물러났고 하후패와 함께 대책을 상의했다.

"남안을 얻지 못할 바에는 차라리 상규를 먼저 취하는 것이 좋겠소. 상규는 남안의 식량을 저장해둔 곳이니 만약 상규를 손에 넣는다면 남안¹²은 저절로 위태로워질 것이오."

즉시 하후패를 남겨두어 무성산에 주둔시키고 강유는 정예병과 맹장을 모두 거느리고 곧장 상규를 취하러 떠났다. 하룻밤을 꼬박 행군하다 보니 날이 밝아왔고 산세가 비좁고 험준하여 도로가 평탄하지 않자 이에 길을 안내하는 향도관에게 물었다.

"이곳을 무엇이라 부르느냐?"

대답했다.

"단곡이라고 합니다."

강유는 깜짝 놀랐다.

"그 이름이 좋지 않구나. '단곡段谷'은 '단곡斷谷'과 음이 같다. 만일 누군가 계곡 입구를 끊어버린다면 어찌한단 말인가?"

한창 망설이며 결정을 내리지 못하고 있는데 별안간 선봉대가 와서 보고했다.

"산 뒤에서 먼지가 자욱이 이는 것을 보니 틀림없이 복병이 있는 듯합니다."

강유가 급히 군사를 물리라 명하는데 사찬과 등충이 두 갈래 길로 쳐들어왔다. 강유가 싸우면서 달아나는데 그때 앞쪽에서 함성이 크게 진동하더니 등애가 군사들을 이끌고 들이닥쳤다. 세 갈래 길로 협공해오자 촉병은 대패하고 말았다. 다행히 하후패가 군사를 이끌고 달려왔고 위병은 물러갔다. 강유가 다시 기산으로 가려고 하자 하후패가 말했다.

"기산의 군영은 이미 진태에게 깨졌고 포소는 전사했으며 전 군영의 인마는 모두 물러나 한중으로 돌아갔습니다."

강유는 감히 동정을 취하지 못하고 급히 산 후미진 오솔길로 돌아가려 했다. 뒤에서 등애가 급히 추격해오자 강유는 전군에 전진하라 명하고는 자신은 뒤를 끊었다. 한창 가고 있는데 별안간 산속에서 한 부대가 돌격해왔다. 바로 위나라 징수 진태였다. 위병들은 한바탕 함성을 지르더니 강유를 한가운데로 몰아넣고 에워쌌다. 강유의 군대는 인마가 모두 지친 상태라 좌충우돌했으나 빠져나갈 수가 없었다. 강유가 포위되어 곤란한 지경에 처했다는 소식을 들은 탕구장군蕩寇將軍 장억은 수백 명의 기병을 이끌고 겹겹의 포위망을 뚫고 들어갔다. 강유는 그 기세를 몰아 빠져나왔으나 장억은 어지럽게 쏘아대는 위병의 화살에 맞아 죽고 말았다. 포위망을 벗어난 강유는 다시 한중으로 돌아갔다. 강유는 장억의 충성스러움과 용맹에 감격했을 뿐만 아니라 그가 왕조의 대사大事를 위해 죽었기 때문에 표문을 올려 그 자손에게 관직을 내리게 했다. 촉중의 전사한 장수와 사졸이 많았기에 모든 잘못은 강유에게 돌아갔다. 강유는 무후가 가정에서 패한 뒤에 처리했던 전례에 따라 표문을 올려 자신의 지위를 후장군으로 강등시키고 대장군의 일을 대리했다.❷

한편 촉병이 모두 물러간 것을 본 등애는 진태와 함께 연회를 열어 서로 축하하고 삼군에게 크게 상을 내렸다. 진태가 등애의 공적에 대해 표문을 지어 올리자 사마소는 부절을 보내 등애의 관직과 작위를 더해주고 인수를 하사했으며 아울러 그의 아들 등충을 정후亭侯로 봉했다.

이때 위주 조모는 정원正元 3년(256)을 감로甘露[13] 원년으로 바꾸었다. 사마소는 스스로 천하의 병마를 거느리는 대도독이 되었고 출입할 때 항상 3000명의 철갑을 걸친 날랜 장수가 앞뒤로 에워싸 호위하도록 했다. 일체의 사무를 조정에 아뢰지 않고 승상부[14]에서 판단하여 처리했으며 이때부터 항상 반역할 마음을 품었다. 사마소에게는 심복이 한 명 있었는데, 성이 가賈이고 이름이 충充이며 자가 공려公閭로 죽은 건위장군建威將軍 가규의 아들이며 사마소의 부중에서 장사로 있었다. 가충이 사마소에게 말했다.

"지금 주공께서 대권을 장악하셨으나 사방의 인심은 분명 안정되지 않았을 것이니, 잠시 은밀히 조사한 다음 서서히 대사를 도모하십시오."

사마소가 말했다.

"내가 마침 그렇게 하려 했었네. 자네가 나를 위해 출정한 군사들을 위로한다는 명분으로 동쪽으로 가서 소식을 알아보게."

가충은 명령을 받들고 곧장 회남으로 가서 진동대장군[15] 제갈탄諸葛誕을 만났다. 제갈탄은 자가 공휴公休이고 낭야 남양[16] 사람으로, 무후武侯(제갈량)의 족제[17]였다. 그는 여태껏 위를 섬겼지만 무후가 촉에서 승상이 되었기 때문에 중용되지 못하고 있다가 무후가 죽은 뒤에야 위에서 중요한 직책을 역임하게 되었다. 그는 고평후高平侯에 봉해져 양회兩淮(회남淮南과 회북淮北)의 군마를 총괄하고 있었다.[18] 그날 가충은 군사를 위로한다는 구실로 회남에 이르러 제갈탄을 만났다. 제갈탄은 주연을 베풀어 그를 대접했다. 술에 거나하게 취하자 가충이 제갈탄을 떠보았다.

"근래에 낙양의 많은 현자가 주상이 유약하여 군주를 감당할 수 없다고 하더이다. 사마 대장군은 3대째 나라를 보좌하여 공덕이 하늘 가득 펴졌으니 제위를 선양받아 위나라의 대통을 이을 만하다고 하는데, 공의 뜻은 어떠하시오?"

제갈탄이 크게 노했다.

"너는 가예주賈豫州(예주 자사 가규)의 아들로 대대로 위나라의 녹을 먹었거늘 어찌 감히 그런 허튼소리를 한단 말이냐!"

가충이 사죄했다.

"저는 다른 사람이 하는 말을 공께 알렸을 뿐입니다."

제갈탄이 말했다.

"조정에 변란이 발생한다면 내 마땅히 죽음으로 보답하겠다."

가충은 묵묵히 말이 없었다.

이튿날 작별을 고하고 돌아간 가충은 사마소를 만나 있었던 일을 상세히 이야기했다. 그러자 사마소가 크게 노했다.

"쥐새끼 같은 무리가 어찌 감히 그런단 말인가!"

가충이 말했다.

"제갈탄은 회남에 있으면서 인심을 깊이 얻고 있어 나중에 틀림없이 우환거리가 될 것입니다. 속히 제거하셔야 합니다."

사마소는 즉시 양주자사 악침樂綝에게 은밀히 밀서를 보내는 한편 사자를 파견해 제갈탄을 사공으로 임명한다는 조서를 전하게 했다. 조서를 받은 제갈탄은 가충이 고변한 것을 알아채고는 즉시 사자를 사로잡아 고문했다. 사자가 말했다.

"악침도 이 일을 알고 있습니다."

제갈탄이 말했다.

"그가 어떻게 알았단 말이냐?"

사자가 말했다.

"사마장군이 이미 사람을 양주로 보내 밀서를 악침에게 전했습니다."

크게 노한 제갈탄은 사자의 목을 치라고 좌우에 호통을 치고는 즉시 부하 군사 1000명을 일으켜 양주로 달려갔다.[19] 남문에 이르니 성문이 이미 닫혀 있었고 조교도 끌어올려져 있었다. 제갈탄이 성 아래에서 문을 열라고 소리 쳤으나 성 위에는 누구 하나 대답하는 자가 없었다. 제갈탄이 벌컥 성을 냈다.

"악침, 이 필부 놈아, 어찌 감히 이럴 수 있단 말이냐!"

즉시 장수와 사졸들에게 성을 공격하게 했다. 수하의 날랜 기병 10여 명 이 말에서 내려 해자를 건너서는 몸을 날려 성으로 올라가 군사들을 죽여 흩뜨리고 성문을 활짝 열었다. 이에 제갈탄은 군사를 이끌고 성으로 들어가 바람을 타고 불을 지르고 악침의 집까지 쳐들어갔다. 악침은 황급히 누각으로 올라가 피했다. 제갈탄이 검을 들고 누각으로 올라가 호통쳤다.

"네 아비인 악진이 지난날 위나라로부터 큰 은혜를 받았거늘 너는 은혜에 보답할 생각은 않고 도리어 사마소를 따르려 한단 말이냐!"

악침은 미처 대답도 하기 전에 제갈탄에게 죽임을 당하고 말았다. 제갈탄 은 사마소의 죄를 구체적으로 열거한 표문을 적어 사람을 시켜 낙양에 아뢰 게 하는 한편, 양회에서 둔전을 하고 있는 병사 10여 만 명과 아울러 양주 에서 새로 항복한 병사 4만여 명을 대대적으로 모은 후 마초를 쌓고 양식을 비축하면서 진격할 준비를 했다.❸

또 장사 오강吳綱을 시켜 아들 제갈정諸葛靚을 오로 데리고 들어가 인질로 삼고 구원을 청해 오와 함께 기필코 사마소를 토벌하려 했다.

이때 동오의 승상 손준은 병들어 죽고 종제인 손침孫綝이 정사를 보좌하 고 있었다.❹

손침은 자가 자통子通으로 사람됨이 난폭했다. 그가 대사마 등윤滕胤과

장군 여거呂據, 왕돈王惇 등을 죽였기 때문에 대권이 모두 그에게 돌아갔다. 오주 손량은 비록 총명하기는 했으나 어찌할 도리가 없었다. 오강은 제갈정을 데리고 석두성石頭城에 당도했고 손침을 알현했다. 손침이 오게 된 까닭을 묻자 오강이 말했다.

"제갈탄은 바로 촉한 제갈무후의 족제로 지금까지 위나라를 섬겼습니다. 그런데 지금 사마소가 군주를 기만하고 주인까지 폐하며 권력을 남용하는 것을 보고는 군대를 일으켜 토벌하고자 하나 힘이 미치지 못해 특별히 와서 귀순하는 것입니다. 진심을 증명할 길이 없어 친아들인 제갈정을 인질로 보냅니다. 엎드려 바라건대 군대를 파견하여 도와주십시오."

손침은 그 요청을 들어주기로 하고 즉시 대장 전역全懌(전종의 아들)과 전단全端(전종의 조카)을 주장으로 삼아 파견했고 우전于詮에게는 후원하게 했으며 주이朱異(주환朱桓의 아들)와 당자唐咨를 선봉, 문흠文欽을 향도관으로 삼아 군사 7만 명을 일으켜 세 부대로 나누어 진격하게 했다. 오강은 수춘으로 돌아가 제갈탄에게 이 사실을 보고했다. 제갈탄은 크게 기뻐하며 즉시 병력을 배치하고 준비했다.❺

한편 제갈탄의 표문이 낙양에 당도했고 표문을 본 사마소는 크게 노하여 직접 제갈탄을 토벌하러 가고자 했다. 그러자 가충이 간언했다.

"주공께서는 부친과 형님의 기업을 계승하셨으나 은덕이 아직 사해에 미치지 못하셨는데 지금 천자를 내버려두고 가셨다가 하루아침에 변고라도 생기면 그때는 후회해도 소용없지 않겠습니까? 차라리 태후와 천자께 아뢰어 함께 출정하자고 청하신다면 태평 무사를 보장할 수 있을 것입니다."

사마소가 기뻐하며 말했다.

"그 말이 바로 내 뜻에 부합하네."

그러고는 즉시 들어가 태후께 아뢰었다.

"제갈탄이 모반하여 신이 문무 관료들과 상의하여 완비를 했으니, 청컨대 태후께서는 천자와 함께 어가를 움직여 친히 정벌에 나서시어 선제께서 남기신 뜻을 계승하소서."

태후는 두려웠으나 따르지 않을 수 없었다. 이튿날 사마소는 위주 조모에게 길을 나서기를 청했다. 그러자 조모가 말했다.

"대장군께서는 천하의 군마를 총감독하시니 마음대로 파견해도 될 것인데 구태여 짐이 직접 나설 필요가 있겠소?"

사마소가 말했다.

"그렇지 않습니다. 지난날 무조武祖(조조)께서는 사해를 종횡하셨고, 문제文帝(조비)와 명제明帝(조예)께서는 우주를 통괄하실 뜻과 팔황[20]을 삼킬 마음을 가지고 계시어 부릇 큰 적을 만나면 반드시 직접 나가셨습니다. 폐하께서는 선군先君(전대 군주)에 필적하시어 숙적을 깨끗이 청소하셔야 하거늘 어찌하여 스스로 두려워하십니까?"

사마소의 위세와 권력을 두려워한 조모는 따를 수밖에 없었다. 사마소는 즉시 조서를 내려 양도兩都(낙양과 장안)의 군사 26만 명을 모두 일으켰고 진남장군鎭南將軍 왕기王基를 정선봉正先鋒, 안동장군安東將軍 진건陳騫을 부선봉, 감군 석포石苞를 좌군左軍, 연주자사 주태州泰를 우군右軍으로 삼아 어가를 보호하며 기세 높게 회남을 향해 달려갔다. **⑥**

동오의 선봉 주이朱異가 군사를 이끌고 나와 맞서 대적했다. 양군의 진세가 원형으로 펼쳐지자 위나라 군중에서 왕기가 말을 몰아 나왔고 주이가 맞서 나왔다. 3합도 싸우지 못하고 주이가 패해서 달아났다. 당자唐咨가 말을 몰아 나왔으나 역시 3합도 싸우지 못하고 대패하여 달아났다. 왕기가 군사를 몰아 들이쳤고 오군은 대패하여 20리를 물러나 군영을 세우고 수춘성에 보고했다.

제갈탄은 본부의 정예병과 문흠 그리고 그의 두 아들 문앙과 문호文虎와 합류해 강력한 군대 수만 명을 직접 이끌고 사마소와 대적하고자 왔다.

막 오나라 병사의 날카로운 기세 떨어졌는데
또 위 장수의 정예 부대 오는 것을 보게 되네
方見吳兵銳氣墮, 又看魏將勁兵來

승부는 어떻게 될 것인가?

제111회 제갈탄의 봉기

❶
등애는 젊은 장수가 아니었다

『삼국지』「위서·등애전」에 따르면 등애는 경원 2년(261)에 죽었다고 기록하고 있고, 서진西晉 태시泰始 3년(267)에 의랑議郎 단작段灼이 올린 상소문에 '70세의 노인'이라는 표현이 나온다. 소설에서는 등애를 젊은 장수로 표현하고 있지만, 강유와 전투를 벌였던 당시는 256년으로 60세 정도의 나이였다.

❷
단곡에서의 패배

『삼국지』「촉서·강유전」에 따르면 "연희 19년(256) 봄, 강유는 다시 병마를 정돈하여 진서대장군鎭西大將軍 호제胡濟와 상규에서 만나기로 약속했는데 호제가 약속을 깨고 오지 않았다. 이 때문에 강유는 단곡段谷에서 위나라 대장군 등애에게 격파되었고 병사가 사방으로 뿔뿔이 흩어졌으며 죽은 자가 매우 많았다. 부하들은 이로 인해 강유를 원망했고 농산隴山 서쪽 지역에서도 소동이 일어나 불안했다. 강유는 스스로 관직의 강등을 요청했고 후장군, 대장군의 직무를 대리하게 되었다"고 기록하고 있다. 「촉서·후주전」에도 같은 내용이 실려 있다.

장억의 사망

『삼국지』「촉서·장억전」에 "대군이 전진하여 위나라 장수 서질과 교전을 벌였는데 장억이 전투에 임하다 전사했다. 그러나 그가 죽이거나 상처를 입힌 적은 훨씬 많았다"고 기록하고 있는데, 당시는 연희延熙 17년(254)으로 장억은 2년 전에 이미 서질에게 죽임을 당했다.

❸

악침의 죽음

『삼국지』「위서·제갈탄전」 배송지 주『세어』에서는 악침의 죽음에 대해 다음과 같이 기록하고 있다.

"사마문왕司馬文王(사마소)이 조정을 장악하자 장사長史 가충은 부하들을 파견하여 사정四征(호삼성胡三省은 '위魏는 정동장군을 회남淮南에 주둔시켰고, 정남장군을 양襄, 면沔에 주둔시켜 오를 방비하게 했으며, 정서장군을 관롱關隴에 주둔시켜 촉을 방비하게 했고, 정북장군을 유幽, 병幷에 주둔시켜 선비를 방비하게 하여 그들에게 막강한 군대를 제공했다. 사마소가 국정을 막 주관했으므로 가충이 그들을 위로하면서 뜻을 살펴보라고 요청한 것이다'라고 했다)의 네 장군을 위로해야 한다고 요청했고, 이에 문왕(사마소)은 가충을 수춘壽春으로 파견했다. 가충은 돌아와서 문왕에게 '제갈탄이 다시 양주를 통솔하여 명성이 날로 증가하고 있고 백성은 그에게 돌아가려고 합니다. 지금 불러들여도 틀림없이 오지 않을 것이나 부르지 않는다면 일이 늦어져 화가 커질 것입니다'라고 아뢰었다. 이에 제갈탄을 사공으로 임명했다. 공문서가 도착하자 제갈탄은 '나는 마땅히 왕문서王文舒(왕창王昶의 자가 문서文舒) 다음으로 사공이 되어야 하는데 지금 사공이 되었구나! 사자를 파견하지 않고 걸음이 빠른 자에게 문서를 전하도록 하여 악침樂綝에게 병사를 주도록 했으니 이것은 틀림없이 악침이 한 일이로다'라고 말했다. 이에 수하 수백 명을 이끌고 양주에 당도했다. 양주 사람들이 문을 닫으려고 하자 제갈탄은 '경은 이전에 나의 관원이 아니었는가!'라고 큰 소리로 꾸짖으며 곧장 쳐들어갔다. 악침은 누각 위로 도망쳤지만 제갈탄이 쫓아가 목을 베었다."

제갈탄이 반란을 일으킨 이유

　제갈탄의 반란에 관한 실제 역사 기록과 소설의 내용은 차이가 있다. 제갈탄이 반란을 일으킨 이유에 대해 『삼국지』 「위서·제갈탄전」에서는 다음과 같이 기록하고 있다.

　"제갈탄은 하후현, 등양鄧颺 등과 지극히 친밀했다. 게다가 왕릉과 관구검이 연이어 죽임을 당하자 내심 놀라 두려워하며 불안해했다. 국고의 제물을 전부 꺼내 가난한 백성을 구제하고 베풀어 사람들의 마음을 구슬렸고 측근과 목숨을 가벼이 여기며 의리를 중시하는 양주 땅의 수천 명을 두텁게 대접하고 부양하여 기꺼이 죽을 수 있는 결사대로 삼았다.

　감로 원년(256) 겨울, 오나라 적군이 서알徐堨(지금의 안후이성 한산含山 서남쪽)로 향하려 했다. 제갈탄이 통솔하는 병마로 충분히 대응할 수 있다고 추산했지만 그는 도리어 10만 명의 군사를 청하여 수춘을 방비하려 했다. 또한 회하淮河를 따라 성벽을 수축하여 도적을 방비하기를 요청하여 내심 회남 일대를 보존하고자 했다. 조정에서는 암암리에 제갈탄이 이미 스스로 의심하는 마음을 갖고 있음을 알고 있었으나 그가 구신舊臣이었기 때문에 조정으로 불러들여 다시 고려해보기로 했다.

　감로 2년(257) 5월, 제갈탄을 사공으로 임명하고자 불러들였다. 제갈탄은 조서를 받고 더욱 두려워하다가 마침내 반란을 일으켰다. 수하의 장수들을 소집하고 직접 출병하여 양주자사 악침을 공격하여 죽였다. 또한 회남淮南과 회북淮北의 군현에서 둔전하는 10여 만 명의 관병과 양주에 새로 귀속되어 무기를 들고 작전을 감당할 수 있는 자 4~5만 명을 징집했으며, 또 족히 1년은 먹을 수 있는 곡식을 거두어 성문을 닫고 스스로 지켰다."

❹

손준의 사망

　『삼국지』 「오서·손준전」에 따르면 "그는 제갈각에게 공격당하는 꿈을 꾸고 두려워하다가 병에 걸려 죽었다. 당시 나이 38세였으며 뒷일을 손침에게 부탁했다"고 기록하고 있다.

건흥建興 2년(253), 손준이 제갈각을 죽였고 3년이 지난 태평太平 원년(256) 9월 14일에 손준은 사망한다.

손준은 손견의 아우인 손정孫靜의 증손자로 "평소에 혁혁한 명성이 없었고 거만하며 난폭하고 음험하여 매우 많은 사람을 살해했으므로 백성은 근심하며 불안해했다. 그는 또 궁녀들을 간음하고 공주 노반魯班(손권 보步부인의 맏딸로 처음에 주유의 아들 주순周循에게 시집갔다가 후에 전종全琮에게 출가했다)과 사통했다"고 역사는 기록하고 있다.

❺

역사는 제갈탄이 오에 도움을 요청한 상황을 소설과 다르게 기록하고 있다. 『삼국지』 「오서·손량전」에 따르면 "태평 2년(257) 5월에 위나라 정동대장군征東大將軍 제갈탄이 회남의 군대를 인솔하여 수춘성을 지켰다. 장군 주성朱成을 파견하여 오주에게 신하라고 일컬으며 상소를 올렸고, 또 아들 제갈정, 장사 오강, 관할 장관의 지제들을 인질로 보냈다. 6월에 문흠, 당자, 전단 등을 보병 및 기병 3만 명과 함께 파견하여 제갈탄을 구원하도록 했다"고 기록하고 있다. 즉 오강은 사자로 간 것이 아니라 인질로 갔으며 구원병은 7만 명이 아니라 3만 명이었다.

「위서·제갈탄전」에서는 "장사 오강을 파견하여 막내아들 제갈정을 데리고 오나라에 가서 구원병을 요청하도록 했다"고 기록하고 있다.

❻

『삼국지』 「위서·제갈탄전」에서는 "감로 2년(257) 6월, 황제의 어가가 동쪽 정벌에 나섰고 항현項縣(지금의 허난성 선추沈丘)에 도착했다. 대장군 사마문왕은 중앙과 지방 각 로路의 군대 26만 명을 인솔하여 제갈탄을 토벌하기 위해 회하淮河로 쳐들어갔다"고 기록하고 있다.

『진서』 「문제기」에서는 사마소가 "천자와 황태후를 모시고 동쪽 정벌에 나섰다"고 기록하고 있다.

제갈탄의 멸망과
거듭된 강유의 중원 정벌 실패

우전은 수춘을 구하려다 절개를 지켜 죽고,
백약은 장성을 취하려고 격렬한 전투를 벌이다

救壽春于詮死節,
取長城伯約鏖兵

제갈탄이 오병과 합류하여 결전을 벌이러 온다는 소식을 들은 사마소는 바로 산기장사散騎長史[1] 배수裴秀와 황문시랑黃門伺郎 종회鍾會를 불러 적을 깨뜨릴 계책을 상의했다. 종회가 말했다.

"오군이 제갈탄을 돕는 것은 사실 이익 때문입니다. 이익으로 그들을 유인한다면 틀림없이 승리를 거둘 것입니다."

사마소는 그 말에 따라 즉시 석포와 주태에게 먼저 양군을 이끌고 석두성[2]에 매복하게 했고 왕기와 진건은 정예병을 이끌고 뒤에 있게 했으며 편장 성쉬成倅에게 명하여 군사 수만 명을 이끌고 먼저 가서 적을 유인하게 했다. 또 진준陳俊에게 명하여 수레와 병기, 소와 말, 나귀와 노새에 군사들에게 상으로 줄 물건을 싣고 사면으로 진중에 모아두고는 적이 오면 그것들을 버리게 했다.

그날 제갈탄은 오의 장수 주이를 왼쪽, 문흠을 오른쪽에 배치하고는 위의 진영에 인마가 정돈되지 않은 것을 보고 병마를 대대적으로 휘몰아 곧장 진격했다. 성쉬는 패해 달아났고 제갈탄은 군사를 몰아 들이치니 소와 말, 나귀와 노새들이 교외의 넓은 들판을 가득 채우고 있었다. 남쪽 병사들은 그 것들을 차지하기 위해 다투느라 싸울 마음이 없었다. 그때 별안간 '쾅!' 하는 포성이 울리더니 양쪽 길로 군사들이 몰려들었는데, 왼쪽은 석포, 오른쪽은 주태였다. 깜짝 놀란 제갈탄이 급히 물러나려 할 때 왕기와 진건의 정예병이 들이닥쳤고 제갈탄의 병사들은 크게 패하고 말았다. 사마소까지 군사를 이 끌고 호응하자 제갈탄은 군사를 이끌고 수춘으로 달아났고 성문을 닫고 굳 게 지키기만 했다. 사마소는 군사들에게 사면으로 에워싸게 하고는 협력하 여 성을 공격했다.

이때 오병은 안풍[3]에 주둔해 있었고 위주의 어가는 항성에 머무르고 있었 다. 종회가 말했다.

"지금 제갈탄이 비록 패했다고는 하나 수춘성에 양식과 마초가 아직도 많 고 더욱이 오병이 안평에 주둔하면서 기각지세[4]를 이루고 있습니다. 지금 우 리 군이 사면으로 포위하며 공격하고는 있지만 공격을 늦추면 견고하게 지 킬 것이고 급하게 공격하면 죽기로 싸울 것입니다. 오병이 혹여 기세를 몰아 협공해오기라도 하면 우리 군에는 이로울 게 없습니다. 차라리 삼면으로 공 격하면서 남문의 큰길을 남겨두어 적이 스스로 달아나도록 하는 것이 나을 듯합니다. 그들이 달아날 때 공격하면 완승을 거둘 수 있을 것입니다. 그리 고 오병은 멀리서 왔기에 틀림없이 군량이 제대로 이어지지 못할 것입니다. 우리가 가볍게 무장한 기병을 이끌고 뒤로 질러간다면 싸우지 않고도 스스 로 괴멸될 것입니다."

사마소가 종회의 등을 어루만지며 말했다.

"그대는 참으로 나의 자방子房(유방의 모사인 장량張良의 자)이오!"

즉시 왕기에게 명하여 남문의 병사를 철수시켰다.

한편 오병은 안풍에 주둔하고 있었는데 손침이 주이를 불러 꾸짖었다.

"수춘성 하나도 구할 수 없으면서 어찌 중원을 병탄한단 말인가? 다시 승리를 거두지 못하면 반드시 그대를 참수하겠노라!"

이에 주이는 본영으로 돌아와 상의했다. 우전于詮이 말했다.

"지금 수춘성 남문이 포위되지 않았으니 제가 원컨대 일군을 거느리고 남문으로 들어가 제갈탄을 도와 성을 지키겠습니다. 장군께서는 위병에게 싸움을 걸고 저는 성안에서부터 치고 나와 양쪽 길로 협공한다면 위병을 깨뜨릴 수 있을 것입니다."

주이는 그 말을 옳다고 여겼다. 전역, 전단, 문흠 등이 모두 성으로 들어가기를 원하여 즉시 우전과 함께 군사 1만 명을 이끌고 남문을 통해 성으로 들어갔다. 군령을 받지 못한 위병들은 감히 함부로 대적하지 못하고 오병들이 성으로 들어가는 것을 내버려두었고 사마소에게 그 사실을 보고했다. 사마소가 말했다.

"이것은 주이와 함께 안팎으로 협공하여 우리 군을 깨뜨리려는 것이다."

이에 왕기와 진건을 불러 분부했다.

"그대들은 군사 5000명을 이끌고 주이가 오는 길을 차단하고 그 배후를 공격하라."

두 사람이 명령을 받들고 떠났다. 주이가 군사를 이끌고 한창 오고 있는데 별안간 배후에서 함성이 크게 진동하더니 왼쪽에는 왕기, 오른쪽에서는 진건이 양쪽 길로 돌격해왔다. 오병은 대패하고 말았다. 주이가 돌아와 손침을 만나자 손침이 크게 화를 냈다.

"계속해서 패하는 장수를 어디에 쓴단 말이냐!"

무사들에게 호통쳐 끌어내 목을 치게 했다.❶ 또 전단의 아들⁵ 전의全禕를 꾸짖었다.

"위병을 물리치지 못하면 너희 부자는 다신 나를 만나러 오지 마라!"

그러고는 손침은 건업으로 돌아가버렸다.

종회가 사마소에게 말했다.

"지금 손침이 물러가고 밖에서 올 구원병이 없으니 성을 포위하는 게 좋겠습니다."

사마소는 그 말에 따라 즉시 군사들을 재촉해 성을 포위하고 공격에 나섰다. 전의가 군사를 이끌고 수춘성으로 돌진해 들어가려 했지만 위군의 형세가 대단한 데다 여러모로 궁리를 해보아도 진퇴양난이라 결국은 사마소에게 항복하고 말았다. 사마소는 전의에게 벼슬을 더해줘 편장군으로 삼았다. 사마소의 은덕에 감격한 전의는 바로 부친 전단과 숙부인 전역에게[6] 손침이 어질지 못하니 차라리 위에 항복하는 게 낫다는 편지를 써서 성안으로 보냈다. 전의의 편지를 받은 전역은 즉시 전단과 함께 수천 명을 이끌고 성문을 나와 항복했다. ❷

제갈탄이 성안에서 우울해하고 있는데 모사[7]인 장반蔣班과 초이焦彝가 진언했다.

"성안의 양식은 적은데 병사는 많아 오래 지킬 수 없으니 오吳와 초楚의 무리를 인솔하여 위군과 생사를 걸고 마지막 승부를 겨뤄보는 것이 좋겠습니다."

제갈탄이 벌컥 성을 냈다.

"나는 지키고자 하는데 너희는 싸우려고 하니 혹여 다른 마음을 품은 것은 아니냐! 다시 그런 말을 꺼냈다가는 반드시 목을 치겠다!"

두 사람은 하늘을 우러러 길게 탄식했다.

"제갈탄도 곧 망하겠구나! 우리도 차라리 일찌감치 항복하여 목숨이나 건지는 게 낫겠다!"

그날 밤 이경 무렵 장반과 초이는 성벽을 넘어 위에 투항했고 사마소는 그들을 중용했다. 이 때문에 성안에서는 싸우고자 하는 사람이 있어도 감히 말을 꺼내지 못했다.

성안에서 적진을 살펴보던 제갈탄은 위병이 사방으로 토성을 쌓아 회수淮水를 막으려는 것을 보고는 물이 범람하여 토성이 무너지기를 기다렸다가 군사를 몰아 공격하려고 했다. 그런데 생각지도 않게 가을부터 겨울까지 장마가 없어 회수가 범람하지 않았다. 성안에서는 머지않아 양식이 바닥날 것 같았다. 두 아들과 함께 굳게 성을 지키고 있던 문흠은 군사들이 점점 굶주려 쓰러지는 것을 보고는 어쩔 수 없이 제갈탄에게 고했다.

"군량과 마초가 다 떨어져 군사들이 굶주려 죽고 있으니 차라리 북방의 병사를 모조리 성 밖으로 내보내 먹을 것을 절약하는 게 좋겠습니다."

제갈탄이 크게 노했다.

"네가 나더러 북방의 군사들을 내보내라고 하니 나를 도모하려 드는 것이냐?"

끌어내 목을 치라고 호통을 쳤다. 아비가 죽임을 당하는 것을 본 문앙과 문호는 각기 단도를 뽑아 들고 그 자리에서 수십 명을 죽이고는 빠르게 성벽에 올라 단번에 성 아래로 뛰어내려 해자를 넘어 위의 군영으로 달려가 투항해버렸다. 사마소는 문앙이 지난날 필마단기로 위나라 군사를 물리친 원수라 증오하여 그를 참수하려 했다. 그러자 종회가 간언했다.

"죄는 문흠에게 있습니다. 지금 문흠은 이미 죽고 두 아들은 상황이 곤궁하여 돌아온 것이니 만약 항복한 장수를 죽인다면 성안 사람들의 마음을

더욱 견고하게 만들 것입니다." ❸

사마소는 그 말을 따르기로 하고 즉시 문앙과 문호를 군막 안으로 불러들이고는 좋은 말로 위로하고 준마와 비단옷을 하사한 다음 관직을 더해주어 편장군으로 삼고 관내후로 봉했다. 두 아들은 절을 올려 감사한 후 말을 타고 성을 맴돌면서 크게 소리 질렀다.

"대장군께서 우리 두 사람의 죄를 사면해주시고 작위까지 하사하셨는데 너희는 어찌하여 항복하지 않느냐!"

그 말을 들은 성안 사람들은 계책을 상의했다.

"문앙은 다름 아닌 사마소의 원수인데도 오히려 중용해주었는데 하물며 우리는 어떠하겠는가?"

그리하여 모두 투항하고자 했다. 그 말을 전해 들은 제갈탄은 크게 노하여 밤낮으로 직접 성을 돌며 투항하는 자들을 찾아내 죽이는 것으로 위엄을 보이려 했다.

종회는 성안의 인심이 이미 변했음을 알고는 즉시 군막으로 들어가 사마소에게 고했다.

"이때를 이용해 성을 공격하십시오."

사마소가 크게 기뻐하며 즉시 삼군을 격려하자 사면으로 구름처럼 모여들어 일제히 성을 공격했다. 성을 지키던 장수 증선曾宣이 북문을 바쳐 위병들을 성안으로 들어오게 했다. 위병이 이미 성으로 들어온 것을 알게 된 제갈탄은 황급히 휘하 수백 명을 이끌고 성안 오솔길로 돌진해 나갔다. 조교 근처에 이르렀을 때 마침 호분胡奮(호준胡遵의 아들)과 맞닥뜨렸다. 호분이 손에 든 칼로 내리찍어 제갈탄을 베어 말 아래로 떨어뜨렸다 제갈탄의 휘하 수백 명이 모두 결박당했다. 왕기는 군사를 이끌고 서문으로 치고 들어가다가 마침 오의 장수 우전과 마주쳤다. 왕기가 큰 소리로 외쳤다.

"어찌하여 속히 항복하지 않느냐!"

우전이 크게 노했다.

"어려움에 처한 사람을 구하라는 명령을 받고 출정하여 구할 수 없게 되었는데, 다른 사람한테 항복까지 하는 것은 의리로 보아 할 짓이 아니다!"

투구를 땅바닥에 내던지며 크게 소리쳤다.

"사람이 세상에 태어나 전장에서 죽을 수 있는 것은 행운이다!"

급히 칼을 휘두르며 죽기로 30여 합을 싸웠으나 사람과 말이 모두 지쳐 어지러운 군중 속에서 죽임을 당하고 말았다. 후세 사람이 이에 대해 찬탄한 시가 있다.

사마소가 그해에 수춘성을 겹겹이 에워싸자
수레 먼지 앞에서 항복한 병사 무수히 많았네
동오에 비록 영웅다운 인사가 많았다 하지만
누가 우전의 살신성인에 미칠 수가 있겠는가
司馬當年圍壽春, 降兵無數拜車塵
東吳雖有英雄士, 誰及于詮肯殺身 ❹

수춘으로 들어간 사마소는 제갈탄의 집안사람들을 모조리 효수했으며 삼족을 멸했다. 무사들이 사로잡힌 제갈탄의 사병 수백 명을 포박하여 끌고 왔다. 사마소가 말했다.

"너희는 항복하지 않겠느냐?"

모두 크게 소리 질렀다.

"제갈공과 함께 죽기를 원하지 결코 네놈에게는 항복하지 않는다!"

크게 노한 사마소는 무사들에게 모조리 성 밖에다 묶어놓으라 호통치고는 일일이 물었다.

"항복하는 자는 살려주겠다."

그러나 한 사람도 항복하겠다고 말하는 자가 없었다. 한 명씩 죽이기 시작해 모조리 죽였으나 끝내 항복하는 자가 없었다. 사마소는 깊이 탄식하며 모두 묻어주었다. 후세 사람이 이에 대해 찬탄한 시가 있다.

충신은 뜻 세워 결의할 뿐 구차하게 살지 않으니
제갈공휴[8] 휘하의 병사들이 바로 그와 같았다네
해로[9]의 노랫소리는 응당 아직 그치지 않았는데
남긴 발자취는 전횡[10]을 계승하고자 바랄 뿐이네
忠臣矢志不偸生, 諸葛公休帳下兵
薤露歌聲應未斷, 遺蹤直欲繼田橫 ❺

한편 오병 대부분이 위에 항복하자 배수가 사마소에게 고했다.

"오병의 가족은 모두 동남쪽 장강과 회수의 땅에 있어 지금 그들을 살려 둔다면 훗날 반드시 변고를 일으킬 것이니 차라리 구덩이에 파묻어 죽이는 것이 나을 듯합니다."

종회가 말했다.

"그렇지 않습니다. 옛날에 군사를 부리는 자는 적국의 토지와 백성을 온전하게 얻는 것을 가장 이로운 상책[11]으로 여기고 그 원흉만 제거했습니다. 만약 모조리 구덩이에 파묻는다면 어질지 못한 것입니다. 차라리 강남으로 돌려보내 중원의 관대함을 분명하게 보여주는 것이 좋을 듯합니다."

사마소가 말했다.

"묘한 논리로다."

그러고는 즉시 오병을 모두 풀어줘 본국으로 돌려보냈다.❻ 그러나 당자는 손침이 두려웠기에 감히 돌아가지 못하고 위나라에 투항했다. 사마소는 그들을 중용하여 삼하¹² 땅에 배치했다. 회남은 이미 평정되어 막 군사를 물리려 하는데 별안간 서촉의 강유가 군사를 이끌고 장성¹³을 빼앗으러 오고 있으며 군량과 마초를 가로챘다는 보고가 들어왔다. 깜짝 놀란 사마소는 관원들과 촉병을 물리칠 계책을 상의했다.❼

이때 촉한은 연희 20년을 경요¹⁴ 원년으로 바꾸었다. 한중에 있던 강유는 서천의 장수 두 명을 선발하여 매일 인마를 조련하게 했는데, 한 사람은 장서蔣舒이고 다른 한 사람은 부첨傅僉이었다. 두 사람은 자못 담력과 용기가 있어 강유는 그들을 무척 아꼈다. 그때 별안간 회남의 제갈탄이 군대를 일으켜 사마소 토벌에 나섰고 동오의 손침이 그를 돕고 있으며 사마소가 양도兩都(낙양과 장안)의 병사들을 대대적으로 일으킨 데다 위나라 태후와 함께 위주까지 출정했다는 보고가 들어왔다. 강유가 크게 기뻐했다.

"이번에는 큰일이 이루어지겠구나!"

즉시 표문을 올려 후주에게 아뢰고 군대를 일으켜 위를 정벌하려 했다. 그 소식을 들은 중산대부中散大夫 초주譙周는 탄식했다.

"근래에 조정은 주색에 빠져 중귀¹⁵ 황호黃皓만 신임하고 국사를 처리하지 않은 채 단지 환락만 도모하고 있는데, 백약伯約(강유의 자)은 계속 정벌에만 나서려 할 뿐 군사들을 불쌍히 여기지 않으니 나라가 장차 위태로워지겠구나!"

이에 그는 『구국론仇國論』한 편을 지어 강유에게 보냈다. 강유가 봉인을 뜯어 살펴보니 그 논리는 다음과 같았다.

"누군가 '옛날부터 약한 것으로 강한 것을 이길 수 있었던 방법은 어떤 것인 가?'라고 묻는다면 '큰 나라에 있으면서 근심이 없는 자는 항상 태만하고, 작 은 나라에 있으면서 걱정이 있는 자는 항상 잘하려고 생각한다. 항상 태만하 여 경솔하게 자기 멋대로 한다면 난이 일어나고, 항상 잘하려고 생각한다면 정 치가 청명해지고 잘 다스려지니 이것은 영구불변의 도리다. 그러므로 주나라 문왕은 백성을 잘 길러 적은 것으로 많은 것을 이겼고,[16] 월왕 구천 또한 백성 을 위로하고 보상하여 약한 것으로 강한 것을 이겼으니,[17] 이것이 바로 그대가 물어본 방법이다'라고 말할 것입니다.

누군가 '옛날에 초는 강하고 한은 약하여 홍구를 경계로 하여 나누자고 약속 했으나[18] 장량은 백성의 뜻이 이미 결정되었으니 움직이기 어렵다고 하고 군 사를 인솔하여 항우를 추격해 끝내 항씨項氏를 죽였으니 어찌 반드시 문왕과 구천의 일을 따라야 하는가?'라고 묻는다면 '상과 주의 시기에는 왕과 제후들 이 대대로 존귀함을 누렸고 군신의 관계는 장기간 견고했으니, 비록 한고조가 있다 하더라도 어찌 검을 잡고 천하를 취할 수 있었겠는가? 그러나 진에 이르 러 분봉 제도를 폐지하고 군郡을 설치하고 태수를 두는 제도[19]를 취한 다음 에는 백성이 진나라의 노역에 지쳐 천하는 흙이 무너지듯 붕괴되었고 이에 호 걸들이 일어나 다투게 되었다. 지금은 우리와 저들 모두가 나라를 계승하여 세대가 바뀌었고 이미 진나라 말엽의 가마솥 들끓던 어수선한 시기가 아니며 실로 여섯 나라가 한꺼번에 천하를 점거하던 형세를 이루었으므로 주나라 문왕이 될 수는 있어도 한나라 고조가 되기는 어렵다. 하늘이 내려준 시기가 허락된 다음에 행동해야 하고 천명에 부합한 연후에야 군사를 일으켜야 하는 것이니, 상 탕왕과 주 무왕의 군대가 두 번 싸우지 않고 이길 수 있었던 것은 진실로 백성의 수고를 중히 여기고 때를 자세히 살피고 형세를 잘 파악했기 때문이다. 무력을 숭상하고 경솔하게 정벌을 남용하다가 불행히 어려움을 만나게 된다면 비록 지혜가 있는 자라 할지라도 되돌릴 수 없을 것이다'라고 말할 것입니다."

글을 읽고 난 강유는 크게 노했다.

"이것은 썩어빠진 유생의 논조다!"

그러고는 땅바닥에 내던졌다. 결국 서천의 병사들을 거느리고 중원을 취하러 떠났다. 강유가 부첨에게 물었다.

"공이 헤아리기에 어디로 나가는 것이 좋겠소?"

부첨이 말했다.

"위나라는 군량과 마초를 모두 장성에 저장해두고 있습니다. 지금 즉시 낙곡[20]을 취하고 심령[21]을 넘어 곧장 장성으로 가서 먼저 군량과 마초를 불태운 다음 진천秦川을 취한다면 머지않아 중원을 손에 넣을 수 있을 것입니다."

강유가 말했다.

"공의 의견이 내 계책과 일치하오."

즉시 군대를 거느리고 바로 낙곡을 취하고 심령을 넘어 장성을 향해 진군했다.

장성을 지키고 있던 장군 사마망司馬望(사마부司馬孚의 아들)은 사마소의 족형[22]이었다. 성안에는 군량과 마초가 아주 많았으나 도리어 인마의 숫자가 적었다. 촉병이 온다는 소식을 들은 사마망은 급히 왕진王眞과 이붕李鵬 두 장수와 함께 군사를 이끌고 성 밖 20리 떨어진 곳에 군영을 세웠다. 이튿날 촉병이 오자 사마망은 두 장수를 거느리고 진을 나갔다. 강유가 말을 몰아 나와 사마망을 가리키며 말했다.

"지금 사마소가 군주를 군중으로 옮겼으니 틀림없이 이각과 곽사의 뜻을 품은 것이다. 내 지금 조정의 영명한 명령을 받들어 죄를 물으러 왔으니 너는 어서 항복하라. 만약 어리석게 고집부리고 깨닫지 못한다면 온 가족을 몰살시키겠노라!"

사마망이 소리 높여 대답했다.

"네놈들이야말로 무례하게 상국上國을 수차례 침범했으니 일찌감치 물러가지 않으면 갑옷 한 조각도 돌아가지 못하게 하겠노라!"

말을 채 마치기도 전에 사마망의 뒤에 있던 왕진이 창을 잡고 말을 몰아 나왔고 촉의 진영에서는 부첨이 나와 맞섰다. 10합을 채 싸우기도 전에 부첨이 빈틈을 보이자 왕진이 즉시 창으로 찔렀다. 재빨리 스치며 피한 부첨은 말 위에 있던 왕진을 산 채로 붙잡아 바로 본진으로 돌아왔다. 그 광경을 본 이붕이 크게 노하여 말고삐를 놓고 칼을 휘두르며 구하러 달려갔다. 부첨은 일부러 속도를 늦추며 이붕이 접근하기를 기다렸다가 왕진을 땅바닥에 내던지고는 몰래 사릉철간[23]을 뽑아 들었다. 이붕이 따라잡아 칼을 들어 내리찍으려는 순간 부첨이 몸을 슬쩍 돌려 뒤돌아 이붕의 얼굴을 향해 철간을 휘둘렀고 이붕은 눈알이 튀어나오면서 말 아래로 떨어져 죽고 말았다. 왕진도 촉병들이 어지러이 찔러댄 창에 맞아 죽고 말았다. 강유는 군사들을 모아 대대적으로 진격했고, 사마망은 군영을 버리고 성으로 들어가 문을 걸어 잠그고 나오지 않았다. 강유가 명령을 하달했다.

"군사들은 오늘 하룻밤 푹 쉬고 예기를 기르도록 하라. 내일은 입성해야 한다."

이튿날 새벽에 촉병들은 앞다퉈 대규모로 진격했고 성 아래까지 몰려가 불화살과 화포를 성안으로 쏘아댔다. 성 위의 초가집이 모조리 불타자 위병들은 어지러워졌다. 강유는 또 사람을 시켜 성 아래에 마른 장작을 가득 쌓고는 일제히 불을 지르니 맹렬한 불길이 하늘로 치솟았다. 성이 곧 함락될 듯하자 성안에 있던 위병들은 목놓아 울었는데 그 통곡하는 소리가 사방의 들판에까지 퍼져나갔다.

한창 거세게 공격하고 있는데 별안간 배후에서 함성이 크게 진동했다. 강유가 말고삐를 당겨 말을 세우고는 뒤돌아 살펴보니 위병이 북을 치고 함성을 질러 기세를 올리고 깃발을 내저으며 거침없이 달려오는 것이 보였다. 강유는 즉시 후군을 선봉대로 삼고 직접 문기 아래에 서서 그들을 기다렸다. 위의 진중에서 한 젊은 장수가 완전 무장을 하고 창을 잡은 채 광폭하게 달려오는데, 그는 나이가 대략 20세 정도였고 얼굴이 분을 바른 듯 희고 입술이 연지를 칠한 듯 붉었다. 그가 엄한 목소리로 크게 외쳤다.

"등장군을 알아보지 못하겠느냐!"

강유는 생각했다.

'이놈이 필시 등애일 것이다.'[24]

창을 꼿꼿이 잡고 달려나갔다. 두 사람이 혈기 왕성하게 30~40합을 싸웠으나 승부를 가리지 못했다. 젊은 장수의 창 쓰는 법은 조금도 흐트러짐이 없었다. 강유는 속으로 생각했다.

'계책을 쓰지 않고 어찌 이길 수 있겠는가?'

그러고는 즉시 말을 젖히더니 왼쪽 산길을 향해 달아났다. 그 젊은 장수가 말을 질주해 추격해오자 강유는 강철 창을 안장에 걸치고는 몰래 조궁을 집어 우전²⁵을 걸어 쏘았다. 그러나 그 젊은 장수는 관찰력이 좋아 어느새 강유가 살을 날리는 것을 보고는 시위 소리와 함께 몸을 앞으로 바짝 엎드렸고 우전은 스쳐 지나가고 말았다. 강유가 고개를 돌리는 순간 젊은 장수가 이미 바싹 다가와 창을 잡고 냅다 찔렀다. 강유가 잽싸게 피하자 그 창은 강유의 옆구리를 살짝 비껴 지나갔고 강유는 얼른 옆구리로 그 창을 끼웠다. 장수는 창을 버리고 자신의 본진을 향해 달아났다. 강유가 한숨을 쉬었다.

"아깝도다! 정말 아깝도다!"

다시 말을 젖혀 그 뒤를 쫓았다. 적의 진문 앞까지 추격했는데 한 장수가 칼을 들고 막으며 말했다.

"강유, 이 필부 놈아! 내 아이를 쫓지 마라. 등애가 여기 있노라!"

강유는 깜짝 놀랐다. 알고 보니 젊은 장수는 바로 등애의 아들 등충鄧忠이었다. 강유는 기묘함에 탄복했다. 등애와 싸우려 했으나 말이 지칠까 염려되어 등애에게 허세로 손가락질하며 말했다.

"내 오늘 네놈 부자를 알게 되었다. 잠시 각자 군사를 거두고 내일 결전을 벌이도록 하자."

등애 또한 전장이 이롭지 못한 것을 보고는 말고삐를 당겨 세우고 대답했다.

"그렇다면 각자 군사를 거두도록 하자. 몰래 흉계를 꾸미는 것은 대장부가 아니다."

그리하여 양군은 모두 물러갔다. 등애는 위수를 차지해 군영을 세웠고 강유는 양쪽 산에 걸터앉은 형세로 군영을 꾸렸다. 촉군의 지리와 형세를 살펴본 등애는 즉시 사마망에게 편지를 썼다.

"우린 절대 싸워서는 안 되고 견고하게 지켜야만 하오. 관중의 군사들이 당도하기를 기다리면 촉군의 군량과 마초가 모두 떨어질 것이오. 그때 삼면으로 협공한다면 승리하지 못할 이유가 없소. 지금 맏아들 등충을 보내 성을 지키는 걸 돕도록 하겠소."

그러는 한편 사마소가 있는 곳으로 사람을 보내 구원을 청했다.

강유는 사람을 시켜 등애의 군영으로 전서戰書를 보내 내일 한바탕 크게 싸우자고 약속했고 등애는 거짓으로 승낙하는 척했다. 이튿날 오경에 강유는 삼군에게 밥을 지어 먹게 하고는 날이 밝아오자 진을 벌려 세우고 기다렸다. 등애의 군영은 군기를 내려놓고 북소리도 멈추었는데 아무도 없는 것 같은 형세였다. 강유는 저녁때까지 기다리다 비로소 돌아갔다. 이튿날 또 사람을 시켜 전서를 보내 약속을 어긴 죄를 꾸짖었다. 그러자 등애는 술과 음식을 대접하며 대답했다.

"미천한 몸이 병이 생겨 대적하지 못한 잘못이 있으나 내일은 싸우리다."

이튿날 강유가 또 군사를 이끌고 나왔으나 등애는 여전히 싸우러 나오지 않았다. 이렇게 대여섯 번 반복되었다. 부첨이 강유에게 일렀다.

"이것은 틀림없이 계책이 있는 것이니 방비하셔야 합니다."

강유가 말했다.

"이것은 필시 관중의 군사가 당도할 때까지 꾸물거리다가 삼면으로 우리를 공격하려는 것이다. 내 지금 사람을 시켜 편지를 가지고 동오 손침에게 보내 협력하여 공격하도록 해야겠다."

그때 별안간 정찰 기병이 보고했다.

"사마소가 수춘을 공격해 제갈탄을 죽였고 오병이 모조리 항복했다고 합니다. 사마소는 회군하여 낙양으로 돌아갔는데 즉시 군사를 이끌고 장성을 구하러 온다고 합니다."

강유는 깜짝 놀랐다.

"위를 정벌하는 일은 또 그림의 떡이 되고 말았구나. 차라리 잠시 물러가는 것이 좋겠다."

이미 네 번이나 공적 아뢰기 어려워 탄식했는데
다섯 번째도 공을 이루지 못하여 한숨짓는구나
已嘆四番難奏績, 又嗟五度未成功

강유는 과연 어떻게 군사를 물릴 것인가?❽

제112회 제갈탄의 멸망과 거듭된 강유의 중원 정벌 실패

①

주이朱異의 어처구니없는 죽음

주이는 오나라 맹장 주환朱桓의 아들이다. 『삼국지』 「오서·주환전」에 따르면 "주이는 자가 계문季文이고 부친의 직위로 낭관郎官을 수여받았다. 후에 기도위로 임명되어 주환을 대신해 부대를 통솔했다"고 했고, "태평太平 2년(257), 주이에게 부절을 수여했고 대도독에 임명되었으며 수춘의 포위를 구원하려고 했으나 포위를 풀 수 없었다. 회군한 뒤 주이는 손침에게 억울하게 살해되었다"고 기록하고 있다. 『삼국지』 「위서·제갈탄전」에서는 "오나라 장수 주이가 두 차례나 대군을 이끌고 제갈탄 등을 영접해 여장수黎漿水(하천 명칭으로 지금의 안후이성 서우현壽縣 남쪽)를 건넜지만 주태州泰 등이 맞서 싸워 매번 오나라군의 예기를 꺾었다. 손침은 주이가 여러 차례 싸워 승리하지 못했기 때문에 크게 화를 내고 그를 죽였다"고 기록하고 있다.

또한 「오서·손량전」에 따르면 "주이는 군사들의 식량이 부족하므로 군을 인솔하여 돌아왔는데, 손침은 크게 화를 내며 9월 초하루에 확리鑊里(안후이성 차오후巢湖 서북쪽)에서 그를 죽였다"고 기록하고 있고, 「오서·손침전」에서는 "손침은 주이에게 병사 3만 명을 주고는 죽음을 무릅쓰고 싸우도록 했지만 주이가 따르지 않자 확리에서 주이를 죽였다"고 기록하고 있다.

「오서·주환전」 배송지 주 『오서』에 따르면 "손침이 주이를 만나자고 청하여 주이가 가려고 하자 육항陸抗이 걱정되어 그를 막아섰다. 그러자 주이는 '자통子通(손침의 자)은 집안사람같이 친밀할 따름이오. 어찌 의심할 필요가 있겠소?'라고 말하며 갔다. 손침이 힘이 센 자를 시켜 좌석에서 주이를 체포하도록 했다. 주이는 '나는 오나라 충신이다. 무슨 죄가 있는가!'라고 말했으나 그 자리에서 끌어내 죽이고 말았다"고 기록하고 있다.

❷

전全씨 일가의 위나라 투항

『삼국지』 「위서·종회전」에 따르면 "당초에 오나라 대장 전종全琮은 손권의 인척이면서 중신이었다(전종은 손권의 맏사위이며, 대사마, 좌장군 직분을 맡았다). 전종의 아들 전역全懌, 손자 전정全靜, 조카 전단全端, 전편全翩, 전집全緝 등은 모두 군사를 이끌고 와서 제갈탄을 구원했다.

전역의 형(전서全緒)의 아들 전휘全輝와 전의全儀는 건업에 머물러 있었는데 가족들 사이에 소송이 발생하여 모친을 모시고 수십 명의 부곡部曲을 인솔하여 장강을 건너 스스로 문왕文王(사마소)에게 귀순했다. 종회는 계책을 꾸며 비밀리에 전휘와 전의를 대신해 편지 한 통을 써서 그들의 측근을 시켜 편지를 지니고 성으로 들어가게 했다. 그러고는 전역 등에게 오나라 조정이 수춘의 포위를 풀 수 없음에 크게 진노하여 장수들의 가솔을 모조리 죽이려고 했기 때문에 도망쳐 귀순했다고 알리게 했다. 전역 등은 몹시 두려워하여 즉시 통솔하던 군대를 데리고 동쪽 성문을 열고 투항했다. 그들은 작위와 총애를 받았으며 성안을 지키던 군사들은 이 때문에 와해되기 시작했다"고 기록하고 있다.

이 기록에서는 전휘라고 했지만 소설과 「오서·손량전」 「오서·전종전」에는 '전의全褘'로 기록되어 있다.

소설에서는 전의가 위군의 형세가 대단한 데다 진퇴양난이라 위나라에 투항했다고 묘사하고 있지만 사실 전의는 이 전쟁에 참가하지도 않았으며 먼저 위로 도망쳐 귀순했고, 전씨 일가도 집안싸움으로 인해 위에 투항했다. 『진서』 「문제기」에는 "전역의 모친은 손권의 딸이며 오나라에서 죄를 지었다"고 기록하고 있다.

❸

『삼국지』 「위서·제갈탄전」에서는 다음과 같이 기록하고 있다.

"문흠의 아들 문앙과 문호文虎는 군사들을 이끌고 소성小城에 있었는데 문흠이 사망했다는 소식을 듣고는 병사들을 지휘하여 앞으로 나아가 원수를 갚으려 했지만 병사들은 그들의 명을 따르지 않았다. 문앙과 문호는 단신으로 도주하여 성벽을 넘어 나왔고 대장군에게 귀순했다. 군리軍吏들이 그들을 죽여야 한다고 요청하자 대장군이 명령을 하달했다.

'문흠의 죄는 용서할 수 없으니 죽여 마땅하고 그 아들들도 본래는 죽여야 하지만 문앙과 문호는 달아날 길이 없어서 투항했고 게다가 수춘성을 아직 함락시키지 못했는데 그들을 죽이면 오히려 성안 사람들의 저항하는 마음을 더욱 굳게 할 것이오.'"

역사 기록에 따르면 이와 같이 말을 한 이는 종회가 아니라 사마소였다.

❹

제갈탄의 멸망

『삼국지』 「위서·제갈탄전」에서는 제갈탄의 죽음과 그의 멸망에 대해 다음과 같이 기록하고 있다.

"제갈탄은 다급해지자 자신의 말을 타고 부하들을 인솔하여 작은 성문을 뚫고 나갔다. 대장군 사마 호분胡奮의 부하 병사들이 맞받아 싸워 제갈탄을 베어 죽이고 그의 수급을 도성으로 보냈으며 제갈탄의 삼족을 멸했다.

제갈탄은 감로 2년(257) 5월에 반란을 일으켜 감로 3년(258) 2월에 멸망했다. 조정의 대군은 군사 행동을 멈추고 시기를 기다리며 참호를 깊게 파고 보루를 높였다. 이에 제갈탄은 스스로 곤경에 처했고, 조정의 군대는 끝내 공격하지 않고도 승리하게 되었다."

그리고 우전의 전사에 관한 기록은 배송지 주 간보干寶의 『진기晉紀』와 『자치통감』 권77 「위기 9」에 소설과 같은 내용으로 기록되어 있다.

『세설신어』 「품조品藻」에 다음과 같은 이야기가 있다.

"제갈근과 그의 아우 제갈량, 종제從弟인 제갈탄은 모두 명성이 있었고 또한 각기 일국에서 직무를 맡았다. 당시 사람들은 촉국은 그중의 용을 얻었고, 오국은 그중의 범을 얻었고, 위국은 그중의 개를 얻었다고 여겼다."

태공太公의 『육도六韜』는 문文, 무武, 용龍, 호虎, 표豹, 견犬으로 순서를 배열했는데, 옛사람들은 '견犬(개)'의 배열을 용과 호의 아래로 봤다. 제갈탄을 개라고 표현한 것은 흔히 말하는 '개돼지'라고 한 때의 '개'의 의미로 폄하한 것이 아니라 용과 호보다는 아래라는 것을 의미한다. 이들 세 사람은 모두 국가의 공신으로 칭송받을 만했다.

❺

『삼국지』 「위서·제갈탄전」에서는 "제갈탄의 부하 수백 명은 투항하지 않았으므로 참수당했는데 모두 '제갈공을 위해 죽으니 여한이 없다'고 말했다. 제갈탄이 인심을 얻은 것이 이와 같았다"고 했고, 배송지 주 간보의 『진기』에서는 "수백 명이 손이 묶인 채 열을 지었고 한 사람씩 참수되었다. 항복을 권유했지만 끝내 굽히지 않았고 모조리 죽임을 당했다"고 기록하고 있다.

또한 『위서』에서는 "제갈탄은 상을 하사할 때 과도한 경우가 많았다. 심지어 죽을 죄를 지은 사람도 규정을 저버리면서까지 살려주었다"고 기록하고 있다.

❻

오나라 병사를 살려준 것은 종회의 건의가 아니라 사마소의 뜻이었다

『삼국지』 「위서·제갈탄전」에 다음과 같이 기록하고 있다.

"수춘을 격파하자 논의하는 자들은 회남 지구가 빈번하게 반란을 일으켰고 항복한 오나라 병사의 가족들이 강남에 있으므로 그들을 너그럽게 용서할 수 없으니 마땅히 산 채로 매장해야 한다고 주장했다. 대장군(사마소)은 자고이래로 용병이란 적국을 완전히 항복시키는 것을 상책으로 삼으며 단지 그 원흉을 죽일 뿐이라고 여겼다. 오나라 병사가 달아났다가 돌아왔으니 바로 중원의 아량이 넓음을 보여줄 기회라고 생각했다. 포로로 잡힌 오나라 병사는 한 명도 죽이지 않았으며 그들을 삼하三河 부근의 각 군郡에 분산시키고 안정되게 거주시켰다."

❼

당자唐咨는 투항한 것이 아니었다

『삼국지』「위서·제갈탄전」에서는 당자와 당자의 투항 사건에 대해 다음과 같이 기록하고 있다.

"당자는 본래 이성利城(군 명칭으로 치소는 지금의 장쑤성 롄윈강連雲港 간위贛榆구 서쪽) 사람이다. 황초 연간에 이성군에서 반란이 일어나 태수 서기徐箕를 살해하고 당자를 수령으로 추대했다. 문제文帝(조비)가 군대를 파견해 당자를 토벌하고 격파하자 당자는 바다로 도망쳐 오나라로 달아났다. 이후 관직이 좌장군에 이르렀으며 후에 봉해지고 지절持節을 수여받았다.

제갈탄과 문흠이 도륙당했을 때 당자도 사로잡혔다. 반란자 셋이 모두 잡혔으므로 천하 사람들은 크게 기뻐했다. 조정에서는 당자를 안원장군安遠將軍(대부분 투항한 장수나 변경 지구의 지방 장관을 임명했다)으로 임명하고 나머지 비장裨將(부장)들도 모두 관리의 직함과 직위를 주었으므로 오나라 사람들은 기뻐하며 복종했다. 강동도 이에 감동하여 항복한 오나라 병사들의 가족을 죽이지 않았다. 제갈탄에게 협박을 받았던 회남淮南의 장리將吏와 사민士民들은 반역한 우두머리만 죽이고 나머지는 모두 사면했다."

당자는 투항한 것이 아니라 사로잡힌 것이다.

❽

당시 강유의 출병에 관해 『삼국지』 「촉서·강유전」에서는 다음과 같이 기록하고 있다.

"연희 20년(257) 위나라 정동대장군征東大將軍 제갈탄이 회남에서 모반하자 위나라 조정은 관중 지구의 군대를 선발해 동쪽으로 돌려 난을 평정하게 했다. 강유는 그 빈틈을 타서 진천으로 진군하려 했고, 수만 명의 병마를 이끌고 낙곡駱谷으로 출병하여 곧장 심령沈嶺에 도달했다. 당시 장성長城에는 곡식이 아주 많이 저장되어 있었지만 지키는 군사가 많지 않아 강유의 군대가 곧 도달한다는 소식을 듣고는 모두 매우 당황하며 두려워했다. 위나라 대장 사마망이 군대를 통솔하여 나와 막았고 등애 또한 농우에서 달려와 장성에 주둔했다.

강유는 망수芒水(지금의 산시陝西성 저우즈周至 동남쪽에 있으며 친링秦嶺 북쪽에서 발원하여 북쪽의 웨이허渭河강으로 유입된다)로 나아가 산에 의지하여 군영을 세웠다. 사마망과 등애는 위수渭水에 의지해 군영을 세우고 굳게 지켰고, 강유가 여러 차례 도전했지만 응하지 않았다.

경요景耀 원년(258) 강유는 제갈탄이 패했다는 소식을 듣고는 즉시 철군하여 성도로 돌아갔다. 조정에서는 강유를 다시 대장군으로 임명했다."

이 기록에 따르면 소설과는 다르게 양측이 접전을 벌이지 않았음을 알 수 있다.

강유와 등애의 진법 대결

정봉은 계책을 정해 손침을 베고,
강유는 진법을 다투어 등애를 깨뜨리다

丁奉定計斬孫綝,
姜維鬪陣破鄧艾

위의 구원병이 당도할까 두려워한 강유는 먼저 군용 기구와 수레, 일체의 군수품과 보병들을 먼저 물러나게 한 다음 마군으로 뒤를 끊게 했다. 정탐 꾼이 어느새 이 사실을 등애에게 보고했다. 등애가 웃으며 말했다.

"강유는 대장군이 오는 것을 알고 먼저 물러가는 것이다. 쫓을 필요는 없다. 추격에 나서면 저들의 계책에 걸려들 것이다."

즉시 사람을 시켜 정탐을 했더니 과연 낙곡의 협소한 곳에 땔감을 쌓아놓고 추격병을 불태울 준비를 하고 있었다. 모두 등애를 칭송했다.

"장군은 참으로 정확하게 예측하십니다!"

즉시 사자에게 표문을 가지고 가서 아뢰게 했다. 이에 사마소는 크게 기뻐하며 또 등애에게 상을 내리도록 천자께 아뢰었다.

한편 동오의 대장군 손침은 전단과 당자 등이 위나라에 항복했다는 소식을 듣고는 벌컥 성을 내며 그들의 가솔을 모조리 잡아 참수시켰다. 오주 손량은 이때 나이 16세였는데 손침이 지나치게 사람을 죽이는 것을 보고는 속으로 몹시 옳지 않게 여겼다. 하루는 손량이 서원西苑에 나갔다가 매실이 먹고 싶어 환관에게 꿀을 가져오도록 했다. 잠시 후 꿀을 가져왔으나 꿀 속에 쥐똥이 몇 개 들어 있자 물품 보관을 책임지는 관리인 장리藏吏를 불러 꾸짖었다. 장리가 머리를 조아리며 말했다.

"신이 빈틈없이 아주 단단히 밀봉했는데 어찌 쥐똥이 있겠습니까?"

손량이 말했다.

"환관이 네게 꿀을 먹겠다고 달라고 한 적이 있었느냐?"

장리가 말했다.

"며칠 전에 환관이 꿀을 달라고 한 적이 있었는데 신은 진실로 감히 주지 못했습니다."

손량이 환관을 가리키며 말했다.

"이것은 틀림없이 네가 장리에게 꿀을 받지 못한 것에 화가 나 일부러 꿀 속에 쥐똥을 넣어 그를 함정에 빠뜨리려 한 것이다!"

환관은 인정하지 않았다. 그러자 손량이 말했다.

"이 일은 쉽게 알 수 있다. 만약 쥐똥이 꿀 속에 오래 있었다면 겉과 속이 모두 젖어 있을 것이나, 꿀 속에 있은 지 얼마 안 되었다면 겉은 젖어 있어도 속은 말라 있을 것이다."

쥐똥을 쪼개라 명하고 살펴보자 과연 속이 말라 있었다. 그제야 환관은 죄를 시인했다. 손량의 총명함은 대체로 이와 같았다. 비록 총명하기는 했으나 손침이 틀어쥐고 있어 손량은 자신의 주장을 펼칠 수가 없었다. 손침은 아우인 위원장군[1] 손거孫據를 창룡문[2]으로 들여보내 궁궐을 경호하게 했고 무위장군武衛將軍 손은孫恩, 편장군 손간孫幹, 장수교위 손개孫闓를 나누어 각 군영에 주둔하게 했다.

어느 날 오주 손량이 우두커니 앉아 있었고 황문시랑 전기全紀가 곁에 있었다. 전기는 바로 손량의 국구國舅(처남)였다. 손량이 울면서 말했다.

"손침이 권력을 독점하고 함부로 사람을 죽이는 데다 짐을 기만하는 것이 몹시 심하니 지금 그를 도모하지 않으면 반드시 훗날 우환거리가 될 것이오."

전기가 말했다.

"폐하께서 신을 쓰실 곳이 있으시면 신은 만 번 죽어도 사양하지 않겠습니다."

손량이 말했다.

"경은 지금 금군을 점검하여 일으켜 장군 유승劉丞과 함께 각자 성문을 지키시오. 짐이 직접 나가 손침을 죽이겠소. 다만 경의 모친이 바로 손침의 누이동생이니 이 일을 절대로 경의 모친이 알게 해서는 안 되오. 만일 새나가기라도 하면 짐의 잘못이 가볍지 않게 될 것이오."

전기가 말했다.

"바라건대 폐하께서는 신에게 조서를 내려주십시오. 일을 일으킬 때 신이 사람들에게 조서를 보여줘야 손침의 수하가 감히 함부로 움직이지 못할 것입니다."

그 말에 따라 손량은 즉시 비밀 조서를 써서 전기에게 건넸다. 조서를 받은 전기는 집으로 돌아가 은밀히 그의 부친인 전상全尙에게 알렸다. 그 일을 알게 된 전상은 바로 그의 처에게 말했다.

"사흘 내로 손침을 죽인다고 하오."

그 처가 말했다.

"죽이는 것이 옳지요."

입으로는 그렇게 응했으나 도리어 사람을 시켜 편지를 보내 손침에게 알렸다.❶

손침은 크게 노하여 그날 밤 즉시 네 아우를 불러 정예병을 점검한 후 군사를 일으켜 먼저 궁전부터 포위했다. 그러고는 전상과 유승 및 그의 가솔을 모조리 잡아들였다. 새벽에 오주 손량은 궁문 밖에서 징과 북이 크게 진동하는 소리를 들었다. 내시가 황급히 들어와 아뢰었다.

"손침이 군사들을 이끌고 내원內苑(황궁의 정원)을 포위했습니다."

크게 화가 난 손량이 전황후全皇后를 가리키며 욕했다.

"네 아비와 오라비가 나의 큰일을 망치고 말았구나!"

바로 검을 뽑아 들고 나가려고 했다. 전황후와 가까이 모시는 신하 모두가 그의 옷을 잡아끌며 울면서 손량을 나가지 못하게 했다. 손침은 먼저 전상과 유승 등을 죽이고는 문무관원들을 조정 안으로 불러 명령을 하달했다.

"주상은 주색에 빠져 병든 지 오래되었고 정신마저 혼미하여 법도가 없어져 종묘를 받들 수 없으니 지금 폐해야 마땅하오. 그대 문무관원들 중 감히 따르지 않는 자가 있다면 반역을 꾀한 것으로 여기겠소!"

관원들은 두려워하며 대답했다.

"원컨대 장군의 명을 따르겠습니다."

상서 환이³가 크게 노하여 반열 안에서 꼿꼿하게 나오더니 손침을 가리키며 욕설을 퍼부었다.

"금상께서는 총명한 군주이신데 네가 어찌 감히 그런 망발을 지껄인단 말이냐! 내 차라리 죽을지언정 역신의 명은 따르지 않겠노라!"

손침은 크게 노하여 직접 검을 뽑아 환이를 베고는 즉시 내전으로 들어가 오주 손량을 가리키며 욕을 했다.

"이 무도한 혼군[4]아! 본래는 죽여서 천하에 사죄해야 마땅하지만 선제의 면목을 보아 너를 폐하여 회계왕會稽王으로 삼고 내 직접 덕이 있는 자를 골라 세우리라!"

중서랑 이숭李崇에게 호통을 쳐 인수를 빼앗게 하고 등정鄧程에게 거두게 했다. 손량은 통곡하며 떠났다. 이에 대해 후세 사람이 탄식한 시가 있다.

어지럽힌 역적이 이윤[5]을 모함하고
간사한 신하가 곽광[6]을 사칭하도다
가련하고 불쌍하도다 총명한 군주여
조당에 나가 군림할 수 없게 되었네
亂賊誣伊尹, 奸臣冒霍光
可憐聰明主, 不得莅朝堂 ❷

손침은 종정[7] 손해孫楷와 중서랑 동조董朝를 파견하여 호림[8]으로 가서 낭야왕琅琊王 손휴孫休를 청해 맞아들여 군주로 삼았다. 손휴는 자가 자열子烈이고 손권의 여섯째 아들이다. 그는 호림[9]에서 간밤에 용을 타고 하늘로 오르는 꿈을 꾸었는데 뒤돌아보니 용의 꼬리가 보이지 않아 놀라 꿈에서 깼다. 이튿날 손해와 동조가 와서는 절을 올리며 도성으로 돌아가자고 청했다. 곡아[10]에 이르렀을 때 성이 간干, 이름이 휴休라 하는 노인이 나타나더니 머리를 조아리며 말했다.

"일이란 시일이 오래 지나면 반드시 변고가 생기는 것이니 원컨대 전하께서는 속히 행차하소서."

손휴가 그에게 감사했다. 포색정[11]에 이르자 손은이 어가를 몰고 와서 영접했다. 손휴는 감히 어가를 타지 못하고 작은 수레에 앉아 들어갔다. 백관이 길옆에서 절을 올리며 영접하자 손휴는 황급히 수레에서 내려 답례했다. 손침이 나와서 부축해 일으켜 모시라 명하고는 대전으로 들어가도록 청했고 어좌에 오르게 한 다음 천자로 즉위시켰다. 손휴는 재삼 겸양하고서야 비로소 옥새를 받았다. 문관과 무장들이 알현하고 경하를 마치자 천하에 사면령을 내리고 영안永安 원년(258)으로 개원했다. 손침을 승상, 형주목으로 봉하고, 관원들에게 각기 상을 내렸으며, 또한 형의 아들[12]인 손호孫皓를 오정후烏程侯로 봉했다. 손침 일가에는 다섯 제후가 나오고 모두 금군을 관장하여 권세가 군주를 압도했다. 오주 손휴는 변고가 일어날까 두려워 표면적으로는 은총을 보였으나 안으로는 그들을 방비했다. 손침의 거만함과 난폭함은 더욱 심해졌다. ❸

12월, 손침이 소고기와 술을 받들고 궁으로 들어가 상수[13]를 했으나 오주 손휴가 받지 않았다. 손침은 노하여 소고기와 술을 가지고 좌장군 장포張布의 부중으로 찾아가 함께 마셨다. 술이 거나하게 취하자 장포에게 일렀다.

"내가 처음에 회계왕을 폐할 때 모두 내게 군주가 되라고 권했소. 그러나 나는 금상이 현명하다고 여겨 그를 세운 것이오. 오늘 내가 장수를 축원하는 소고기와 술을 올렸다가 거절당했으니 이는 나를 함부로 대접하는 것이오. 내 조만간 제대로 가르쳐주겠소!"

그 말을 들은 장포는 "예, 예" 할 따름이었다. 이튿날 장포가 궁으로 들어가 손휴에게 은밀하게 그 일을 아뢰었다. 손휴는 크게 두려워하며 밤낮으로 불안해했다. 며칠 뒤에 손침이 중서랑 맹종孟宗을 보내 중군 군영에서 관할하는 정예병 1만5000명을 선발해 무창으로 나가 주둔하게 했고, 또 병기 창고의 무기를 모두 그에게 주었다.[14] 이에 장군 위막魏邈과 무위사武衛士 시삭

施朔이 손휴에게 이 일을 아뢰었다.

"손침이 군사들을 밖으로 배치하고 또 무기고 안의 군용 기구를 모두 옮기는 걸 보니 조만간 틀림없이 변란을 일으킬 것 같습니다."

깜짝 놀란 손휴는 급히 장포를 불러 계책을 의논했다. 장포가 아뢰었다.

"노장 정봉丁奉은 모략이 뛰어난 데다 큰일을 판단할 수 있으니 그와 상의해보십시오."

손휴는 이에 정봉을 궁으로 불러 은밀히 그 일을 알렸다. 정봉이 아뢰었다.

"폐하께서는 염려 마십시오. 신에게 한 가지 계책이 있으니 나라를 위해 해로운 자를 제거하겠습니다."

손휴가 어떤 계책이냐고 묻자 정봉이 말했다.

"내일은 납일¹⁵이니 그것을 구실로 군신들을 모이게 하고 손침을 그 자리에 오도록 부르시면 신이 알아서 처리하겠습니다."

손휴는 크게 기뻐했다. 정봉은 위막, 시삭과 함께 바깥일을 관장하고 장포는 안에서 호응하기로 했다.

그날 밤 광풍이 크게 일더니 모래가 날리며 돌이 굴렀고 오래된 나무들이 뿌리째 뽑혀나갔다. 날이 밝아지자 바람도 잠잠해졌다. 사자가 성지聖旨(황제의 명령)를 받들어 손침에게 입궁하여 연회에 참석하라 청했다. 손침이 막 침상에서 일어나다가 평지에서 사람에게 떠밀린 것처럼 넘어지자 속으로 불쾌해했다. 사자 10여 명이 둘러싸고 궁으로 들어가려 하자 집안사람이 그를 말렸다.

"지난밤에 광풍이 그치지 않더니 오늘 아침에는 또 까닭 없이 놀라 넘어지셨습니다. 길조가 아닌 것 같아 걱정되니 연회에 참석해서는 안 됩니다."

손침이 말했다.

"내 형제들이 모두 금군을 관장하고 있는데 누가 감히 내게 접근하겠느냐! 만일 변란이라도 생기면 부중에 불을 질러 신호를 보내거라."

당부를 마치고는 수레에 올라 궁으로 들어갔다. 오주 손휴가 황망히 어좌에서 내려가 그를 맞이하고 손침을 높은 자리로 청했다. 술이 몇 순배 돌자 사람들이 놀라며 말했다.

"궁 밖에 멀리 불길이 일어나고 있습니다!"

손침이 바로 자리에서 일어나려 하자 손휴가 말리며 말했다.

"승상께서는 편안히 앉아 계십시오. 밖에 군사가 많은데 두려워하실 필요가 있겠습니까?"

말이 끝나기도 전에 좌장군 장포가 손에 검을 뽑아 들고 무사 30여 명을 이끌고는 어전으로 우르르 올라오더니 엄하게 소리쳤다.

"조서가 있으니 역적 손침을 체포하라!"

손침이 급히 달아나려 했으나 어느새 무사들에게 사로잡히고 말았다. 손침이 머리를 조아리며 아뢰었다.

"원컨대 사직하고 교주交州로 돌아가 밭이나 갈겠습니다."

손휴가 큰 소리로 꾸짖었다.

"너는 어찌하여 등윤, 여거, 왕돈을 귀양 보내지 않고 죽였단 말이냐?"

그러고는 끌어내 참수하라 명했다. 장포가 손침을 대전 동쪽으로 끌어내 참수하자 그를 따르던 자들은 모두 감히 움직이지 못했다. 장포가 조서를 선포했다.

"죄는 손침 한 사람에게 있으니 나머지는 모두 죄를 묻지 않겠노라."

사람들은 이내 마음을 놓고 안심했다. 장포는 손휴를 오봉루五鳳樓에 오르도록 청했다. 정봉, 위막, 시삭 등이 손침의 형제들을 사로잡아 끌고 오자 손휴는 모조리 저잣거리에서 참수시키라 명했다. 죽은 자가 수백 명이나 되었고 삼족까지 멸족당했다. 또 군사들에게 명하여 손준의 무덤을 파헤쳐 그 시신의 머리를 자르게 했다. 그들에게 해를 입은 제갈각, 등윤, 여거, 왕돈 등의 집안에는 무덤을 중건하고 그들의 충성을 기리게 했으며, 연루되어 멀리 유배된 사람들은 모두 사면하여 고향으로 돌아가도록 했다. 정봉 등에게는 무거운 상을 내리고 관직을 더해줬다.❹

성도에도 급히 서신을 보내 이 소식을 알렸다. 후주 유선이 사자를 보내 축하하자 오나라는 사신 설후薛珝(설종의 아들)를 보내 답례했다. 설후가 돌아오자 오주 손휴는 촉중에서 근래에 무슨 움직임이 있는지 물었다. 설후가 아뢰었다.

"근래에 중상시 황호黃皓가 권력을 장악하고 있는데 공경 대부분이 그에게 아부하고 있습니다. 조정에 들어가면 직언을 들을 수 없고, 들판을 지나면 백성에게 굶주린 기색이 돕니다. 이른바 '제비와 참새가 대청에 둥지를 짓고 안전한 줄 알고 큰 집에 불이 난 것도 모른다燕雀處堂, 不知大廈之將焚'는 말과 같은 상황입니다."

손휴가 탄식했다.

"제갈무후가 살아 있었다면 어찌 그 지경에 이르렀겠는가!"

이에 다시 국서國書를 써서 사람을 시켜 성도로 들어가 전달하게 했는데, 사마소가 머지않아 위나라를 찬탈할 것이고 그리되면 반드시 오와 촉을 침범하여 위세를 떨쳐 보일 것이니 피차 준비를 해야 한다는 내용이었다.

그 서신의 내용을 들은 강유는 즐거워하며 표문을 올리고 다시 출정하여 위를 정벌할 일을 의논했다. 이때가 촉한 경요景耀 원년(258) 겨울로, 대장군 강유는 요화와 장익을 선봉, 왕함王含과 장빈蔣斌(장완의 아들)을 좌군, 장서蔣舒와 부첨을 우군, 호제胡濟를 후군으로 삼고, 강유 자신은 하후패와 함께 중군을 총지휘하기로 하고 촉병 20만 명을 일으켰다. 후주에게 절을 올려 하직을 고하고 곧장 한중으로 갔다. 하후패와 더불어 먼저 어느 곳을 취해야 할지 상의했다. 하후패가 말했다.

"기산은 바로 무력을 사용해야 하는 곳으로 군사를 진격시켜야 합니다. 승상께서 지난날 여섯 번이나 기산을 나간 것은 다른 곳으로는 나갈 수 없기 때문이었습니다."

강유는 그 말을 따르기로 하고 즉시 삼군에게 기산을 향해 진군하라 명하고는 골짜기 입구에 이르러 군영을 세웠다.

이때 등애는 기산 군영 안에 있으면서 농우의 병사들을 점검하고 있었다. 그때 별안간 유성마가 당도하여 촉군이 골짜기 입구에 세 개의 군영을 세웠다고 보고했다. 그 소식을 들은 등애는 즉시 높은 곳으로 올라가 살펴보고는 군영으로 돌아와 부하들을 군막으로 소집하고 크게 기뻐하며 말했다.

"내 짐작에서 벗어나지 않는군!"

알고 보니 등애는 미리 지맥을 헤아리고는 촉병이 군영을 세워둘 만한 땅을 남겨두었던 것이다. 그러고는 일찌감치 기산 군영에서 곧장 촉의 군영까지 땅속에 땅굴을 파놓아 촉병이 오기를 기다렸다가 그 땅굴로 일을 벌이려 했다. 이때 골짜기 입구에 당도한 강유가 세운 세 개의 군영 중에서 땅굴은 바로 왼쪽 군영 한가운데에 있었는데 바로 왕함과 장빈이 군영을 세운 곳이었다. 등애는 아들 등충을 불러 사찬과 함께 각기 1만 명의 군사를 이끌고 좌우로 치고 들어가게 했고, 부장 정륜鄭倫을 불러 500명의 땅굴 파는 굴자군掘子軍을 이끌고 그날 밤 이경에 곧장 땅굴을 통해 촉의 왼쪽 군영으로 가서 군막 뒤쪽 땅굴로부터 쏟아져 나오게 했다.

한편 왕함과 장빈은 아직 군영이 세워지지 않았기에 위병이 급습해올까 걱정되어 갑옷을 벗지 않고 잠을 잤다. 그때 별안간 중군에서 크게 어수선한 소리가 들리자 급히 병기를 집어 들고 말에 오르는데 군영 밖에서 등충이 군사를 이끌고 쳐들어왔다. 안팎으로 협공을 당한 왕함과 장빈은 죽을힘을 다해 적을 막았으나 당해낼 수 없자 군영을 버리고 달아났다. 군막 안에 있던 강유는 왼쪽 군영 안에서 외치는 소리가 들리자 안팎에서 협력하는 병사가 있는 것으로 짐작하고는 급히 말에 올라 중군 군막 앞에 서서 명령을 전달했다.

"함부로 행동하는 자가 있다면 목을 치겠다! 적군이 군영 가까이 다다르면 다른 것은 물을 필요도 없이 주저하지 말고 활과 쇠뇌를 쏘도록 하라!" 오른쪽 군영에도 명을 전달하는 한편 역시 함부로 행동하는 것을 불허했다. 과연 위병들이 10여 차례나 돌격해왔지만 모두 쏘아대는 화살과 쇠뇌로 인해 돌아갔다. 날이 밝을 때까지 부딪쳐온 위병들은 감히 뚫고 들어오지 못했다. 군사를 거두고 군영으로 돌아온 등애는 탄식했다.

"강유가 공명의 병법을 깊이 터득했구나! 병사들은 밤인데도 놀라지 않고 장수들은 변고를 들었어도 혼란에 빠지지 않으니 참으로 장수의 재능을 갖추었다!"

이튿날 왕함과 장빈이 패잔병을 모아놓고 본영 앞에서 엎드려 죄를 청했다. 강유가 말했다.

"그대들의 죄가 아니라 내가 지맥을 살피지 않았기 때문이다."

다시 군마를 뽑아 두 명의 장수에게 주며 군영을 마저 세우게 했다. 상처를 입어 죽은 시신들을 땅굴 속에 메우고 흙으로 덮었다. 사람을 시켜 등애에게 전서를 보내 내일 단독으로 맞붙자고 했고 등애도 즐거워하며 그렇게 하기로 했다.

이튿날 양군이 기산 앞에 늘어섰다. 강유는 무후의 팔진법에 따라 하늘 天, 땅地, 바람風, 구름雲, 새鳥, 뱀蛇, 용龍, 호랑이虎 형상에 의거해 진을 펼쳤다. 등애가 말을 몰아 나와 강유가 포진한 팔괘를 보더니 이내 그 또한 팔진법을 펼쳤는데 좌우 앞뒤의 문이 똑같았다. 강유가 창을 잡고 발을 구르며 크게 소리 질렀다.

"네놈이 내가 배열한 팔진을 모방했는데 진을 변화시킬 수도 있느냐?"

등애가 웃으면서 말했다.

"너는 이 진을 단지 너만 펼칠 수 있다고 말하는 것이냐? 내 이미 진을 펼칠 수 있는데 어찌 진을 변화시킬 줄 모르겠느냐!"

등애는 즉시 말을 채찍질하며 자신의 진으로 들어가더니 법을 집행하는 관리를 시켜 깃발을 좌우로 흔들게 하자 64개의 문으로 변했다. 그러고는 다시 진 앞으로 나와 말했다.

"내가 진을 변화시키는 법이 어떠하냐?"

강유가 말했다.

"비록 틀리지는 않았으나 네가 감히 나의 팔진을 에워쌀 수 있겠느냐?"

등애가 말했다.

"못할 게 뭐 있겠느냐!"

양군이 각기 대오에 따라 전진했다. 등애는 중군에 있으면서 지시했다. 양군이 충돌했으나 진법은 조금도 흐트러지지 않았다. 이때 강유가 중간 지점에 이르러 깃발을 한 번 흔들자 별안간 긴 뱀이 땅에 붙어 맹렬히 앞으로 밀고 나가는 것 같은 '장사권지진長蛇卷地陣'으로 변하면서 등애를 한가운데로 몰아넣어 곤란에 빠뜨렸고 사방에서 함성이 크게 진동했다. 그 진을 모르는 등애는 속으로 깜짝 놀랐다. 촉병들이 점점 조이며 몰아넣었고 등애는 장수들을 이끌고 부딪쳤으나 빠져나올 수가 없었다. 촉병들이 일제히 외치는 소리만 들릴 뿐이었다.

"등애는 어서 항복하라!"

등애는 하늘을 우러러 길게 탄식했다.

"내 잠시 능력을 뽐내려다 강유의 계책에 빠지고 말았구나!"

그때 별안간 서북쪽 모퉁이에서 군사들이 치고 들어왔다. 등애가 보니 위병이라 즉시 기세를 몰아 뚫고 나갔다. 등애를 구한 자는 다름 아닌 사마망이었다. 그러나 등애를 구출했을 때 기산의 아홉 개 군영은 이미 모조리 촉병에게 빼앗긴 후였다.

등애는 패잔병을 이끌고 위수 남쪽으로 물러나 군영을 세웠다. 등애가 사마망에게 일렀다.

"공은 어찌 이 진법을 알고 나를 구출했소?"

사마망이 말했다.

"내가 어려서 형남荊南[16]에서 유학할 때 최주평崔州平, 석광원石廣元과 벗으로 지냈는데 이 진법을 논한 적이 있었소. 오늘 강유가 변화시킨 것은 바로 '장사권지진'이오. 만약 다른 곳을 친다면 틀림없이 깨뜨릴 수 없을 것이오. 내 그 머리가 서북쪽에 있는 것을 보고 서북쪽에서 공격했기에 저절로 깨진 것이오."

등애가 감사했다.

"내 비록 진법을 배우기는 했으나 실로 진을 변화시키는 법은 모르오. 공은 이 진법을 알고 있으니 내일 이 진법으로 기산의 군영을 다시 빼앗는 것은 어떠하오?"

사마망이 말했다.

"내가 배운 것으로 강유를 속이지 못할까 걱정되오."

등애가 말했다.

"내일 공이 진에 있으면서 그와 진법을 다투면 나는 일군을 거느리고 기산의 뒤쪽을 몰래 습격하겠소. 양쪽에서 혼전이 벌어지면 옛 군영을 빼앗을 수 있을 것이오."

이에 명하여 정륜을 선봉으로 삼고 등애 자신은 군사를 이끌고 산 뒤쪽을 기습하기로 했다. 그리는 한편 사람을 시켜 강유에게 전서를 보내 내일 진법을 겨루자고 했다. 강유는 승낙하고 사자를 돌려보낸 다음 이내 장수들에게 일렀다.

"내가 무후께서 전해주신 밀서를 받았는데 이 진을 변화시키는 법은 모두 365가지이며 천체가 한 바퀴 돌아 제자리로 돌아오는 주천周天의 수에 따른 것이오. 지금 내게 진법을 겨루자고 싸움을 거는 것은 바로 노반의 집 앞에서 도끼질[17]하는 것뿐이오! 그러나 그 속에 틀림없이 속이는 간사한 계책이 있을 것인데 공들은 그것을 아시겠소?"

요화가 말했다.

"이것은 필시 우리를 속여 진법을 겨루면서 도리어 일군을 이끌고 우리 뒤를 습격하려는 수작입니다."

강유가 웃으면서 말했다.

"내 의견도 바로 그러하오."

즉시 장익과 요화에게 군사 1만 명을 이끌고 산 뒤쪽으로 가서 매복하게 했다.

이튿날 강유는 아홉 개 군영의 병사를 모두 거두어 기산 앞에 포진시켰다. 사마망은 군사들을 거느리고 위수 남쪽을 떠나 곧장 기산 앞으로 와서는 말을 몰아 나와 강유와 대화를 나누었다. 강유가 말했다.

"네가 나와 진법을 겨루자고 청했으니 먼저 내게 진을 펼쳐 보이거라."

사마망이 팔괘의 진을 펼쳤다. 강유가 웃으며 말했다.

"이것은 내가 펼친 팔진의 법인데 네가 지금 도적질해 그대로 베끼고는 어찌 기이하다고 하겠느냐!"

사마망이 말했다.

"너 또한 다른 사람의 진법을 도둑질한 것뿐이다!"

강유가 말했다.

"이 진법에는 몇 가지 변화가 있느냐?"

사마망이 웃으면서 말했다.

"내 이미 펼칠 수 있는데 어찌 변화시킬 수 없겠느냐? 이 진법에는 81가지의 변화가 있느니라."

강유가 웃으면서 말했다.

"한번 변화시켜보거라."

사마망이 진으로 들어가 몇 차례 변화를 시키더니 다시 진을 나와 말했다.

"너는 내가 변화시킨 법을 아느냐?"

강유가 웃으면서 말했다.

"내 진법은 주천의 수에 따라 365가지로 변하느니라. 너 같은 우물 안 개구리가 어찌 현묘한 이치를 알겠느냐!"

사마망 자신도 진을 변화시키는 법을 알고 있었지만 사실 완전히 배운 적이 없어 이내 억지를 부리며 변명했다.

"내 믿지 못하겠으니 네가 변화시켜보거라."

강유가 말했다.

"등애에게 나오라고 하라. 내 그자에게 진 펼치는 것을 보여주겠다."

사마망이 말했다.

"등장군은 스스로 훌륭한 계책이 있어 진법을 좋아하지 않는다."

강유가 껄껄 웃었다.

"무슨 훌륭한 계책이 있겠느냐! 네게 나를 속여 여기서 진을 펼치게 하고는 군사를 이끌고 우리 산 뒤쪽을 급습하려는 것에 불과할 뿐이겠지!"

사마망이 깜짝 놀라 군사를 진격시켜 혼전을 벌이려는데 강유가 채찍 끝으로 한번 가리키자 양쪽 날개의 병사들이 먼저 나오면서 들이쳤다. 위병들은 갑옷을 버리고 창을 던지고는 각자 목숨을 건지고자 달아났다.

한편 등애는 선봉 정륜을 재촉하며 산 뒤쪽으로 기습하러 갔다. 정륜이 막 산모퉁이를 돌아가려는데 별안간 '쾅!' 하는 포성이 울리더니 고각 소리가 요란하게 하늘을 진동시키며 복병이 쏟아져 나왔다. 앞장선 대장은 바로 요화였다. 두 사람이 대화를 나눌 새도 없이 말이 서로 어우러졌고 요화가 한 칼에 정륜을 베어 말 아래로 떨어뜨렸다. 등애가 깜짝 놀라 급히 군사들을 거느리고 물러나려 할 때 장익이 일군을 이끌고 들이쳤다. 양쪽에서 협공을 하자 위병은 대패하고 말았다. 등애는 목숨을 돌보지 않고 뚫고 나갔으나 몸에 네 대의 화살을 맞았다. 위수 남쪽 군영으로 달아났을 때 사마망 또한 당도해 있었다. 두 사람은 군사를 물릴 대책을 상의했다. 사마망이 말했다.

"근래에 촉주 유선이 환관 황호를 총애하여 밤낮으로 주색에 빠져 즐거움으로 삼는다고 하오. 반간계를 써서 촉주가 강유를 돌아오도록 부르게 한다면 이 위태로움을 해결할 수 있을 것이오."

등애가 모사들에게 물었다.

"누가 촉으로 들어가 황호와 통해보겠소?"

말이 미처 끝나기도 전에 한 사람이 대답했다.

"제가 가기를 원합니다."

동애가 보니 바로 양양 사람 당균黨均이었다. 등애가 크게 기뻐하며 즉시 당균에게 황금과 진주 보배들을 가지고 곧장 성도로 가서 황호와 친분을 맺어 강유가 천자를 원망하여 오래지 않아 위나라에 투항할 것이라는 터무니없는 소문을 퍼뜨리게 했다. 그리하여 성도 사람들은 모두가 같은 말을 하게 되었다. 황호가 후주에게 그것을 아뢰자 즉시 사람을 파견해 밤새 달려가 강유를 조정으로 돌아오게 했다.

한편 강유는 연일 싸움을 걸었으나 등애는 굳게 지키기만 하고 싸우러 나오지 않았다. 강유는 속으로 몹시 의심이 들었다. 그때 느닷없이 천자의 명을 받든 사자가 당도하여 강유를 조정으로 불러들였다. 무슨 일인지 알지 못한 강유는 어쩔 수 없이 회군하여 조정으로 돌아가는 수밖에 없었다. 강유가 계책에 떨어진 것을 안 등애와 사마망은 즉시 위남의 병사들을 이끌고 그 뒤를 들이쳤다.

악의는 제나라를 치다가 이간질을 당해 막혔고[18]
악비는 적을 깨뜨리다 중상모략으로 돌아왔네[19]
樂毅伐齊遭間阻, 岳飛破敵被讒回

승패는 어떻게 될 것인가?❺

제113회 강유와 등애의 진법 대결

❶

『삼국지』「오서·손침전」에 "손량의 비는 손침의 사촌 누나의 딸이므로 이 비밀 모의를 손침에게 알렸다"고 기록하고 있다.

❷

손량이 손침을 제거하려 했던 이유

소설에서 손량은 손침이 지나치게 사람을 죽이는 것을 보고는 속으로 몹시 옳지 않다고 생각했고 나중에 우환거리가 될 것이라 여겨 손침을 제거하려 한다고 이야기를 전개시킨다. 이 사건에 대해 역사는 다음과 같이 기록하고 있다.

『삼국지』「오서·손침전」에서는 "손침이 제갈탄을 구출하지 못하고 또 병사와 장수 할 것 없이 죽거나 다친 데다 군대의 명장을 죽이자 그를 원망하지 않는 이가 없었다. 손량이 직접 조정의 사무를 처리하기 시작했고 여러 차례 자신에게 책망하고 따져 묻자 손침은 몹시 두려워했다. 건업으로 돌아온 뒤에 병을 핑계로 조정에 들어가지 않고 주작교朱雀橋(부교 명칭으로 길이는 90보, 폭은 6장으로 위급할 때 끊을 수 있게 되어 있다) 남쪽에 궁실을 짓고 아우 위원장군 손거孫據를 파견해 창룡문蒼龍門에 진입시켜 궁궐을 경호하게 했고, 아우 무위장군 손은孫恩, 편장군 손간孫幹, 장수교위 손개孫闓를 나누어 각 군영을 지키게 했으며 조정에서 독단적으로 결정하고 자신의 세력을 공고히 하려 했다.

손량은 공주 노반魯班, 태상 전상全尙(전상의 딸이 손량의 부인이다), 장군 유승과 상의하여 손침을 주살하려 했다"고 기록하고 있다.

또한 「오서·손량전」에서는 "태평太平 3년(258), 손량은 손침의 권력 독점과 방자함을 보고 태상 전상, 장군 유승과 함께 손침을 주살하려고 비밀로 모의했다.

9월 26일에 손침은 군사를 인솔하여 전상을 체포하고 아우 손은을 보내 창룡문 밖에서 유승을 공격하여 죽였다. 손침은 황궁 정문에서 대신들을 소집하여 손량을 폐위시키고 낮춰 회계왕으로 삼았는데 그때 손량의 나이 16세였다"고 기록하고 있다.

손량의 사망

손량은 폐위되고 2년 뒤에 죽게 된다. 『삼국지』 「오서·손휴전」에 따르면 "영안永安 3년(260), 회계군에서 회계왕 손량이 장차 도성으로 돌아가 천자가 될 것이라는 유언비어가 떠돌았고, 또 동시에 손량이 무당을 보내 기도하도록 했는데 기도하는 말 속에 악독한 말이 들어 있다고 손량의 궁인宮人이 고발했다. 유관 관서장이 상황을 상부에 보고했고 손량을 파면하여 후관侯官(현 명칭으로 치소는 푸젠성 푸저우福州)의 후侯로 삼고는 그를 후국侯國으로 보냈다. 손량은 가는 도중 자살했고 호송을 담당했던 인원들은 죄를 다스려 주살되었다"고 기록하고 있다.

❸

손권의 일곱 아들의 행적

	이름	작위	사망 사유 및 비고
첫째	손등孫登	태자	241년, 33세에 병사
둘째	손려孫慮		232년, 20세에 병사 건창후建昌侯로 봉했으나 아들이 없어 사망 후에 봉읍이 취소됨
셋째	손화孫和	태자, 남양왕南陽王	252년, 30세 때 손준孫峻이 죽음을 내림 아들 손호孫皓가 제4대 황제 즉위

넷째	손패孫霸	노왕魯王	250년, 손권이 자살을 명함
다섯째	손분孫奮	제왕齊王	270년, 손호에 의해 주살됨
여섯째	손휴孫休	낭야왕琅邪王	제3대 황제. 264년, 30세에 병사
일곱째	손량孫亮	태자太子, 회계왕	제2대 황제. 260년, 18세에 자살. 손침孫綝에 의해 폐위

❹

손침의 몰락

손침의 몰락에 대한 소설 내용은 정사 자료와 거의 비슷하다. 『삼국지』「오서·손침전」에서는 다음과 같이 기록하고 있다.

"정봉과 장포는 수하들에게 눈짓하여 손침을 결박하도록 했다. 손침은 머리를 조아리며 말했다.

'원컨대 교주로 귀양 보내주십시오.'

손휴가 말했다.

'너는 어찌 등윤과 여거를 귀양 보내지 않았는가?'

손침이 다시 말했다.

'바라건대 관가官家의 노예가 되도록 해주십시오.'

손휴가 말했다.

'어째서 등윤과 여거는 관노로 만들지 않았는가!'

그러고는 그의 목을 베었다. 손휴는 손침의 수급을 들고 그의 무리에게 명령했다.

'손침과 공모한 자라도 모두 사면해주겠노라.'

당시 무기를 버린 자가 5000명이나 되었고, 손침의 삼족은 멸족당했다.

손침은 28세에 죽었다. 손휴는 손준, 손침과 동족인 것이 부끄러워 특별히 종족 명부에서 그들의 이름을 지워 없애고 그들을 고준故峻, 고침故綝이라고 불렀다."

❺

　소설에서는 강유가 군사 20만 명을 이끌고 다시 출병하여 등애와 진법을 겨루고 등애가 환관 황호에게 뇌물을 주어 반간계를 사용하여 강유를 철군하게 만들었다고 했지만 이런 내용은 역사 기록에 없다.

　역사는 제갈탄의 패전 소식을 듣고 철군한 강유가 다시 출병하지 않은 것으로 기록하고 있다. 『삼국지』 「촉서·강유전」에 따르면 이때 "독한중督漢中(관직 명칭으로 한중의 각 군을 지휘) 호제를 한수현漢壽縣까지 물러나 주둔하게 하고 감군 왕함에게 낙성樂城을 지키도록 했으며 호군 장빈蔣斌에게 한성漢城을 지키게 하고 또 서안西安, 건위建威, 무위武衛, 석문石門, 무성武城, 건창建昌, 임원臨遠 등지에 동시에 보루를 지어 방비했다"고 기록하고 있어, 강유는 출병한 것이 아니라 수비를 강화했음을 알 수 있다.

　서안, 석문, 건창, 임원은 위치가 상세하지 않으나 지금의 간쑤성 룽난隴南 지구와 간난甘南 장족藏族 자치주 경내다. 건위建威는 지금의 간쑤성 시허西和 북쪽, 무위武衛는 지금의 간쑤성 청현成縣 경내, 무성武城은 지금의 간쑤성 우산武山 서남쪽이다.

제 114 회

황제를 살해한 사마소

조모는 수레를 몰다가 남궐에서 죽고,
강유는 군량을 버리고 위병에 승리하다

曹髦驅車死南闕,
姜維棄糧勝魏兵

강유가 군사를 물리라 명령하자 요화가 말했다.

"장수가 밖에 있을 때는 군주의 명령도 듣지 않을 수 있다'고 했습니다. 지금 비록 조서가 있다고는 하나 움직여서는 안 됩니다."

장익이 말했다.

"촉 사람들은 대장군께서 해마다 군사를 움직여 모두 원망하고 있습니다. 차라리 이번에 승리를 거둔 기회를 이용해 인마를 거두고 돌아가 민심을 안정시킨 다음 다시 좋은 계책을 마련하는 것이 좋을 듯합니다."

강유가 말했다.

"좋소."

마침내 각 군을 정해진 법에 따라 물러가게 했다. 요화와 장익에게 뒤를 끊어 위병의 추격과 기습을 방비하게 했다.

등애는 군사를 이끌고 추격에 나섰으나 전면에 촉병의 깃발이 정연하고 인마들이 서서히 물러가는 것을 보고는 탄식했다.

"강유가 무후의 병법을 깊이 터득했구나!"

이 때문에 감히 추격하지 못하고 군대를 거느리고 기산 군영으로 돌아 갔다.

한편 성도에 도착한 강유가 궁으로 들어가 후주를 뵙고 불러들인 까닭을 물었다. 후주가 말했다.

"짐은 경이 변경에 있으면서 오래도록 회군하지 않아 군사들이 피로할까 염려되어 조서를 내려 경을 조정으로 돌아오게 한 것이지 다른 뜻은 없소."

강유가 말했다.

"신이 이미 기산의 군영을 손에 넣어 한창 공을 거두려던 참이었는데 예기치 못하게 중도에서 그만두게 되었습니다. 이것은 필시 등애의 반간계에 걸려든 것입니다."

후주는 묵묵히 말이 없었다. 강유가 또 아뢰었다.

"신은 맹세컨대 역적을 토벌하고 나라의 은혜에 보답하고자 합니다. 폐하께서는 소인들의 말을 듣지 마시고 의심하지 마십시오."

후주가 한참 있다가 이내 말했다.

"짐은 경을 의심하지 않소. 경은 잠시 한중으로 돌아가 있다가 위나라에 변란이 발생하기를 기다려 다시 정벌하면 될 것이오."

강유는 탄식하며 조정을 나가 한중으로 떠났다.

한편 기산 군영으로 돌아온 당균은 이 사실을 보고했다. 등애가 사마망에게 말했다.

"군신이 화합하지 못하니 틀림없이 안에서 변고가 일어날 것이오."

즉시 당균에게 낙양으로 들어가 사마소에게 보고하게 했다. 사마소가 크게 기뻐하며 바로 촉을 도모할 마음을 품고는 중호군中護軍 가충賈充에게 물었다.

"내가 지금 촉을 정벌하려 하는데 어떻소?"

가충이 말했다.

"아직 정벌해서는 안 됩니다. 천자가 주공을 의심하고 있는 상황에서 만약 잠시라도 가볍게 나가셨다가는 반드시 내란이 일어날 것입니다. 작년에 영릉[1] 우물 속에서 황룡이 두 번 나타나자 군신들이 표문을 올려 축하하며 길조로 여겼습니다. 그러자 천자가 '상서로운 징조가 아니다. 용이라는 것은 군주의 상징인데 위로는 하늘에 있지 않고 아래로는 논밭에 있지 않고 우물 속에 구부리고 있는 것은 깊은 곳에 갇힐 징조로다'라고 하고는 즉시 「잠룡潛龍」이라는 시 한 수를 지었습니다. 그 시에서는 분명히 주공을 말하고 있습니다. 그 시는 이러합니다."

슬프구나 용이 곤란한 지경에 빠졌으니
깊은 물에서 훌쩍 뛰쳐나올 수 없구나
위로는 높은 하늘로 날아오를 수 없고
아래로는 밭에도 나타나지 못하는구나

우물 밑바닥서 똬리를 틀고 있으려니
미꾸라지와 장어가 앞에서 춤을 추네
이빨 감추고 발톱 숨기고서 있으려니
슬프도다 나 또한 너와 같은 처지로다
傷哉龍受困, 不能躍深淵
上不飛天漢, 下不見於田

蟠居於井底, 鰍鱔舞其前

藏牙伏爪甲, 嗟我亦同然 **❶**

듣고 난 사마소가 크게 노하여 가충에게 일렀다.

"이자가 조방을 본받으려 하는구나! 일찌감치 도모하지 않았다가는 틀림없이 나를 해칠 것이다."

가충이 말했다.

"제가 주공을 위해 조만간 도모하겠습니다."

이때는 위나라 감로甘露 5년(260) 4월로 사마소가 검을 차고 대전에 오르자 조모가 일어나 그를 맞이했다. 군신들이 아뢰었다.

"대장군의 공덕이 숭고하고 위대하니 진공晉公으로 삼고 구석을 더해줌이 마땅합니다."

조모는 고개를 숙인 채 대답하지 않았다. 사마소가 엄하게 말했다.

"우리 부자와 형제 세 사람이 위나라에 큰 공이 있는데 지금 진공이 되는 게 마땅치 않다는 것이오?"

조모가 이내 응답했다.

"감히 명령에 따르지 않을 수 있겠소?" **❷**

사마소가 말했다.

"「잠룡」이라는 시에서 우리를 미꾸라지와 장어로 보았는데 그것은 무슨 예의요?"

조모는 대답할 수 없었다. 사마소가 차갑게 웃으며 대전을 내려가자 관원들은 공포에 떨었다. 후궁으로 돌아온 조모는 시중 왕침王沈, 상서 왕경王經, 산기상시 왕업王業 세 사람을 안으로 불러 대책을 상의했다. 조모가 울면서 말했다.

"사마소가 장차 반역을 품은 것은 모두가 알고 있는 바요! 짐은 앉아서 폐위되는 치욕을 받을 수 없으니 경들은 짐을 도와 그를 토벌하시오!"

왕경이 아뢰었다.

"안 됩니다. 옛날에 노소공魯昭公이 계씨季氏를 참지 못했다가 패주하고 나라까지 잃었습니다.[2] 지금 중대 권력이 사마씨에게 돌아간 지 오래된 데다 내외 공경들도 정직과 사악의 이치를 돌아보지 않고 간사한 역적에 아부하는 자가 한둘이 아닙니다. 게다가 폐하의 호위를 담당하는 자들은 적고 허약하며 목숨을 바칠 사람이 없습니다. 만약 참고 삼키지 않으신다면 그 화는 막대할 것입니다. 형세에 따라 천천히 도모하셔야지 경솔하시면 안 됩니다."

조모가 말했다.

"이런 짓을 참을 수 있다면 무엇인들 참지 못하겠느냐![3] 내 이미 뜻을 정했으니 바로 죽는다 한들 무엇이 두렵겠느냐!"

말을 마치더니 즉시 안으로 들어가 태후에게 고했다. 왕침과 왕업이 왕경에게 일렀다.

"일이 급하게 되었소. 우리는 스스로 멸족의 화를 당할 수 없으니 당장 사마공의 부중으로 가서 고발하여 목숨이나 건집시다."

왕경이 크게 노했다.

"군주에게 우환이 있으면 신하는 치욕을 당하고 군주가 치욕을 당하면 신하는 죽어야 마땅하거늘 감히 두마음을 품는단 말인가?"

왕침과 왕업은 왕경이 따르지 않는 것을 보고는 곧장 사마소에게 보고하러 갔다.

잠시 후 위주 조모가 안에서 나오더니 호위護衛 초백焦伯에게 명하여 궁중의 호위를 담당하는 숙위宿衛와 노복, 관동官僮(관부의 하인) 300여 명을 모으라 명하고는 북을 치고 함성을 질러 기세를 올리며 나갔다. 조모는 검을 잡고 어가를 타고는 좌우에 곧장 남궐[4]로 나가라고 호령했다. 왕경이 어가 앞에서 엎드려 통곡하며 간언했다.

"지금 폐하께서 수백 명을 이끌고 사마소를 치는 것은 양을 몰아 호랑이 아가리로 들어가는 것으로 헛되이 죽을 뿐이지 아무런 이득이 없습니다. 신이 목숨이 아까워서가 아니라 실로 할 수 없는 일이라는 것을 알기 때문입니다!"

조모가 말했다.

"나의 군사들이 이미 움직였으니 경은 막지 마시오."

마침내 운룡문[5]을 향해 나갔다. 그때 군복을 입고 말을 탄 가충이 나타났는데 왼쪽에는 성쉬成倅, 오른쪽에는 성제成濟가 있었고 수천 명의 철갑 금군을 이끌고 함성을 지르며 몰려왔다. 조모는 검을 잡고 크게 고함을 질렀다.

"내가 바로 천자다! 너희가 궁정으로 뛰어든 것은 군주를 죽이고자 함이냐?"

조모를 본 금군들은 감히 움직이지 못했다. 가충이 성제를 불러 말했다.

"사마공이 너를 어디에 쓰려고 길렀겠느냐? 바로 오늘을 위해서다!"

성제가 이내 극戟을 꼬나 쥐고는 가충을 돌아보며 말했다.

"죽여야 합니까? 결박해야 합니까?"

가충이 말했다.

"사마공의 명이 있으니 죽여라."

성제는 극을 들고 곧장 어가 앞으로 달려들었다. 조모가 호통을 쳤다.

"필부 놈이 감히 무례하구나!"

말을 마치기도 전에 성제가 내지른 한 극에 가슴을 찔려 어가에서 굴러 떨어졌다. 다시 한번 극으로 찌르자 극의 날이 등 뒤를 뚫고 나왔고 조모는 어가 옆에서 죽고 말았다. 초백이 창을 잡고 달려들어 맞섰으나 성제의 극에 찔려 죽임을 당했다. 나머지 무리는 모두 도망쳤다. 뒤를 따르던 왕경이 가충에게 욕설을 퍼부었다.

"역적이 어찌 감히 군주를 시해한단 말이냐!"

가충이 크게 노하여 좌우에 결박하라 호통치고는 사마소에게 보고했다. 궐 안으로 들어온 사마소는 조모가 이미 죽은 것을 보고 깜짝 놀라는 척하더니 머리를 어가에 부딪치며 곡을 하고는 사람을 시켜 대신들에게 알리게 했다.❸

이때 태부 사마부가 궐내로 들어오다가 조모의 시신을 보고 시신의 머리를 자신의 다리에 받치고는 곡을 했다.⁶

"폐하께서 시해당하신 것은 신의 잘못입니다!"

그러고는 즉시 조모의 시신을 관곽에 담아 편전 서쪽에 안치했다. 사마소는 대전으로 들어가 회의를 하고자 군신들을 불렀다. 군신이 모두 왔는데 유독 상서복야尚書僕射 진태陳泰만이 오지 않았다. 사마소는 진태의 외삼촌인 상서 순의荀顗(순욱의 여섯째 아들)에게 그를 불러오도록 했다. 진태가 통곡했다.

"논하기를 좋아하는 자들은 나를 외삼촌에 견주는데 지금 보니 외삼촌은 실로 저만 못한 것 같습니다."

이내 삼베 상복을 입고 머리에 흰 띠를 두르고 들어가서는 영전 앞에서 곡하며 절을 올렸다. 사마소 또한 곡을 하는 체하며 물었다.

"오늘 일은 어떻게 처리하면 좋겠소?"

진태가 말했다.

"가충을 참수해야만 조금이라도 천하에 사죄할 수 있을 뿐입니다."

사마소가 한참 망설이더니 또 물었다.

"다시 차선책을 생각해보시겠소?"

진태가 말했다.

"오직 그 방법만 있지 그다음은 모르겠습니다."

사마소가 소리 높여 말했다.

"성제는 대역무도한 놈이니 그자를 토막 내고 삼족을 멸하라."

성제가 사마소에게 욕설을 퍼부었다.

"나의 죄가 아니라 가충이 너의 명령을 전한 것이다!"

사마소는 먼저 그 혀를 자르라 명했다. 성제는 죽음에 이를 때까지 끊임없이 억울함을 호소했다. 아우[7]인 성쉬 또한 저잣거리에서 참수당했고 그의 삼족을 모조리 멸했다. 후세 사람이 이에 대해 탄식한 시가 있다.

사마소가 그해에 가충에게 명령을 내려
남궐에서 군주 시해하여 용포 붉게 했지
그런데 도리어 성제의 삼족 몰살시키니
군사와 백성을 모두 귀머거리로 여겼네
司馬當年命賈充, 弒君南闕赭袍紅
却將成濟誅三族, 只道軍民盡耳聾 ❹

사마소는 또 사람을 시켜 왕경의 온 가족을 잡아 하옥시켰다. 왕경이 정위[8]의 대청 아래에서 심문을 받고 있는데 난데없이 그의 모친이 포박당해 끌려왔다. 왕경이 머리를 조아리며 통곡했다.

"불효자가 어머님께 누를 끼치게 되었습니다!"

모친이 크게 웃으며 말했다.

"사람 중에 누가 죽지 않겠느냐? 죽을 수 없게 되는 것이 두려울 따름이다! 이런 것으로 목숨을 버리게 되었으니 무슨 한이 있겠느냐!"

이튿날 왕경의 온 가족이 동시[9]로 압송되었다. 왕경 모자는 웃음을 띠며 형을 받았다. 성안의 선비와 백성 중에 눈물을 흘리지 않는 자가 없었다. 이에 대해 후세 사람이 지은 시가 있다.

한나라 초기에 왕릉의 모친[10]을 칭찬했는데
한나라 말에 와서는 왕경을 보게 되는구나
참되고 강직한 그 마음은 변한 것이 없으니
굳건하고 의연한 의지가 더욱 깨끗하구나

그 절개는 태산과 화산[11]처럼 무거웠으며
목숨을 기러기의 깃털처럼 가볍게 여겼네
어머니와 아들의 명성 지금도 남아 있으니
응당 하늘과 땅과 함께 의연할 것이니라
漢初誇伏劍, 漢末見王經
眞烈心無異, 堅剛志更淸
節如泰華重, 命似鴻毛輕
母子聲名在, 應同天地傾 ❺

태부 사마부가 왕의 예로써 조모를 장사 지내주기를 청하자 사마소가 허락했다. 가충 등은 사마소에게 위나라를 선양받아 천자로 즉위하기를 권했다. 사마소가 말했다.

"옛날에 주周 문왕文王은 천하의 3분의 2를 차지하고도 은殷나라를 섬기고 복종했기에 성인들이 지극한 덕이라고 칭송한 것이네. 위 무제武帝(조조)가 한나라로부터 선양받으려 하지 않은 것은 내가 위나라의 선양을 받으려 하지 않는 것과 같네."

그 말을 들은 가충은 이미 사마소가 자신의 아들 사마염司馬炎에게 뜻을 두고 있음을 알아채고는 마침내 다시는 등극할 것을 권하지 않았다.

그해 6월 사마소는 상도향공常道鄕公 조황曹璜을 세워 황제로 삼고 연호를 경원景元 원년(260)으로 고쳤다. 조황은 이름을 조환曹奐으로 개명했다. 자는 경명景明인데 바로 무제 조조의 손자이며 연왕燕王 조우曹宇의 아들이었다. 조환은 사마소를 상국, 진공晉公으로 봉하고 돈 10만[12]과 비단 1만 필을 하사했다. 문무관원들에게도 각기 작위를 봉하고 상을 내렸다.

정탐꾼이 일찌감치 이 사실을 촉중에 보고했다. 사마소가 조모를 시해하고 조환을 세웠다는 소식을 들은 강유는 기뻐하며 말했다.

"내 오늘 위를 정벌할 명분이 또 생겼구나."

즉시 오나라에 서신을 보내 군대를 일으켜 군주를 시해한 사마소의 죄를 묻게 했다. 그러는 한편 후주에게 아뢰어 허락받고 군사 15만 명을 일으켰는데 수천 대의 수레에는 모두 나무 궤짝을 실었다. 요화와 장익을 선봉으로 삼고 요화에게는 자오곡子午谷을 취해 나아가고 장익에게는 낙곡으로 나가도록 명했으며 강유 자신은 야곡을 통해 나아가 모두 기산 앞에서 집합하기로 했다. 세 갈래 길로 군사들이 출발했고 기산을 향해 나아갔다.[13]

이때 기산 군영 안에서 인마를 훈련시키고 있던 등애는 촉군이 세 갈래 길로 쳐들어온다는 소식을 듣고는 바로 장수들을 모아놓고 대책을 상의했다. 참군參軍 왕관王瓘이 말했다.

"제게 계책이 하나 있는데 터놓고 말씀드릴 수 없어 지금 여기에 써서 삼가 장군께 올리니 열람해보시기 바랍니다."

등애가 받아서 펼쳐 읽어보고는 웃으면서 말했다.

"이 계책이 비록 묘하기는 하지만 강유를 속이지 못할까 걱정되오."

왕관이 말했다.

"제가 원컨대 목숨을 돌보지 않고 나아가겠습니다."

등애가 말했다.

"공의 의지가 굳건하다면 필시 공을 이룰 수 있을 것이오."

즉시 군사 5000명을 선발해 왕관에게 주었다. 왕관은 며칠 밤 계속 야곡으로 나아가다가 마침 촉군의 선봉대 정찰 기병과 마주쳤다. 왕관이 소리 질렀다.

"우리는 항복하러 온 위나라의 병사들이다. 주장主將께 보고하라."

정찰 기병이 강유에게 보고하자 강유는 나머지 병사는 잡아두고 우두머리 장수만 데려오게 했다. 왕관이 땅바닥에 엎드려 절을 올리며 말했다.

"저는 바로 왕경의 조카인 왕관이라 합니다. 근래에 사마소가 군주를 시해하고 숙부님의 일가를 모조리 살육했기에 저는 뼈에 사무칠 정도로 증오하고 있습니다. 지금 다행히 장군께서 그의 죄를 묻고자 군사를 일으키셨다는 소식을 듣고 특별히 본부의 군사 5000명을 이끌고 항복하러 왔습니다. 원컨대 장군의 지시에 따라 간사한 무리를 섬멸하고 숙부님의 원한을 갚고자 합니다."

강유가 크게 기뻐하며 왕관에게 일렀다.

"자네가 진심으로 항복하러 왔는데 내 어찌 성심을 다해 대접하지 않겠는가? 우리 군중에서 근심하는 것은 군량밖에 없다네. 지금 군량을 실은 수레 수천 대가 천구川口에 있으니 자네가 그것을 기산으로 운반해오도록 하게. 나는 지금 기산¹⁴ 군영을 취하러 가겠네."

왕관은 강유가 계책에 걸려들었다고 여기고는 속으로 크게 기뻐하며 응낙했다. 강유가 말했다.

"자네가 군량을 운반하러 가는 데 5000명을 쓸 필요는 없으니 3000명만 데리고 가고 2000명은 남겨두어 길잡이로 삼아 기산¹⁵을 칠 것이네."

왕관은 강유가 의심을 품을까 두려워 3000명만 데리고 떠났다. 강유는 부첨에게 2000명의 위병을 이끌고 뒤따라 길에 오르고 명령을 기다리게 했다. 그때 갑자기 하후패가 당도했다는 보고가 들어왔다. 하후패가 말했다.

"도독께서는 무슨 까닭으로 왕관의 말을 믿으십니까? 제가 위나라에 있을 때 자세히 알지는 못했지만 왕관이 왕경의 조카라는 소리는 들은 적이 없습니다. 속임수가 많을 것이니 청컨대 장군께서는 살펴주십시오."

강유가 껄껄 웃었다.

"내 이미 왕관의 속임수를 알고 있어 그의 군사를 나누어 그의 계책을 역이용하는 장계취계將計就計를 쓸 작정이오."

하후패가 말했다.

"공께서 말씀해보시지요."

강유가 말했다.

"사마소는 조조에 비길 만한 간웅으로 이미 왕경을 죽이고 그의 삼족을 멸했는데 어찌 친조카를 살려두어 관외關外(도성 이외의 지구)에서 군사를 이끌게 하겠소? 그래서 속임수인 줄 알았소. 중권仲權(하후패의 자)의 견해가 나와 일치하는구려."

그리하여 강유는 야곡으로 나가지 않고 사람을 시켜 길에 몰래 매복시키고는 왕관의 첩자를 방비했다.

열흘이 못 되어 과연 매복해 있던 병사가 왕관이 등애에게 보고하는 서신을 가지고 가던 자를 사로잡았다. 강유가 경위를 묻고는 몸을 수색해 은밀히 보내는 서신을 찾아냈는데 8월 20일 본부 군영으로 군량을 운반하니 등애에게 담산16 골짜기로 군사를 파견해 호응해달라고 약속하는 내용이었다. 강유는 편지를 전달하던 자를 죽이고는 편지의 내용을 8월 15일로 바꾸고 등애에게 직접 담산 골짜기로 대군을 이끌고 와서 호응해달라고 고쳤다. 그러고는 사람을 시켜 위나라 군사로 꾸며서 위의 군영으로 가 편지를 전달하게 했다. 다른 한편으로는 군사들을 시켜 군량을 실은 수레 수백 대의 곡식을 내리고 마른 장작과 띠를 싣고 푸른 천으로 덮게 한 다음 부첨에게 2000명의 항복했던 위나라 병사들을 이끌고 군량을 운반하는 깃발을 들고 가게 했다. 강유는 도리어 하후패와 함께 일군을 거느리고 산골짜기로 가서 매복했고, 장서에게는 야곡으로 나가고 요화와 장익에게는 각기 군사들을 진격시켜 기산17을 취하러 가게 했다.

한편 왕관의 편지를 받은 등애는 크게 기뻐하며 급히 답장을 써서 편지를 가지고 왔던 자에게 주어 돌아가 알리게 했다. 8월 15일에 등애는 5만 명의 정예병을 이끌고 곧장 담산 골짜기 속으로 가서는 사람을 멀리까지 내보내 높은 곳에 의지해 정찰하게 했는데 군량을 실은 무수히 많은 수레가 끊임없이 이어져 산의 움푹 들어간 곳으로 가고 있다고 보고했다. 등애가 고삐를 당겨 말을 세우고 바라보니 과연 모두가 위병이었다. 좌우에서 말했다.

"날이 이미 저물어가니 속히 왕관과 호응하여 골짜기 입구를 나가시지요."

등애가 말했다.

"앞쪽에 산세가 가려져 있어 만일 복병이 있기라도 하면 급히 물러나기 어려우니 이곳에서 기다리는 것이 좋겠다."

한창 말하고 있는데 별안간 두 명의 기병이 말을 질주해오더니 보고했다.

"왕장군이 군량과 마초를 운반해 경계를 건너고 있는데 그 뒤로 인마들이 추격하고 있습니다. 속히 구원해주시기 바랍니다."

깜짝 놀란 등애는 급히 군사들을 재촉해 전진했다. 때는 초경 무렵이었는데 달이 대낮같이 밝았다. 그때 산 뒤쪽에서 외치는 소리가 들렸는데 등애는 왕관이 산 뒤쪽에서 교전을 벌이고 있는 줄로만 여겼다. 즉시 달려가 산 뒤쪽으로 넘어가려는데 별안간 숲 뒤쪽에서 한 떼의 군사들이 돌진해 나왔다. 앞장선 촉의 장수는 부첨으로 말고삐를 놓고 달려오며 크게 소리 질렀다.

"등애, 이 필부 놈아! 이미 우리 주장의 계책에 걸려들었는데 어찌하여 일찌감치 말에서 내려 죽음을 받지 않고 꾸물대느냐!"

깜짝 놀란 등애는 고삐를 당겨 말을 돌리고는 이내 달아났다. 수레에 모조리 불이 붙었다. 그 불은 바로 신호의 불길이었다. 양쪽에서 촉병이 모두 뛰쳐나오니 위병은 끊어졌다 이어졌다 하면서 어지럽게 흩어져 서로 협력할 수 없게 되었고 산 위에서는 외치는 소리만 들렸다.

"등애를 사로잡는 자에게는 천금의 상금을 주고 만호후萬戶侯로 봉하겠노라!"

겁을 잔뜩 먹은 등애는 갑옷과 투구를 내던지고 타고 있던 말까지 버린 뒤에 보군들 속에 섞여 들어가 산을 기어오르고 고개를 넘어 달아났다. 강유와 하후패는 말을 탄 우두머리만 보고 달려가 사로잡았으나 등애가 걸어서 빠져나갈 줄은 생각도 하지 못했다. 강유는 승리를 거둔 군사들을 이끌고 왕관의 군량 실은 수레를 맞이하러 갔다.

한편 왕관은 등애와의 밀약에 따라 예정된 날짜 이전에 군량과 마초, 수레와 병장기를 정비하여 갖추고는 오로지 거사할 날만 기다리고 있었다. 그때 느닷없이 심복이 보고했다.

"일이 이미 누설되어 등장군은 대패했고 목숨조차 어떻게 되셨는지 모르겠습니다."

깜짝 놀란 왕관이 사람을 시켜 알아보게 했다. 돌아와서는 세 갈래 길로 병사들이 포위하면서 몰려오고 있고 뒤쪽에서는 먼지가 크게 일어나는 것이 보이는데 사방으로 나갈 길이 없다고 했다. 왕관은 좌우에 불을 질러 군량과 마초를 실은 수레를 모조리 불태우라고 호령했다. 삽시간에 불길이 치솟더니 맹렬한 불길이 허공으로 뜨겁게 타올랐다. 왕관이 크게 소리 질렀다.

"일이 급하게 되었다! 너희는 죽기로 싸워야 한다!"

이에 군사들을 거느리고 서쪽[18]을 향해 치고 나갔다. 배후에서는 강유가 세 갈래 길로 추격해왔다. 강유는 왕관이 필사적으로 부딪치며 위나라로 돌아갈 것이라 여겼으나 그는 도리어 한중으로 쳐들어갔다. 군사가 적은 왕관은 추격병에게 따라잡힐까 걱정되어 잔도는 물론 각 요충지까지 모조리 불태웠다. 강유는 한중을 잃게 될까 두려워 결국 등애를 쫓지 않고 군사를 거느리고 밤새 오솔길로 질러가 왕관을 추격했다. 왕관은 사면으로 촉병의 공격을 받게 되자 흑룡강[19]에 뛰어들어 죽고 말았다. 나머지 병사는 모조리 산 채로 묻히고 말았다. 강유는 비록 등애에게 승리를 거두었으나 허다한 군량 수레를 잃었고 잔도마저 훼손된 채 군사를 이끌고 한중으로 돌아갔다.

등애는 패잔병을 이끌고 기산 군영 안으로 도망쳐 돌아갔고 표문을 올려 죄를 청하고는 스스로 관직을 낮추었다. 사마소는 등애가 수차례 큰 공을 세웠기에 차마 그의 관직을 떨어뜨리지 못하고 다시 후한 상을 내렸다. 등애는 하사받은 재물들을 해를 당한 장수와 사졸들의 가족에게 모두 나누어 줬다. 사마소는 촉병이 또 나올까 두려워 즉시 군사 5만 명을 등애에게 주고 방어하게 했다. 강유는 며칠 밤을 계속 잔도를 수리하고 다시 출병할 일을 의논했다.

잇달아 잔도를 수리하고 연이어 출병시키니

중원을 정벌하지 않고는 죽어도 멈추지 않네

連修棧道兵連出, 不伐中原死不休

승부는 어떻게 될 것인가?❻

제114회 황제를 살해한 사마소

❶

『삼국지』「위서·고귀향공기」에 따르면 조모가 제위에 있었던 7년 동안 거의 매년 청룡과 황룡이 우물에 출현했다는 내용이 기록되어 있다. 배송지 주『한진춘추』에서는 "당시 용이 여전히 출현하자 모두 상서로운 징조로 여겼다. 그러자 황제는 '용은 군주의 덕이다. 위로는 하늘에 있고 아래로는 밭에 있어야 하거늘 여러 차례 우물 속에서 구부리고 있으니 좋은 징조가 아니다'라고 하고는 「잠룡」이라는 시를 지어 자신을 풍자하자 사마문왕(사마소)은 그것을 악독하다고 보았다"고 기록하고 있다.

❷

진공晉公이 된 사마소

『삼국지』「위서·삼소제기」에 따르면 "감로 3년(258) 5월, 대장군 사마문왕을 상국으로 임명하고 진공으로 봉하며 식읍 여덟 개 군郡(『진서』「문제기文帝紀」에 의하면 병주의 태원太原, 상당上黨, 서하西河, 낙평樂平, 신흥新興, 안문雁門, 사주司州의 하동河東, 평양平陽)을 주고 구석을 더해줬는데, 문왕文王(사마소)이 아홉 차례에 걸쳐 사양하자 조정은 임명을 보류했다"고 했고, "감로 5년(260) 4월, 유관 부서에 조서를 내려 이전에 내린 명을 받들도록 하고 대장군 사마문왕을 상국으로 임명하고 진공으로 봉했으며 구석의 예를 더했다"고 기록하고 있다.

이때 사마소는 진공에 봉해지며 조모는 한 달 뒤(5월)에 사망한다.

조모의 죽음

조모의 상황을 『자치통감』 권77 「위기 9」에서는 다음과 같이 기록하고 있다.

"황제가 검을 뽑아 들고 어가에 올라 궁전을 지키는 병사, 노복, 시종을 인솔하여 북을 두드리고 함성을 지르며 나갔다. 사마소의 아우 둔기교위屯騎校尉 사마주司馬伷가 동쪽에서 동문을 저지하고 있다가 황제와 마주쳤는데 황제 측근이 호되게 꾸짖자 사마주의 부하들은 사방으로 흩어져 달아났다. 중호군 가충이 남쪽 궁문 앞에서 황제와 정면으로 교전을 벌였는데 황제가 친히 검을 들고 필사적으로 싸웠다. 가충의 부하들이 물러나려 하자 기독騎督(기병을 감독 통솔하는 장수) 성쉬의 아우 태자사인太子舍人(동궁의 관속, 좋은 가문의 자손을 선발하여 임용) 성제가 가충에게 물었다.

'상황이 위급한데 어떻게 해야 합니까?'

가충이 말했다.

'사마공이 너희를 기른 것은 바로 오늘 같은 일을 대처하기 위함이다. 오늘 일은 물을 필요가 없다!'

성제는 즉시 과를 빼어 들고 앞으로 나아가 황제를 찔렀고 황제는 어가 아래에서 죽었다. 소식을 들은 사마소는 몹시 놀라 땅바닥에 철퍼덕 주저앉았다."

『삼국지』 「위서·삼소제기」에 따르면 "감로 5년(260) 5월 7일 조모가 세상을 떠났는데 나이 20세였다"고 했고, 배송지 주 『한진춘추』에서는 "고귀향공高貴鄉公(조모)은 낙양에서 서북쪽으로 30리 떨어진 전간瀍澗이 마주하는 유역(전하瀍河의 오른쪽, 간하澗河의 왼쪽 두 강이 마주하는 유역)에 안장되었다. 수레 몇 대에 영구를 인도하는 조기도 없었는데 백성이 모여 바라보며 '이전에 살해된 천자다'라고 말했으며, 어떤 이는 얼굴을 가리고 눈물을 흘리며 슬픔을 이기지 못했다"고 기록하고 있다.

❺

『삼국지』「위서·하후상전」에 왕경에 관한 기록이 있다.

"청하淸河 사람 왕경 또한 허윤許允과 함께 모두 기주의 명사로 불렸다. 감로甘露 연간(조모의 연호로 256~260)에 상서를 역임했는데 고귀향공(조모)의 일에 연루되어 피살되었다. 처음 왕경이 군수로 임명되었을 때 왕경의 어머니가 말했다.

'너는 농가의 자제로서 지금 이천석二千石(당시 1품, 지방 군수)을 받는 관직에 이르 렀다. 사물이 지나치게 과분하면 좋지 않으니 여기서 멈출 수 있어야 한다.'

왕경은 따르지 않았고 나중에 다시 두 주의 자사와 사례교위를 역임했는데 끝내 는 패망에 이르고 말았다."

❻

당시 강유는 출병하지 않았다

경원 원년(260), 사마소가 조모를 시해하고 조환曹奐을 세웠다는 소식을 들은 강 유가 위를 정벌할 명분으로 삼아 출병하고 이에 계책에 걸려든 왕관王瓘이 한중으로 쳐들어가며 잔도를 불태워 한중을 잃을까 걱정한 강유가 회군했다는 이야기는 역사 기록에 없다. 이때 강유는 출병하지 않았다.

실패로 끝난 중원 정벌

회군 조서를 내린 후주는 참언을 믿고,
둔전을 구실로 강유는 화를 피하다

詔班師後主信讒,
托屯田姜維避禍

촉한 경요 5년(262) 10월, 대장군 강유는 사람을 보내 잔도를 수리하고 군량과 병기를 정돈했다. 또 한중의 수로로 선박을 이용해 물자를 조달하여 완비를 마친 다음 후주에게 표문을 올려 아뢰었다.

"신이 여러 차례 출전하여 비록 큰 공을 세우지는 못했으나 이미 위나라 사람들의 심장과 쓸개를 손상시키고 동요시켜놓았습니다. 지금 군사를 기른 지도 오래되어 싸우지 않으면 나태해질 것이고 게을러지면 병에 걸릴 것입니다. 더욱이 지금 병사들은 목숨을 돌보지 않고 싸우려 하고 장수들은 명령이 떨어지기만을 기다리고 있습니다. 신이 만일 승리하지 못한다면 응당 죽음으로 죄를 받겠습니다."

표문을 읽고 난 후주는 망설이며 결정을 내리지 못했다. 초주가 반열에서 나와 아뢰었다.

"신이 밤에 천문을 살펴보니 서촉의 분야에 장군별이 어둡고 밝지 못했습니다. 지금 대장군이 또 출병하고자 하는데 이번에 나가는 것은 몹시 이롭지 못합니다. 폐하께서는 조서를 내리시어 막으십시오."

후주가 말했다.

"잠시 이번 출정이 어떠한지 보겠소. 과연 손실이 있으면 마땅히 막아야 하지요."

초주가 거듭 간절히 타일렀으나 따르지 않자 이내 집으로 돌아가 탄식을 그치지 않더니 마침내 병을 핑계로 나오지 않았다.

한편 강유는 군대를 일으킬 즈음 요화에게 물었다.

"내가 지금 출병하여 맹세코 중원을 회복하고자 하는데 어디를 먼저 취해야겠소?"

요화가 말했다.

"해마다 정벌에 나서니 군사와 백성은 편안하지 못하고, 게다가 위나라에는 등애가 있는데 지혜가 풍부하고 꾀가 많아 등한시할 무리가 아닙니다. 장군께서 군이 행하기 어려운 일을 하고자 하신다면 저는 감히 전념하지 못하겠습니다."

강유가 벌컥 성을 내며 말했다.

"옛날에 승상께서 여섯 번이나 기산을 나가신 것도 나라를 위해서요. 내지금 여덟 차례 위나라를 정벌하는 게 어찌 이 한 몸의 사사로움을 위해서 겠소? 지금 당장 먼저 조양[1]을 취하겠소. 내 말을 거역하는 자는 반드시 참수할 것이오!"

결국은 요화를 남겨 한중을 지키게 하고 자신은 장수들과 함께 군사 30만 명을 거느리고 곧장 조양을 취하러 나아갔다.

어느새 천구川口에 있던 사람이 기산 군영으로 들어가 이 사실을 보고했다. 이때 등애는 마침 사마망과 함께 군사 전략에 대해 의논하고 있었는데 이 소식을 듣고는 즉시 사람을 시켜 정탐하게 했다. 돌아와서는 촉병이 모조리 조양으로 나가고 있다고 보고했다. 사마망이 말했다.

"강유는 계책이 많아 혹여 조양을 취하는 척하면서 실제로는 기산을 취하러 오는 것은 아닐까요?"

등애가 말했다.

"지금 강유는 실제로 조양으로 나올 것이오."

사마망이 말했다.

"공께서는 그것을 어찌 아시오?"

등애가 말했다.

"여태까지 강유는 여러 차례 우리 군량이 있는 곳으로만 나왔는데 지금 조양에는 양식이 없으니 강유는 틀림없이 우리가 기산만 지키면서 조양은 지키지 않을 것이라 헤아리고 곧장 조양을 취할 것이오. 만일 이 성을 손에 넣는다면 군량을 저장하고 마초를 쌓아놓고는 강인들과 연계하여 오래도록 있으면서 도모할 계책일 것이오."

사마망이 말했다.

"그렇다면 어찌하면 좋겠소?"

등애가 말했다.

"이곳의 병사를 모조리 철수시켜 두 갈래 길로 나누어 조양을 구해야겠소. 조양에서 25리 떨어진 곳에 후하侯河²라는 작은 성이 있는데 바로 조양의 목구멍 같은 곳이지요. 공은 일군을 거느리고 조양에 매복하고 군기를 내리고 북소리를 멈춘 상태에서 네 개의 성문을 활짝 연 다음 이렇게 저렇게 실행하시오. 나는 일군을 거느리고 후하에 매복하고 있을 것이오. 그리하면 틀림없이 대승을 거둘 것이오."

대책이 정해지자 각자 계책에 따라 움직였다. 편장 사찬師纂만 남겨두어 기산 군영을 지키게 했다.

한편 강유는 하후패를 선봉대로 삼아 먼저 일군을 거느리고 곧장 조양을 취하러 가게 했다. 하후패가 군사들을 거느리고 전진하여 조양 근처에 이르러 멀리 바라보니 성 위에는 한 자루의 깃발도 보이지 않았고 네 개의 문은 활짝 열려 있었다. 하후패는 속으로 의심이 들어 감히 성으로 들어가지 못하고 장수들을 돌아보며 말했다.

"혹시 속임수가 아닐까?"

장수들이 말했다.

"분명히 빈 성으로 백성만 조금 있을 뿐인데 대장군의 군사가 오는 것을 알고는 성을 버리고 모조리 달아난 것 같습니다."

하후패는 믿지 못하고 직접 말고삐를 놓고 성 남쪽으로 달려가 살펴보니 성 뒤쪽으로 무수히 많은 노인과 아이가 서북쪽을 향해 달아나는 것이 보였다. 하후패는 크게 기뻐했다.

"과연 빈 성이로구나."

마침내 앞장서서 달려 들어갔고 나머지 무리도 뒤따라 질주했다. 막 옹성³ 근처에 이르렀는데 별안간 '쾅!' 하는 포성이 울리더니 성 위에서 고각이 일제히 울리고 깃발들이 두루 세워졌으며 조교가 끌어올려졌다. 하후패가 깜짝 놀랐다.

"계책에 빠졌다!"

황급히 물러나려 할 때 성 위에서 화살과 돌이 비 오듯이 쏟아져 내렸다. 가련하게도 하후패는 군사 500명과 함께 성 아래에서 모두 죽고 말았다. 이에 대해 후세 사람이 탄식한 시가 있다.

대담한 강유의 신묘한 계책도 뛰어났지만
등애가 몰래 방비하고 있을 줄 누가 알았으랴
가련하구나 한나라에 투항해온 하후패여
순식간에 성 아래서 화살에 맞아 죽었다네
大膽姜維妙算長, 誰知鄧艾暗提防
可憐投漢夏侯霸, 頃刻城邊箭下亡 ❶

사마망이 성안에서 돌격해 나오자 촉병은 대패하여 달아났다. 뒤이어 강유가 지원군을 이끌고 당도했고 사마망을 쳐서 물리치고는 성 곁에 군영을 세웠다. 하후패가 화살에 맞아 죽었다는 소식을 들은 강유는 탄식해 마지않았다. 그날 밤 이경에 등애는 후하 성내에서 은밀히 일군을 이끌고 나와 촉의 군영으로 잠입해 들이쳤다. 촉병은 크게 어지러워졌고 강유가 진정시키려 해도 막을 수가 없었다. 그때 성 위에서 고각이 요란하게 하늘을 진동시키더니 사마망이 군사들을 이끌고 치고 나왔다. 양쪽에서 협공하자 촉병은 대패하고 말았다. 강유는 좌충우돌하며 죽기로 싸워 겨우 빠져나왔고 20리나 물러나 군영을 세웠다. 두 번이나 패해 달아난 촉병은 동요하기 시작했다. 강유가 장수들에게 말했다.

"이기고 지는 것은 병가에서 흔히 있는 일이다. 지금 비록 병사들을 잃고 장수가 꺾였으나 걱정할 필요 없다. 성패의 일은 이번에 달려 있으니 그대들은 처음부터 끝까지 한결같이 하라. 물러나자고 말하는 자가 있으면 즉시 참수하겠다."

장익이 진언했다.

"위병이 모두 이곳에 있으니 기산은 틀림없이 텅 비어 있을 것입니다. 장군께서는 군사를 정돈하고 등애와 맞붙어 싸우면서 조양과 후하를 공격하십시오. 저는 일군을 이끌고 기산을 취하겠습니다. 기산의 아홉 개 군영을 취한 다음 즉시 군사를 몰아 장안으로 향하겠습니다. 이것이 상책입니다."

강유는 그 계책을 따르기로 하고 즉시 장익에게 후군을 이끌고 곧장 기산을 취하게 했다. 강유 자신은 군사를 이끌고 후하로 가서 등애와 교전을 벌이고자 싸움을 걸었다. 등애가 군사를 이끌고 나와 맞섰다. 양군이 원형으로 진세를 펼치자 두 사람은 맞붙어 수십 합을 싸웠으나 승부를 가리지 못하고 각자 군사를 거두어 군영으로 돌아갔다. 이튿날 강유가 다시 군사를 이끌고 나와 싸움을 걸었으나 등애는 군사 행동을 멈추고 나오지 않았다. 강유는 군사들을 시켜 욕설을 퍼붓게 했다. 등애는 깊이 생각했다.

'촉인들이 우리한테 한바탕 크게 패했는데도 전혀 물러나지 않고 연일 도리어 싸움을 걸고 있으니, 이는 군사를 나누어 기산 군영을 급습하러 보낸 것이 틀림없다. 군영을 지키는 장수 사찬은 군사가 적은 데다 지혜까지 모자라니 반드시 패할 것이다. 내 당장 직접 가서 구해야겠다.'

바로 아들 등충을 불러 분부했다.

"너는 마음을 다해 이곳을 지키되 저들이 싸움을 걸어오면 내버려두고 절대로 함부로 나가지 마라. 내 오늘 밤 군사를 이끌고 기산으로 가서 구해야겠다."

그날 밤 이경에 강유가 군영 안에서 계책을 세우고 있는데 별안간 군영 밖에서 함성이 땅을 진동하고 고각 소리가 요란하게 들리더니 등애가 3000명의 정예병을 이끌고 야간 전투를 벌이러 온다는 보고가 들어왔다. 장수들이 나가려고 하자 강유가 말렸다.

"경솔하게 움직이지 마라."

알고 보니 등애가 군사를 이끌고 촉 군영 앞에서 두루 정찰하고는 기세를 몰아 기산을 구하러 가고 등충은 성으로 들어간 것이었다. 강유가 장수들을 불러 말했다.

"등애가 야간 전투를 벌이는 척하고는 틀림없이 기산 군영을 구하러 갔을 것이다."

즉시 부첨을 불러 분부했다.

"그대는 이곳 군영을 지키고 함부로 대적하지 마라."

당부를 마치고는 직접 3000명의 군사를 이끌고 장익을 도우러 갔다.

한편 장익은 기산에서 한창 공격을 퍼붓고 있었고 군영을 지키던 장수 사찬은 병사가 적어 막아내지 못하고 있었다. 군영이 깨지려 하는데 별안간 등애의 군사들이 당도하여 한바탕 무찌르자 촉병은 크게 패했다. 장익은 산 뒤쪽에서 가로막히고 돌아갈 길이 끊겼다. 한창 당황해하고 있는데 느닷없이 함성이 크게 진동하고 고각 소리가 요란하게 들리더니 위병이 어지럽게 흩어져 물러났다. 좌우에서 보고했다.

"대장군 강백약께서 쳐들어오셨습니다!"

장익이 그 기세를 이용하여 군사들을 몰아 호응했다. 양쪽에서 협공하자 등애는 한바탕 꺾이고 말았고 급히 기산 군영으로 물러나 나오지 않았다. 강유는 군사들에게 사면을 에워싸 공격하게 했다.

한편 성도에 있던 후주는 환관 황호의 말만 믿었고 주색에 빠져 조정의 일을 처리하지 않았다. 이때 대신인 유염劉琰의 처 호씨胡氏가 있었는데 용모가 지극히 아름다웠다. 입궁하여 황후를 알현했는데 황후[4]가 궁중에 한 달간 머물러 있게 하고는 비로소 내보냈다. 자신의 처가 후주와 사통했을 것이라 의심한 유염은 휘하 군사 500명[5]을 불러 앞에 늘어세우고는 처를 결박하여 군사들에게 신발로 그녀의 얼굴을 수십 대 때리게 했고 그녀는 거의 죽을 뻔했다가 살아났다. 그 소식을 들은 후주는 크게 노하여 유사[6]에게 명하여 유염의 죄를 따지게 했다. 유사가 판결을 내렸다.

"사졸은 아내를 때리는 자가 아니며 얼굴은 형벌을 받는 곳[7]이 아니니 기시[8]하는 것이 합당하다."

마침내 유염을 참수했다. 이때부터 명부[9]는 조정에 들어오는 것이 허락되지 않았다. 그러나 당시 관료들 가운데 후주가 황음하다고 의심하고 원망하는 자가 많았다. 이에 재주와 덕이 있는 사람들은 점점 떠나고 소인들만 모여들었다. ❷

이때 우장군[10] 염우閻宇는 한 치의 공적도 없으면서 황호에게 아부하여 중요한 관직을 얻었다. 그는 강유가 기산에서 군사를 통솔하고 있다는 소식을 듣고는 황호에게 말해 후주에게 아뢰게 했다.

"강유는 여러 번 싸우고도 공이 없으니 염우에게 그를 대신하도록 하소서."

후주는 그 말에 따라 사신에게 조서를 주어 강유를 소환하게 했다. 강유는 한창 기산에서 목책을 공격하고 있었다. 별안간 어느 날 하루에 세 차례나 조서가 당도했는데 강유에게 회군하라는 내용이었다. 강유는 명령을 따를 수밖에 없어 먼저 조양의 군사들을 물리고 이어서 장익과 함께 서서히 물러났다. 군영에 있던 등애는 하룻밤 동안 고각 소리가 하늘을 진동할 정도로 울려 퍼지는 것을 들었으나 무슨 의미인지 알 수가 없었다. 날이 밝자 촉군이 모두 물러가고 빈 군영만 남아 있다는 보고가 들어왔다. 등애는 계

책이 있을까 의심하여 추격하지 못했다. ❸

곧장 한중에 당도한 강유는 인마를 쉬게 하고 천자의 명령을 받든 사자와 함께 후주를 알현하러 성도로 들어갔다. 그러나 후주는 연이어 열흘 동안이나 조회를 열지 않았다. 강유는 속으로 의심이 들었다. 어느 날 동화문東華門에 이르렀는데 우연히 비서랑祕書郎 극정郤正과 마주쳤다. 강유가 물었다.

"천자께서 나를 회군하라고 부르셨는데 공은 그 까닭을 모르시오?"

극정이 웃으면서 말했다.

"대장군께서는 어찌 아직도 모르십니까? 황호가 염우에게 공을 세우게 하려고 조정에 아뢰었고 이에 조서를 내려 장군을 돌아오게 한 것입니다. 등애가 군사를 잘 부린다는 소리를 듣고는 그 일을 중지시킨 것입니다."

강유가 크게 노했다.

"내 반드시 이 환관 놈을 죽여버리겠소!"

극정이 말렸다.

"대장군께서는 무후의 일을 이어받으시어 책임이 크고 막중한 직분을 맡고 계시는데 어찌 경솔하시오? 만일 천자께서 용납하지 않으신다면 도리어 일이 좋지 않게 될 것이오."

강유가 감사했다.

"선생의 말씀이 옳소."

이튿날 후주가 황호와 함께 후원에서 술을 마시고 있는데 강유가 몇 명을 거느리고 곧장 들어왔다. 누군가 곧장 황호에게 보고했고 이에 황호는 급히 호산11 옆으로 몸을 피했다. 정자 아래에 이른 강유는 후주에게 절을 올리고 울면서 아뢰었다.

"신이 기산에서 등애를 에워싸고 곤궁에 빠뜨렸는데 폐하께서는 연이어

세 차례나 조서를 내리시어 신을 조정으로 돌아오라 부르셨습니다. 뜻을 모르겠으니 무엇 때문이십니까?"

후주는 묵묵히 말이 없었다. 강유가 다시 아뢰었다.

"황호가 간교하게 권력을 독점하는 것은 바로 영제 때의 십상시와 같습니다. 폐하께서는 가까이는 장양張讓(한나라 말기 십상시 가운데 한 명)을 본보기로 삼으시고 멀리로는 조고趙高(진나라를 망하게 한 환관)를 거울로 삼으소서. 어서 빨리 그자를 죽여야 조정이 자연스럽게 청렴하고 공정하게 될 것이고 중원도 회복할 수 있을 것입니다."

후주가 웃으면서 말했다.

"황호는 종종걸음으로 걷는 환관에 불과하여 설령 대권을 장악한다 한들 아무것도 할 수 없는 자요. 지난날 동윤이 매번 이를 갈며 황호를 증오하기에 짐이 그것을 몹시 괴이하게 여겼소. 구태여 경까지 신경 쓸 필요가 있겠소?"❹

강유가 머리를 조아리며 아뢰었다.

"폐하께서 지금 황호를 죽이지 않으시면 머지않아 화가 닥칠 것입니다."

후주가 말했다.

"사람을 사랑할 때는 그가 살기를 바라고 사람을 미워할 때는 그가 죽기를 바란다愛之欲其生, 惡之欲其死'¹²고 하더이다. 경은 어찌하여 환관 한 명을 용납하지 못하오?"

근시에게 명하여 호산 옆에 있던 황호를 정자 아래로 불러오게 하고는 강유에게 절을 올리고 죄를 인정하도록 했다. 황호가 울면서 강유에게 절을 올렸다.

"저는 아침저녁으로 성상을 모실 뿐 국정과는 아무런 상관이 없습니다. 장군께서는 바깥사람들의 말만 듣고 저를 죽이려 하지 마십시오. 저의 목숨은 장군께 달려 있으니 장군께서는 가엾게 여겨주십시오!"

말을 마치고는 머리를 조아리며 눈물을 흘렸다.

강유는 몹시 분개하며 나왔고 즉시 극정을 찾아가 있었던 일을 자세히 알렸다. 극정이 말했다.

"장군께 머지않아 화가 닥칠 것이오. 장군께서 위태롭게 된다면 나라도 뒤따라 멸망할 것이오!"

강유가 말했다.

"선생께서 내게 나라를 보전하고 몸을 안전하게 할 수 있는 계책을 가르쳐주시면 다행이겠습니다."

극정이 말했다.

"농서[13] 지방에 갈 만한 곳이 한 곳 있는데 답중[14]이라 부르고 땅이 지극히 알찬 곳이오. 장군께서는 어찌하여 무후께서 둔전했던 일을 본받아 천자께 아뢰어 답중으로 가서 둔전하지 않으시오? 첫째로는 밀이 익으면 군량에 도움이 될 것이고, 둘째로는 농우의 여러 군을 모두 도모할 수 있으며, 셋째로는 위나라 사람들이 감히 한중을 똑바로 쳐다보지 못할 것이고, 넷째로는 장군께서 밖에 있으면서 병권을 장악하고 있으니 남들이 도모할 수 없어 화를 피할 수 있을 것이오. 이것이 바로 나라를 보전하고 몸을 안전하게 할 수 있는 계책이니 서둘러 실행하셔야 하오."

강유가 크게 기뻐하며 감사했다.

"선생께서는 금과 옥 같은 말씀을 하셨소."❺

이튿날 강유는 표문을 올려 후주에게 아뢰어 답중에서 둔전을 하면서 무후의 일을 본받겠다고 청했다. 후주는 허락했다.

한중으로 돌아간 강유는 장수들을 모아놓고 말했다.

"내가 여러 차례 출병했지만 군량이 부족하여 공을 이룰 수 없었소. 그래서 지금 군사 8만 명을 거느리고 답중으로 가서 밀을 심고 둔전하면서 천천히 공을 이루기 위해 도모할 작정이오. 그대들은 오래도록 싸우느라 노고가 많았으니 지금은 잠시 병기를 거두고 곡식을 모으면서 물러나 한중을 지키시오. 위군은 천 리 길 멀리 군량을 운반하면서 산마루를 거쳐야 하니 자연히 지칠 것이고, 피로해지면 반드시 물러갈 것이니 그때 빈틈을 이용해 추격하여 들이치면 승리하지 않을 수 없을 것이오."

마침내 명하여 호제에게는 한수성[15]에 주둔하게 하고, 왕함王含에게는 낙성[16]을, 장빈蔣斌(장완의 아들)에게는 한성[17]을 지키도록 했고, 장서蔣舒와 부첨은 함께 요충지[18]를 지키게 했다. 각각 배치를 끝내자 강유 자신은 군사 8만 명을 이끌고 답중으로 가서 밀을 심으며 장구한 계책을 마련했다.❻

한편 등애는 강유가 답중에서 둔전을 하고 있는데 길에 40여 개의 군영을 세워 서로 끊어지지 않게 연결시켜 마치 긴 뱀과 같은 형세를 이루고 있다는 소식을 들었다. 등애는 즉시 정탐꾼을 시켜 지형을 살피게 했고 도본을 그려 완성시키고는 표문을 올려 아뢰었다. 그것을 본 진공 사마소는 크게 노했다.

"강유가 여러 차례 중원을 침범했어도 섬멸시킬 수 없으니 내 마음속의 큰 우환거리로다!"

가충이 말했다.

"강유는 공명으로부터 전수받은 것을 깊이 터득하여 급히 물리치기 어렵습니다. 지혜와 용맹을 갖춘 장수 한 명을 보내 그를 찔러 죽여야만 군사를 움직이는 노고를 면할 수 있을 것입니다."

종사중랑 순욱荀勖이 말했다.

"그렇지 않습니다. 지금 촉주 유선은 주색에 빠져 황호만 신임하고 있어 대신들이 화를 피할 마음만 품고 있다고 합니다. 강유가 답중에서 둔전을 하고 있는 것도 바로 화를 피할 계책입니다. 만약 대장에게 그를 정벌하도록 한다면 이기지 못할 것이 없는데 구태여 자객을 쓸 필요가 있겠습니까?"

사마소가 껄껄 웃었다.

"그 말이 가장 훌륭하오. 내가 촉을 정벌하려면 누구를 장수로 삼아야겠소?"

순욱이 말했다.

"등애는 당대의 우수한 인재이니 거기다 종회를 더해 부장으로 삼으면 큰일을 이룰 것입니다."

사마소가 크게 기뻐했다.

"그 말이 내 뜻에 부합하는구려."

이에 종회를 불러들이고는 물었다.

"내 그대를 대장으로 삼아 동오를 정벌하려 하는데 할 수 있겠는가?"

종회가 말했다.

"주공의 뜻은 본래 오를 정벌하려는 것이 아니라 사실은 촉을 정벌하려는 것입니다."

사마소가 껄껄 웃었다.

"그대가 참으로 내 마음을 아는구나. 경이 가서 촉을 친다면 무슨 계책을 쓰겠는가?"

종회가 말했다.

"저는 주공께서 촉을 정벌하고자 하시는 것을 예측하고 이미 도본을 그려 놓았습니다."

사마소가 도본을 펼쳐 살펴보니 가는 도중에 군영을 꾸리고 군량을 저장하고 마초를 쌓아둘 만한 곳이 자세하게 적혀 있고 어디로 나아가야 하며 어디로 물러나야 하는지가 일일이 기록되어 있는데 모든 것이 법도가 있었다. 그것을 살펴본 사마소가 크게 기뻐했다.

"참으로 훌륭한 장수로다! 경이 등애와 함께 군사를 합쳐 촉을 취하는 것은 어떠한가?"

종회가 말했다.

"촉천蜀川(촉 땅)으로 가는 길은 많아서 한 길로만 진격해서는 안 되고 등애에게 군사를 나누어 각기 진격시켜야 할 것입니다."

사마소는 마침내 종회를 진서장군鎭西將軍으로 임명하고 가절월[19]을 내렸다. 그리고 관중의 인마를 총지휘하여 청주, 서주, 연주, 예주, 형주, 양주涼州 등지의 인마를 배치시켰다. 그러는 한편 사람을 시켜 부절을 가지고 가서 등애를 정서장군征西將軍으로 삼고 관외 농상[20] 지역을 총지휘하게 하여 날짜를 정해 촉을 정벌하도록 했다. ❼

이튿날 사마소가 조정에서 이 일에 대해 계책을 의논하고 있는데 전장군 등돈鄧敦이 말했다.

"강유가 여러 차례 중원을 침범하여 우리 병사들 중에 죽거나 상한 자가 심히 많습니다. 지금은 단지 방어만 해도 오히려 스스로 보전하기 힘든 상황인데 어찌 산천이 위험한 곳으로 깊이 들어가 재난과 변란을 자초하려 한단 말입니까?"

사마소가 노했다.

"내가 인의의 군대를 일으켜 무도한 군주를 정벌하고자 하는데 너는 어찌 내 뜻을 거역한단 말이냐!"

무사들에게 끌어내 목을 치라고 호통을 쳤다. 잠시 후 등돈의 수급을 계단 아래에 바쳤다.[21] 관원들이 놀라고 두려워하며 얼굴이 새파랗게 질렸다. 사마소가 말했다.

"내가 동쪽을 정벌[22]한 이래로 6년 동안 휴식을 취하면서 군사를 조련하고 갑옷을 손질하여 모두 완비되었기에 오래전부터 오와 촉을 정벌하려 했소. 지금 먼저 서촉을 평정하고 물결 따라 흘러가는 것과 같은 기세를 타고 수륙으로 진격하여 동오를 병탄할 것이니, 이것은 괵을 멸한 다음에 군대를 되돌려 우를 멸망시키는[23] 방도요. 내가 헤아리건대 서촉의 군사들은 성도를 지키는 병사가 8~9만 명이고 변경을 지키는 병사는 4~5만 명이며 강유가 둔전을 위해 거느린 병사는 6~7만 명에 불과하오. 지금 내 이미 등애에게 관외 농우의 군사 10여 만 명을 이끌고 강유를 답중에서 벗어날 수 없도록 견제하게 하여 동쪽을 돌아볼 수 없게 만들었고, 종회를 파견하여 관중의 정예병 20~30만 명을 이끌고 곧장 낙곡으로 가서 세 갈래 길로 한중을 기습하게 했소. 촉주 유선은 어리석고 우둔하여 성 밖의 변경이 깨지고 백성이 안에서 공포에 떨며 당황하면 필연적으로 망할 것이오."

모두 무릎을 꿇고 엎드려 절을 올렸다.❽

한편 진서장군의 인장을 받은 종회는 촉을 정벌하고자 군대를 일으켰다. 종회는 혹여 계책이 누설될까 두려워 도리어 오를 정벌한다는 명목으로 청주, 연주, 예주, 형주, 양주涼州 등 다섯 곳에 각기 큰 배를 건조하게 하고, 또 당자를 등주와 내주[24] 등의 바다 가까운 곳으로 파견해 해선海船(바다를 항해하는 큰 선박)을 징집하게 했다. 사마소는 그의 뜻을 알지 못해 즉시 종회를 불러 물었다.

"그대는 육로로 서천을 취해야 할 텐데 어디에 쓰려고 배를 건조하는가?"

종회가 말했다.

"우리 군사가 대대적으로 진격한다는 소식을 촉이 듣게 되면 틀림없이 동오에 구원을 요청할 것입니다. 그래서 먼저 위엄과 기세를 펼치면서 오를 정벌하는 형세를 이루면 오는 반드시 감히 함부로 움직이지 못할 것입니다. 그리고 1년 안에 촉을 깨뜨릴 것이고 그때쯤이면 배들도 이미 건조되어 오를 정벌하는 데 어찌 순조롭지 않겠습니까?"

사마소가 크게 기뻐하며 출병할 날을 잡았다. 위나라 경원景元 4년(263) 7월 초사흘, 종회가 출병했다. 사마소는 성 밖 10리까지 전송하고 돌아왔다.❾

서조연西曹掾 소제邵悌가 은밀히 사마소에게 일렀다.

"지금 주공께서 종회를 파견하여 군사 10만 명을 이끌고 촉을 정벌하게 하셨는데 어리석은 생각으로는 종회는 뜻이 크고 심중에 추구하는 목표가 높은 사람이라 홀로 대권을 장악하게 해서는 안 됩니다."

사마소가 웃으면서 말했다.

"내 어찌 그것을 모르겠는가?"

소제가 말했다.

"주공께서는 이미 알고 계시면서 어찌하여 다른 사람에게 그 직분을 함께 통솔하도록 하지 않으십니까?"

사마소가 몇 마디 말로 소제의 의심을 잠시 풀어주었다.

바야흐로 병마가 말에 채찍질하며 달려나가는 날
어느 결에 장군이 제멋대로 설칠 마음을 알았다네
方當士馬驅馳日, 早識將軍跋扈心

사마소는 어떤 말을 했을까?❿

제115회 실패로 끝난 중원 정벌

①

하후패의 사망 시기

하후패의 생몰 연대는 명확하지 않다. 몇 가지 역사 기록을 통해 대략적으로 그의 사망 시기에 대해 추측하는 건 가능하다.

『삼국지』「촉서·강유전」과 『자치통감』 권76 「위기 8」의 기록에 따르면 연희 18년(255) 거기장군 하후패는 강유와 함께 출병하여 옹주자사 왕경王經을 무찌른 이후로 역사 기록에 등장하지 않는다. 「촉서·등지전」에 따르면 연희 14년(251)에 거기장군이었던 등지가 사망한 것으로 기록하고 있고 255년에 하후패가 거기장군이었으므로 하후패는 등지의 후임이었다고 볼 수 있다. 그 이후에 「촉서·장익전」에서 장익은 "경요 2년(259) 좌거기장군으로 승진했다"고 기록하고 있고, 「촉서·후주전」에는 "좌우거기장군 장익과 요화"라는 기록이 있다.

결국 255년 당시에 거기장군인 하후패는 맹활약을 하고 있었고, 4년 후인 259년 거기장군을 장익과 요화가 분담하여 좌우거기장군으로 임명되었다고 할 수 있다. 역사 기록을 종합해보면 하후패는 255년부터 259년 사이에 사망했을 것이라는 추측이 가능하다. 하후패가 정확히 어떤 사유로 사망했는지는 역사 기록에 없으나 소설에서처럼 262년에 전장에서 사망한 것은 사실이 아니다. 아마도 병사했을 가능성이 클 것으로 판단된다.

❷

유염 사건

『삼국지』「촉서·유염전劉琰傳」에서는 유염 사건을 다음과 같이 기록하고 있다.

"건흥 12년(234), 유염의 아내 호씨胡氏는 태후에게 새해 인사를 하기 위해 입궁했다. 태후가 명하여 특별히 호씨를 궁궐 안에 머무르도록 했는데 한 달이 지나서야 그녀를 궁궐에서 나가게 했다. 호씨의 용모가 아름다웠기 때문에 유염은 자신의 아내가 후주와 사사로이 정을 통한 것으로 의심하여 오백五百(수하 사졸)을 시켜 호씨를 때리고 심지어 신발로 호씨의 얼굴을 때리게 한 다음 그녀를 버리고 떠나게 했다. 호씨는 이러한 상황을 모두 유관 부서에 알렸고 유염을 고발했으며 유염은 이 때문에 옥에 갇혔다. 유관 부서는 유염의 죄를 토의하여 결정했다.

'사졸은 아내를 때리는 사람이 아니며 얼굴 또한 신발로 때릴 수 있는 곳이 아니다.'"

유염은 결국 기시棄市(죽인 다음 시체를 시장에 내놓고 대중에게 보이는 것)되었다. 이후 대신의 아내나 모친이 입조하여 축하 인사를 하는 일이 금지되었다.

❸

강유의 철군

소설에서는 후주가 황호의 말에 따라 강유에게 조서를 내려 소환했다고 했는데, 사실 강유는 등애에게 패해 돌아왔다.

『삼국지』「촉서·강유전」에서는 "경요 5년(262), 강유는 군대를 통솔하여 후화侯和로 진격했다가 등애에게 패하여 답중沓中으로 돌아와 주둔했다"고 했고, 「위서·삼소제기」에 따르면 "경원 3년(262) 10월, 촉의 대장 강유가 조양洮陽을 침범했다. 진서장군 등애가 강유를 막고 후화에서 격파하자 강유는 도주했다"고 기록하고 있다.

강유의 여덟 번의 중원 정벌

강유는 총 여덟 번에 걸쳐 중원 정벌에 나선다. 강유의 중원 정벌에 관한 역사 기록을 정리하면 다음과 같다.

	시기	역사 기록
1차	연희 12년(249)	옹주 공격, 강유 패전, 구안 등 위나라에 투항
2차	연희 13년(250)	서평을 침범했으나 승리하지 못함
3차	연희 16년(253)	남안을 포위했으나 이기지 못하고 식량이 떨어져 철군
4차	연희 17년(254)	농서로 출병, 서질 죽임, 세 현(하관, 적도, 임조)의 백성 구출, 장어 전사
5차	연희 18년(255)	적도로 진군, 조수에서 왕경 격파, 종제 주둔
6차	연희 19년(256)	단곡에서 등애에게 격파당함, 강유 직급 강등
7차	연희 20년(257)	낙곡으로 출병, 망수에 이르렀으나 이듬해 제갈탄의 패전으로 철군, 양측 접전 없었음
8차	경요 5년(262)	후화로 출병, 등애에게 패전, 답중 주둔

강유의 중원 정벌에 관한 역사 기록과 소설의 이야기 전개는 상당한 차이를 보인다. 소설에서는 2차, 4차 정벌에 관한 내용이 묘사되어 있지 않고 다른 내용으로 이야기를 전개시키고 있으며, 각각의 정벌 내용도 실제 역사와는 많은 차이를 보인다.

❹

동윤과 황호

소설에서 후주가 동윤이 황호를 증오했다고 말한 대목이 등장하는데 동윤과 황호의 관계에 대한 부분이 『삼국지』 「촉서·동윤전」에 기록되어 있다.

"후주는 점점 성장하면서 환관인 황호를 총애했다. 황호는 아첨하고 알랑거리기를 잘하고 간사하고 교활했으며 후주의 환심을 사서 자신을 중용하게 하려 했다. 동윤은 항상 위로는 엄정하게 후주를 바로잡으려 했고, 아래로는 여러 차례 황호의 바르지 못한 행위를 꾸짖었다. 황호는 이 때문에 동윤을 몹시 두려워하여 감히 나쁜 짓을 저지르지 못했다. 동윤이 사망하기 전까지 황호의 가장 높았던 관직은 황문승

黃門丞(황문령黃門令의 부관으로 황문령을 보좌하여 궁중의 환관을 관리)에 지나지 않았다. 동윤은 연희 9년(246)에 세상을 떠났다."

⑤

극정과 황호의 관계

『삼국지』「촉서·극정전」에 극정과 황호의 관계를 볼 수 있는 기록이 있다.

"조부인 극검郗儉은 한나라 영제 말년에 익주자사를 지냈는데 도적에게 살해당했다. 마침 천하가 크게 어지러워지자 극정의 부친 극읍郗揖은 촉 땅에 남았다. 극읍은 일찍이 장군 맹달의 영도독營都督(군영의 사무관리)이 되어 맹달과 함께 조위에 투항하여 중서영사中書令史(중서령中書令의 속관 문서를 관장)에 임명되었다.

극정의 본명은 극찬郗纂이다. 어려서 부친이 죽고 모친이 재혼하여 홀로 외롭게 살았다. 그러나 그는 빈곤함에도 학문을 좋아해 서적을 두루 읽었다.

극정은 황궁 내의 직책에 임명된(비서祕書 관서에서 직무를 맡음) 뒤로 환관 황호와 가까이하며 30년을 지냈다. 황호는 비천한 직위에서 존귀한 신분에 이르러 조정의 권세를 쥐었다. 그러나 극정은 황호에게 총애를 받지 못했고, 또한 황호에게 미움도 받지 않았다. 이 때문에 그의 직위는 600석(비서령祕書令의 품급)을 넘지 못했지만 재앙을 면할 수 있었다."

⑥

강유의 답중 주둔

소설에서는 중원 정벌에서 돌아온 강유가 극정의 조언에 따라 답중에 주둔했다고 했지만 사실은 그렇지 않다.

『삼국지』「촉서·강유전」에서는 "강유는 본래 촉한에 잠시 머물러 사는 타지방 사람으로 여러 해 동안 위나라를 공격해 싸웠지만 세운 공적이 없었다. 환관 황호 등이 조정에서 권력을 장악하고 있었고 우대장군右大將軍 염우閻宇가 황호와 결탁하여 못된 짓을 저질렀다. 황호는 은밀히 강유를 파면하고 염우를 등용하려 했다. 강유는 내심 황호에 대해 회의를 품고 있었고 자신 또한 위험을 느끼고 두려워했기 때문에 감히 다시는 성도로 돌아가지 못했다'고 기록하고 있다.

배송지 주『화양국지華陽國志』에 따르면 "강유는 황호에게 답중에서 밀 심기를 요청하여 내부의 위협을 피했을 따름이다'라고 기록하고 있어, 강유가 답중에 주둔한 것은 극정의 조언에 따른 게 아니라 스스로 결정한 것이며 거듭된 출병에서 얻은 공적이 없는 데다 궁중 내부의 위협으로부터 벗어나기 위한 결정이었음을 알 수 있다.

❼

등애는 촉한 정벌에 찬성하지 않았다

『진서』「문제기」와『자치통감』권78「위기 10」에 따르면 "정서장군 등애는 촉한에 빈틈이 없다고 여겨 여러 차례 다른 의견을 제시했다. 사마소가 주부 사찬司纂을 등애의 사마로 임명하여 그를 타이르고 권유하게 하자 등애가 비로소 명령을 받들었다'고 기록하고 있다.

❽

촉한 병력에 대한 사마소의 평가와 위의 병력

소설에 나온 촉한 병력에 대한 사마소의 평가와 실제 역사 기록에는 차이가 있다.『자치통감』권78「위기 10」과『진서』「문제기」에는 다음과 같이 기록되어 있다.

"촉한의 사병은 총 9만 명이고 성도와 기타 변경을 방비하는 군대는 4만 명이 넘지 않소. 그렇다면 나머지는 5만 명에 불과하오. 만일 강유를 답중에서 저지하고 그의 군대가 동쪽을 돌아볼 수 없게 한다면, 우리 군은 곧장 낙곡으로 나아가서 적의 방비가 비어 있는 곳으로 출병하여 한중을 기습해야 하오. 유선은 어리석어 변경의 성들이 격파되고 인심이 질겁하면 반드시 패망할 것이오."

또한 촉한 정벌에 나선 사마소의 병력에 대해『진서』「문제기」에서는 "사방의 병사 18만 명"이라고 기록하고 있지만,『자치통감』권78「위기 10」에서는 "등애가 3만여 명, 제갈서가 3만여 명을 통솔하고, 종회가 10만여 명을 통솔했다'고 하여 16만여 명으로 기록하고 있다. 결국 촉한의 군사력은 9만 명이었고 위의 사마소는 그 두 배인 18만(혹은 16만) 명이었다.

❾

『삼국지』「위서·종회전」에 "경원 3년(262) 겨울, 종회를 진서장군, 가절, 도독관중제군사都督關中諸軍事(대도독 다음 지위)로 임명했다. 문왕은 청주, 서주, 연주, 예주, 형주, 양주 등에 명령을 하달하여 함께 전선을 건조하도록 했으며, 또 당자에게 바다를 건널 큰 배를 건조하게 했는데 표면상으로는 장차 오나라를 정벌하려 한다는 모양을 취하게 했다"고 기록하여, 배를 만들어 오를 공격하는 것처럼 위장하며 촉한 정벌에 나선 것은 종회의 계책이 아니라 사마소의 전략이었다고 할 수 있다.

❿

사마소가 촉한 정벌에 나선 이유

『삼국지』「위서·종회전」에서는 사마소가 촉한 정벌에 나선 이유를 다음과 같이 기록하고 있다.

"문왕은 촉한의 대장 강유가 여러 차례 변경을 침범하여 소요를 일으키자, 촉한이 나라가 작고 백성이 피로에 지쳐 있으며 물자와 인력이 빈약하여 고갈되었을 것이라 예상하고 대규모로 군대를 일으켜 촉한을 취하려고 했다."

소설에서는 종회가 미리 상세한 촉의 지리를 도본으로 만들어놨다고 했는데「위서·종회전」에 따르면 "오직 종회만이 촉나라를 취할 수 있다고 판단하여 미리 문왕과 함께 촉한의 지형을 연구하고 형세를 분석했다"고 기록하고 있어 사마소와 종회가 함께 주도하고 면밀하게 준비했다는 것을 알 수 있다.

정군산의 신령

종회는 한중 길에서 군사를 나누고,
무후는 정군산에 신령이 되어 나타나다

鍾會分兵漢中道,
武侯顯聖定軍山

사마소가 서조연 소제에게 일렀다.

"조정의 신하들은 촉을 정벌할 수 없다고 말하는데 이것은 두려워 겁을 먹었기 때문이니 만약 억지로 싸우게 하면 틀림없이 패할 것이네. 지금 종회가 홀로 촉을 정벌할 계책을 세운 것은 겁을 먹지 않은 것이니 필히 촉을 깨뜨릴 것이네. 촉이 격파되고 나면 촉나라 사람들은 심장과 쓸개가 찢어질 것이네. '패전한 장수는 용맹을 말할 수 없고 망한 나라의 대부는 생존을 도모할 수 없다敗軍之將, 不可以言勇; 亡國之大夫, 不可以圖存'[1]고 했으니 종회가 다른 뜻을 품었다 해도 촉인들이 어찌 그를 도울 수 있겠는가? 위나라 군사들은 승리를 거두면 돌아갈 생각만 할 것이니 틀림없이 종회를 따라 배반하지 않을 것이므로 더욱 걱정할 필요가 없네. 이 말은 나와 자네만 알고 절대 누설해서는 안 되네."

소제는 탄복했다.

한편 종회는 군영을 세우고 난 뒤 명령을 내리기 위해 장수들을 군막으로 소집했다. 이때 감군 위관衛瓘(위기衛覬의 아들)과 호군 호열胡烈(호준의 아들),

대장 전속田續(전주田疇의 종손從孫), 방회龐會(방덕의 아들), 전장田章, 원정爰彰, 구건丘建, 하후함夏侯咸, 왕매王買, 황보개皇甫闓, 구안句安 등 80여 명이 모였다. 종회가 말했다.

"반드시 대장 한 사람이 선봉이 되어 산을 만나면 길을 열고 물을 만나면 다리를 설치해야 한다. 누가 감히 그 일을 담당하겠는가?"

한 사람이 응답했다.

"제가 가기를 원합니다."

종회가 그를 보니 바로 호장虎將 허저許褚의 아들 허의許儀였다. 모두 이구동성으로 말했다.

"이 사람이 아니면 선봉이 될 수 없습니다."

종회가 허의를 불러 말했다.

"그대는 호랑이같이 용맹하고 강건한 데다 높은 가문의 귀족 출신의 장수로 부자가 모두 명성이 있는데 여기 모인 장수들 또한 그대를 보증하는구나. 그대는 선봉의 인수를 걸고 마군 5000명과 보군 1000명을 이끌고 곧장 한중을 취하라. 군사를 세 갈래 길로 나누어 가운데 길로 야곡을 나가고, 좌군은 낙곡으로 나가며, 우군은 자오곡²으로 나가라. 이 길들은 산길이라 울퉁불퉁하고 산세가 험준하니 군사들로 하여금 도로를 평탄하게 메우고 교량을 수리하며 산을 뚫고 바위를 깨뜨리게 하여 장애물이 없도록 해야 한다. 어기는 자가 있다면 반드시 군법에 따라 처리하겠노라."

명령을 받든 허의는 군사를 이끌고 나아갔다. 종회는 그 뒤를 따라 10만여 명을 거느리고 그날 밤 길을 나섰다.

한편 농서에 있던 등애는 촉을 정벌하라는 조서를 받자 사마망에게 강인들을 막도록 했다. 또 옹주자사 제갈서諸葛緒, 천수태수 왕기王頎, 농서태수 견홍率弘, 금성태수 양흔楊欣을 파견하여 각기 본부의 병사를 이동시켜 와서는 명령을 듣게 했다. 군마들이 모여들 즈음 등애는 꿈을 꾸었다. 꿈속에서 높은 산에 올라 한중을 바라보고 있는데 별안간 발밑에서 샘물이 뿜어져 나오더니 물살이 위로 세차게 솟구쳐 오르는 것이었다. 잠시 후 놀라 깨어났는데 온몸에 땀이 흘러내렸다. 마침내 앉아서 날이 밝기를 기다렸다가 호위護衛[3] 원소爰邵를 불러 꿈에 대해 물었다. 원소는 평소 『주역』에 밝은 사람이었다. 등애가 그 꿈에 대해 자세히 이야기하자 원소가 대답했다.

"『주역』에 이르기를 '산 위에 물이 있는 것은 건蹇이다'[4]라고 했고, 건괘蹇卦라는 것은 '서남쪽이 이롭고 동북쪽이 불리하다'고 했습니다. 공자께서는 '건이 서남쪽에 이롭다는 것은 그쪽으로 가면 공을 이룬다는 뜻이고, 동북쪽에 불리하다는 것은 그 길이 끝났기 때문이다'라고 말씀하셨습니다. 장군께서 이번에 가시면 틀림없이 촉을 이길 것이나 애석하게도 곤궁하고 순조롭지 않게 되어 돌아오지 못할 것입니다."

그 말을 들은 등애는 즐겁지 않았다. 그때 별안간 종회의 격문이 이르렀는데 등애에게 군대를 일으켜 한중에서 모이기로 약속하자는 것이었다. 등애는 즉시 옹주자사 제갈서를 파견하여 군사 1만5000명을 이끌고 먼저 강유의 돌아갈 길을 끊게 했고, 다음으로 천수태수 왕기를 보내 군사 1만5000명을 거느리고 왼쪽에서 답중을 공격하도록 했으며, 농서태수 견홍에게는 군사 1만5000명을 이끌고 오른쪽에서 답중을 공격하게 했고, 또 금성태수 양흔을 파견하여 군사 1만5000명을 이끌고 감송[5]에서 강유의 뒤를 도모하도록 했다. 등애 자신은 3만 명의 군사를 거느리고 왕래하면서 호응하기로 했다.

한편 종회가 출병할 때 백관이 성 밖으로 나가 전송했는데 깃발들은 해를 가렸고 갑옷은 서릿발이 돋도록 강렬했으며 사람은 군세고 말은 건장하여 위풍이 늠름했다. 모두가 칭찬하고 부러워했는데 유독 상국참군相國參軍 유식劉寔만이 말없이 미소를 지었다. 유식이 냉소하는 것을 본 태위 왕상王祥이 말 위에서 그의 손을 잡으며 물었다.

"종회와 등애 두 사람이 이번에 가면 촉을 평정할 수 있겠소?"

유식이 말했다.

"촉을 격파하는 것은 필연적이나 두 사람 모두 도성으로 돌아오지 못할까 걱정이오."

왕상이 그 까닭을 물었으나 유식은 웃기만 할 뿐 대답하지 않았다. 왕상도 결국 다시 묻지는 않았다.[6]

한편 위병이 출발하자 어느새 정탐꾼이 답중으로 들어가 이 사실을 강유에게 보고했다. 강유는 즉시 표문을 올려 후주에게 아뢰었다.

"청컨대 조서를 내리시어 좌거기장군 장익을 파견하여 군사를 이끌고 양안관[7]을 수호하도록 하시고, 우거기장군 요화에게는 군사를 이끌고 음평교[8]를 지키게 하소서. 이 두 곳은 가장 요긴한 곳이라 만약 이 두 곳을 잃게 된다면 한중을 보전하지 못할 것입니다. 그리고 사신을 동오로 파견하여 구원을 청하소서. 신은 답중의 군사를 일으켜 적을 막겠습니다."

이때 후주는 경요 6년에 연호를 염흥炎興[9] 원년(263)으로 바꾸고 날마다 환관 황호와 군중에서 놀며 즐기고 있었다. 그때 갑자기 강유의 표문을 받자 즉시 황호를 불러 물었다.

"지금 위나라가 종회와 등애를 보내 인마를 대규모로 일으켜 길을 나누어 처들어온다고 하는데 어찌하면 좋으냐?"

황호가 아뢰었다.

"이것은 강유가 공적과 명성을 세우고자 일부러 올린 표문입니다. 폐하께서는 마음을 편히 가지시고 의심하거나 염려하지 마소서. 신이 듣건대 성안에 한 무당이 있는데 신을 받들면서 길흉을 알 수 있다고 하니 불러서 물어보십시오."

후주는 그 말에 따라 궁중 뒤쪽의 전당에 향과 꽃, 향촉과 지전紙錢, 제사예물들을 차려놓고 황호에게 작은 수레로 무당을 궁중으로 청해 들이게 하고는 용상 위에 앉혔다. 후주가 향을 사르고 축원을 마치자 무당이 별안간 머리를 풀어헤치고 맨발로 전당에 올라 수십 번을 껑충 뛰어오르더니 긴 탁자 위에서 빙빙 돌았다. 황호가 말했다.

"이것은 신인神人이 내려온 것입니다. 폐하께서는 좌우를 물리치시고 친히 기도를 올리소서."

후주가 가까이 모시는 신하를 모두 물리치고는 두 번 절하며 축원했다. 그러자 무당이 크게 소리 질렀다.

"내가 바로 서천의 토신이니라. 폐하는 즐겁고 태평하면서 어찌하여 다른 일을 물어보시는가? 몇 년 뒤에 위나라 강토 또한 폐하에게 돌아갈 것이니 절대로 근심하지 마시오."

말을 마치고는 바닥에 쓰러져 혼절하더니 한참이 지나서야 비로소 소생했다. 후주는 크게 기뻐하며 무거운 상을 하사했다. 이로부터 무당의 말을 깊이 믿게 되었으며 마침내 강유의 말을 듣지 않고 매일 궁중에서 술잔치를 벌이며 즐겁게 지냈다. 강유는 여러 차례 반복적으로 표문을 올려 급한 상황을 알렸으나 그때마다 모두 황호가 감추었기 때문에 큰일을 그르치게 되

었다.❶

한편 종회의 대군은 구불구불 이어지는 행렬을 지어 한중을 향해 진군했다. 선봉대 선두인 허의는 첫 번째 공을 세우고자 먼저 군사들을 이끌고 남정관南鄭關¹⁰에 이르렀다. 허의가 부하 장수들에게 말했다.

"이 관을 지나면 바로 한중이다. 관 위에 인마가 많지 않으니 우리가 있는 힘을 다해 즉시 관을 빼앗도록 하자."

명령을 받은 장수들이 일제히 협력하며 앞으로 나아갔다. 알고 보니 관을 지키던 촉의 장수 노손盧遜은 일찌감치 위병이 올 것을 알고 미리 관 앞의 나무다리 좌우에 군사들을 매복시킨 뒤 무후가 남긴 한 번에 열 개의 살을 발사할 수 있는 십시연노十矢連弩를 배치해놓고 있었다. 허의의 병사들이 관을 빼앗으러 몰려들자 '딱딱' 하는 딱따기 소리와 함께 화살과 돌이 빗발치듯 날아왔다. 허의가 급히 물러나려 했지만 어느새 수십 명의 기병이 맞아 쓰러졌다. 위병은 대패하고 말았고 허의는 돌아가 종회에게 상황을 보고했다. 종회가 부하 갑사甲士(갑옷 입은 전사) 500여 기를 거느리고 직접 와서 살펴보니 과연 화살과 쇠뇌가 일제히 발사되었다. 종회가 말을 젖혀 돌아가려 하자 관 위에 있던 노손이 군사 500명을 이끌고 내려왔다. 종회가 말을 박차 다리를 건너려는데 다리 위의 흙이 움푹 꺼지면서 그 속으로 말굽이 빠지는 바람에 자칫하면 솟구쳐 올라 말에서 떨어질 뻔했다. 말은 빠져나오려 몸부림쳤으나 일어나지 못했고 종회는 말을 버리고 걸어갔다. 종회가 다리에서 내려오는 순간 어느새 노손이 따라잡아 창으로 찔렀으나 도리어 위군 속에 있던 순개荀愷(순욱의 증손자)가 몸을 돌려 화살 한 대를 날렸고 노순은 그 화살에 맞아 말에서 떨어지고 말았다. 종회는 그 기세를 몰아 관을 빼앗으려 했다. 관 위에 있던 군사들은 촉병들이 관 앞에 있어 감히 화살을 날리지 못하고 있다가 종회의 무리에게 죽임을 당하고 흩어져 산관[11]을 빼앗기고 말았다. 종회는 즉시 순개를 호군護軍으로 삼고 말안장이 모두 갖춰진 말과 갑옷을 그에게 하사했다. 종회는 허의를 군막 안으로 불러 꾸짖었다.

"너는 선봉이 되었으니 이치상 산을 만나면 길을 열고 물을 만나면 다리를 설치하며 오로지 교량과 도로 수리에 전념하여 행군을 편하게 만드는 것이 합당하다. 방금 전 다리 위에서 말굽이 빠지는 바람에 하마터면 내가 다리에서 떨어질 뻔했는데, 순개가 아니었다면 내 이미 죽임을 당했을 것이다! 너는 군령을 어겼으니 마땅히 군법에 따라 처리해야 하느니라!"

그러고는 좌우에 소리쳐 끌어내 목을 치라고 했다. 장수들이 고했다.

"그의 부친인 허저는 조정에 공을 세웠으니 바라건대 도독께서는 용서해 주십시오."

종회가 노했다.

"군법이 분명하지 않으면 어찌 무리를 통솔할 수 있겠소?"

마침내 허의의 목을 잘라 사람들에게 보였다. 놀라지 않는 장수가 없었다. ❷

이때 촉의 장수 왕함은 낙성을 지키고 있었고 장빈은 한성을 지키고 있었는데 위병의 형세가 대단한 것을 보고는 감히 나가 싸우지 못하고 문을 닫고 지키기만 했다. 종회는 명령을 하달했다.

"군사를 부리는 데 있어 신속히 움직이는 것을 귀하게 여기니 잠시라도 멈춰서는 안 된다."

이에 전군前軍[12] 이보李輔에게 낙성을 포위하게 했고 호군 순개에게는 한성을 에워싸게 했으며 자신은 대군을 거느리고 양안관을 취하러 갔다. 양안관을 지키던 촉장 부첨은 부장 장서蔣舒와 함께 싸워 지킬 계책을 상의했다. 장서가 말했다.

"위병이 심히 많아 그 세력을 감당할 수 없으니 차라리 견고하게 지키는 것이 상책인 것 같습니다."

부첨이 말했다.

"그렇지 않소. 위병은 멀리서 왔기에 틀림없이 피곤할 테니 비록 숫자가 많을지라도 두려워할 필요는 없소. 우리가 만약 관을 내려가 싸우지 않는다면 한성과 낙성은 끝장날 것이오."

장서는 묵묵히 말이 없었다. 그때 느닷없이 위병 부대가 관 앞에 당도했다는 보고가 들어오자 장서와 부첨은 관 위로 올라가 살펴보았다. 종회가 채찍을 휘두르며 크게 소리 질렀다.

"내 지금 10만 명의 군사를 통솔하여 이곳에 당도했으니 어서 속히 나와 항복한다면 각기 관직 등급에 따라 발탁하여 임용하겠으나 만일 잘못을 깨닫지 못하고 항복하지 않는다면 요충지를 깨뜨려 옥석을 가리지 않고 모조리 불태우겠노라!"

크게 노한 부첨은 장서에게 관을 지키게 하고는 직접 3000명의 군사를 이끌고 관을 내려갔다. 종회는 즉시 달아났고 위병은 모두 물러갔다. 부첨이 기세를 몰아 추격에 나서자 위병이 다시 뭉쳤다. 부첨이 물러나 관으로 들어가려 하는데 관 위에는 이미 위나라 깃발이 세워져 있었다. 장서가 나타나더니 소리 질렀다.

"내 이미 위나라에 항복했다!"

부첨은 크게 노하여 엄한 목소리로 욕을 했다.

"은혜를 잊고 의리를 배반한 역적 놈이 무슨 낯짝으로 천하의 사람들을 볼 것이냐!"

말을 젖혀 돌리더니 다시 위병과 접전을 벌였다. 위병이 사면으로 몰려들어 부첨을 구석으로 몰아넣고 에워쌌다. 부첨은 좌충우돌하고 왔다 갔다 하면서 죽기로 싸웠으나 빠져나갈 수가 없었다. 거느리고 있던 촉병의 열 중 여덟아홉은 다친 상태였다. 부첨은 하늘을 우러러 탄식했다.

"내가 살아서 촉나라 신하였으니 죽어서도 마땅히 촉의 귀신이 되겠노라!"

이내 다시 말을 박차며 부딪쳤으나 몸 여러 군데를 창에 찔려 전포와 갑옷이 피로 가득 찼다. 타고 있던 말이 쓰러지자 부첨은 스스로 목을 베어 죽고 말았다. 이에 대해 후세 사람이 탄식한 시가 있다.

하루에 충성과 분노 나타내더니
천추에 의로운 이름 우러러보네
차라리 부첨과 같이 죽을지언정
장서처럼 목숨 부지하지 않으리
一日抒忠憤, 千秋仰義名
寧爲傅僉死, 不作蔣舒生 ❸

양안관을 손에 넣은 종회는 관 안에 저장된 군량과 마초, 군용 기구가 아주 많은 것을 보고 크게 기뻐하며 즉시 삼군에 포상을 내렸다. 그날 밤 위병이 양안성 안에서 자고 있는데 느닷없이 서남쪽[13]에서 크게 함성이 진동했다. 종회가 황급히 군막을 나가 살펴보았으나 아무런 동정도 없었다. 위군은 하룻밤 내내 감히 잠을 잘 수가 없었다. 이튿날 밤 삼경에 서남쪽[14]에서 또 함성이 일어났다. 종회는 놀라고 의심이 들어 새벽녘에 사람을 시켜 알아보게 했다.

"멀리 10여 리 밖까지 나가 정찰했는데 사람이라고는 단 한 명도 보이지 않습니다."

종회는 놀라고 의심스러워 안정할 수 없어 이내 직접 수백 명의 기병을 거느리고 완전 무장한 채 서남쪽[15]을 향해 순찰을 나갔다. 그러다 어느 산에 이르렀는데 갑자기 사면으로 살기가 일어나더니 음산한 구름이 가득 퍼지고 안개가 산꼭대기를 덮었다. 종회가 고삐를 당겨 말을 세우고는 길을 안내하는 향도관에게 물었다.

"이 산은 무슨 산인가?"

향도관이 대답했다.

"이곳은 바로 정군산定軍山입니다. 지난날 하후연이 이곳에서 전사했습니다."

그 말을 들은 종회는 울적하여 유쾌하지 않았고 즉시 고삐를 당겨 돌아갔다. 산비탈을 돌아가는데 갑자기 광풍이 크게 일더니 등 뒤에서 수천의 기병이 튀어나와 바람을 타고 쳐들어왔다. 소스라치게 놀란 종회는 무리를 이끌고 말고삐를 놓고 달아났다. 말에서 떨어진 장수가 부지기수였다. 달아나 양안관으로 돌아오니 단 한 사람, 말 한 필도 잃지 않았고 단지 넘어져 얼굴을 다치고 투구를 잃었을 뿐이었다. 모두 말했다.

"음산한 구름 속에서 인마가 몰려왔으나 몸 가까이 이르렀을 때는 도리어 사람을 다치게 하지 않았습니다. 단지 한바탕 회오리바람이었을 뿐입니다."

종회가 항복한 장수 장서에게 물었다.

"정군산에 신묘[16]가 있느냐?"

장서가 말했다.

"신묘는 없고 제갈무후의 묘만 있습니다."

종회가 놀랐다.

"이것은 필시 무후가 신령이 되어 나타난 것이다. 내 마땅히 직접 가서 제사를 지내야겠다."

이튿날 종회는 제물을 준비하고 태뢰[17]를 마련하여 직접 무후의 묘소 앞에서 두 번 절을 올리고 제사를 지냈다. 제사를 마치자 광풍이 잠시 멈추고 음산한 구름도 사방으로 흩어졌다. 그때 갑자기 신선한 바람이 솔솔 불면서 보슬비가 흩날리더니 한바탕 지나가자 하늘이 구름 한 점 없이 맑아졌다. 위병은 크게 기뻐하며 모두 절을 올려 감사하고 군영으로 돌아갔다. 그날 밤 종회가 군막 안에서 작은 탁자에 엎드려 잠이 들었는데 별안간 신선한 바람이 한바탕 불더니 한 사람이 나타났다. 그는 관건을 쓰고 깃털 부채를 들었으며 학창의를 입고 흰 신발을 신고 허리에는 검은 띠를 두르고 있었다. 얼굴이 관옥 같고 입술이 주사朱砂를 바른 듯 붉었으며 눈썹이 깨끗하고 눈이 밝게 빛났다. 그리고 8척의 키에 세속에 물들지 않은 비범한 신선의 기풍이 흘렀다. 그 사람이 군막 안으로 걸어 들어오자 종회가 자리에서 일어나 그를 맞이했다.

"공은 누구신지요?"

그 사람이 말했다.

"오늘 아침에 거듭 보살펴주었기에 내 몇 마디 알려주노라. 비록 한나라 황위가 이미 쇠퇴하여 천명을 어기기는 어려우나 양천兩川(동천과 서천)의 백성이 부당한 전쟁을 당하는 것은 진실로 가여운 일이로다. 그대가 경계로 들어가거든 절대 백성을 함부로 해치지 마라."

말을 마치더니 소매를 떨치고 가버렸다. 종회가 만류하려다 불현듯 놀라 깨어보니 한바탕 꿈이었다. 종회는 무후의 혼령임을 알고 경이로움을 이기지 못했다. 이에 선봉대에 명령을 전달하여 '보국안민保國安民' 네 글자가 적힌 흰 깃발을 세우고, 이르는 곳마다 만일 한 사람이라도 백성을 함부로 죽이는 자가 있으면 목숨으로 보상해야 할 것이라고 일렀다. 그리하여 한중의 백성은 모두 성을 나와 절을 올리며 맞이했다. 종회는 일일이 위로하며 터럭만큼도 백성을 범하는 일이 없었다. 후세 사람이 이에 대해 찬탄한 시가 있다.

수만 명의 신령스런 병사 정군산 두르고 있으니
종회더러 제갈량 혼령께 절을 올리도록 명령했네
살아 있을 때는 책략 정해 유씨를 지탱해주더니
죽어서도 여전히 말을 남겨 촉 백성 보호하네
數萬陰兵繞定軍, 致令鍾會拜靈神
生能決策扶劉氏, 死尙遺言保蜀民

한편 답중에 있던 강유는 대규모의 위병이 이르렀다는 것을 알고는 요화, 장익, 동궐에게 군사를 일으켜 호응하라는 격문을 전했다. 그러는 한편 자신은 군사를 나누어 장수들을 배치하고 위병이 오기만을 기다렸다. 그때 별안간 위병이 이르렀다는 보고가 들어왔고 강유는 군사를 이끌고 맞섰다. 위나라 진중의 대장은 바로 천수태수 왕기였다. 왕기는 말을 몰아 나오며 크게 외쳤다.

"우리는 지금 대군 100만 명에 상장 1000명이 스무 갈래 길로 나누어 진격하여 이미 성도까지 다다랐다. 너는 항복할 생각은 하지 않고 아직도 대항하려 하고 있으니 어찌 천명을 모른단 말이냐!"

강유가 크게 노하여 창을 잡은 채 말고삐를 놓고 곧장 왕기에게 달려들었다. 3합을 싸우지 못하고 왕기가 대패하여 달아났다. 강유가 병사를 몰아 20리를 추격했는데 문득 북소리와 징소리가 일제히 울리더니 한 무리의 병사가 늘어섰다. 깃발에는 '농서태수 견홍'이라는 글자가 큼지막하게 적혀 있었다. 강유가 웃으면서 말했다.

"이런 쥐새끼 같은 무리는 나의 적수가 아니다!"

즉시 병사들을 재촉하며 추격했다. 또 20리를 쫓았는데 등애가 이끄는 병사들과 맞닥뜨렸고 양군은 혼전을 벌였다. 강유는 혈기 왕성하게 등애와 10여 합을 싸웠으나 승부를 가리지 못했다. 뒤쪽에서 징과 북이 또 울렸다. 강유가 급히 물러나려 하자 후군에서 보고했다.

"감송의 모든 군영이 금성태수 양흔에게 불타버렸습니다."

깜짝 놀란 강유는 급히 부장에게 명하여 허위로 자신의 깃발을 세우고 등애를 막아내게 했다. 그러고는 자신은 후군을 철수시켜 밤새 감송을 구하고자 달려가다가 양흔과 맞닥뜨렸다. 양흔은 감히 교전을 벌이지 못하고 산길로 달아났다. 강유는 그의 뒤를 추격했다. 어느 바위 산봉우리에 이르렀을 때 바위 위에서 나무토막과 돌이 비 오듯이 쏟아져 내렸다. 강유는 앞으로 나아갈 수가 없어 군사를 되돌렸다. 왔던 길의 중간쯤 이르렀을 때 촉병은 이미 등애에게 패한 후였다. 위군의 대부대가 몰려와 강유를 에워싸고 말았다. 강유는 기병들을 이끌고 겹겹의 포위망을 뚫고 나가 본부 군영으로 돌아갔고 단단히 지키면서 구원병이 오기만을 기다렸다. 그때 별안간 유성마가 달려와 보고했다.

"종회가 양안관을 깨뜨렸고 관을 지키던 장수 장서가 투항했으며 부첨이 전사하고 한중이 이미 위나라에 넘어갔습니다. 낙성을 지키던 장수 왕함과 한성을 지키던 장수 장빈은 한중을 잃었다는 소식을 듣고는 성문을 열고 항복했다고 합니다. 호제는 적을 막았으나 견뎌내지 못하고 구원을 청하러 도망쳐 성도로 돌아갔다고 합니다."

깜짝 놀란 강유는 즉시 군영을 뽑으라는 명령을 전달했다.❹

그날 밤 강유의 병사들이 강천구[18]에 이르자 앞쪽에 일군이 늘어섰는데 위나라 장수는 다름 아닌 금성태수 양흔이었다. 크게 성난 강유는 말고삐를 놓고 맞붙어 싸웠다. 단 1합 만에 양흔이 패해 달아나자 강유는 활을 집어 연달아 화살 세 대를 쏘았으나 모두 빗나가고 말았다. 더욱 화가 치밀어오른 강유는 자신의 활을 분지르고 창을 잡고는 그의 뒤를 쫓았다. 그런데 말이 앞발을 잘못 디뎌 넘어지는 바람에 강유도 땅바닥에 엎어지고 말았다. 양흔이 말을 젖혀 돌아와 강유를 죽이려 하는 순간 강유가 훌쩍 일어나 창을 찔렀고 창은 양흔의 말 머리에 정통으로 꽂히고 말았다. 뒤에 있던 위나라 병사가 달려들어 양흔을 구해 달아났다. 강유가 뒤따르던 말에 올라 다시 추격하려 할 때 별안간 뒤쪽에서 등애의 병사들이 당도했다는 보고가 들어왔다. 머리와 꼬리가 서로 돌아볼 수 없게 된 강유는 마침내 군사를 거두어 한중을 다시 빼앗기로 했다. 정찰 기병이 보고했다.

"옹주 자사 제갈서가 이미 돌아갈 길을 끊었습니다."

강유는 이에 산 험한 곳에 의지해 군영을 세웠다. 위병은 음평교 다리 어귀에 주둔했다. 전진할 수도 물러날 수도 없게 된 강유는 길게 탄식했다.

"하늘이 나를 버리는구나!"

부장 영수寧隨가 말했다.

"위병이 비록 음평교 다리목을 끊었지만 옹주에는 필시 군사가 적을 것이니 장군께서 만약 공함곡[19]을 거쳐 곧장 옹주를 취한다면 제갈서는 틀림없이 음평의 병사들을 철수시켜 옹주를 구할 것이고 그때 장군께서는 군사를 이끌고 검각劍閣으로 달려가서 그곳을 지킨다면 한중을 회복할 수 있을 것입니다."

강유는 그 말을 따르기로 하고 즉시 출병하여 공함곡으로 들어가 옹주를 취하는 척했다. 정탐꾼이 이 사실을 제갈서에게 보고했다. 제갈서는 깜짝 놀랐다.

"옹주는 내가 지켜야 할 곳이다. 만일 잃기라도 한다면 조정에서 틀림없이 죄를 물을 것이다."

급히 대군을 철수시켜 남쪽 길로 옹주를 구하러 갔고 한 무리의 병사만 남겨두어 다리 어귀를 지키게 했다. 강유는 북쪽 길로 들어서 대략 30리쯤 가다가 위병이 떠났을 것이라 예측하고 이내 군사를 되돌려 후미 부대를 선두 부대로 하여 곧장 다리 어귀로 갔다. 과연 위병의 대부대는 이미 떠난 뒤였고 약간의 병사만 남아 다리를 지키고 있었다. 강유는 한바탕 위병을 죽이고 흩어버리고는 울타리 목책을 모조리 불태워버렸다. 다리 어귀에 불길이 일어나고 있다는 소리를 들은 제갈서가 다시 군사를 이끌고 돌아왔을 때는 강유의 군사들이 지나간 지 이미 한나절이나 지난 다음이었다. 이 때문에 감히 그들의 뒤를 쫓지 못했다.

한편 강유가 군사들을 이끌고 다리 어귀를 지나 한창 가고 있는데 앞쪽에서 일군이 오고 있었다. 바로 좌장군 장익과 우장군 요화[20]였다. 강유가 형편을 묻자 장익이 말했다.

"황호가 무당의 말만 믿고 군대를 파견하려 하지 않았습니다. 제가 한중이 위태롭다는 소식을 듣고 군사를 일으켜 왔을 때는 양안관이 이미 종회의 수중에 넘어간 상태였습니다. 지금 장군께서 곤란한 상황에 빠지셨다고 듣고 특별히 호응하러 오는 길입니다."

그러고는 즉시 군사를 합쳐 백수관²¹을 향해 달려갔다. 요화가 말했다.

"지금 사면으로 적의 공격을 받고 있어 군량 수송로도 통하지 않고 있으니 차라리 물러나 검각을 지키면서 다시 좋은 계책을 마련하는 것이 좋을 듯합니다."

강유는 걱정하며 결정을 내리지 못했다. 그때 별안간 종회와 등애가 군사를 나누어 십여 갈래 길로 쳐들어오고 있다는 보고가 들어왔다. 강유는 장익, 요화와 함께 군사를 나누어 그들과 맞서려고 했다. 요화가 말했다.

"백수白水는 땅이 좁고 길이 많아 싸울 만한 장소가 아니니 차라리 잠시 물러나 검각을 구하는 것이 좋겠습니다. 만일 검각을 잃게 된다면 막다른 골목으로 방법이 없어지게 됩니다."

강유는 그 말을 따르기로 하고 즉시 군사를 이끌고 검각으로 향해 갔다. 관 앞으로 접근하려는데 별안간 고각이 일제히 울리면서 함성이 크게 일어나고 깃발이 온통 세워지더니 한 무리의 군사가 관 입구를 막아섰다.

한중의 험준함을 이미 잃어버렸는데
검각에서 풍파가 홀연히 또 일어나네
漢中險峻已無有, 劍閣風波又忽生

어느 곳의 군사들일까?

제116회 정군산의 신령

❶

이 당시 상황을 『삼국지』「촉서·강유전」에서 다음과 같이 기록하고 있다.

"경요 6년(263), 강유가 후주(유선)에게 표를 올렸다.

'듣자 하니 종회가 관중에서 군대를 훈련시켜 우리 나라로 진공할 준비를 한다고 합니다. 지금 마땅히 장익과 요화를 동시에 파견하여 각 로의 군대를 감독하고 양안 관구陽安關口(양평관)와 음평교두陰平橋頭를 나누어 지키게 하여 우환을 방지해야 합 니다.'

황호는 무당의 말을 믿고 적군이 끝내 오지 않을 것이라고 여겨 강유의 표문을 빼버린 채 후주에게 보고하여 회답을 주지 않아 군신들은 상황을 전혀 알지 못했다. 종회가 낙곡으로 군사를 진격시키고 등애가 답중으로 공격해 들어온 다음에야 조정 에서는 비로소 우거기장군 요화를 답중으로 파견하여 강유를 지원하고 좌거기장군 장익과 보국대장군輔國大將軍 동궐 등을 양안관구로 파견하여 각 보루를 원조하게 했다."

이 기록에 따르면 황호가 무당의 말을 믿은 것은 사실이지만 후주 유선이 무당을 신뢰하여 강유의 말을 듣지 않은 것은 아니었다. 그리고 황호 때문에 군사 행동의 시 기를 놓친 것이지 유선이 무당의 말을 듣고 군사 파견을 하지 않은 것은 아니다.

허의의 죽음

종회가 허의를 참수한 소설의 내용은 역사 기록과 거의 유사하다.

『삼국지』「위서·종회전」에 "종회는 10만여 명의 병사를 통솔하여 야곡斜谷과 낙곡駱谷으로 나누어 촉한으로 진입했다. 종회는 먼저 아문장牙門將 허의許儀를 파견하여 앞쪽에서 길을 닦게 하고 자신은 뒤쪽에서 행진했다. 다리를 건널 때 다리가 뚫려 말굽이 빠져 들어가자 이에 허의를 참수했다. 허의는 허저의 아들이고 왕실에 공훈이 있었음에도 용서받지 못했다. 이 소식을 듣고 겁먹지 않은 자가 없었다"고 기록하고 있으나, 종회의 말굽이 빠져 걸어서 다리에서 내려오다 노손에게 죽임을 당할 뻔한 이야기는 역사 기록에 보이지 않는다. 노손은 소설 속에 등장하는 허구의 인물이다.

장서의 배신과 부첨의 죽음

『자치통감』권78 「위기 10」과 『삼국지』「강유전」 배송지 주 『한진춘추』에 이때 장서와 부첨의 상황을 다음과 같이 기록하고 있다.

"촉한의 무흥독武興督(무흥은 성 명칭으로 지금의 산시陝西성 뤠양略陽. 촉한이 이곳에 독을 설치하고 지키게 했다) 장서蔣舒는 지위에 있으면서 평범하고 진취적이지 못했는데, 촉한 조정에서는 다른 사람으로 그를 대체하고자 장군 부첨을 파견해 관의 출입구를 지키는 것을 돕게 했다. 장서는 이 때문에 내심 원한을 품었다. 종회가 호군護軍 호열胡烈을 파견하여 선봉으로 삼아 관의 출입구를 공격했다. 장서는 부첨을 속여 말했다.

'지금 적병이 이르렀으니 진격하지 않고 성을 닫고 지키는 것은 좋은 계책이 아니오.'

부첨이 말했다.

'나는 명을 받아 성을 보호하고 있으니 이 성을 보전하는 것이 바로 공로요. 지금 명령을 어기고 출전하여 만일 군대를 잃어 국가를 저버린다면 싸워서 죽는다 한들

이익이 없을 것이오.'

장서가 말했다.

'그대가 이 성을 보전하는 것을 공로로 삼는다면 나는 출전하여 적을 패배시키는 것을 공로로 삼을 것이니 우리 모두 각자 자신의 뜻을 행하기 바라오.'

이에 그의 병사들을 인솔하여 성을 나갔고, 부첨은 그가 싸우러 나갔기 때문에 방비할 수 없었다. 장서는 그의 사병들을 인솔하고 호열을 맞이하여 투항했고, 호열은 기세를 몰아 성지를 급습했다. 부첨은 격투를 벌이며 필사적으로 싸우다 죽고 말았다. 부첨은 부융傅肜의 아들이다. 관이 이미 함락되었다는 소식을 들은 종회는 즉시 파죽지세로 쳐들어가 창고에 저장된 대량의 양식을 획득했다."

소설에서 장서는 성을 지키려 했고, 부첨은 나가 싸운 것으로 묘사하지만 역사는 반대로 기록하고 있다.

❹

장빈은 누구인가?

장빈은 장완의 아들이다. 당시 장빈은 한성漢城(제갈량이 축조한 성으로 지금 산시陝西성 몐현勉縣 동쪽)을 지키고 있었다. 『삼국지』「촉서·장완전」에 다음과 같이 기록하고 있다.

"위나라 대장군 종회는 한성에 이르러 장빈에게 편지를 보냈다.

'현지의 어질고 재능 있는 이에 대한 존경은 예나 지금이나 사람들이 중시했던 일입니다. 서쪽 이곳에 당도했으니 그대 부친의 묘지를 찾아가 참배하고 청소하여 제사를 지내 경의를 표하려고 합니다. 바라건대 선친의 묘소 위치를 알려주시기 바랍니다!'

장빈이 답장했다.

'그대가 서쪽으로 간다는 것을 알았으니 삼가 왕림해주셔서 청소해주시고 경의를 표해주십시오. 그대가 내 부친 보기를 자신의 부친을 대하는 것과 같이 하는 것은 안자顔子의 인仁입니다. 그대의 요구를 듣고서 이미 감동을 받았으나 또 상심하여 부

친을 생각하는 심정이 더욱 커졌습니다.'

종회는 장빈의 답장을 받고 편지 속에 표현된 장빈의 뜻을 칭찬했다. 부현涪縣에 당도한 뒤에 편지에서 말한 대로 장완의 묘를 청소하고 제사를 지냈다.

후주(유선)가 등애에게 투항한 뒤에 장빈은 부현으로 가서 종회를 만났는데 종회는 벗을 대하는 예절로 대해줬다. 장빈은 종회를 따라 성도에 이르렀지만 반란군에게 살해되었다. 장빈의 동생 장현蔣顯은 태자복太子僕(태자의 거마를 관장) 직책에 있었는데 종회는 그의 재능과 학문을 매우 좋아했다. 장빈과 동시에 피살되었다."

등애, 음평을 넘어 면죽을 함락시키다

등사재는 몰래 음평을 넘어가고,
제갈첨은 면죽에서 전사하다

鄧士載偸度陰平,
諸葛瞻戰死綿竹

보국대장군[1] 동궐董厥은 위병이 십여 갈래 길로 나뉘어 경계로 들어오고 있다는 소식을 듣고는 바로 2만 명의 군사를 이끌고 검각을 지키고 있었다. 이날 멀리 먼지가 크게 일어나는 것이 보이자 위병이 아닐까 의심이 들어 급히 군사를 이끌고 관 입구를 지키고 있었다. 동궐이 직접 최전방 진지로 나와 살펴보니 다름 아닌 강유, 요화, 장익이었다. 동궐은 크게 기뻐하며 관 위로 맞아들였고 예를 마친 다음 울면서 후주와 황호의 일을 하소연했다. 강유가 말했다.

"공은 염려하지 마시오. 내가 있는 한 반드시 위나라가 촉을 삼키는 것을 허용하지는 않을 것이오. 잠시 검각을 지키면서 천천히 적을 물리칠 계책을 도모하도록 합시다."

동궐이 말했다.

"이 관은 비록 지킬 수는 있지만 성도에는 사람이 없으니 어찌해야 좋을지 모르겠습니다. 만일 적들이 기습이라도 하면 대세는 무너지고 말 것입니다."

강유가 말했다.

"성도는 산이 험준하고 지세가 높고 가파르기 때문에 쉽게 취할 수 있는 곳이 아니니 걱정할 필요가 없소."

한창 말하고 있는데 별안간 제갈서가 군사를 이끌고 관 아래로 쳐들어왔다는 보고가 들어왔다. 크게 성난 강유가 급히 군사 5000명을 이끌고 관 아래로 내려가 곧장 위의 진중으로 돌격해 들어가더니 좌충우돌하며 무찌르자 제갈서는 대패하여 달아났고 수십 리를 물러간 다음에 겨우 군영을 세웠는데 죽은 위의 군사가 헤아릴 수 없을 정도로 많았다. 촉병은 허다한 마필과 무기를 빼앗았고 강유는 군사들을 거두어 관으로 돌아갔다.

한편 종회는 검각에서 20리 떨어진 곳에 군영을 세웠는데 제갈서가 스스로 와서는 자신의 죄를 인정했다. 화가 난 종회가 말했다.

"내가 네게 음평관의 다리 어귀를 지키면서 강유의 돌아갈 길을 끊으라고 했는데 어떻게 그곳을 잃었단 말이냐! 지금 또 내 명령을 받지도 않고 자기 멋대로 군사를 진격시켜 이런 패배를 당했단 말이냐!"

제갈서가 말했다.

"강유는 교활한 계책과 꾀가 많은 자라 옹주를 취하는 척하며 속였습니다. 저는 옹주를 잃을까 두려워 군사를 이끌고 구원하러 갔는데 강유는 그 틈을 타서 달아났고, 관 아래까지 추격했는데 생각지도 못하게 또 패배를 당하고 말았습니다."

크게 노한 종회는 제갈서의 목을 치라고 호통을 쳤다. 감군 위관衛瓘이 말했다.

"제갈서가 비록 죄가 있기는 하나 등정서鄧征西(정서장군 등애) 지휘하의 사람인데 장군께서 죽였다가 사이가 나빠지지나 않을까 걱정됩니다."

종회가 말했다.

"내 천자의 영명한 조서와 진공晉公의 명령을 받들어 특별히 촉을 정벌하러 왔다. 등애에게 죄가 있더라도 그 또한 당장 목을 치리라!"

모두들 극력 만류했다. 종회는 이에 제갈서를 함거²에 실어 낙양으로 압송하여 진공이 처분하도록 맡겼다. 뒤이어 제갈서가 통솔했던 병사들을 거두어 부하로 배치시켰다.❶

누군가 등애에게 이런 사실을 보고했다. 등애는 크게 노했다.

"내가 그놈과 품계가 같은 데다 오래도록 변경을 지키면서 나라에 세운 공로도 많은데 그놈이 어찌 감히 주제넘게 잘난 체한단 말이냐!"

아들 등충이 말렸다.

"작은 것을 참지 못하면 큰일을 그르치게 된다小不忍則亂大謀'³고 했습니다. 아버님께서 만일 그와 화목하게 지내시지 않는다면 필시 국가의 대사를 그르치게 될 것입니다. 바라건대 잠시 참고 용서하십시오."

등애는 그 말을 따랐다. 그러나 끝내 마음속에 노여움을 품고서 바로 10여 명의 기병을 거느리고 종회를 만나러 갔다. 등애가 왔다는 소리를 들은 종회는 즉시 좌우에 물었다.

"등애가 어느 정도의 군사를 데리고 왔느냐?"

좌우에서 대답했다.

"단지 10여 명의 기병만 데리고 왔습니다."

종회는 이에 군막 위아래에 무사 수백 명을 늘어세웠다. 등애가 말에서 내려 들어왔다. 종회가 군막으로 맞아들이고 예를 마쳤다. 군용이 매우 엄숙한 것을 본 등애는 속으로 불안했고 이에 말로 그를 충동질해보았다.

"장군께서 한중을 손에 넣은 것은 바로 조정의 크나큰 행운이오. 계책을 정하여 서둘러 검각을 취하는 것이 좋겠소."

종회가 말했다.

"장군의 고명한 식견은 어떠하오?"

등애가 거듭 무능하다며 대답을 미루었다. 종회가 굳이 견해를 묻자 등애가 대답했다.

"어리석은 생각으로 헤아려보건대 일군을 이끌고 음평의 오솔길을 통하여 한중 덕양정[4]으로 나가 기습 부대로 곧장 성도를 취한다면 강유는 틀림없이 군사를 철수시켜 구원하러 갈 것이고 그때 장군께서 빈틈을 이용해 바로 검각을 빼앗는다면 완승을 거둘 수 있을 것이오."

종회가 크게 기뻐하며 말했다.

"장군의 그 계책은 심히 묘하오! 즉시 군사를 이끌고 가도록 하시지요. 나는 여기서 승전보만 기다리겠소!"

두 사람은 술을 마시고 작별했다. 종회는 본부 군막으로 돌아와 장수들에게 말했다.

"사람들이 등애가 유능하다고 말하던데 오늘 보니 그저 평범하고 졸렬한 인재구먼!"

그 까닭을 묻자 종회가 말했다.

"음평의 오솔길은 모두 높은 산과 험한 고개로 만약 촉이 100여 명만으로 그 험준함을 지키면서 돌아갈 길을 끊는다면 등애의 군사는 모조리 굶어 죽을 것이다! 나는 중요한 큰길로만 나아갈 것이다. 어찌 촉 땅을 깨뜨리지 못할까 근심하겠는가!"

마침내 운제와 포가를 배치하고 검각의 관문을 공격했다.

한편 원문을 나가 말에 오른 등애는 따르는 자들을 돌아보며 말했다.

"종회가 나를 대하는 것이 어떻더냐?"

따르는 자가 말했다.

"말투와 표정을 살펴보니 장군의 말씀을 몹시 옳지 않다고 여기면서도 입으로는 억지로 받아들이는 것 같았습니다."

등애가 웃으면서 말했다.

"저자는 내가 성도를 취할 수 없을 것이라 헤아리겠지만 나는 기어코 성도를 취하고 말 것이다!"

본영으로 돌아오자 사찬, 등충 등 장수들이 맞이하며 물었다.

"오늘 종진서鍾鎭西(진서장군 종회)와 어떤 의론을 벌이셨습니까?"

등애가 말했다.

"나는 진심으로 그자에게 설명했는데 그자는 나를 하찮은 인재쯤으로 보더군. 지금 한중을 손에 넣어 더없이 큰 공이라 여기고 있다. 내가 답중에 주둔하면서 강유를 벗어날 수 없게 견제하지 않았다면 그자가 어찌 공을 이룰 수 있었겠는가! 내가 이제 성도를 취한다면 한중을 취한 것보다 더 큰 승리가 될 것이다!"

그날 밤 명령을 하달하여 군영을 모조리 뽑아 음평 오솔길로 군사를 진격시켜 검각에서 700리 떨어진 곳에 군영을 세웠다. 누군가 종회에게 그 사실을 보고했다.

"등애가 성도를 취하려고 합니다."

종회는 등애가 지혜롭지 못하다고 비웃었다.

한편 등애는 밀서를 써서 사자를 보내 사마소에게 급히 통보하는 한편, 군막 안에 장수들을 모아놓고 물었다.

"나는 지금 빈틈을 이용해 성도를 취하고 그대들과 함께 불후의 공적과 명성을 세우고자 하는데 기꺼이 따르겠는가?"

장수들이 응답했다.

"원컨대 군령에 복종하여 만 번 죽어도 사양하지 않겠습니다!"❷

등애는 이에 먼저 아들 등충에게 정예병 5000명을 이끌게 했다. 갑옷을 벗은 채 각자 도끼와 끌 등 공구를 지니도록 하여 높고 가파르고 위험한 곳을 만나면 산을 뚫어 길을 열고 잔도를 가설하여 군사들의 행군에 편리하도록 했다. 등애는 군사 3만 명을 선발하여 각자 비상식량과 밧줄을 지니게 하고 진군했다. 대략 100여 리를 가서는 3000명의 군사를 선발해 그곳에 군영을 꾸리게 했고, 또 100여 리를 가서 다시 3000명을 선발해 군영을 세우게 했다.

그해 10월에 음평에서 진군하기 시작하여 높고 가파른 낭떠러지의 협곡에 이르기까지 20여 일이 지났고 700리를 행군했으나 사람 한 명 찾아볼 수 없는 무인지경이었다. 위병은 길을 따라 여러 군데 군영을 세우는 바람에 남아 있는 군사라고는 고작 2000명에 불과했다. 앞에 한 큰 고개에 이르렀는데 마천령⁵으로 말을 타고 올라갈 수가 없어 등애는 걸어서 고개를 올라갔다. 그때 마침 등충이 길을 여는 장사들과 함께 흐느껴 울고 있는 광경을 보았다. 등애가 까닭을 묻자 등충이 고했다.

"이 고개 서쪽은 모두가 높고 가파른 낭떠러지라 길을 뚫을 수 없어 그동안의 노고를 헛되이 버리는 것 같아 울고 있었습니다."

등애가 말했다.

"우리 군사들이 여기까지 오느라 이미 700여 리를 행군했고 이곳을 지나면 바로 강유⁶인데, 어찌 다시 물러난단 말인가?"

이에 군사들을 불러 말했다.

"호랑이 굴에 들어가지 않고서 어찌 호랑이 새끼를 잡을 수 있겠느냐? 내 너희와 함께 이 땅에 왔으니 공을 이룬다면 너희와 부귀를 함께하겠다."

모두 대답했다.

"원컨대 장군의 명령을 따르겠습니다!"

등애는 먼저 무기를 아래로 던지게 했다. 모전毛氈(짐승의 털로 짠 부드러운 요)을 가져와 자신의 몸을 감싼 다음 먼저 굴러서 내려갔다. 부장들 가운데 털 적삼이 있는 자는 몸을 감싸고 굴러서 내려갔고 털 적삼이 없는 자는 각자 밧줄로 허리를 묶고 나무를 잡아당겨 잡고 나무에 붙어서 헤엄치는 물고기처럼 줄줄이 늘어서서 내려갔다. 등애, 등충과 2000명의 군사들, 그리고 산의 길을 뚫은 장사들이 모두 마천령을 넘어갔다. 막 아래로 던져놨던 갑옷과 무기를 정돈하고 떠나려는데 별안간 길옆에 둥근 돌비석 하나가 눈에 띄었고 그 비석에는 '승상 제갈무후가 적다'라고 새겨져 있었다. 그 문장은 다음과 같다.

두 불이 처음 일어날 때에[7]
누군가가 이곳을 넘어가리라
두 인사[8]가 승패를 다투다가
오래지 않아 저절로 죽으리
二火初興, 有人越此
二士爭衡, 不久自死

비석에 새겨진 글을 본 등애는 깜짝 놀라 황망히 돌비석에 두 번 절을 올리고는 말했다.

"무후는 참으로 신인神人이로다! 스승으로 섬기지 못한 것이 애석하구나!"

후세 사람이 지은 시가 있다.

음평의 높고 험한 고개는 하늘과 나란히 하여
검은 학⁹도 빙빙 돌 뿐 날아오르기 겁을 낸다네
등애가 모포 감싸고 이곳으로 굴러서 내려오니
누가 알았으랴, 제갈량 먼저 예측하고 있을 줄을
陰平峻嶺與天齊, 玄鶴徘徊尙怯飛
鄧艾裹氈從此下, 誰知諸葛有先機

등애가 몰래 양평을 넘어 군사를 이끌고 가고 있는데 또 커다란 빈 군영 하나가 눈에 들어왔다. 좌우에서 고했다.

"듣자 하니 무후가 살아 있을 때 군사 1000명을 선발해 이 요새를 지키게 했답니다. 지금은 촉주 유선이 없앴다고 합니다."

등애는 탄식을 그치지 않고 이에 사람들에게 일렀다.

"우리에게 온 길은 있으나 돌아갈 길은 없다! 앞쪽 강유성江油城 안에는 양식이 풍족하다. 너희가 앞으로 나아가면 살 수 있으나 뒤로 물러나면 죽을 것이니 힘을 합쳐 공격해야 한다."

모두 대답했다.

"원컨대 죽기로 싸우겠습니다!"

이에 등애는 걸어서 2000여 명을 이끌고 밤새 평소보다 갑절의 길을 걸어 강유성을 빼앗으러 갔다. ❸

한편 강유성을 지키고 있던 장수 마막馬邈은 동천¹⁰을 이미 잃었다는 소식을 듣고는 준비하고 있었으나 단지 큰길만 방비하고 있었다. 또 강유의 전군이 검각관을 지키고 있는 것을 믿고는 결국 군사 상황을 중요하게 여기지 않았다. 이날도 인마의 조련을 마치고 집으로 돌아가서는 처인 이씨李氏와 함께 화로를 끼고 앉아 술을 마셨다. 그의 아내가 물었다.

"여러 차례 변경의 상황이 몹시 급하다는 소식을 들었는데 장군은 전혀 걱정하는 기색이 없으니 어째서인가요?"

마막이 말했다.

"큰일은 강백약이 모두 장악하고 주도하고 있는데 내가 무슨 일을 한단 말이오?"

그 아내가 말했다.

"비록 그렇다 하더라도 장군은 성지를 지키고 있으니 중요하지 않게 여겨서는 안 돼요."

마막이 말했다.

"천자가 황호만 믿고 주색에 빠져 있으니 내가 보기에 화가 멀지 않은 듯하오. 만약 위병이 몰려온다면 항복하는 것이 상책인데 걱정할 필요가 있겠소?"

그 아내는 크게 노하여 마막의 얼굴에 침을 뱉으며 말했다.

"너는 남자가 되어가지고 미리 불충불의不忠不義의 마음을 품고 나라의 작위와 녹봉을 헛되이 받아먹었으니 내 무슨 면목으로 너를 볼 수 있겠느냐!"

마막은 부끄러워 아무 말도 못 했다. 그때 느닷없이 집안사람이 황급히 들어와 보고했다.

"위나라 장수 등애가 어디로 왔는지 모르겠으나 군사 2000여 명을 이끌고 한꺼번에 우르르 성으로 들어오고 있습니다!"

깜짝 놀란 마막은 황급히 나가 항복하고 관아 아래에 엎드려 절을 올리고 울면서 고했다.

"저는 항복할 마음을 가진 지 오래되었습니다. 지금 원컨대 성안의 백성과 본부의 인마를 불러 모조리 장군께 항복하겠습니다."

등애는 항복을 허락하고 마침내 강유성의 군마를 거두어 부하로 배치했으며 즉시 마막을 길을 안내하는 향도관으로 삼았다. 그때 갑자기 마막의 부인이 스스로 목매어 죽었다는 보고가 들어왔다. 등애가 까닭을 묻자 마막이 사실대로 고했다. 등애는 그녀의 어질고 현명함에 감격하여 후하게 장사 지내주도록 명하고는 직접 가서 제사를 지내주었다. 그 소식을 전해 들은 위나라 사람 중에 탄식하지 않는 자가 없었다. 후세 사람이 찬탄한 시가 있다.

후주가 혼미하니 한나라 제위 전복시키려고
하늘이 등애를 파견해 서천을 취하게 했네
가련하구나, 파촉 땅에는 명장이 많았으나
강유 땅 이씨의 현명함에 미치지 못했다네
後主昏迷漢祚顚, 天差鄧艾取西川
可憐巴蜀多名將, 不及江油李氏賢 ❹

강유성을 빼앗은 등애는 즉시 음평 오솔길의 군사들을 불러 강유성에 집결시키고 곧장 부성涪城을 공격하러 가려고 했다. 부하 장수 전속田續이 말했다.

"우리 군사들이 위험을 무릅쓰고 오느라 몹시 피곤하니 잠시 며칠간 휴식을 취한 다음에 진군하시지요."

등애가 크게 노했다.

"군사를 부릴 때 신속하게 움직이는 것을 귀하게 여기는데 네가 감히 군심을 어지럽힌단 말이냐!"

좌우에 소리 질러 끌어내 목을 치라 명령했다. 장수들이 간절히 고하는 바람에 죽음을 면할 수 있었다. 등애는 직접 군사를 몰아 부성에 이르렀다. 성안의 관리와 군사, 백성은 하늘에서 내려온 것은 아닐까 의심하며 모조리 투항했다.

촉 사람이 나는 듯이 성도로 들어가 이 사실을 보고했다. 그 소식을 들은 후주는 황급히 황호를 불러 물었다. 황호가 아뢰었다.

"그것은 속이는 소식일 뿐입니다. 신인神人이 반드시 폐하를 잘못되게 하지 않을 것입니다."

후주는 또 무당에게 물어보려 했는데 어디로 사라졌는지 알 길이 없었다. 이때 원근에서 다급함을 알리는 표문이 빗발쳤고 오고 가는 사자들의 연락이 끊이질 않았다. 후주가 조회를 열어 대책을 의논하는데 관원들은 서로 얼굴만 쳐다볼 뿐 한마디도 하지 못했다. 극정이 반열에서 나와 아뢰었다.

"일이 다급하게 되었습니다! 폐하께서는 무후의 아들을 불러 적병을 물리칠 계책을 상의하소서."

원래 무후의 아들 제갈첨諸葛瞻은 자가 사원思遠이었다. 그의 모친 황씨黃氏는 황승언의 딸이었다. 용모는 몹시 추했으나 기이한 재주가 있어 위로는 천문에 정통하고 아래로는 지리를 살필 줄 알았으며 육도삼략과 둔갑에 관한 서적을 깨우치지 않은 것이 없었다. 무후가 남양에 있을 때 그녀가 현명하다는 소리를 듣고는 청혼하여 아내로 삼았다. 무후의 배운 바는 그 부인이 도움을 준 것이 많았다. 무후가 죽은 이후에 그 부인도 오래지 않아 세상을 떠났고 임종 때 아들 제갈첨에게 남긴 가르침은 오직 충효에 힘쓰라는 것뿐이었다. 제갈첨은 어려서부터 영민했고 후주의 딸을 아내로 맞아들여 부마도 위駙馬都尉[11]가 되었다. 후에 부친인 무향후武鄕侯의 작위까지 계승하게 되었다. 경요 4년(261)에는 행군호위장군行軍護衛將軍[12]으로 관직을 옮겼는데, 이때 황호가 권력을 장악했으므로 병을 펑계로 나오지 않고 있었다. 후주는 극정의 말에 따라 즉시 연이어 세 차례나 조서를 보내 그를 불렀고 제갈첨이 어전 계단 아래에 이르렀다. 후주가 울면서 하소연했다.

"등애의 군사가 이미 부성에 주둔했다고 하니 성도가 위태로워졌네. 경이 돌아가신 그대 부친의 면목을 보아서라도 짐의 목숨을 구해주게!"

제갈첨도 울면서 아뢰었다.

"신 부자는 선제의 두터운 은혜를 입은 데다 폐하의 특별한 대우를 받았으니 비록 간장과 뇌수가 땅에 널리는 한이 있더라도 보답할 수가 없습니다. 원컨대 폐하께서 성도의 군사를 모두 내어주시면 신이 이끌고 가서 생사를 걸고 마지막 승부를 벌이겠습니다."

후주는 즉시 성도의 장병 7만 명을 징발하여 제갈첨에게 주었다. 후주에게 하직을 고한 제갈첨은 군마를 정돈하고 장수들을 모아놓고는 물었다.

"누가 감히 선봉이 되겠는가?"

말이 미처 끝나기도 전에 한 소년 장수가 나서며 말했다.

"아버님께서 군사 지휘권을 잡고 계시니 원컨대 소자가 선봉이 되겠습니다."

사람들이 보니 바로 제갈첨의 맏아들 제갈상諸葛尙이었다. 제갈상은 이때 나이 19세였으나 병서를 두루 다독했고 무예에도 제법 능숙했다. 제갈첨은 크게 기뻐하며 즉시 제갈상에게 명령하여 선봉으로 삼았다. 이날 대군이 위병과 맞서고자 성도를 떠났다.

한편 등애는 마막으로부터 지도 한 권을 얻었는데 부성에서 성도에 이르기까지 360리의 산천과 도로, 넓고 좁음과 산세의 험준함에 대해 일일이 분명하고 상세하게 기록되어 있었다. 지도를 살펴본 등애가 깜짝 놀랐다.

"부성만 지키고 있다가 만일 촉 군사들이 앞산을 점거하고 있었다면 어찌 공을 이룰 수 있었겠는가? 시일을 오래 끌다가 강유의 군사라도 당도하게 된다면 우리 군은 위태로워질 것이다."

급히 사찬과 아들 등충을 불러 분부했다.

"너희는 일군을 거느리고 밤새 곧장 면죽綿竹으로 가서 촉병을 저지하라. 내 곧 뒤따라갈 것이다. 절대로 태만하여 늦어서는 안 된다. 그가 먼저 요충지를 점거하기라도 한다면 결단코 너희의 머리를 베어버리겠노라!"

사찬과 등충 두 사람이 군사들을 이끌고 면죽에 다다를 무렵에 촉병과 마주쳤다. 양군이 각기 진을 펼쳤다. 사찬과 등충 두 사람이 문기 아래에 고삐를 당겨 말을 세우고 있는데 촉병이 늘어서 팔진을 이루는 것을 보았다. '둥둥둥' 북이 세 번 울리더니 문기가 양쪽으로 갈라지면서 수십 명의 장수가 사륜거 한 대를 에워싸고 나왔다. 수레에는 한 사람이 단정하게 앉아 있었다. 그는 관건을 쓰고 깃털 부채를 들고 있었으며 앞섶이 네모진 학창의를 입고 있었다. 수레 곁에는 '한 승상 제갈무후'라고 적힌 한 폭의 황색 깃발이 펼쳐져 있었다. 잔뜩 겁을 먹은 사찬과 등충은 온몸에 땀이 비 오듯이 흘러내렸고 군사들을 돌아보며 말했다.

"공명이 아직도 살아 있었다니, 우리는 끝장이다!"

급히 군사들을 통솔하여 돌아가려는데 갑자기 촉병이 들이쳤고 위병은 대패하여 달아났다. 촉병이 20여 리를 무찌르며 추격해오다 등애의 지원병과 맞닥뜨리자 양군은 각기 군사를 거두었다. 등애가 군막 안에 장수들을 소집하고 앉아서는 사찬과 등충을 불러 꾸짖었다.

"너희 두 사람은 싸우지도 않고 물러섰는데 무엇 때문이냐?"

등충이 말했다.

"촉 진영 안에서 제갈공명이 군사를 통솔하는 모습을 봤기 때문에 돌아온 것입니다."

등애가 노했다.

"설령 공명이 다시 살아난다 해도 내 무엇을 두려워하겠는가! 너희가 경솔하게 물러나는 바람에 패배에 이르렀으니 속히 목을 쳐서 군법을 바로잡아야겠다!"

모두 극력하게 말리자 그제야 등애는 화를 가라앉혔다. 사람을 시켜 정탐하게 했더니 돌아와 공명의 아들 제갈첨이 대장이 되었고 제갈첨의 아들 제갈상이 선봉이 되었으며 수레에 앉아 있던 자는 다름 아닌 공명이 남긴 목상木像이었다고 보고했다. 그 보고를 들은 등애는 사찬과 등충에게 일렀다.

"성패의 기회는 이번 한 번에 달려 있다. 너희 두 사람이 다시 승리를 거두지 못하면 반드시 참수하겠다!"

사찬과 등충 두 사람은 다시 군사 1만 명을 거느리고 싸우러 나갔다. 제갈상이 필마단창으로 혈기 왕성하게 두 사람을 물리쳤다. 그때 제갈첨이 양쪽에 숨겨뒀던 군사들을 지휘하며 돌격해 나가 곧장 위의 진중으로 부딪쳐 들어갔고 좌충우돌하면서 왔다 갔다 수십 차례나 무찔렀다. 위병은 대패했고 죽은 자가 셀 수 없이 많았으며 사찬과 등충은 중상을 입은 채 달아났다. 제갈첨은 병마를 몰아 뒤따라 20여 리를 쫓으며 들이친 다음에 군영을 꾸리고 저지했다. 사찬과 등충이 돌아와 등애를 만났으나 두 사람이 모두 상처를 입은 것을 본 등애는 더 이상 꾸짖지 않고 장수들과 함께 대책을 상의했다.

"촉의 제갈첨이 아비의 뜻을 잘 계승하여 두 번 싸움에서 우리 인마 1만여 명을 죽였으니, 지금 만약 속히 깨뜨리지 못한다면 나중에 반드시 화가 될 것이다."

감군 구본丘本이 말했다.

"어찌하여 편지 한 통을 써서 그를 유인하지 않으십니까?"

등애는 그 말을 따르기로 하고 즉시 편지 한 통을 써서 사자를 촉 군영으로 보내 전달하게 했다. 문을 지키던 장수가 장막 안으로 인도하자 사자가 편지를 올렸다. 제갈첨이 그 편지를 뜯어보았다. 편지의 내용은 다음과 같았다.

"정서장군 등애가 행군호위장군 제갈사원諸葛思遠(제갈첨의 자) 휘하에 서신을 보냅니다. 삼가 살펴보건대 근래의 재능과 지혜가 출중한 인재들 중에 공의 부친만 한 분은 없었소. 예전에 초려를 나오시면서 이미 천하가 삼국으로 나뉘어질 것이라 말씀하셨고 형주와 익주를 소탕하여 평정하시고 마침내 패업을 이루셨으니 고금에 미칠 수 있는 자가 드물다 하겠소. 이후에 여섯 차례나 기산을 나가신 것은 지혜와 용력이 부족한 것이 아니라 타고난 운수일 따름이었소. 이제 후주는 우둔하고 나약하며 왕기[13]는 이미 다했다 하겠소. 이 애는 천자의 명령을 받들어 역량이 풍부한 군대로 촉을 정벌하여 이미 그 땅을 모두 손에 넣었소. 성도의 위태로움이 조석에 달려 있거늘 공은 어찌하여 천명에 순응하고 인심에 부합하며 의리를 좇아 귀순하려고 하지 않소? 이 애가 마땅히 표문을 올려 공을 낭야왕琅琊王으로 삼게 하고 공의 조상을 영예롭게 할 것이니 결코 빈말이 아니오. 요행히 살아남아 세밀하게 살펴주길 바라오."

편지를 읽고 난 제갈첨은 벌컥 성을 내더니 그 편지를 갈기갈기 찢고 무사들에게 즉시 편지를 가지고 온 사자를 참수하라 호통 치고는 사자를 따라

온 자에게 그 수급을 가지고 위의 군영으로 돌아가 등애에게 보이도록 했다. 크게 노한 등애가 즉시 출전하려고 했다. 그러자 구본이 간언했다.

"장군께서는 경솔하게 나가서는 아니 되고 기습 부대를 써서 승리하셔야 합니다."

등애는 그 말에 따라 즉시 천수태수 왕기와 농서태수 견홍에게 명하여 그들 양군은 뒤쪽에 매복하게 하고 등애 자신은 군사를 이끌고 나아갔다. 이때 제갈첨도 바로 싸움을 걸려고 하는데 갑자기 등애가 직접 군사를 이끌고 온다는 보고가 들어왔다. 화가 난 제갈첨은 즉시 군사를 이끌고 나가 곧장 위의 진중으로 돌격해 들어갔다. 등애는 패해 달아났고 제갈첨은 뒤를 쫓으며 들이쳤다. 그때 별안간 양쪽에서 복병이 쏟아져 나왔다. 촉병은 대패했고 물러나 면죽으로 들어갔다. 등애가 포위하라 명령하자 이에 위병이 일제히 함성을 지르며 면죽을 철통같이 에워쌌다.

성 안에 있던 제갈첨은 사태가 이미 급박한 것을 보고는 이에 팽화彭和에게 서신을 주고는 포위망을 뚫고 나가 동오로 가서 구원을 요청하게 했다. 동오에 도착한 팽화가 오주 손휴를 만나 뵙고 긴급을 알리는 서신을 바쳤다. 편지를 읽고 난 오주는 군신들과 계책을 의논했다.

"촉중이 이미 위급한 상황에 처했다는데 내 어찌 앉아 구경하면서 구하지 않겠는가?"

즉시 노장 정봉丁奉을 전군을 통솔하는 최고 장수로 삼고 정봉丁封(정봉丁奉의 아우)과 손이孫異(손소孫韶의 아들)를 부장으로 삼아 5만 명의 군사를 인솔하여 촉을 구하러 가게 했다. 명령을 받든 정봉은 출병하면서 아우 정봉과 손이에게 군사 2만 명을 이끌고 면중[14]을 향해 진격하도록 배치하고 자신은 군사 3만 명을 인솔하여 수춘을 향해 전진하며 군사를 세 갈래 길로 나

누어 촉을 구원하러 갔다. ❺

　한편 제갈첨은 구원병이 오지 않는 것을 보고는 장수들에게 일렀다.

　"오래 지키는 것은 좋은 계책이 아니오."

　마침내 아들 제갈상과 상서 장준張遵(장비의 손자)을 남겨 성을 지키게 하고 제갈첨 자신은 갑옷을 걸치고 말에 올라 삼군을 이끌고 세 성문을 활짝 열어 돌격해 나갔다. 촉병이 성문을 나오는 것을 본 등애는 즉시 군사를 철수시켜 물러났다. 제갈첨은 있는 힘을 다해 추격하며 죽이는데 별안간 '쾅!'하는 포성이 울리더니 사면에서 병사가 합쳐지면서 제갈첨을 한가운데로 몰아넣고 에워싸 곤경에 빠뜨렸다. 제갈첨은 군사들을 이끌고 좌충우돌하면서 수백 명의 위병을 죽였다. 등애가 군사들에게 화살을 쏘라 명하자 촉병은 사방으로 흩어졌다. 제갈첨은 화살에 맞아 말에서 떨어졌고 이내 크게 소리쳤다.

　"내 힘이 다했으니 마땅히 죽음으로써 나라에 보답하리라!"

　즉시 검을 뽑아 들더니 스스로 목을 베어 자결했다. 성 위에 있던 제갈상은 군중에서 부친이 죽는 것을 보고는 벌컥 성을 내더니 즉시 갑옷을 걸치고 말에 올랐다. 장준이 말렸다.

　"젊은 장군께서는 경솔하게 나가지 마십시오."

　제갈상이 탄식했다.

　"내 부자와 조부부터 손자까지 3대가 나라의 두터운 은혜를 입었고 지금 아버님께서 적에게 죽임을 당하셨는데 살아서 무슨 소용이 있겠소!"

　결국은 말에 채찍질하며 돌격해 나갔고 진중에서 죽고 말았다. 후세 사람이 제갈첨, 제갈상 부자를 찬탄한 시가 있다.

　충신의 지모가 부족해서 그런 것이 아니라

푸른 하늘에 염유**15**를 끊을 뜻이 있었다네

그해에 제갈량은 훌륭한 자손을 남겼으니

절개와 의리는 참으로 무후를 계승할 만했네

不是忠臣獨少謀, 蒼天有意絶炎劉

當年諸葛留嘉胤, 節義眞堪繼武侯

등애는 그 충성심을 가엽게 여겨 제갈첨 부자를 합장해주었다. 그런 다음 그 빈틈을 이용해 면죽을 공격했다. 장준, 황숭黃崇(황권의 아들), 이구李球(이회의 조카) 세 사람은 각자 일군을 이끌고 돌격해 나갔다. 촉병은 적고 위병은 많았기에 세 사람 또한 전사하고 말았다. 이로 인해 등애는 면죽을 손에 넣었다. 군사들의 위로를 마치고는 마침내 성도를 취하러 진격했다.

후주가 위기에 직면한 날을 살펴보건대

유장이 핍박받았던 때와 다름이 없도다

試觀後主臨危日, 無異劉璋受逼時

성도는 어떻게 방어할 것인가?❻

제117회 등애, 음평을 넘어 면죽을 함락시키다

❶

『삼국지』「위서·종회전」에 "종회는 군권을 독차지하고자 제갈서가 두려워하며 유약하여 감히 전진하지 않는다고 비밀리에 조정에 보고했고, 조정에서는 명령을 하달하여 함거에 그를 실어 압송해오게 했다. 군권은 모두 종회에게 귀속되었다"고 기록하고 있다.

❷

등애가 올린 상소문은 『삼국지』「위서·등애전」에 다음과 같이 기록하고 있다.

"지금 적군은 좌절했으니 마땅히 승세를 몰아 적군을 추격해야 합니다. 음평으로부터 오솔길로 한대漢代의 덕양정德陽亭을 지나 곧장 부현涪縣(치소는 지금의 쓰촨성 몐양綿陽 동쪽)으로 간다면 검각의 서쪽 100리를 지나 성도로부터 300여 리 되는 곳에서 기병奇兵(기습 공격 부대)을 이용해 적의 심장 지대를 돌격할 수 있습니다. 검각을 지키는 수비군은 반드시 돌아서 부현으로 급히 달려갈 것이고, 이와 같이 된다면 종회의 군대는 평탄한 큰길을 따라 전진할 수 있습니다. 검각을 지키는 군사가 돌아가지 않고 방어한다면 부현의 호응하는 군사는 많지 않을 것입니다. 병법에 이러한 의견을 '적이 방비하지 못한 곳을 공격하고 적이 방심한 틈을 타서 허를 찌르는 것'

이라고 했습니다. 지금 적의 비어 있는 곳을 돌연 기습한다면 그들을 격파시키는 것은 필연적입니다."

❸

『삼국지』「위서·등애전」은 다음과 같이 기록하고 있다.

"경원景元 4년(263) 겨울 10월, 등애는 음평길로부터 사람이 없는 땅을 700여 리나 행군했다. 산을 뚫어서 길을 열고 교량과 잔도를 보수하고 가설했다. 산은 높고 계곡은 깊었으므로 지극히 험난했고 또 운송된 군량이 모두 소진되어 생사존망의 위기에 이르게 되었다. 등애는 모전毛氈으로 자신의 몸을 감싸고 산 위로부터 굴러 내려왔다. 장수와 병사들은 모두 나무와 절벽을 잡고 물고기처럼 줄줄이 이어서 전진했다."

❹

마막은 저항하지 않았을까?

『삼국지』「위서·등애전」에 "선두 부대가 강유에 도착하자 촉군 수비 장수 마막이 투항했다"고 했으나, 『삼국지』「위서·종회전」에서는 "종회는 장군 전장田章 등을 파견하여 검각 서쪽으로부터 곧장 강유江油를 통과하도록 했다. 강유에서 100리도 떨어지지 않은 곳에서 전장은 우선 촉한의 복병 3교校(1교는 대략 1000여 명)를 격파했고 등애는 전장을 선봉으로 삼아 신속하게 진입하게 했다"고 기록하고 있다.

마막에 관한 역사 기록은 상세하지는 않지만 이 기록에 따르면 촉한의 복병 3교(3000여 명)를 격파했다고 했으니 촉한은 결코 아무런 저항을 하지 않은 것은 아니었다. 그리고 마막의 부인에 관한 역사 기록은 찾아볼 수가 없다.

❺

오의 구원병 파견

『삼국지』「오서·손휴전」에 "영안 6년(263) 겨울 10월, 촉나라에서 사람을 파견해 위나라의 침략을 받고 있는 상황을 알렸다. 22일에 대장군 정봉에게 여러 부대를 통솔하여 위나라 수춘으로 향하도록 했고, 장군 유평留平에게는 별도로 남군으로 가서 시적施績(주적朱績으로 주연의 아들)을 만나 진군의 목표를 상의하도록 했으며, 장군 정봉丁封과 손이孫異(손소의 손자)에게는 면중沔中으로 가도록 했다. 이것은 모두 촉나라를 구원하기 위한 것이었다"고 기록하고 있다. 그러나 이후에 유선이 항복했다는 소식을 듣고는 철군하게 된다.

⑥

제갈첨의 전사

소설의 내용과는 다르게 제갈첨은 군 작전 경험이 없었다. 『삼국지』 「촉서·황권전」에 따르면 "황권이 촉한에 남겨두었던 아들 황숭黃崇은 상서랑에 임명되어 위장군衛將軍 제갈첨을 수행하여 등애를 방어했다. 부현에 이르자 제갈첨은 망설이며 머물러 다시 전진하지 못했다. 황숭은 제갈첨에게 여러 차례 신속하게 진군하여 요충지를 점거하고 적들이 평지로 진입하지 못하도록 해야 한다고 권유했다. 제갈첨이 머뭇거리며 받아들이지 않자 황숭은 간절히 간언하며 눈물까지 흘렸다. 마침 등애가 파죽지세로 쳐들어왔고 제갈첨은 면죽까지 물러나 위군과 교전을 벌었다. 황숭은 직접 군사들을 인솔하며 격려했고 싸우다 죽겠다는 결심으로 싸움터에 임해 피살되었다"고 했고, 「촉서·제갈량전」에는 "경요景耀 6년(263) 겨울, 제갈첨은 군사들을 통솔하여 부현에 당도하여 주둔했는데, 선봉이 패했으므로 군사를 철수시켜 돌아와 면죽에 주둔했다. 이에 등애는 편지를 보내 제갈첨에게 '만일 투항하면 내 반드시 조정에 표를 올려 너를 낭야왕琅邪王(제갈씨는 낭야군 사람이었기 때문에 낭야왕으로 유혹한 것이다)으로 삼겠다'고 권유했다.

제갈첨은 크게 화를 내며 등애가 보낸 사자를 참수했다. 이에 쌍방이 크게 싸움을 벌였고 촉군은 대패했으며 제갈첨은 싸움터에 임해 전사했다. 그때 그의 나이 37세였다"고 기록하고 있다.

제갈첨이 263년에 37세로 사망했다고 기록하고 있으므로 그는 227년에 태어났다. 제갈량이 181년생이므로 늦은 나이인 47세에 제갈첨을 낳았다.

제 118 회

마침내 멸망한 촉한

조묘에 통곡한 북지왕은 효로써 죽고,
서천으로 들어간 두 인사는 공을 다투다

哭祖廟一王死孝,
入西川二士爭功

성도에 있던 후주는 등애가 면죽을 점령했고 제갈첨 부자가 이미 죽었다는 소식을 듣고는 소스라치게 놀라 급히 문무관원들을 불러 상의했다. 근신이 아뢰었다.

"성 밖의 백성은 노인을 부축하고 어린아이를 이끌며 울음소리가 크게 진동하고 각자 목숨을 건지고자 도망치고 있습니다."

후주는 놀라 두려워하면서 어찌할 바를 몰라 했다. 그때 갑자기 정찰 기병이 보고하기를 위병이 곧 성 아래에 닥칠 것이라고 했다. 관원들이 상의했다.

"군사는 미약하고 장수는 적어 적에게 맞서기는 어려우니, 차라리 일찌감치 성도를 버리고 남중칠군[1]으로 달아나는 것이 좋겠소. 그곳은 지세가 험준하여 스스로 지킬 수 있으니 만병蠻兵을 빌려 다시 수복하러 와도 늦지 않을 것이오."

광록대부 초주가 말했다.

"안 되오. 남만은 오래도록 배반하는 사람들인 데다 평소에 은혜를 베푼 적이 없었는데, 지금 그곳으로 의탁하러 간다면 틀림없이 큰 화를 입을 것이오."

관원들이 다시 아뢰었다.

"촉과 오는 이미 동맹을 맺고 있어 지금 사태가 급하게 되었으니 그곳으로 의탁하러 가는 것이 좋겠습니다."

초주가 다시 간언했다.

"예로부터 다른 나라에 몸을 기탁하면서 천자 노릇을 한 자는 없었습니다. 신이 헤아리건대 위나라는 오를 삼킬 수 있으나 오는 위를 병탄할 수 없습니다. 만약 오에 신하로 칭한다면 한번 욕을 보는 것이고, 오가 위에게 병탄된다면 폐하께서는 다시 위나라에 신하로 칭하셔야 하니 이것은 두 번 욕되는 것입니다. 차라리 오에 의탁하지 말고 위에 항복하는 것이 낫습니다. 위는 틀림없이 땅을 갈라 폐하에게 봉해줄 것이니 위로는 스스로 종묘를 지킬 수 있고 아래로는 백성의 안전을 보장할 수 있을 것입니다. 바라건대 폐하께서는 다시 생각해주십시오."

후주는 결정을 내리지 못하고 궁중으로 들어가버렸다.

이튿날 관원들의 의견이 분분했다. 사태가 급박한 것을 본 초주는 다시 상소를 올려 간언했다. 후주가 초주의 말에 따라 나가 항복하려고 하는데 느닷없이 병풍 뒤에서 한 사람이 돌아 나오며 엄하게 초주를 욕했다.

"구차하게 목숨이나 부지하려는 썩은 유생 놈이 어찌 망령되이 사직의 대사를 논한단 말인가! 예로부터 어찌 항복한 천자가 있다더냐!"

후주가 보니 바로 다섯째 아들 북지왕北地王 유심劉諶이었다. 후주는 아들 일곱을 낳았는데 장자는 유선劉璿이고, 둘째는 유요劉瑤, 셋째는 유종劉琮, 넷째는 유찬劉瓚, 다섯째는 바로 유심이었고, 여섯째는 유순劉恂, 일곱째는 유거劉璩였다. 일곱 아들 가운데 유심만이 어려서부터 총명했고 남보다 영민했으며 나머지는 모두가 연약하고 선량하기만 했다. 후주가 유심에게 일렀다.

"지금 대신들이 항복하는 것이 마땅하다고 의논했는데 너만 일시의 혈기 왕성한 용기로 성안 가득히 피로 물들일 작정이냐?"

유심이 말했다.

"예전에 선제(유비)께서 생존해 계실 때 일찍이 초주는 국정에 관여한 적도 없었습니다. 지금 분수에 넘치게 대사를 의논하고 줄곧 제멋대로 지껄이고 있으니 심히 이치에 맞지 않습니다. 신이 절실하게 헤아려보건대 성도에 군사가 아직도 수만 명이 있는 데다, 강유의 전군이 모두 검각에 있어 만약 위병이 궐을 침범하는 것을 알게 된다면 반드시 구원하러 올 것입니다. 안팎으로 공격한다면 큰 공을 획득할 수 있을 것입니다. 어찌 썩은 유생의 말만 듣고서 선제의 기업을 함부로 폐하려 하십니까?"

후주가 큰 소리로 꾸짖었다.

"너 같은 어린아이가 어찌 천시天時를 알겠느냐!"

유심이 머리를 조아리고 울면서 말했다.

"만약 세력이 궁해지고 힘이 다하여 환난과 패배에 이르게 된다면 부자와 군신이 성을 등지고 일전을 벌여 사직과 함께 죽어 선제를 뵈면 될 것입니다. 어찌하여 항복을 하십니까!"

후주는 듣지 않았다. 유심이 대성통곡했다.

"선제께서 쉽게 기업을 창립하신 것이 아닌데 오늘 하루아침에 버리시니 내 차라리 죽을지언정 욕을 보지는 않겠습니다!"

후주는 근신들에게 궁문 밖으로 유심을 끌어내라 명하고는 마침내 초주에게 항복문서를 쓰게 하고는 사서²시중 장소張紹(장비의 둘째 아들)와 부마도위 등량鄧良(등지의 아들)을 파견하여 초주와 함께 옥새를 가지고 낙성으로 가서 항복을 청하게 했다.

이때 등애는 매일 수백 명의 철기를 성도로 보내 정탐을 시키고 있었다. 그날 항복 깃발이 세워진 것을 보고는 크게 기뻐했다. 얼마 지나지 않아 장소 등이 이르렀고 등애는 사람을 시켜 맞아들이게 했다. 세 사람이 계단 아래에 엎드려 절을 올리고 항복문서와 옥새를 바쳤다. 항복문서를 뜯어본 등애는 크게 기뻐하며 옥새를 받아들이고 장소, 초주, 등량 등을 극진하게 대접했다. 등애는 답서를 써서 세 사람에게 건네고 성도로 돌아가 인심을 안정시키도록 했다. 세 사람은 등애에게 절을 올려 하직하고 곧장 성도로 돌아와서는 후주를 뵙고 답서를 올리고 등애가 잘 대우해줬다고 상세하게 이야기했다. 후주는 편지를 뜯어 읽어보고는 크게 기뻐하며 즉시 태복太仆 장현蔣顯 (장완의 차남)에게 칙령을 가지고 강유에게 가서 서둘러 항복하게 했고, 상서랑 이호李虎를 파견하여 촉한의 국가 장부를 등애에게 보냈다. 장부에 기록된 내용은 전체 호구가 28만 호이고 남녀 인구가 94만 명, 갑옷 입은 장사가 10만2000명, 관리 4만 명, 창고에 저장된 식량이 40여 만, 금과 은이 각각 2000근, 비단과 채색 명주가 각기 20만 필이었다. 창고에 있는 나머지 물품은 미처 구체적인 숫자를 기록하지 못했다. 12월 초하루로 날을 잡아 군신들이 나가 항복하기로 했다.

그 소식을 들은 북지왕 유심은 노기충천하여 바로 검을 차고 궁으로 들어갔다. 그의 아내가 물었다.

"대왕께서 오늘 안색이 이상하신데 무슨 일 있으세요?"

유심이 말했다.

"위병이 장차 다가오는데 부황父皇께서는 이미 항복문서를 바치고 내일 군신들이 나가 항복한다고 하니 이제 사직이 완전히 멸망하게 되었소. 내 먼저 죽어 지하에 계신 선제를 뵈었지 다른 자에게 무릎을 꿇지는 않을 것이오!"

최부인이 말했다.

"현명하세요! 참으로 현명하십니다! 죽을 곳을 찾으셨군요! 청컨대 첩을 먼저 죽이시고 대왕께서 돌아가셔도 늦지 않을 거예요."

유심이 말했다.

"당신이 어째서 죽는단 말이오?"

최부인이 말했다.

"대왕께서 부친을 위해 죽음을 선택하시는 것이나 첩이 남편을 위해 죽는 것이나 그 의리는 같은 것이요. 남편이 돌아가시어 아내가 죽는 것인데 구태여 물을 필요가 있겠어요!"

말을 마치더니 기둥에 머리를 부딪쳐 죽고 말았다. 유심은 이내 자신의 세 아들을 죽이고 아내의 머리를 잘라 소열황제의 사당으로 들고 가서 바닥에 엎드려 곡을 했다.

"신 기업을 남에게 넘기는 것을 보기가 부끄러워 먼저 처자식을 죽이고 근심을 끊어 이 한목숨으로 할아버님께 보답하고자 합니다! 할아버님의 영혼이 계시다면 이 손자의 마음을 알아주소서!"

한바탕 통곡을 하니 눈에서 피가 흘러내렸고 스스로 목을 베어 자결했다. 그 소식을 들은 촉 사람 중에 애통해하지 않는 자가 없었다. 후세 사람이 찬탄한 시가 있다.

군신들 기꺼이 적에게 무릎 꿇으려 하는데
아들 하나만 홀로 슬퍼하며 비탄에 잠기네
서천을 수복하는 일은 모두 끝장났네

웅대하고 기백이 있구나 그대 북지왕이여

한 몸 던져서 소열황제 조부께 보답하고자

손톱으로 머리 긁으며 하늘 향해 통곡했네

늠름한 그 인물이 아직도 살아 있는 듯한데

그 누가 한나라가 이미 망했다고 말하는가

君臣甘屈膝, 一子獨悲傷

去矣西川事, 雄哉北地王

捐身酬烈祖, 搔首泣穹蒼

凜凜人如在, 誰云漢已亡 ❶

북지왕이 자결했다는 소식을 들은 후주는 사람을 시켜 장사 지내게 했다.
이튿날 위병이 대대적으로 당도하자 후주는 태자와 왕들 그리고 군신 60여
명을 인솔하여 두 손을 뒤로 결박한 채 얼굴은 승리한 자에게 향하고 수레
에 관을 싣고는³ 북문 10리 밖까지 나가 항복했다. 등애는 후주를 부축해
일으키고 손수 결박을 풀어주고 관을 실은 수레를 불태운 다음 수레를 나
란히 하여 성으로 들어갔다. 후세 사람이 탄식한 시가 있다.

위나라 군사 수만 명이 서천으로 들어가니

후주 구차하게 살고자 자결할 기회 잃었네

황호는 끝까지 나라 속일 뜻 품고 있었고

강유는 세상을 구할 재주 헛되이 자부했네

충의 다한 인사들 마음 얼마나 맹렬했는가

절개를 지킨 왕손의 의지 애처롭기만 하다

소열황제의 국가 경영 매우 쉽지 않았건만

하루아침에 공업이 돌연 재로 변했다네

魏兵數萬入川來, 後主偸生失自裁

黃皓終存欺國意, 姜維空負濟時才

全忠義士心何烈, 守節王孫志可哀

昭烈經營良不易, 一朝功業頓成灰 ❷

이에 성도 사람들은 향과 꽃을 준비해 맞아들였다. 등애는 후주를 표기장군으로 삼고 나머지 문무관원은 각기 고하에 따라 관직을 수여했다. 후주에게 궁으로 돌아가기를 청하고는 방문을 붙여 백성을 안정시키고 창고를 인계받았다. 또 태상太常 장준張峻과 익주별가益州別駕 장소⁴에게 명하여 각 군의 군사와 백성을 귀순시키도록 했다. 다시 사람을 시켜 강유를 설득하여 항복하게 하는 한편 사람을 낙양으로 파견해 승전보를 알리게 했다. 등애는 황호가 간사하고 음험하다는 소리를 듣고는 그를 참수하려 했다. 그러나 황호가 황금과 보배를 등애의 좌우 사람들에게 뇌물로 주어 매수했기에 죽음을 면할 수 있었다. 이로써 한나라는 멸망하고 말았다. 후세 사람이 무후를 회상하는 시⁵를 지었다.

물고기와 새도 엄한 군령 두려워하며 망설이고

바람과 구름 모여들어 군영을 항상 보호해주네

제갈량 휘두른 절묘한 계책이 헛되이 되었으니

끝내 항복한 왕 전거⁶ 타고 가는 꼴 보게 되네

관중과 악의의 재주 있음이 부끄럽지 않았건만

관우와 장비 죽었으니 어떻게 할 수 있겠는가

훗날 제갈량 모신 금리[7] 땅 사당 지나게 되면

「양보음」[8] 읊었던 포부 한이 되어 남으리라

魚鳥猶疑畏簡書, 風雲長爲護儲胥

徒令上將揮神筆, 終見降王走傳車

管樂有才眞不忝, 關張無命欲何如

他年錦里經祠廟, 梁父吟成恨有餘

한편 검각에 당도한 태복 장현은 강유를 만나 후주의 칙명을 전달하고 투항의 일을 말했다. 깜짝 놀란 강유는 말이 없었다. 군막 안에 있던 장수들은 그 소식을 듣고는 일제히 증오하며 이를 악물고 눈을 부릅뜨더니 수염과 머리카락을 곤두세우고 칼을 뽑아 바위를 내리찍으며 크게 소리쳤다.

"우리는 죽기로 싸우고 있는데 무슨 까닭으로 먼저 항복했단 말인가!"

그들의 울부짖는 소리가 수십 리 밖까지 들렸다. 한나라를 생각하는 장수들의 마음을 본 강유는 이내 좋은 말로 그들을 위로했다.

"장수들은 걱정하지 마시오. 내게 한 가지 계책이 있는데 한실을 회복할 수 있을 것이오."

모두 그 계책을 물었다. 강유는 장수들의 귀에 대고 낮은 목소리로 계책을 설명하고는, 즉시 검각 관문에 두루 항복 깃발을 세우고 먼저 사람을 시켜 종회의 군영으로 가서 강유가 장익, 요화, 동궐 등을 거느리고 항복하러 올 것이라고 전하게 했다. 종회는 크게 기뻐하며 사람을 시켜 강유를 영접하게 하고 군막으로 들게 했다. 종회가 말했다.

"백약께서는 어찌하여 이토록 늦게 오셨소?"

강유가 정색하며 눈물을 흘렸다.

"나라의 전군이 내게 있으니 오늘 여기에 온 것도 오히려 빠르다고 하겠소."

종회는 몹시 기이하게 여기고는 자리에서 내려와 배례를 하고는 귀빈으로 대접했다. 강유가 종회를 설득했다.

"듣자 하니 장군께서는 제갈탄과 회남 전투 이래로 일을 할 때 빠뜨리거나 틀리는 일이 없다고 하던데, 사마씨가 번성한 것도 모두 장군의 힘이라 할 수 있으니 이 강유가 기꺼이 머리를 숙이겠소. 등사재鄧士載(등애의 자)였다면 마땅히 죽기로 결사전을 벌였지 어찌 그에게 항복하려 했겠소?"

종회는 즉시 화살을 꺾어 맹세하고 강유와 결의형제를 맺었는데 애정이 대단히 친밀했고 강유가 데리고 있던 군사들을 이전처럼 통솔하게 했다. 강유는 속으로 몰래 기뻐하면서 즉시 장현을 성도로 돌아가게 했다.❸

한편 등애는 사찬을 익주자사로 봉하고 견홍, 왕기 등에게는 각자 주군[9]을 통솔하게 했으며, 또 면죽에 대를 쌓아 전공을 기리고 촉중의 관원들을 모아놓고 주연을 베풀었다. 술이 거나하게 취하자 등애는 이에 관원들을 가리키며 말했다.

"그대들은 다행히 나를 만났기에 오늘 같은 날이 있는 것이오. 만약 다른 장수를 만났더라면 틀림없이 모두 몰살당했을 것이오."

많은 관원이 일어나 절하며 감사했다.❹

그때 갑자기 장현이 돌아와서는 강유가 스스로 종진서(진서장군)에게 항복했다는 소식을 전했고 이로 인해 등애는 종회를 몹시 증오하게 되었다. 마침내 서신을 써서 사람을 시켜 낙양으로 가서 진공 사마소에게 바치게 했다. 사마소가 그 편지를 읽어보니 다음과 같은 내용이었다.

"신 애 간절히 이르건대 군사를 부리는 데 먼저 위엄과 기세로 적의 사기를 꺾은 다음에 무력으로 교전을 벌여야 하는 것이니[10] 지금 촉을 평정한 형세로 기세를 몰아 오를 치면 이것이 자리를 말듯이 휩쓸어 장악할 수 있을 때입니다. 그러나 군대를 크게 일으킨 뒤라 장수와 사졸들이 피로하여 즉시 사용할 수 없습니다. 농우의 병사 2만 명과 촉병 2만 명을 남겨두어 소금을 추출하고 제련을 일으키며 아울러 선박을 건조하여 미리 물결 따라 내려갈 계책을 준비한 다음에, 사신을 보내 이해득실로 설명한다면 오는 정벌하지 않고도 평정할 수 있을 것입니다. 지금은 유선을 후하게 대접함으로써 손휴를 안심시켜야 하고, 민약 즉시 유선을 경사京師로 압송한다면 오나라 사람들이 반드시 의심할 것이고 귀순하여 복종할 마음을 북돋울 수 없을 것입니다. 잠시 유선을 촉에 남겨두었다가 내년 겨울에 경사로 보내야 합니다. 지금 즉시 유선을 봉하여 부풍왕扶風王으로 삼고 재물과 재산을 하사하며 좌우 모시는 자들을 제공하고 그 아들들의 작위도 공작公爵과 후작侯爵으로 삼아 귀순한 자에 대한 총애를 보여줘야 합니다. 그렇게 한다면 오나라 사람들도 명성과 위엄을 두려워하고 후덕함에 감격하여 소문만 들어도 복종할 것입니다."

편지를 읽고 난 사마소는 등애가 독단적으로 결정하려는 마음이 있음을 깊이 의심하여 이에 먼저 손수 쓴 편지를 위관衛瓘에게 주어 전달하게 하고는 뒤이어 등애를 봉하는 조서를 내렸다. 조서의 내용은 다음과 같다.

"정서장군 등애여, 위엄을 뽐내고 무력을 떨치며 적 경계로 깊이 들어가 분수에 넘치게 스스로 황제라 칭하는 군주의 목을 밧줄로 묶어 투항하게 했도다. 군사를 부림에 정해진 시일을 넘기지 않고 싸우면 하루를 넘기지 않았으니 구름을 흩어버리고 자리를 말듯 파巴와 촉을 소탕하여 평정했도다. 비록 백기[11]가 강한 초나라를 깨뜨리고 한신이 힘센 조나라를 이겼을지라도 이번 공훈에는 미치지 못할 것이다. 등애를 태위로 삼고 식읍 2만 호를 더해주며 두 아들을 봉해 정후[12]로 삼고 각기 식읍 1000호를 하사하노라."

등애가 조서를 받아 읽고 나자 감군 위관이 사마소의 친필 편지를 꺼내 등애에게 건넸다. 편지에는 등애가 말한 일에 대해서 서면으로 황제에게 보고하고 허락을 기다려야지 독단적으로 집행해서는 안 된다고 적혀 있었다. 등애가 말했다.

"장수가 밖에 있을 때는 군주의 명령도 받지 않을 수 있다'고 했소. 내 이미 조서를 받들어 자주적으로 촉 정벌을 진행했는데 어찌하여 가로막는단 말인가?"

그러고는 즉시 또 편지를 써서 조서를 가지고 온 사자에게 주어 낙양으로 가게 했다.

이때 조정에서는 모두 등애가 틀림없이 모반할 뜻을 품었다고 말했고 사마소는 더욱 등애를 의심하고 꺼리게 됐다. 그때 별안간 천자의 명령을 받든 사자가 돌아왔고 등애의 편지를 올렸다. 사마소가 봉인을 뜯어 살펴보니 내용은 다음과 같았다.

"이 애는 명령을 받들어 서쪽[13]을 정벌하여 원흉을 이미 복종시켰으니 당분간 상황에 따라 일을 처리해야만 처음으로 종속된 자들을 안정시킬 수 있습니다. 만약 조정에서 임명한 관리를 기다렸다간 길을 오가느라 시일만 지체될 것입니다. 『춘추』의 정의에 따르면, 대부大夫가 국경을 나갔을 때는 사직을 안정시키고 국가를 이롭게 할 수 있는 것이라면 전적으로 처리할 수 있다고 했습니다. 지금 오나라가 아직 복종하지 않고 있고 형세가 촉과 연계되어 있으니 융통성 없게 평상시의 절차에만 얽매여 일을 진행하여 시기를 놓쳐서는 안 됩니다. 병법에 이르기를 '나아가되 공명을 구하지 않고 물러서되 처벌을 피하지 않는다 進不求名, 退不避罪'[14]고 했습니다. 이 애는 비록 옛사람의 절개는 없지만 끝내 스스로 의심을 받더라도 나라에 손실을 끼칠 수는 없습니다. 먼저 이 글로 사실을 설명하니 일을 실행하겠습니다."

글을 읽고 난 사마소는 크게 노하여 서둘러 가충과 함께 계책을 상의했다.

"등애가 공적만 믿고 교만하게 임의대로 일을 실행하고 있으니 모반의 행동을 드러낸 것이다. 어찌하면 좋단 말인가?"

가충이 말했다.

"주공께서는 어찌하여 종회를 봉하여 그를 제어하지 않으십니까?"

사마소는 그 의견에 따라 사자를 파견하여 종회를 사도로 봉한다는 조서를 내리고, 즉시 위관에게 명령하여 두 갈래 군마를 감독하게 했으며 친필 전한을 위관에게 건네 종회에게 주고 등애를 사찰하면서 변고를 방비하게 했다. 종회가 조서를 받아 읽어보니 그 내용은 다음과 같았다.

"진서장군 종회여, 향하는 곳에 대적하는 자가 없고 앞에는 강력하고 힘 있는 자가 없으니 많은 성을 통제하고 장악하여 패전해 사방으로 도망치는 자를 한데 모아 포용했도다. 촉의 수령이 두 손을 뒤로 결박한 채 얼굴은 승리한 자에게 향하고 수레에 관을 싣고는 투항했고, 계책을 세우면 빠뜨리거나 틀리는 일이 없었으며 거병을 하면 공적을 놓친 적이 없도다. 이에 종회를 사도로 삼고 나아가 현후로 봉하며 식읍 1만 호를 더하고 두 아들은 정후亭侯로 봉하며 각기 식읍 1000호를 하사하노라."

관직과 작위를 받은 종회는 즉시 강유를 청해 계책을 상의했다.

"등애의 공적이 나보다 위에 있는 데다 또 태위의 직분에 봉해졌소. 지금 사마공은 등애에게 모반할 뜻이 있음을 의심하여 위관에게 명하여 감군으로 삼고는 내게 조서를 내려 등애를 제어하려고 하오. 백약께선 무슨 고견이라도 있소?"

강유가 말했다.

"어리석은 생각으로는 듣자 하니 등애의 출신이 미천하여 어려서 농가에서 송아지나 길렀다고 하던데 지금 뜻밖에 운이 좋아 음평의 굽은 오솔길로 나무를 잡고 낭떠러지에 매달려 이런 큰 공을 이룬 것으로, 좋은 계책을 내어서가 아니라 사실은 나라의 크나큰 복에 의지한 것이오. 만약 장군께서 나와 검각에서 대치하지 않았다면 등애가 어찌 이런 공을 이룰 수 있었겠소? 지금 촉주를 봉하여 부풍왕으로 삼으려 하는 것은 바로 촉 사람들의 마음을 크게 결집시키려는 것으로 그 모반의 정황이야 말하지 않아도 훤히 들여다보이오. 진공께서 그를 의심하는 것은 당연한 것이오."❺

그 말을 들은 종회는 몹시 기뻐했다. 강유가 또 말했다.

"청컨대 좌우를 물려주시오. 나에게 한 가지 은밀히 알려드릴 일이 있소."

종회는 좌우에 모두 물러가라 명했다. 강유는 소매 속에서 지도 하나를 꺼내 종회에게 주면서 말했다.

"지난날 무후께서 초려를 나오실 때 이 지도를 선제께 바치면서 말씀하시기를 '익주의 땅은 기름진 들판이 1000리나 뻗쳐 있는 데다 백성은 풍족하고 나라는 부유하여 패업을 이룰 만하다'고 하셨소. 이 때문에 선제께서 마침내 이곳 성도에 창업하셨소. 지금 등애가 이곳에 이르렀으니 어찌 미쳐 오만하게 굴지 않을 수 있겠소?"

종회는 크게 기뻐하며 산천의 형세를 가리키며 물었다. 강유는 일일이 설명해줬다. 종회가 또 물었다.

"어떤 계책으로 등애를 제거해야겠소?"

강유가 말했다.

"진공이 그를 의심하여 꺼리고 있는 시기를 이용하여 급히 표문을 올려 등애가 모반을 일으키는 정황을 말씀드리시오. 진공은 틀림없이 장군에게 명령하여 그를 토벌하게 할 것이니 단번에 사로잡을 수 있을 것이오."

종회는 그 말에 따라 즉시 사람을 파견해 낙양으로 가서 표문을 올리며 등애가 권력을 독점하고 제멋대로 방종하고 있는 데다 촉 사람들과 좋은 관계를 맺고 있어 조만간 틀림없이 모반할 것이라 했다. 그리하여 조정의 문무 관원 모두가 놀랐다. 종회는 또 사람을 시켜 등애가 올리는 표문을 중간에 막고 가로채 등애의 필법을 흉내 내어 오만한 말투로 고치고는 자신의 말이 사실인 것처럼 꾸몄다.

등애의 표문을 읽은 사마소는 크게 노하여 즉시 사람을 종회의 최전방 진지로 보내 종회에게 등애를 체포하라 명했다. 또 가충에게 군사 3만 명을 이끌고 야곡으로 들어가게 했고 사마소 자신도 위주 조환과 함께 어가를 움직여 친히 정벌에 나서려고 했다. 그러자 서조연西曹掾 소제邵悌가 간언했다.

"종회의 군사는 등애보다 여섯 배가 더 많으니 지금 종회가 등애를 충분히 잡을 수 있을 터인데 구태여 명공께서 직접 가실 필요가 있겠습니까?"

사마소가 웃으면서 말했다.

"자네는 지난날의 말을 잊었는가? 자네가 일찍이 종회가 나중에 반드시 모반할 것이라고 말하지 않았는가. 내 이번에 가는 것은 등애가 아니라 사실은 종회 때문일세."

소제도 웃으면서 말했다.

"저는 명공께서 그것을 잊으셨을까 걱정되어 물어본 것입니다. 지금 이미 그런 뜻을 가지셨다니 비밀로 하시고 절대로 누설해서는 안 됩니다."

사마소는 그의 말을 옳다 여기고 마침내 대병을 거느리고 출발했다. 이때 가충 또한 종회가 변란을 일으킬까 의심이 들어 은밀하게 사마소에게 고했다. 사마소가 말했다.

"만일 자네를 파견했다면 또한 자네를 의심했겠는가? 내 장안에 당도하면 저절로 명백하게 될 걸세."

어느 결에 정탐꾼이 종회에게 사마소가 이미 장안에 당도했다고 보고했다. 종회는 황급히 강유를 청해 등애를 체포할 계책을 상의했다.

막 서촉에서 항복한 장수를 거두어들이더니
또 장안에서 대군을 움직이는 것 보게 되네
纔看西蜀收降將, 又見長安動大兵

강유는 어떤 계책으로 등애를 깨뜨릴 것인가?

제118회 마침내 멸망한 촉한

❶

북지왕 유심의 자결

『삼국지』「촉서·후주전」배송지 주『한진춘추』에 다음과 같이 기록하고 있다.

"후주가 초주의 계책에 따르려 하자 북지왕北地王 유심이 분노하며 말했다.

'만약 계책이 곤궁하고 힘이 다하여 환난과 실패가 반드시 이르게 된다면, 부자와 군신이 성을 등지고 일전을 벌여 사직을 위해 함께 죽고 선제先帝를 만나는 것이 옳습니다.'

그러나 후주는 그 말을 받아들이지 않고 마침내 새수璽綬(인새를 가리킨다. 진秦 이후로는 황제의 인을 가리켰다)를 보냈다. 이날, 유심은 소열昭烈(소열제 유비)의 묘에서 통곡하고는 먼저 처자식을 죽이고 자살하니 좌우에서 눈물을 흘리지 않는 자가 없었다."

❷

유선의 항복

『삼국지』「촉서·후주전」에 "등애는 항복한다는 서신을 받고 매우 기뻐하며 곧장 회신을 했고 장소와 등량을 보내 먼저 돌아가게 했다. 등애는 도성 북쪽에 이르렀고 후주는 수레에 관을 싣고 자신을 결박하고는 등애 군영 문으로 갔다. 등애는 결박을 풀어주고 관을 불태우고는 후주를 만나기를 요청했다. 이어서 황제의 뜻을 받들어 후주를 표기장군으로 임명했다. 각 지의 보루를 지키던 군사들은 후주의 칙명을 받은 뒤에 투항했다. 등애는 후주에게 여전히 그가 살았던 궁전에서 머물도록 했고 직접 방문했다"고 했고, 배송지 주『진제공찬晉諸公贊』에서는 "유선은 노새가 끄는 수레를 타고 등애에게 가니 망국의 예를 갖추지 않았다"고 기록하고 있다.

❸
강유의 투항

『삼국지』「위서·종회전」에 "종회는 검각을 공격했으나 점령할 수 없자 군대를 이끌고 후퇴했고 촉군은 요충지를 수호했다. 강유 등은 제갈첨이 이미 패했다는 소식을 듣고는 군사들을 인솔하여 동쪽으로 향해 파서군巴西郡에 진입했다.

등애는 성도로 진군했고 유선은 등애가 있는 곳으로 가서 투항했다. 강유 등에게 사자를 파견하여 종회에게 투항하도록 명령을 내렸다. 강유는 광한군廣漢郡(동광한군東廣漢郡을 가리키며, 치소는 지금의 쓰촨성 싼타이三臺 남쪽) 처현郪縣(동광한군의 치소)까지 와서 병사들에게 무기를 놓으라고 명령하고 부절과 신분증명서를 호열에게 보내고 동쪽 길로 종회가 있는 곳으로 가서 투항했다.

종회는 명령을 하달하여 사병들이 약탈을 하지 못하도록 엄격하게 약속했으며 겸허하게 자신을 낮추고 타일러 받아들였다. 촉한의 백관을 접대하고 강유와의 관계도 지극히 우호적이었다"고 했고, 「촉서·강유전」에는 "후주의 칙령을 받자 즉시 무기를 내려놓고 투구와 갑옷을 벗고 종회가 있는 부현의 군영 앞으로 가서 투항했다. 촉군의 장수와 병사들은 분노하며 칼을 뽑아 돌을 찍으며 울분을 터뜨렸다.

종회는 강유 등을 후하게 대접하고 당분간 그들의 관인, 부절, 산개를 돌려주었다. 종회는 강유와 나가게 되면 같은 수레를 탔고 앉을 때도 같은 자리에 앉았다"고 기록하고 있다.

소설의 내용처럼 강유는 검각에서 투항한 것이 아니었다. 강유는 제갈첨이 패했다는 소식을 듣고 군사를 이끌고 검각에서 철수하여 동쪽 파서군으로 들어갔다가 유선의 명령을 받고 광한군 처현에서 종회에게 투항했다.

❹

『삼국지』「위서·등애전」에 다음과 같은 기록이 있다.

"등애는 몹시 거만하게 스스로를 뽐내면서 촉한의 사대부들에게 말했다.

'여러분은 나를 만났기 때문에 오늘이 있는 것이오. 만일 오한吳漢(후한 중흥의 명장, 공손술公孫述을 소멸시킨 뒤에 성도成都를 불 지르고 약탈했다) 같은 무리를 만났다면 일찌감치 주살되었을 것이오.'

그러고는 또 말했다.

'강유는 본래 한 시대의 영웅이지만 나를 만났기 때문에 아무런 계책도 쓰지 못하고 속수무책이었소.'

식견 있는 사람은 모두 그를 비웃었다."

❺

『삼국지』「위서·등애전」에 "등애는 어려서 부친을 잃었고 태조가 형주를 격파했을 때 등애는 여남으로 이사하여 농민이 되어 소를 키웠다.

후에 전농강기典農綱紀(전농중랑장의 속관), 상계리上計吏(군국이 연말에 관리를 도성으로 파견해 조정에 군국의 호구, 돈과 양식, 부세, 도적 등의 상황을 보고했는데 파견된 관리를 상계리라 한다. 여기서는 전농부의 상계리를 말한다)로 임명되었다. 이 때문에 태위 사마선왕司馬宣王(사마의)을 만날 수 있었다"고 기록하고 있다. 소설에서 등애를 폄하해서 말할 때 "송아지나 길렀다"는 말이 나오는데 이는 사실이었다.

사마염의 등장

거짓으로 투항한 교묘한 계책은 빈말이 되고,
그대로 본떠서 다시 제위를 물려받다

假投降巧計成虛話,
再受禪依樣畫葫蘆

종회는 강유를 청해 등애를 잡아들일 계책을 상의했다. 강유가 말했다.

"먼저 감군 위관에게 등애를 잡아들이라고 명령하시지요. 만약 등애가 위관을 죽이려 든다면 모반의 정황은 사실이 되는 것이오. 그때 장군께서 군대를 일으켜 토벌하는 것이 좋겠소."

종회는 크게 기뻐하며 즉시 위관에게 수십 명을 이끌고 성도로 들어가 등애 부자를 잡아들이게 했다. 위관의 수하가 만류했다.

"이것은 종사도鍾司徒(사도 종회)가 등정서鄧征西(정서장군 등애)[1]로 하여금 장군을 죽이게 하여 모반의 정황을 만들려는 것입니다. 절대로 가서는 안 됩니다."

위관이 말했다.

"내게 따로 계책이 있다."

즉시 먼저 20~30통의 격문을 띄웠는데 내용은 다음과 같다.

"조서를 받들어 등애를 체포하나 나머지 사람에게는 각기 죄를 묻지 않겠노

라. 만약 일찌감치 와서 투항한다면 즉시 작위와 상이 전과 같을 것이나, 감히 나오지 않는 자가 있다면 삼족을 멸하리라."

이어서 함거 두 량을 준비하고 밤새 성도를 향해 갔다.

동이 트자 격문을 본 등애의 부하 장수가 모두 위관의 말 앞으로 와서 투항하며 무릎을 꿇고 절을 했다. 이때 등애는 부중에서 아직 일어나지 않고 있었다. 위관이 수십 명을 이끌고 돌진해 들어가며 크게 소리쳤다.

"조서를 받들어 등애 부자를 체포하노라!"

소스라치게 놀란 등애는 침상에서 굴러떨어졌다. 위관은 무사들에게 등애를 결박하여 수레에 실으라고 호령했다. 그의 아들 등충이 나오면서 영문을 물으려는데 역시 체포되었고 결박당해 수레에 실렸다. 부중의 장수와 관리들이 크게 놀라 손을 써서 함거를 빼앗으려 했으나 어느새 멀리 먼지가 크게 일어나는 것이 보이더니 정찰 기병이 달려와 종사도의 대군이 당도했다고 보고했다. 모두 사방으로 흩어져 달아났다. 종회가 강유와 함께 말에서 내려 부중으로 들어가니 등애 부자가 이미 결박당한 상태였다. 종회가 등애의 머리를 채찍질하며 욕했다.

"송아지나 키우던 놈이 어찌 감히 이럴 수 있단 말이냐!"

강유 또한 욕을 했다.

"필부 놈이 모험을 하여 요행으로 공을 이루더니 오늘 이 꼴이 되었구나!"

등애 또한 욕설을 퍼부었다. 종회는 등애 부자를 낙양으로 압송했다.❶

종회가 성도로 들어가 등애의 군마를 모조리 차지하자 위엄과 명성이 크게 진동했다. 이에 강유에게 일렀다.

"내 오늘에서야 비로소 평생의 바라던 바에 이르렀소!"

강유가 말했다.

"옛날에 한신은 괴통의 말을 듣지 않다가 미앙궁에서 화를 당했고,[2] 대부 종은 범려를 따라 오호로 가지 않아 끝내 검으로 자결[3]하고 말았소. 이 두 사람이 어찌 공적과 명성이 눈부시지 않아 그렇게 되었겠소? 다만 이해관계를 분명하게 하지 못했고 상황을 살피는 것이 빠르지 못했기 때문이었소. 지금 공은 큰 공훈을 이루어 그 위세가 주인을 떨게 하는데 어찌하여 배를 타고 종적을 감추어 아미산峨嵋山의 고개에 올라 적송자[4]를 따라 즐기려 하지 않으시오?"

종회가 웃으면서 말했다.

"그대의 말은 틀렸소. 내 나이 아직 마흔이 안 되었으니 진취적으로 생각해야지 어찌 그렇게 물러나 한가롭게 지낼 일을 본받을 수 있단 말이오?"

강유가 말했다.

"만약 물러나 한가롭게 지내지 않으려면 일찌감치 좋은 계책을 도모해야 하오. 그것은 명공의 지혜와 능력으로 할 수 있는 바이니 번거롭게 늙은이가 말할 필요가 없겠구려."

종회가 손뼉을 치며 껄껄 웃었다.

"백약이 내 마음을 아는구려."

두 사람은 이로부터 매일 대사를 상의했다. 강유가 몰래 후주에게 서신을 보냈다.

"바라건대 폐하께서 며칠간만 욕을 참고 계시면 이 유가 장차 위태로워진 사직을 다시 안정시키고 어두워진 해와 달을 다시 밝혀 반드시 한실이 끝내 멸망하지 않게 하겠습니다."❷

종회가 한창 강유와 함께 모반하려 하고 있는데 별안간 사마소의 편지가 당도했다는 보고가 들어왔다. 종회가 서신을 보니 내용은 다음과 같았다.

"나는 사도가 등애를 사로잡지 못할까 염려되어 직접 장안에 군사를 주둔시켰노라. 가까운 시일 내에 만나도록 하고 이렇게 먼저 알리노라."

종회는 깜짝 놀랐다.

"우리 군사들이 등애보다 몇 배나 많아 내가 등애를 사로잡으려 한다면 나 혼자 그 일을 처리할 수 있다는 것을 진공은 잘 알고 있다. 그런데 지금 직접 군사를 이끌고 온 것은 바로 나를 의심하는 것이다!"

즉시 강유와 함께 계책을 상의했다. 강유가 말했다.

"군주가 신하를 의심하면 신하는 반드시 죽는 법인데 어찌 등애를 보지 못하시오?"

종회가 말했다.

"내 뜻이 결정되었소! 일이 이루어지면 천하를 얻는 것이고 이루어지지 못하면 서촉으로 물러나 유비가 이룬 것을 잃지 않을 것이오."

강유가 말했다.

"근래에 듣자 하니 곽태후가 얼마 전에 죽었다고 하던데 임종 전에 사마소를 토벌하여 군주를 시해한 죄를 바로잡으라는 유조遺詔(유언)를 내렸다고 꾸미면 될 것이오. 명공의 재주라면 중원을 자리를 말듯이 평정할 수 있을 것이오."

종회가 말했다.

"백약이 선봉을 맡아주어야겠소. 일이 이루어진 다음에는 함께 부귀를 누립시다."

강유가 말했다.

"원컨대 개와 말의 하찮은 수고로움이라도 보태겠소. 다만 장수들이 따르지 않을까 걱정될 뿐이오."

종회가 말했다.

"내일은 정월 대보름 명절이니 고궁에 등불을 크게 밝히고 장수들을 청해 연회를 열겠소. 만일 따르지 않는 자가 있다면 모조리 죽여버리겠소."

강유는 남몰래 기뻐했다.

이튿날 종회와 강유 두 사람은 모든 장수를 청해 주연을 베풀었다. 몇 순배 돌자 종회가 잔을 잡은 채 통곡했다. 장수들이 까닭을 묻자 종회가 말했다.

"곽태후께서 붕어하시기 전에 남기신 조서가 여기에 있는데 사마소가 남궐南闕에서 군주를 시해한 대역무도한 놈으로 조만간 위를 찬탈할 것이니 내게 그를 토벌하라고 명령하셨소. 그대들은 각자 서명하고 함께 이 일을 이루어야겠소."

모두 깜짝 놀라 서로 얼굴만 쳐다볼 뿐 누구도 말을 꺼내지 못했다. 종회가 검을 칼집에서 뽑아 들었다.

"명령을 어기는 자는 참수하리라!"

모두 두려워 따를 수밖에 없었고 수결을 마치자 종회는 궁중에 모든 장수를 몰아넣어 감금하고 군사들에게 엄히 지키게 했다. 강유가 말했다.

"내가 보기에는 장수들이 복종하지 않는 것 같으니 청컨대 그들을 생매장시키시지요."

종회가 말했다.

"내 이미 궁중에 구덩이를 파놓고 큰 몽둥이 수천 개를 준비하라 했소. 따르지 않는 자는 때려죽여 파묻을 것이오."❸

이때 심복 장수인 구건丘建이 곁에 있었다. 구건은 바로 호군 호열胡烈의 옛 부하였고, 이때 호열 또한 궁중에 감금되어 있었다. 구건이 몰래 종회가 하는 말을 호열에게 일러주었다. 깜짝 놀란 호열이 울면서 고했다.

"내 아들 호연胡淵이 군사를 이끌고 밖에 있는데 종회가 이런 마음을 품었는지 어찌 알겠는가? 자네가 지난날의 정을 생각해서 소식을 전해주면 비록 죽는다 해도 한이 없겠네!"

구건이 말했다.

"은주恩主(자기에게 은혜를 베푼 자에 대한 경칭)께서는 걱정하지 마십시오. 제가 강구해보겠습니다."

즉시 나가서는 종회에게 고했다.

"주공께서 장수들을 궁 안에 연금하시어 식수가 불편하니 한 사람을 시켜 왔다 갔다 하면서 식수를 전달하게 해주십시오."

종회는 평소에 구건의 말을 들었기에 즉시 구건에게 감독을 명하고는 분부했다.

"내가 중요한 일을 네게 맡기는 것이니 누설하지 마라."

구건이 말했다.

"주공께서는 안심하십시오. 저에게 엄밀하게 할 방법이 있습니다."

구건은 몰래 호열의 심복을 안으로 들여보냈고 호열은 밀서를 그에게 건네주었다. 그 사람은 편지를 가지고 황급히 호연의 군영으로 가서 그 일을 상세하게 이야기하면서 밀서를 올렸다. 깜짝 놀란 호연은 즉시 각 군영에 밀서를 보여주며 두루 그 사실을 알렸다. 크게 노한 장수들이 급히 호연의 군영으로 와서 상의했다.

"우리가 비록 죽는다 할지라도 어찌 모반한 신하를 따르겠는가!"

호연이 말했다.

"정월 18일에 모두 모여서 궁으로 들어가 이렇게 저렇게 합시다."

감군 위관은 호연의 계책을 몹시 기뻐하며 즉시 인마를 정돈하고 구건을 시켜 호열에게 소식을 전하게 했다. 호열은 갇혀 있던 모든 장수에게 알렸다. ❹

한편 종회는 강유를 청해 물었다.

"내 간밤에 큰 뱀 수천 마리가 나를 물어뜯는 꿈을 꿨는데 무슨 길흉이오?"

강유가 말했다.

"꿈속의 용과 뱀은 모두 상서로운 징조지요."

종회는 기뻐하며 그 말을 믿었고 이에 강유에게 일렀다.

"몽둥이가 이미 준비되었으니 장수들을 끌어내어 뜻을 물어보는 것은 어떻겠소?"

강유가 말했다.

"이 무리는 복종할 마음이 없으니 오래 지나면 반드시 해가 될 것이오. 이번 기회에 차라리 일찌감치 그들을 죽이는 것이 좋을 듯하오."

종회는 그 말을 따르기로 하고 즉시 강유에게 무사들을 이끌고 가서 위나라 장수들을 죽이라고 명령했다. 강유가 명령을 받들고 막 가려는데 갑자기 한바탕 가슴 통증이 일어나더니 땅바닥에 혼절해 쓰러지고 말았고, 좌우에서 부축해 일으켰으나 한나절이 지나서야 비로소 깨어났다. 그때 별안간 궁 밖에서 사람들이 아우성치는 소리가 물 끓듯 떠들썩하다는 보고가 들어왔다. 종회가 사람을 시켜 알아보려 하는데 함성이 크게 진동하더니 사면팔방으로 끝없이 군사가 몰려들었다. 강유가 말했다.

"이는 틀림없이 장수들이 난을 일으킨 것이니 먼저 그들부터 참수해야 하오."

그때 느닷없이 병사들이 궁 안으로 이미 밀고 들어왔다는 보고가 들어왔다. 종회가 궁전 문을 닫게 하고는 군사들에게 궁전 지붕으로 올라가서 기와를 뜯어내어 공격하게 했고 서로 죽인 자가 수십 명에 달했다. 궁 밖에서 사면으로 불길이 치솟더니 바깥 병사들이 궁전 문을 찍어 열어젖히고는 돌격해 들어왔다. **❺**

종회는 직접 검을 뽑아 들고 그 자리에서 몇 사람을 죽였으나 어지럽게 날아드는 화살에 맞아 쓰러지고 말았다. 장수들이 그 머리를 잘라 효수했다. 강유는 검을 뽑아 들고 전각에 올라 왔다 갔다 하면서 충돌했으나 불행하게도 가슴 통증이 더욱 심해졌다. 강유는 하늘을 우러러 크게 소리 질렀다.

"내 계책이 이루어지지 못한 것은 바로 천명이로구나!"

마침내 스스로 목을 베어 자결했다. 이때 그의 나이 59세[5]였다. 궁중에서 죽은 자가 수백 명이었다. 위관이 말했다.

"군사들은 각기 소속된 군영으로 돌아가서 왕명을 기다리도록 하라."

위병들이 앞다퉈 원수를 갚고자 함께 강유의 배를 갈랐는데 쓸개의 크기가 계란만 했다. 장수들은 또 강유의 가솔을 모조리 잡아다 죽였다. **❻**

등애의 부하들은 종회와 강유가 이미 죽은 것을 보고는 즉시 며칠 밤을 계속 추격해 등애를 빼앗아 오려 했다. 어느새 누군가 그 사실을 위관에게 보고했다. 위관이 말했다.

"내가 등애를 체포한 사람이니 지금 그를 살려두었다가는 나는 죽어도 몸을 누일 땅조차 없게 될 것이다."

호군 전속田續이 말했다.

"지난날 등애가 강유江油 땅을 점령할 때 저를 죽이려 했는데 관원들이 만류하는 바람에 목숨을 건졌습니다. 오늘 그 원한을 갚아야겠습니다!"

위관은 크게 기뻐하며 즉시 전속에게 500명의 군사를 이끌고 추격하도록 했다. 면죽에 이르렀을 때 마침 함거에서 풀려나 성도로 돌아가려는 등애 부자와 마주쳤다. 등애는 본부의 군사들이 온 것으로만 알고 준비하지 않고 있다가 물어보려는 순간 전속이 휘두른 한칼에 목이 떨어지고 말았다. 등충 또한 어지러운 군중 속에서 죽임을 당했다. 후세 사람이 등애를 탄식한 시가 있다.

어려서부터 계책을 궁리하는 데 능했고
꾀가 많아 군사를 부리는 데도 훌륭했네
시선을 집중하면 지리 형세를 알았으며
얼굴 쳐들면 천체 운행을 알아보았다네

말을 휘몰아 달려오면 산기슭을 끊었고
군사들을 몰고 가니 돌길도 갈라졌다네
공적을 성취하고도 죽음을 맞이했으니
넋은 한수의 구름 장안을 맴도는구나
自幼能籌畫, 多謀善用兵
凝眸知地理, 仰面識天文
馬到山根斷, 兵來石徑分

功成身被害, 魂繞漢江雲 **❼**

또 종회를 탄식한 시가 있다.

어려서부터 매우 총명하다 일컬어졌는데
일찍이 젊어 관직이 비서랑에 이르렀네
기묘한 계책은 사마소를 탄복하게 했고
그 당시에 자방[6]이란 소리까지 들었다네

수춘에서 계책을 세워 많은 보좌를 했고
검각에서는 위풍당당한 용맹을 드날렸네
도주공의 물러나 숨는 법을 배우지 못해[7]
떠도는 넋이 고향을 그리며 애통해하네

髫年稱早慧, 曾作祕書郞

妙計傾司馬, 當時號子房

壽春多贊畫, 劍閣顯鷹揚

不學陶朱隱, 遊魂悲故鄕

또 강유를 탄식한 시도 있다.

천수에서 재능이 출중하다 칭찬받았고
양주凉州에서는 기이한 인재 나왔다고 했네
그 혈통은 강태공의 후손으로 태어나서

책략은 제갈무후로부터 전수받았다네

대담했으니 마땅히 두려운 것이 없었고
승리 염원하는 마음 돌아설 뜻 없었네
성도에서 그 한목숨이 끊어지던 날에
한나라 장수로서 비통함이 남아 있었네
天水誇英俊, 涼州産異才
系從尙父出, 術奉武侯來
大膽應無懼, 雄心誓不回
成都身死日, 漢將有餘哀

한편 종회, 강유, 등애가 이미 죽고 장익 등도 어지러운 군사들 속에서 전사했다. 태자 유선劉璿, 한수정후漢壽亭侯 관이關彛(관흥의 서자)도 모두 위병에게 피살되었다. ❽

군사와 백성이 혼란에 빠지자 서로 짓밟아 죽은 자가 그 수를 헤아릴 수 없었다. 열흘 뒤에 가충이 먼저 당도하여 방문을 붙여 백성을 안정시키고서야 비로소 평정되기 시작했다. 위관을 남겨두어 성도를 지키게 하고 바로 후주를 낙양으로 옮겨가도록 했다. 상서령 번건, 시중 장소, 광록대부 초주, 비서랑 극정 등 몇 사람이 후주를 따라갔다. 요화와 동궐은 병을 핑계로 자리에서 일어나지 않았는데 후에 모두 울화병으로 죽었다. ❾

이해에 위나라는 경원景元 5년을 함희咸熙❽ 원년(264)으로 연호를 바꾸었다. 봄 3월에 오나라 장수 정봉은 촉이 이미 망한 것을 알고는 마침내 군사를 거두어 오나라로 돌아갔다. 중서승❾ 화핵華覈이 오주 손휴에게 아뢰었다.

"오와 촉은 바로 입술과 이빨 같은 관계라 입술이 없으면 이가 시리게 됩니다. 신이 헤아리건대 사마소가 오를 정벌할 날이 임박했으니 폐하께서는 더욱 방어에 힘쓰셔야 합니다."

손휴는 그 말에 따라 즉시 육손의 아들 육항陸抗에게 명하여 진동대장군鎭東大將軍으로 삼고 형주목을 겸하게[10] 하여 강구[11]를 지키도록 했으며, 좌장군 손이孫異는 남서[12] 여러 곳의 협곡 입구를 지키게 했다. 또 장강 연안 일대에 군사를 주둔시키고 수백 개의 군영을 세워 노장 정봉에게 총감독하고 위병을 방비하도록 했다.

건녕建寧 태수 곽익霍弋(곽준霍峻의 아들)은 성도를 지키지 못했다는 소식을 듣고는 소복을 입고 서쪽[13]을 향해 사흘 동안 통곡했다. 장수들이 말했다.

"한나라 군주가 이미 황위를 상실했는데 어찌하여 속히 항복하지 않습니까?"

곽익이 울면서 일렀다.

"도로가 끊어져 우리 군주의 안위가 어떠하신지 아직 알지 못한다. 만약 위주가 예로써 대접한다면 성을 바쳐 항복해도 늦지 않을 것이다. 만일 우리 군주가 위험에 처하거나 굴욕을 당한다면 신하는 죽는 법이니, 어찌 항복할 수 있겠는가?"

모두 그 말을 옳게 여기고 이에 사람을 시켜 낙양으로 보내 후주의 소식을 알아보도록 했다.❿

한편 후주가 낙양에 이르렀을 때 사마소는 이미 조정으로 돌아온 뒤였다. 사마소가 후주를 꾸짖었다.

"공은 황음무도하여 현자를 버리고 실정했으니 이치상 죽어 마땅하도다."

후주는 얼굴이 흙빛이 되어 어찌할 바를 몰라 했다. 문무관원들이 아뢰었다.

"촉주가 이미 나라의 기강을 잃었으나 다행히 서둘러 항복했기에 사면해 주는 것이 마땅합니다."

사마소는 이에 유선을 봉하여 안락공安樂公으로 삼고 주택과 매달 필요한 경비, 그리고 비단 1만 필과 노복과 하녀 100명을 하사했다. 아들 유요와 신하 번건, 초주, 극정 등을 모두 후작으로 봉했다. 후주는 은혜에 감사하고 궐에서 나갔다. 사마소는 황호가 나라를 좀먹고 백성을 해쳤기에 무사들에게 저잣거리로 끌어내 능지처참하게 했다. 곽익은 후주가 작위를 받았다는 소식을 듣고는 마침내 부하 군사들을 인솔하여 나와 항복했다.

이튿날 후주는 친히 사마소의 부중으로 찾아가 무릎 꿇고 절을 올리며 감사했다. 사마소가 주연을 베풀어 환대하면서 먼저 앞에서 위나라 음악과 춤을 보여주자 촉의 관원들은 비탄에 잠겼는데 유독 후주만이 기쁜 기색을 띠고 있었다. 사마소가 앞에서 촉 사람들에게 촉의 음악을 연주하게 했는데 촉의 관원은 모두가 눈물을 떨어뜨렸으나 후주는 낄낄거리며 웃고 태연자약했다. 술이 얼근히 취하자 사마소가 가충에게 일렀다.

"사람이 무정하기가 저 정도로구나! 비록 제갈공명이 살아 있다 하더라도 그를 오래도록 보좌할 수는 없었을 텐데 하물며 강유야 더 말할 필요가 있겠는가?"

이에 후주에게 물었다.

"자못 촉 생각이 나지 않소?"

후주가 말했다.

"이곳이 즐거워 촉은 생각나지 않습니다."

잠시 후 후주가 일어나 측간을 가는데 극정이 부근까지 따라와 말했다.

"폐하께서는 어찌하여 촉이 생각나지 않는다고 말씀하셨습니까? 만일 저들이 다시 묻는다면 '선조의 무덤이 먼 촉 땅에 있어 서쪽을 바라보면 마음이 슬퍼 하루도 생각나지 않은 적이 없소'라고 울면서 대답하소서. 그러면 진공이 틀림없이 폐하를 놓아줘 촉으로 돌아가게 할 것입니다."

후주가 단단히 기억하고 자리로 돌아왔다. 술이 거나하게 취하자 사마소가 또 물었다.

"촉이 생각나지 않으시오?"

후주는 극정이 말해준 대로 대답했으나 울려고 해도 눈물이 나오지 않아 결국은 눈을 감고 말았다. 사마소가 말했다.

"어찌하여 극정의 말과 같으시오?"

후주는 눈을 뜨고 놀라 쳐다보며 말했다.

"진실로 말씀하신 그대로입니다."

사마소와 좌우 사람이 모두 박장대소했다. 사마소는 이 일로 인해 후주의 정직함을 몹시 기뻐하며 다시는 의심하거나 걱정하지 않았다. 후세 사람이 탄식한 시가 있다.

환락 좇고 향락 누리느라 얼굴에 웃음 지으니
나라의 멸망 조금도 슬퍼하거나 생각지 않네
타향에서의 쾌락으로 고국을 잊는 모습 보니
후주가 하찮은 자였음을 비로소 알게 되었네
追歡作樂笑顔開, 不念危亡半點哀
快樂異鄕忘故國, 方知後主是庸才

한편 조정의 대신들은 사마소가 서천을 수복하는 데 공이 있다 하여 마침내 그를 높여 왕으로 삼고자 위주 조환에게 표문을 올려 아뢰었다. 이때 조환은 이름만 천자였지 실제로는 자신의 견해를 주장할 수 없었고 정사는 모두 사마씨가 맡아 하고 있어 감히 따르지 않을 수 없어 마침내 진공 사마소를 봉하여 진왕晉王으로 삼고 그의 부친인 사마의에게는 선왕宣王, 형인 사마사에게는 경왕景王이라는 시호를 내렸다. 사마소의 처는 바로 왕숙王肅의 딸로 아들 둘을 두었는데, 맏아들인 사마염司馬炎은 몸집이 우람하고 일어서면 머리카락이 땅바닥까지 드리웠으며 양손은 무릎 밑까지 내려갔는데 총명하고 영민하며 용맹스러웠고 남들보다 담력이 뛰어났다. 그에 비해 둘째 아들 사마유司馬攸는 성정이 온화하고 공손하고 검소하며 부모에게 효도하고 윗사람을 공경하여 사마소가 몹시 그를 사랑했는데 사마사에게 아들이 없었기 때문에 사마유를 양자로 보내 대를 잇게 했다. 사마소는 항상 말했다.

"천하는 바로 내 형님의 천하다."

그리하여 사마소가 진왕에 봉해지자 그는 사마유를 세워 세자로 삼고자 했다. 산도山濤가 간언했다.

"장자를 폐하고 어린 아들을 세우는 것은 예법에도 어긋나며 상서롭지 못한 일입니다."

가충, 하증何曾, 배수裴秀도 간언했다.

"맏아드님은 총명하고 뛰어난 무용에 세인을 능가하는 재주가 있으며, 인망이 이미 훌륭한 데다 타고난 용모가 이러하니 남의 신하로 있을 상이 아닙니다."

사마소는 망설이며 결정을 내리지 못했다. 태위 왕상王祥과 사공 순의荀顗가 간언했다.

"전대에도 작은 아들을 세웠다가 나라가 어지러운 지경에 이른 경우가 많았습니다. 원컨대 전하께서는 다시 한번 생각해보십시오."

사마소는 마침내 맏아들 사마염을 세워 세자로 삼았다. 대신들이 아뢰었다.

"그해[14] 양무현[15]에서 하늘로부터 한 사람이 내려왔는데 키가 2장[16]이 넘고 발자국 길이가 3척 2촌이나 되었으며 백발에 희끗희끗한 수염을 하고 있었고 누런 홑옷에 누런 수건을 싸매고 명아주 지팡이를 짚고 있었답니다. 스스로를 '내가 바로 민왕民王이니라. 지금 너희에게 알려주러 왔노라. 천하에 주인을 바꾸면 즉시 태평해질 것이니라'라고 했답니다. 시장에서 이렇게 말하면서 사흘 동안 떠돌아다니다가 홀연히 사라졌답니다. 이것은 바로 전하를 위한 상서로운 징조입니다. 전하께서는 열두 줄의 주옥을 꿴 술을 드리운 면류관을 쓰시고 천자의 깃발을 세우며 출입하실 때는 앞에서 길을 트고 행인의 통행을 금지하며 여섯 필의 말이 끄는 금근거[17]를 타시고 왕비를 높여 왕후로, 세자를 태자로 삼으셔야 합니다."

사마소는 속으로 몰래 기뻐했고 궁중으로 돌아가 음식을 먹으려는데 별안간 중풍에 걸려 말을 할 수가 없었다. 이튿날 병세는 더욱 위중해졌으며 태위 왕상, 사도 하증, 사마[18] 순의와 대신들이 궁으로 들어와 문안을 드렸다. 사마소는 말을 할 수가 없어 손으로 태자 사마염을 가리키며 죽었다. 이때가 8월 신묘辛卯일이었다. 하증이 말했다.

"천하의 대사는 모두 진왕께 달려 있으니, 태자를 세워 진왕으로 삼은 다음 제사를 지내고 장사 지내야 하오."

이날 사마염은 진왕으로 즉위했고 하증을 봉하여 진승상晉丞相으로 삼았으며 사마망은 사도, 석포는 표기장군, 진건을 거기장군으로 삼았으며 부친의 시호를 문왕文王으로 높였다.

안장을 마치자 사마염은 가충과 배수를 궁으로 불러들이고는 물었다.

"조조가 일찍이 '천명이 내게 있다면 나는 주 문왕이 되리라!'라고 했다던 데 과연 이런 일이 있었소?"

가충이 말했다.

"조조는 대대로 한나라 녹을 먹었기에 사람들이 반역을 했다고 논할까 두려워 그런 말을 한 것이지만 분명 조비를 천자로 삼게 하려고 한 것입니다."

사마염이 말했다.

"과인의 부왕을 조조와 비교하면 어떻소?"

가충이 말했다.

"조조는 비록 공적이 중원을 덮었다고는 하지만 아래로는 백성이 그의 위세를 두려워했지 그 덕을 생각하지는 않았습니다. 아들 조비가 기업을 계습했지만 노역이 몹시 엄중하여 동서로 내몰려 혹사당하는 바람에 편안할 날이 없었습니다. 후에 우리 선왕(사마의), 경왕(사마사)께서 누차에 걸쳐 큰 공을 세우고 은혜를 베풀며 덕을 펼쳐 천하의 인심이 돌아온 지 오래되었습니다. 문왕(사마소)께서는 서촉을 병탄하시어 그 공적이 온 천하를 덮으셨는데 어찌 조조 따위와 비교하겠습니까?"

사마염이 말했다.

"조비도 오히려 한의 대통을 이어받았는데 과인이 어찌 위의 대통을 이어받을 수 없겠소?"

가충과 배수 두 사람은 두 번 절하며 아뢰었다.

"전하께서는 조비가 한나라를 이어받은 옛일을 본받으시어 다시 수선단受禪壇을 쌓고 천하에 널리 포고하여 대위에 오르셔야 합니다."

사마염은 크게 기뻐했고 이튿날 검을 차고 황궁으로 들어갔다. 이때 위주 조환은 연일 조회를 열지 않았고 정신이 맑지 못했으며 행동도 어찌할 바를 몰라 했다. 사마염이 곧장 후궁으로 들어가자 조환이 황급히 용상에서 내려 와 맞이했다. 사마염이 자리를 잡고는 물었다.

"위의 천하는 누구의 힘으로 이루어진 것이오?"

조환이 말했다.

"모두가 진왕의 부친과 조부께서 내려주신 것이지요."

사마염이 웃으면서 말했다.

"내가 보건대 폐하는 문文으로는 도道를 논할 수 없고 무武로는 나라를 경영할 수 없는데 어찌하여 재주와 덕이 있는 자에게 양보하지 않으시오?"

소스라치게 놀란 조환은 입을 꼭 다물고 말을 하지 못했다. 곁에 있던 황문시랑 장절張節이 크게 소리쳤다.

"진왕의 말이 틀렸소! 지난날 위 무조황제武祖皇帝(조조)[19]께서는 동쪽을 쓸어버리고 서쪽을 제거하셨으며 남쪽을 정벌하고 북쪽을 토벌하셨으니, 천하를 쉽게 얻으신 것이 아니오. 지금 천자께서는 덕이 있을 뿐 죄가 없으신데 무슨 까닭으로 남에게 양보한단 말이오?"

사마염은 크게 노했다.

"이 사직은 바로 대한大漢의 사직이었다. 조조가 천자를 끼고 제후를 호령하여 스스로 위왕에 서고 한실을 찬탈한 것이다. 우리 조부에서 부친까지 3대에 걸쳐 위를 보좌했으니 천하를 얻은 것은 조씨의 능력이 아니라 사실은 사마씨의 힘이라는 것을 온 천하가 알고 있다. 내 오늘날 어찌 위의 천하를 이을 수 없단 말인가?"

장절이 또 말했다.

"이 일을 실행하고자 하는 것을 보니 바로 나라를 찬탈하는 역적이로구나!"

사마염이 크게 노했다.

"내가 한나라를 위해 원수를 갚고자 하는데 무엇이 안 된다는 것이냐!"

무사들에게 호통쳐 장절[20]을 어전 계단 아래에서 과[21]로 때려죽이게 했다. 조환이 눈물을 흘리며 무릎을 꿇고 호소했다. 사마염은 일어나 어전을 내려가 가버렸다. 조환이 가충과 배수에게 일렀다.

"일이 이미 급하게 되었으니 어찌하면 좋겠소?"

가충이 말했다.

"정해진 운수가 다했으니 폐하께서는 하늘의 뜻을 위배해서는 안 됩니다. 마땅히 한나라 헌제의 옛일에 따라 수선단을 다시 쌓고 대례大禮(성대하고 장엄한 의식)를 갖추어 진왕께 선위禪位하셔야 합니다. 이것이 위로는 하늘의 뜻에 부합하고 아래로는 백성이 바라는 바를 따르는 것으로 폐하께서는 아무 걱정 없이 보전할 수 있을 것입니다."

조환은 그 말을 따르기로 하고 마침내 가충에게 명하여 수선단을 쌓게 했다. 12월 갑자甲子일[22] 조환은 친히 전국새를 두 손으로 받쳐 들고 단 위에 서고 문무관원을 모두 모았다. 후세 사람이 탄식한 시가 있다.

위가 한나라 병탄하자 진이 조위를 삼켰으니

하늘의 명운 돌고 도는지라 피할 길이 없구나

나라에 충성코자 죽은 장절 가엾기만 하지만

한주먹으로 어떻게 태산의 높음을 막으리오

魏吞漢室晉吞曹, 天運循環不可逃

張節可憐忠國死, 一拳怎障泰山高

진왕 사마염을 단에 오르도록 청한 다음 대례를 받게 했다. 조환은 단을 내려가 관복을 갖춰 입고는 반열의 맨 앞에 섰다. 사마염이 단 위에 단정히 앉았다. 가충과 배수가 좌우에 벌려 서더니 검을 잡고는 조환에게 땅바닥에 엎드려 두 번 절을 올리고 명령을 듣게 했다. 가충이 말했다.

　　"한나라 건안 25년(220) 위가 한으로부터 선양받은 지 이미 45년이 흘렀도다. 이제 하늘이 내린 복록은 영원히 끝났으며 천명은 진에 있게 되었도다. 사마씨의 공덕이 널리 퍼져 융성하여 하늘 끝에서 땅속까지 성대하니 황제로 정식 등극하여 위나라 대통을 계승하노라. 그대를 진류왕陳留王에 봉하노니 금용성[23]으로 나가 거주하되 즉시 떠날 것이며 폐하께서 부르시지 않으면 경사로 들어오는 것을 허락하지 않노라."

　　조환은 울면서 감사하고 떠나려 했다. 그때 태부 사마부가 울면서 조환 앞에서 절을 올렸다.

　　"신이 위나라 신하이니 끝내 위나라를 배반하지 않겠습니다."

　　사마부의 그런 행동을 본 사마염은 그를 봉하여 안평왕安平王으로 삼았다. 그러나 사마부는 받지 않고 물러갔다. 이날 문무백관이 단 아래에서 두 번 절을 올리며 만세 삼창을 했다. 사마염은 위나라 대통을 이어받아 국호를 대진大晉이라 하고 연호를 태시[24] 원년(265)으로 바꾸었으며 천하에 사면령을 내렸다. 이로써 위나라는 마침내 멸망했다. 후세 사람이 탄식한 시가 있다.

　　진나라 위왕에게서 같은 식으로 선양받고
　　진류왕의 발자취도 산양공[25]과 같았다네
　　수선대의 지난 일을 되풀이하여 행하노니
　　그 당시를 회상하면 비탄에 잠기게 되네

晉國規模如魏王, 陳留蹤迹似山陽

重行受禪臺前事, 回首當年止自傷

   진 황제 사마염은 사마의를 선제, 백부인 사마사를 경제, 부친인 사마소를 문제로 추증하고 칠묘[26]를 세워 조상을 빛나게 했다. 그 칠묘는 한나라 정서 장군 사마균司馬鈞, 사마균의 아들 예장豫章 태수 사마량司馬量, 사마량의 아들 영천穎川 태수 사마준司馬雋, 사마준의 아들 경조윤 사마방司馬防, 사마방의 아들 선제 사마의, 사마의의 아들 경제 사마사와 문제 사마소로 칠묘였다. 대사가 이미 정해지자 매일 조회를 열어 오를 정벌할 대책을 상의했다.

   한나라 성곽이 이미 옛 그대로가 아니거늘

   오나라 강산도 장차 다시 바꾸려 하는구나

   漢家城郭已非舊, 吳國江山將復更

어떻게 오나라를 정벌할 것인가?

제119회 사마염의 등장

❶

종회의 반란에 대해 『삼국지』 「위서·종회전」에서는 다음과 같이 기록하고 있다. "종회는 두마음을 품고 있었는데 등애가 황제의 명의를 빌려 독단적으로 행사한 일로 비밀리에 등애에 모반의 정황이 있다고 보고했다. 이에 조정에서는 조서를 내려 함거로 등애를 압송해오도록 했다.

종회가 두려워했던 것은 단지 등애뿐이었다. 등애가 사로잡히자 종회는 곧바로 성도에 당도하여 홀로 대권을 장악했는데 그 위세가 서쪽 지역을 진동시켰다.

그는 스스로 공명이 으뜸이라 여기고 다시는 다른 사람 밑에 있을 수 없고 맹장과 정예병이 모두 자기 수하에 있으므로 이에 반역을 꾀했다. 강유 등으로 하여금 촉병을 모조리 이끌고 야곡으로 나가게 하고 자신은 대군을 인솔하여 그 뒤를 따라갈 생각이었다. 장안에 도착한 다음에 기병은 육로로 가도록 하고 보병은 수로로 위수를 따라 황하로 진입하여 닷새 만에 맹진에 도달할 수 있으면 기병과 함께 낙양에 모여 하루아침에 천하를 평정할 수 있을 것이라 생각했다."

❷

『삼국지』 「촉서·강유전」 배송지 주 『화양국지』에 다음과 같은 기록이 있다.

"강유는 종회를 시켜 북쪽에서 온 위나라 장수들을 주살하고 그들이 죽은 다음에 천천히 종회를 죽이고 위나라 병사를 모조리 파묻어 죽여 촉의 제위를 회복하고자 했다. 그러고는 후주에게 은밀하게 서신을 보내 '원컨대 폐하께서 며칠 동안 모욕을 참으시면 신이 사직이 위태로우나 다시 안정시킬 것이고, 해와 달이 빛을 잃었으나 다시 밝아지도록 하겠습니다'라고 말했다."

❸

『삼국지』「위서·종회전」에서는 다음과 같이 기록하고 있다.

"경원景元 5년(264) 정월 15일, 종회는 성도에 도착했고 이튿날 호군, 군수, 아문, 기독 이상의 관원과 촉한의 구 관원을 모두 초청하여 조정 전당에서 곽태후의 부음을 전했다.

태후의 유조遺詔(유언)를 거짓으로 전하며 종회에게 군대를 일으켜 문왕文王(사마소)을 폐위시키도록 했고, 좌중에 있던 사람들에게 유조를 반포하고 그들로 하여금 토론하게 한 뒤에 목판에 임명서를 쓰고 신임하는 사람들을 파견해 각 로의 군대를 대신 통솔하게 했다. 초청된 관원들은 촉한 조정의 각 관서에 가두고 성문과 궁문을 모두 닫고는 군사를 파견해 엄중하게 포위해 지키도록 했다."

❹

구건과 당시 상황을 『삼국지』「위서·종회전」에서는 다음과 같이 기록하고 있다.

"종회의 장하독帳下督(주장主將 신변의 수행 무관) 구건丘建은 본래 호열의 부하였는데 호열이 그를 문왕에게 천거했고 종회는 구건이 자기를 수행할 수 있도록 청했으며 그를 매우 신임하고 총애했다. 구건은 호열이 혼자 구금된 것을 가련하게 여기고 종회에게 호열의 호위병 한 명을 안으로 들여보내 음식을 보낼 수 있도록 해줄 것을 요청했다. 각 아문장 또한 그 예에 따라 각자 한 명씩 들이게 했다. 호열은 그의 호위병을 속이고 편지를 써서 이러한 거짓말을 자신의 아들에게 전하게 했다.

'구건이 비밀리에 내게 소식을 알려줬는데, 종회가 이미 큰 구덩이를 파놓고 수천 개의 나무껍질을 벗긴 몽둥이를 준비해놓고는 바깥에 있는 사병을 모두 불러들여 사람마다 백흡白帢(백갑白帢이라고도 하며 고대에 벼슬하지 않는 자가 쓰던 하얀 모자다. 고깔 형태로 되어 있고 네 각이 없으며 얇은 비단으로 봉제했다. 조조가 창조했다고 전해진다)을 하사하고 산장散將(한직의 무관으로 직함만 있고 실제적으로 군대를 통솔하지는 않았다)으로 임명한 다음 한 사람씩 몽둥이로 때려죽이고 구덩이에 묻으려 한다.'

각 아문장의 호위병 또한 모두 이런 말을 전했고 하룻밤 사이에 두루 전해졌다. 누군가 종회에게 말했다.

'아문, 기독 이상의 사람은 모두 죽여야 합니다.'

종회는 망설이며 결정하지 못했다."

종회가 장수들을 몽둥이로 때려죽이려 했다는 것은 호열이 조작해낸 거짓말이었다.

❺

『삼국지』「위서·종회전」에서는 당시 상황을 다음과 같이 기록하고 있다.

"경원 5년(264) 정월 18일 정오에 호열 군중의 병사들과 호열의 아들이 북을 울리며 문을 나서자, 각 군의 병사는 사전에 약속을 하지도 않았는데 모두 북을 두드리고 함성을 지르며 나왔고 어느 누구도 독촉하지 않는데 앞을 다투어 먼저 궁성으로 달려갔다. 당시 종회는 마침 강유에게 갑옷과 무기를 주고 있었는데 누군가 바깥에서 시끄러운 소리가 들리는데 불이 난 것 같다고 보고했다. 잠시 후에 병사들이 궁성으로 달려오고 있다는 보고가 들어왔다. 종회는 깜짝 놀라서 강유에게 말했다.

'이 병사들이 달려오는 것은 난을 일으키는 것 같은데 어떻게 하면 좋겠소?'

강유가 대답했다.

'그들을 공격해야 합니다.'

종회는 즉시 병사들을 보내 갇혀 있던 아문과 군수를 모조리 죽이도록 했지만 종회에 의해 집안에 갇혀 있던 사람들이 함께 긴 탁자로 집 문에 받치자 사병들은 칼로 문을 찍었으나 문을 부술 수가 없었다. 잠시 후 성문 밖에 있던 병사들은 사다리를 세우고 성벽으로 올랐고 어떤 이들은 불을 질러 성루를 불태웠는데 그들은 개미와 같이 밀려들었고 화살을 비 오듯이 쏘아댔다. 집 안에 있던 아문과 군수들은 각기 지붕으로 기어올라가 달아났고 자신의 병사들과 합류했다."

❻

종회와 강유의 죽음

『삼국지』「위서·종회전」에 "강유는 종회의 시종을 이끌고 필사적으로 직접 싸워 5~6명을 죽였다. 병사들은 강유를 공격해 죽인 다음 앞을 다투어 나아가 종회를 죽였다. 종회는 당시 40세였고 사망한 장수와 사졸이 수백 명에 이르렀다"고 했다. 그리고 "종회의 형 종육鍾毓은 경원 4년(263) 겨울에 죽었는데 종회는 그러한 사실을 알지 못했다. 종회의 형의 아들인 종옹鍾邕은 종회를 수행하다가 함께 죽었다. 종회가 양육한 형의 아들 종의鍾毅, 종준鍾峻, 종천鍾迅 등은 하옥되었으며 죽음에 처해져야 했다. 사마소가 천자에게 상주했다"고 기록했는데 사마소는 상소를 올려 종회와 종옹 때문에 후대를 끊는 것을 차마 하지 못하겠다고 하며 종준과 종천 형제는 사면했다.

또한, 「촉서·강유전」에서는 강유의 죽음에 대해 "종회는 등애를 모함한 뒤에 등애가 함거로 소환되자 즉시 강유 등을 이끌고 성도에 이르러 스스로 익주목이라 일컫고는 반란을 일으켰다. 그는 강유에게 5만 명의 병마를 주어 선봉에 세우려고 했는데 위나라 장수와 병사들이 분노하여 종회와 강유를 죽였고 강유의 처자식도 모두 피살되었다"고 기록하고 있다.

배송지 주 『부자傅子』에서는 "강유는 사람됨이 공명을 세우는 것만 좋아했으며 은밀하게 감히 죽을 수 있는 용사를 양성하고 평민의 업을 닦지 않았다"고 했지만 극정은 강유에 대해 다음과 같이 평론했다.

"강백약은 상장上將이라는 중책을 맡아 신하들 위에 있었지만 그가 거주한 집은 초라했고 집안에는 남은 재산이 없었으며 곁의 침실에는 그에게 향락을 제공하는 첩도 없었다. 뒤쪽 정원에는 음악의 오락도 없었고 의복도 간신히 필요한 것만 있었으며 수레와 말은 단지 갖추는 정도였다. 평소 음식도 절제하고 사치가 없었고 소박했으며 관가에서 제공하는 필요한 물품만 소진했다.

강유처럼 배우기를 좋아하며 게으르지 않고 청렴하고 검소하며 절약하는 인물은 당연히 한 시대의 본보기다."

강유의 쓸개 크기

『삼국지』「촉서·강유전」에 따르면 "강유가 죽었을 때 배를 갈랐는데 쓸개가 한 두斗만큼이나 컸다"고 기록하고 있다. 후한 시기의 용량 단위인 1두斗는 약 2리터다.

노필의 『삼국지집해』에 따르면 "호삼성은 '두斗는 몸이 담을 수 있는 크기가 아니니 아마도 승升(10승이 1두斗)으로 적어야 마땅할 것이다'라고 했고, 하작何焯은 '옛날에 승升 자와 두斗 자가 서로 비슷한데, 정림亭林 또한 그렇게 말했다'고 했다."

❼

등애의 죽음

『삼국지』「위서·등애전」에 "종회가 피살된 뒤에 등애 본영의 장수와 병사들은 등애를 압송해 가는 수레를 추격하여 그를 영접하고 돌아왔다. 위관이 전속 등을 파견하여 등애를 토벌하도록 하여 면죽현 서쪽에서 등애를 베어 죽였다. 아들 등충은 등애와 함께 피살되었고 낙양에 있던 다른 아들도 모두 살해되었다. 등애의 처와 손자는 서역西域(군 명칭으로 치소는 지금의 산시陝西성 안캉安康 서북쪽)으로 유배되었다"고 했고, 배송지 주 『세어』에는 "사찬 또한 등애와 함께 죽었다. 사찬은 성격이 급하고 은혜가 적었기 때문에 죽는 날 온몸의 피부가 성한 곳이 없었다"고 기록하고 있다.

❽

장익의 죽음

장익의 죽음에 대해 『삼국지』「촉서·장익전」에는 "경요 6년(263), 강유와 함께 검각에 있다가 함께 부현에 있던 종회에게 항복했다. 이듬해 정월에 종회를 따라 성도에 이르렀다가 반란군에게 살해되었다"고 간단하게 기록되어 있다.

관흥의 서자인 관이의 죽음에 대해서는 상세한 기록이 없다.

❾

요화와 동궐의 죽음

소설에서는 요화와 동궐이 울화병으로 죽었다고 했는데 역사는 다른 내용으로 기록하고 있다.

『삼국지』「촉서·종예전宗預傳」에 따르면 "함희咸熙 원년(264) 봄에 요화와 종예는 함께 내륙 낙양으로 옮겨가다가 도중에 병으로 죽었다"고 했다.

동궐에 대해서는 「촉서·제갈량전」에 다음과 같이 기록하고 있다.

"촉이 멸망한 이듬해 봄에 동궐과 번건樊建은 함께 경도京都 낙양으로 가서 상국참군相國參軍(사마소 상국부의 속관으로 군사 참모)이 되었다. 그해 가을에 함께 산기상시散騎常侍를 겸하여 촉나라 옛 영토에 사자로 나가 백성을 위로했다."

❿

곽익은 누구인가

『삼국지』「촉서·곽준전」에 따르면 곽익은 곽준의 아들이다. 역사에 따르면 "곽익은 자가 소선紹先으로 선주(유비) 말년에 태자의 사인舍人(태자의 속관으로 태자궁의 경호를 담당했다)으로 임명되었다. 승상 제갈량은 북상하여 한중에서 주둔하고 있을 때 곽익을 초빙하여 기실記室(상주문과 원고 초안을 관장)로 임명하고 자신의 아들인 제갈교諸葛喬와 함께 지내며 사귀게 했다"고 했고, "경요 6년(263), 이해에 촉한이 위에 합병되었다. 곽익은 파동영군巴東領軍(파동 지구의 군사 지휘관, 파동은 군 명칭으로 치소는 지금의 충칭重慶 평제奉節 동쪽 백제성白帝城)으로 양양襄陽(현 명칭으로 치소는 지금의 후베이湖北성 샹양襄陽) 사람인 나헌羅憲(『진서』「나헌전」에 따르면 촉 멸망 후 위에 투항했고 서진西晉 때 관군장군冠軍將軍에 임명되었다)과 각기 한쪽 땅을 보전하다가 수하

부하를 통솔하여 조위曹魏에 귀순했으므로 두 사람 모두 원래의 직무를 유지했고 은총과 우대가 더해졌다"고 기록하고 있다.

삼분천하,
하나로 통일되다

노장은 두예를 천거하며 새로운 계책을 바치고,
손호를 항복받아 삼분천하를 하나로 통일하다

薦杜預老將獻新謀,
降孫皓三分歸一統

오주 손휴는 사마염이 이미 위를 찬탈했다는 소식을 듣고는 틀림없이 오를 정벌하러 올 것을 알고 걱정하다가 결국 병이 되어 침상에 몸져누워 일어나지 못했다. 이에 승상 복양흥濮陽興을 궁중으로 불러들이고는 태자 손완孫霄에게 나와 절을 올리게 했다. 오주는 복양흥의 팔을 잡고는 손가락으로 손완을 가리키더니 죽고 말았다. 복양흥은 밖으로 나가 군신들과 상의하여 태자 손완을 세워 군주로 삼으려 했다. 좌전군[1] 만욱萬彧이 말했다.

"손완은 정무를 책임질 수 없으니 오정후烏程侯 손호孫皓를 모셔다 세우는 것이 좋겠소."

좌장군 장포도 말했다.

"손호는 재능과 식견이 있고 영명하며 결단력을 갖추었으니 제왕의 자리를 감당할 만하오."

승상 복양흥은 결정을 내릴 수가 없어 주태후朱太后에게 아뢰었다. 태후가 말했다.

"나는 일개 과부일 따름인데 어찌 사직의 일을 알겠소? 경들이 심사숙고

해서 세우도록 하시오."

마침내 복양흥은 손호를 영접하여 군주로 세웠다.

손호의 자는 원종元宗으로 대제大帝 손권의 태자 손화孫和의 아들이다. 그
해 7월에 황제로 즉위한 손호는 연호를 원흥² 원년(264)으로 고치고 태자 손
완을 봉해 예장왕豫章王으로 삼았으며 부친인 손화를 문황제文皇帝로 추증하
고 모친인 하씨何氏를 태후로 높였으며 정봉에게 우대사마右大司馬 관직을 더
해줬다. 이듬해에 연호를 다시 감로³ 원년(265)으로 바꾸었다.

손호는 갈수록 흉악하고 포악해졌으며 주색에 빠져 탐닉하며 중상시 잠
혼岑昏을 총애했다. 복양흥과 장포가 간언하자 손호는 화를 내며 두 사람을
참수하고 그 삼족을 멸했다.❶

이로 말미암아 정신廷臣(조정 대신)들은 입을 다물고 감히 다시 간언하지
못했다. 또 연호를 보정⁴ 원년(266)으로 바꾸고 육개陸凱와 만욱을 좌우 승
상으로 삼았다. 이때 손호는 무창武昌에서 기거하고 있었는데 양주의 백성
은 물길을 거슬러 올라가며 물자 공급을 했기에 대단히 고생스러웠고, 또 사
치스럽고 무절제하여 민간이나 관가가 모두 재원이 고갈되었다. 이에 육개가
상소를 올려 간언했다.

"지금 재해가 없으면서도 백성의 목숨이 다하고, 하는 일이 없는데도 국가의
재정이 텅 비어 있으니 신 삼가 가슴 아파합니다. 지난날 한실이 쇠약해져 세
나라가 솥발처럼 정립했으나 지금 조씨와 유씨가 도의에 어긋나 모두가 진의
소유가 되었으니, 이것은 목전에서 드러난 분명한 경험입니다. 신 어리석으나
폐하를 위해 나라를 애석하게 여길 따름입니다. 무창의 토지는 지세가 험하고
척박하여 제왕의 도읍이 될 만한 곳이 아닙니다. 게다가 아이들마저 '차라리

건업의 물을 마실지언정 무창의 물고기는 먹지 않으며, 차라리 건업으로 돌아가 죽을지언정 무창에 머물러 살지는 않으리!'라고 노래를 부르고 있으니, 이 것이야말로 백성의 마음과 하늘의 뜻을 충분히 밝히는 것이라 하겠습니다. 지금 나라에는 1년 치의 비축한 것도 없어 나무의 뿌리가 드러나듯 점차 국가의 토대가 동요할 조짐으로 발전하는데도 관리들은 가혹하게 몰아붙일 뿐 아무도 가엽게 여기지 않고 있습니다. 대제大帝(손권의 시호) 때는 후궁의 궁녀들이 100명을 채우지 못했는데 경제景帝(손휴의 시호) 이래로 1000명을 넘게 되었으니, 이것은 나라의 재정을 심히 낭비하는 것이라 하겠습니다. 또 좌우에 있는 자 모두가 마땅한 사람들이 아니어서 붕당을 결성하고 서로 세력을 믿고 협박하며5 충신을 해치고 현명한 이를 막고 있으니 모두가 정사를 좀먹고 백성을 병들게 하는 자입니다. 원컨대 폐하께서는 각종 노역을 덜어주시고 가혹한 관리들을 파면하시며 궁녀들을 방출하여 깨끗이 정리하시고 백관을 세심하게 선발하신다면 하늘이 기뻐하고 백성이 따를 것이며 나라가 안정될 것입니다."

상소를 읽은 손호는 불쾌해했다. 또 토목 공사를 크게 일으켜 소명궁昭明宮을 지으면서 문무관원들에게 명하여 산에 들어가 나무를 캐오게 했다. 또 술사術士 상광尙廣을 불러 시초로 점을 치게 하여 천하를 차지할 수 있는지 물었다. 상광이 대답했다.

"폐하의 시초점은 길조로 나왔으니, 경자년庚子年(280)6에 청개7를 타시고 낙양으로 들어가실 것입니다."

손호가 크게 기뻐하며 중서승中書丞 화핵華覈에게 일렀다.

"선제께서는 경의 말을 받아들여 장수들에게 각기 분담하여 장강 연안 일대에 수백 개의 군영을 세우고 병사들을 주둔시켜 노장 정봉에게 총지휘하도록 명하셨소. 짐이 한나라의 영토를 병합하여 촉주를 위해 원수를 갚고자 하는데 어느 곳을 먼저 취해야겠소?"

화핵이 간언했다.

"지금 성도를 지키지 못하고 사직이 무너졌으니 사마염은 틀림없이 오를 삼킬 마음을 가졌을 것입니다. 폐하께서는 덕행을 수양하시고 오나라 백성을 편안케 해주는 것이 상책입니다. 만약 억지로 군대를 움직이신다면 마치 삼베옷을 입고 불을 끄는 것과 같아 반드시 자신을 불태우게 될 것입니다. 원컨대 폐하께서는 살펴주소서."

손호가 크게 노했다.

"짐이 시기를 이용하여 옛 기업을 회복하고자 하는데 너는 그따위 이롭지 못한 말을 지껄인단 말이냐! 만약 옛 신하라는 체면을 보지 않았다면 참수하여 뭇사람에게 보였을 것이다!"

무사들에게 궁전 문밖으로 끌어내라고 호통을 쳤다. 화핵은 조정을 나오면서 탄식했다.

"애석하게도 금수강산이 오래지 않아 남의 손에 들어가겠구나!"

결국 그는 은거하면서 세상에 나오지 않았다. 그리하여 손호는 진동장군鎭東將軍[8] 육항陸抗에게 명하여 부하 군사들을 강구에 주둔시키고 양양을 도모하게 했다.

어느 결에 누군가 이 소식을 낙양에 보고했고 근신들이 진주晉主 사마염에게 아뢰었다. 육항이 양양을 침범한다는 소식을 들은 진주는 관원들과 상의했다. 가충이 반열에서 나오며 아뢰었다.

"신이 듣자 하니 오나라 손호는 덕정을 펼치지 않고 오로지 무도한 짓만 저지른다 합니다. 폐하께서는 도독 양호羊祜에게 조서를 내리시어 군사를 인솔하여 그들을 막으면서 그 나라 안에서 변고가 생기기를 기다렸다가 그 틈을 이용해 공격해 취하게 한다면 동오는 손바닥 뒤집는 것처럼 쉽게 손에 넣을 수 있을 것입니다."

사마염은 크게 기뻐하며 즉시 조서를 내리고 양양에 사자를 파견하여 양호에게 명령을 전달하도록 했다. 조서를 받든 양호는 군마를 점검하고 적에 맞설 준비를 했다. 이로부터 양호는 양양에 주둔하여 지키면서 군사들과 백성의 마음을 얻었다. 오나라 사람들 중에 항복했다가 다시 떠나고자 하는 자가 있으면 모두 들어주었다. 수비하고 순찰하는 병사들을 줄여 800여 경[9]의 농지를 경작하게 했다. 그가 처음 그곳에 왔을 때는 군사들에게 100일 치의 식량도 없었는데, 나중에는 군중에 10년 치의 식량을 쌓아두기에 이르렀다. 양호는 군에 있으면서 가벼운 가죽옷에 허리에 넓은 띠만 매고 갑옷을 걸치지 않았으며 군막 앞에서 호위하는 병사는 10여 명에 불과했다.

하루는 부하 장수가 군막으로 들어와 양호에게 보고했다.

"척후 기병들이 와서 보고하기를 오군이 모두 태만해져 있다고 합니다. 그들이 방비가 없는 틈을 이용해 기습한다면 틀림없이 대승을 거둘 수 있을 것입니다."

양호가 웃으면서 말했다.

"자네들은 육항을 깔보는가? 이 사람은 지혜가 풍부하고 꾀가 많아 일전에도 오주가 그에게 명령하여 서릉[10]을 공격해 점령하게 했는데 보천步闡(보즐의 차남. 진나라에 귀순했다)과 그의 장사 수십 명을 베어 죽였는데도 내가 미처 그들을 구할 수가 없었네. 이 사람이 장수가 된 이상 우리는 단지 지키기만 하면서 그들 내부에서 변고가 생기기를 기다렸다가 그때서야 비로소 도모해서 취할 수 있네. 만약 형세를 상세하게 살피지 않고 함부로 진격한다면 그야말로 패배를 자초하는 길이 될 걸세."

장수들은 그의 분석에 복종하고 경계를 지키기만 했다.

하루는 양호가 장수들을 이끌고 사냥을 하는데 마침 육항도 사냥을 나왔다. 양호가 명령을 하달했다.

"우리 군사들은 경계를 넘지 마라."

명령을 받은 장수들은 진나라 땅에서만 사냥을 하고 오나라 경계를 침범하지 않았다. 멀리서 그 광경을 본 육항은 탄식했다.

"군사들에게 저렇게 기율이 있으니 침범할 수 없겠구나."

닐이 지물자 각기 물러갔다. 군중으로 돌아온 양호는 잡아온 새와 짐승을 살펴보면서 물어보아 오나라 군사들이 먼저 쏘아 해친 것은 모두 돌려보내주었다. 오군이 모두 즐거워하며 육항에게 보고했다. 육항은 사냥물을 가지고 온 심부름꾼을 불러들이고는 물었다.

"네 주사主帥(전군을 통솔하는 장령)께서는 술을 드실 줄 아는가?"

심부름꾼이 대답했다.

"반드시 좋은 술이어야만 드십니다."

육항이 웃으면서 말했다.

"내게 오래 저장해둔 술 한 두斗(2리터)가 있네. 지금 네게 줄 테니 가지고 가서 도독께 올리게. 이 술은 육 아무개가 직접 빚어 마시는 술로 특별히 한 국자 받들어 어제 사냥 나갔던 정을 표하는 것이라고 전해주게."

심부름꾼이 응낙하고 술을 가지고 돌아갔다. 좌우에서 육항에게 물었다.

"장군께서 그자에게 술을 보낸 것은 무슨 뜻이 있어서입니까?"

육항이 말했다.

"그 사람이 내게 덕을 베풀었는데 내 어찌 아무런 보답이 없을 수 있겠는가?"

모두 아연실색했다.

한편 심부름꾼이 돌아와 양호에게 육항이 물어본 것과 술을 바친 일을 하나하나 보고했다. 양호가 웃으면서 말했다.

"그도 내가 술을 마시는 것을 아는가?"

즉시 술 항아리를 열어 술을 마시려 했다. 부하 장수 진원陳元이 말했다.

"그 속에 간사한 속임수가 있을까 걱정되니 도독께서는 잠시 천천히 드셔야 합니다."

양호가 웃으면서 말했다.

"육항은 남을 독살할 사람이 아니니 의심하여 염려할 필요가 없네."

끝내 술 항아리를 기울여 마셨다. 이때부터 사람을 시켜 안부를 묻고 항상 왕래했다. 어느 날 육항이 사람을 보내 양호의 안부를 물었다. 그러자 양호가 물었다.

"육장군께선 편안하신가?"

심부름꾼이 말했다.

"주사께서는 며칠째 병으로 누워 계시어 나오지 못하십니다."

양호가 말했다.

"그분의 병을 짐작건대 나와 같으리라. 내 이미 이곳에 조제해둔 약재가 있으니 가져다가 복용하시게 하여라."

심부름꾼이 약을 가지고 돌아와 육항을 뵙자 장수들이 말했다.

"양호는 우리 적이니 이 약은 필시 좋은 약이 아닐 것입니다."

육항이 말했다.

"어찌 양숙자羊叔子(양호의 자)가 짐주로 독살하겠느냐! 자네들은 의심하지 말게."

결국 그 약을 복용했고 이튿날 병이 완쾌되자 장수들이 축하했다. 육항이 말했다.

"그가 오로지 덕으로써 나를 대하는데 내가 흉악하게 대한다면 그가 장차 싸우지 않고도 우리를 굴복시키게 될 것이다. 지금은 마땅히 각자 경계를 보전할 따름이지 조그만 이득을 구해서는 안 된다."

장수들이 명령을 받들었다. ❷

그때 별안간 오주가 파견한 사자가 당도했다는 보고가 들어오자 육항은 맞이들이고 까닭을 물었다. 사자가 말했다.

"천자께서 명령을 하달하시기를 신속하게 군사를 진격시켜 진나라 군사들이 먼저 침입해오지 못하게 하라 하셨습니다."

육항이 말했다.

"그대는 먼저 돌아가시오. 내 뒤따라 상소를 올려 아뢰리다."

사자가 작별하고 떠나자 육항은 즉시 상소문을 기안하고 사람을 파견해 건업에 가서 바치게 했다. 근신이 올리자 손호가 뜯어보았는데 진나라를 아직 정벌할 수 없는 정황을 자세히 이야기하면서 잠시 오주에게 덕을 닦고 형벌을 삼가며 안으로 안정시키는 데 전념하고 무력을 남용해서는 안 된다고 권하는 내용이었다. 글을 읽고 난 오주는 크게 화를 냈다.

"짐이 듣자 하니 육항이 변경에서 적과 내통한다고 하던데 지금 보니 과연 그렇구나!"

즉시 사자를 파견해 그의 병권을 빼앗고 관직을 사마로 낮추고는 좌장군 손기孫冀[11]에게 그를 대신해 군사를 통솔하게 했다. 군신들은 감히 간언하지 못했다.

오주 손호는 연호를 건형[12]으로 고친 이래로 봉황[13] 원년(272)에 이르기까지 제멋대로 날뛰며 무력을 남용하고 변경에 주둔시켜 위아래로 한탄하며 원망하지 않는 자가 없었다. 승상 만욱, 장군 유평留平(유찬留贊의 아들), 대사농 누현樓玄 세 사람은 손호의 무도함을 보고 솔직하게 간언했다가 모두 살해되고 말았다. 전후 10여 년 동안 죽임을 당한 충신들이 40여 명이나 되었다. 손호는 출입할 때 항상 철기 5만 명을 데리고 다녔으며 군신들은 공포에 떨며 감히 어떻게 하지 못했다.

한편 육항이 병권을 빼앗기고 손호가 덕을 잃었다는 소식을 들은 양호는 오를 공격할 기회라 여기고는 이에 표문을 지어 사람을 낙양으로 보내 오를 정벌하겠다고 청했다. 표문의 내용은 대략 다음과 같다.

"무릇 기회와 시운은 비록 하늘이 부여하는 것이라지만 공업은 반드시 사람으로 이루어지는 것입니다. 지금 장강과 회수의 험준함은 검각 같지 않고 손호의 폭정은 유선보다 지나치며, 오나라 사람들의 곤궁은 파촉보다 심하고, 대진大晉의 병력은 이전보다 왕성합니다. 이 시기에 사해를 통일하지 않고 군대에 의지하여 지키기만 한다면 천하를 멀리 나가 변경에 주둔하며 지키기만 하는 곤란에 빠뜨리게 하고 흥성과 쇠퇴를 거치면서 오래갈 수가 없게 됩니다."

표문을 읽은 사마염은 크게 기뻐하며 즉시 군대를 일으키라 명령했다. 그러나 가충, 순욱荀勖, 풍담馮紞 세 사람이 안 된다고 말하는 바람에 사마염은 실행에 옮기지 못했다. 양호는 황제가 자신의 청을 윤허하지 않는다는 소리를 듣고는 탄식하며 말했다.

"천하에 뜻대로 안 되는 것이 십중팔구로구나. 지금 하늘이 주는데도 취하지 않으니 어찌 대단히 애석하다 하지 않겠는가!"

함녕咸寧[14] 4년(278)에 이르러 양호는 조정에 들어가 귀향하여 요양하겠다며 사직을 아뢰었다. 사마염이 물었다.

"경에게 나라를 편안케 할 대책이 있다면 가르쳐주시겠소?"

양호가 말했다.

"손호의 포악함이 이미 극에 달했으니 지금은 싸우지 않고도 승리할 수 있습니다. 만약 손호가 죽고 현명한 군주가 세워지면 폐하께서는 오를 손에 넣을 수 없게 될 것입니다."

시마염은 크게 깨달았다.

"경이 지금이라도 즉시 군대를 거느리고 정벌하러 가는 것은 어떻소?"

양호가 말했다.

"신은 늙고 병도 많아 그런 소임을 감당할 수 없습니다. 폐하께서 지모를 갖추고 용감한 인사를 따로 선발하시면 할 수 있을 것입니다."

결국 사마염에게 작별하고 고향으로 돌아갔다. 이해 11월 양호의 병세가 위태로워지자 사마염은 친히 어가를 움직여 그의 집으로 가서 병문안을 했다. 사마염이 그가 누워 있는 침상 앞으로 가자 양호가 눈물을 흘리며 말했다.

"신 만 번 죽어도 폐하께 보답할 수 없습니다!"

사마염 또한 눈물을 흘렸다.

"짐은 경이 오를 정벌하라고 했던 계책을 쓰지 않은 것이 깊이 한스럽소. 이제 누가 경의 뜻을 계승할 만하오?"

양호가 눈물을 머금고 말했다.

"신이 죽는데 감히 충정을 다하지 않겠습니까. 우장군[15] 두예杜預가 임용할 만하니 만약 오를 정벌하시겠다면 그를 쓰셔야 합니다."

사마염이 말했다.

"품성이 좋고 재능 있는 사람을 천거하는 것은 아름다운 일이오. 경은 어찌하여 조정에 사람을 추천하고는 즉시 스스로 의견서를 불태우고 사람들이 알지 못하게 했소?"

양호가 말했다.

"관직을 수여하는 것은 조정해서 하는 일이니 사적으로 청탁하는 것으로 은혜에 감사하는 것은 신하가 취할 일이 아닙니다."

말을 마치고는 숨을 거두었다. 사마염은 통곡하며 궁으로 돌아왔고 칙령을 내려 태부太傅, 거평후鉅平侯를 추증했다. 양호가 죽었다는 소식을 들은 남주南州(형주)의 백성은 상점의 문을 닫고 곡을 했다. 강남 변경의 장수와 사졸도 모두 흐느껴 울었다. 양양 사람들은 양호가 생전에 항상 현산峴山에서 놀던 것을 생각하여 사당을 건립해 비석을 세우고 계절마다 제사를 지냈다. 오고 가는 사람들도 비문을 보고는 눈물을 흘리지 않는 자가 없었으므로 그 비석을 '타루비墮淚碑(눈물을 떨어뜨리는 비석)'라 불렀다. 후세 사람이 탄식한 시가 있다.

새벽에 산수 유람하다 진나라 신하 생각하니
옛 비석 부서져 무너졌으나 현산은 봄이로다
소나무 사이마다 남은 이슬이 뚝뚝 떨어지니
아마 당시 사람들 떨어뜨린 눈물인 듯하구나
曉日登臨感晉臣, 古碑零落峴山春
松間殘露頻頻滴, 疑是當年墮淚人 ❸

진주는 양호의 말에 따라 두예를 진남대장군鎭南大將軍으로 임명하고 형주의 일을 감독하게 했다. 두예는 사람됨이 경륜이 풍부하여 노련했고 배우기를 좋아하여 게으르지 않았으며 좌구명左丘明의『춘추전』읽는 것을 가장 좋아하여 앉으나 누우나 항상 지니고 다녔다. 매번 출입할 때마다 반드시 사람을 시켜『좌전』을 말 앞에 들고 가게 했기 때문에 당시 사람들은 그를 '좌전벽左傳癖(『좌전』에 중독된 사람)'이라 불렀다. 진주의 명령을 받들어 양양에서 백성을 위로하고 군사를 양성하며 오를 정벌할 준비를 했다.

이때 오나라의 정봉과 육항은 모두 죽은 뒤였다.❹ 오주 손호는 매번 연회를 열 때마다 군신을 모두 만취하게 만들었고, 또 황문랑黃門郞 10명을 두어 관리들을 고발하고 탄핵하는 '규탄관糾彈官'으로 삼았다. 연회가 끝난 뒤에는 이 규탄관들이 각자 관리들의 과실을 아뢰었는데 잘못을 저지른 자가 있으면 얼굴 가죽을 벗기거나 혹은 눈알을 파내었다. 이로 인해 나라 안 사람들 모두가 크게 두려워했다.❺

진나라 익주 자사 왕준王濬이 상소를 올려 오를 정벌하자고 청했다. 그 상소문의 내용은 다음과 같다.

"손호는 황음무도하고 흉악하며 정도를 어긴 자이니 속히 정벌해야 합니다. 만일 어느 날 갑자기 손호가 죽고 현명한 군주가 세워진다면 강한 적이 될 것입니다. 신이 배들을 건조한 지 7년이 되어 날마다 썩어 부서지고 있으며, 신 나이 일흔이라 죽을 날이 머지않았습니다. 말씀드린 셋 중에 하나라도 착오가 발생하면 도모하기 어렵게 됩니다. 바라건대 폐하께서는 시기를 놓치는 일이 없도록 하소서."

상소문을 읽은 진주는 즉시 군신들과 상의했다.

"왕공의 판단이 양도독과 일치하오. 짐이 뜻을 결정하려 하오."

시중 왕혼王渾이 아뢰었다.

"신이 듣자 하니 손호는 북상하고자 하고 군대가 이미 모두 정비되어 위엄과 기세가 한창 왕성하다 하니 맞서 다투기가 어렵습니다. 다시 1년을 늦추어 그들이 피로해지기를 기다려야 그때 비로소 공을 이룰 수 있을 것입니다."

진주는 그의 말에 따라 조서를 내려 군사 행동을 멈추게 했다. 그리고 물러나 후궁으로 들어가 비서승秘書丞[16] 장화張華와 심심풀이로 바둑을 두었다. 이때 근신이 변경에서 표문이 당도했다고 아뢰었다. 진왕이 열어서 살펴보니 바로 두예가 올린 것이었다. 표문의 내용은 대략 다음과 같다.

"지난날 양호는 조정의 신하들과 폭넓게 의논하여 계책을 세우지 않고 은밀하게 폐하께 계책을 드렸기에 조정의 신하들 사이에 서로 다른 의견이 많았습니다. 무릇 일이라는 것은 마땅히 이로움과 해로움을 서로 비교해보아야 합니다. 이번 거사의 이로움을 따져보면 십중팔구는 이롭고 해로움은 공을 이룰 수 없는 것에 그칠 뿐입니다. 가을 이래로 역적을 토벌할 수 있는 형세가 자못 드러났는데, 지금 만일 중지한다면 손호는 두려워하여 도읍을 무창으로 옮기고 강남의 모든 성을 완벽하게 수리하여 거주민들을 옮기게 할 것이니, 그리되면 성은 공격할 수 없게 되고 들판에는 빼앗을 것이 없게 되어 내년의 계책 역시 달성하지 못하게 될 것입니다."

진주가 표문을 다 읽었을 때 장화가 돌연 일어나더니 바둑판을 밀고 두 손을 맞잡고 아뢰었다.

"폐하께서는 영명하시고 용맹하시어 나라는 부유하고 백성은 강하나, 오주는 음탕하고 잔인하여 백성은 근심이 많고 나라는 피폐해졌습니다. 지금 만약 그를 토벌한다면 수고롭지 않게 평정할 수 있습니다. 바라건대 의심하지 마십시오."

진주가 말했다.

"경의 말이 이로움과 해로움을 꿰뚫어 보고 있는데 짐이 다시 무엇을 의심하리오!"

즉시 나가더니 대전에 올라 진남대장군 두예를 대도독[17]으로 임명하고 군사 10만 명을 이끌고 강릉으로 나가게 했고, 진동대장군, 낭야왕 사마주司馬仙(사마의의 다섯째 아들)에게 도중[18]으로 나가게 했으며, 안동대장군安東大將軍[19] 왕혼王渾은 횡강[20]으로 나가고, 건위장군建威將軍 왕윤王戎은 무창으로 나가며, 평남장군平南將軍 호분胡奮은 하구로 나가게 하여 각기 군사 5만 명을 이끌고 모두 두예의 지시를 따르게 했다. 또 용양장군龍驤將軍 왕준과 광무장군廣武將軍[21] 당빈唐彬을 파견하여 강에 배를 띄워 동쪽으로 내려가도록 하여 수륙 20여 만 명에 전선이 수만 척이었다. 또한 관군장군冠軍將軍[22] 양제楊濟에게는 양양으로 나가 주둔하면서[23] 여러 갈래 길의 인마를 관리하게 했다.

이 소식은 일찌감치 동오에 보고되었다. 오주 손호는 크게 당황하며 급히 승상 장제, 사도 하식何植, 사공 등순滕循을 불러 적병을 물리칠 대책을 상의했다. 장제가 아뢰었다.

"거기장군 오연伍延을 도독으로 삼고 군사를 강릉으로 진격시켜 두예를 맞아 싸우게 하고, 표기장군 손흠孫歆에게는 군사를 진격시켜 하구 등의 군마를 막게 하소서. 신은 감히 군사가 되어 좌장군[24] 심영沈瑩, 우장군[25] 제갈정諸葛靚을 인솔하여 군사 10만 명을 이끌고 우저로 출병하여 여러 갈래 길의 군마를 지원하겠습니다."

손호는 그 말을 따르기로 하고 즉시 장제에게 군사를 이끌고 떠나도록 명했다. 손호는 물러나 후궁으로 들어갔으나 불안하여 근심하는 기색이 역력했다. 총애하는 신하 중상시 잠혼이 그 까닭을 물었다. 손호가 말했다.

"진나라 군사가 대대적으로 쳐들어오고 있어 이미 군사들이 여러 갈래로 맞서러 떠났다. 그러나 왕준이 수만 명의 군사를 인솔하여 전선을 갖추고 물결을 따라 내려오고 있는데 그 기세가 심히 날카로워 어떻게 해야 할지 모르겠다. 짐이 이 때문에 근심하는 것이다."

잠혼이 말했다.

"신에게 한 가지 계책이 있는데 왕준의 배를 모조리 가루로 만들겠습니다."

손호가 크게 기뻐하며 즉시 그 계책을 물었다. 잠혼이 아뢰었다.

"강남에는 철이 많으니 쇠고리를 엮어 길이가 수백 장丈 되는 쇠사슬 100여 가닥을 만들되 매 고리의 무게를 20~30근으로 하여 강 연안의 요긴한 곳마다 가로로 늘어놓도록 하소서. 다시 길이 1장이 넘는 철추鐵錐 수만 개를 제조하여 수중에 설치하소서. 진나라 배들이 순풍을 따라 내려온다 하더라도 철추를 만나면 부서질 것이니 어찌 강을 건널 수 있겠습니까?"

손호는 크게 기뻐하며 명령을 전달하여 대장장이들을 선발해 며칠 밤을 강변에서 쇠사슬과 철추를 만들게 했고 설치를 끝냈다.❻

한편 진나라 도독 두예는 군사들을 거느리고 강릉을 나가면서 아장 주지周旨에게 수군 800명을 이끌고 작은 배를 타고 몰래 장강을 건너 낙향²⁶을 야습하게 했고, 숲속에 깃발들을 세우고 낮에는 포를 쏘며 북을 두드리고 밤에는 각지에서 횃불을 들게 했다. 명령을 받든 주지는 군사들을 이끌고 강을 건너가 파산[27]에 매복했다. 이튿날 두예는 대군을 거느리고 수륙 양면으로 진격했다. 전방에 나가 있던 경계부대가 보고했다.

"오주는 오연을 육로로 나오도록 파견했고 수로로는 육경陸景(육손의 손자)을 내보냈으며 손흠이 선봉이 되어 세 갈래 길로 맞서러 오고 있습니다."

두예가 군사를 이끌고 앞으로 진군하고 있는데 손흠의 배들이 이미 당도해 있었다. 양쪽 군사들이 교전을 벌이자마자 두예는 즉시 물러났다. 손흠은 군사를 이끌고 기슭으로 올라 구불구불 줄지어 추격에 나섰는데 20리를 채 가지도 못해 '쾅!' 하는 포성이 울리더니 사면으로 진나라 군사가 대규모로 몰려들었다. 오병들이 급히 되돌아가려는데 두예가 기세를 몰아 갑자기 들이쳤고 오병의 죽은 자가 그 수를 헤아릴 수 없을 정도였다. 손흠이 달아나 성 가까이 이르렀는데 군중 속에 섞여 들어간 주지의 800명 수군이 즉시 성 위로 올라가 불을 질렀다. 손흠은 깜짝 놀랐다.

"북쪽에서 온 군사들이 날아서 강을 건넜단 말이냐?"

급히 물러나려 할 때 주지가 크게 고함을 치며 손흠을 베어 말 아래로 떨어뜨렸다.❼

배에 타고 있던 육경이 바라보니 강 남쪽 기슭에는 온통 불길이 일어나고 있고 파산 위에는 한 폭의 큰 깃발이 바람에 나부끼고 있는데 깃발에 '진남대장군 두예'라고 큼지막하게 적혀 있었다. 깜짝 놀란 육경이 기슭으로 올라 목숨을 건지기 위해 도망치려 했으나 진나라 장수 장상張尙이 말을 달려와 그를 베었다. 각 군이 모두 패하는 광경을 본 오연伍延이 이내 성을 버리고 달아났지만 복병에게 사로잡혀 결박당한 채 두예에게 끌려왔다.

"살려둔다 한들 쓸모가 없다!"

무사들에게 목을 치라 호통을 쳤고, 마침내 강릉을 손에 넣었다. 이에 원수沅水와 상수湘水 유역 일대에서 곧장 광주[28] 각 군에 이르기까지 수령들은 소문만 듣고도 인수를 바치며 항복했다. 두예는 사람을 시켜 부절을 가지고 위로하며 터럭만큼도 범하는 일이 없도록 했다. 마침내 군사를 진격시켜 무창을 공격했고 무창 역시 항복했다. 두예 군사들은 위엄과 위세를 크게 떨쳤고 즉시 장수들을 모아놓고 건업을 점령할 계책을 상의했다. 호분이 말했다.

"100년 된 도적을 모조리 굴복시킬 수는 없습니다. 지금 마침 봄물이 넘치는 시기라 오래 머물기 어렵습니다. 내년 봄[29]이 오기를 기다렸다가 다시 크게 일으키시지요."

두예가 말했다.

"옛날에 악의樂毅가 제수濟水 서쪽에서 한 번 싸움으로 강대한 제나라를 합병시켰소. 지금 군사들의 위세가 크게 진동하여 대나무를 쪼개는 것과 같은 기세인데 몇 마디만 지나가면 모조리 칼날 따라 쉽게 갈라질 것이니 더 이상 손댈 곳도 없게 될 것이오."

즉시 격문을 전해 모든 장수에게 모일 약속을 정하고 일제히 군대를 진격시켜 건업을 공격해 점령하기로 했다.

이때 용양장군 왕준이 수군들을 인솔하여 물결을 따라 내려가고 있었다. 전방의 경계부대가 보고했다.

"오나라 사람들이 쇠사슬을 만들어 강을 끼고 가로로 놓아 막고 있는 데다 수중에 철추를 설치해 준비하고 있습니다."

왕준이 껄껄 웃더니 즉시 큰 뗏목 수십만 개[30]를 만들게 했다. 뗏목 위에 풀을 묶어 만든 허수아비에 갑옷을 걸치고 막대기를 쥐게 하고는 뗏목 주위에 세우고 물 따라 떠내려가도록 했다. 그것을 본 오병들은 살아 있는 사람으로 여기고는 멀리 바라보다가 먼저 달아났다. 몰래 설치해뒀던 철추는 뗏목에 붙어 모조리 뽑혀 떠내려가버렸다. 또 뗏목 위에 커다란 횃불을 만들었는데 길이는 10여 장이고 크기는 10여 위[31]였고 참기름을 부어놓아 쇠사슬이 걸리기만 하면 태워 녹이니 잠깐 사이에 모조리 끊어지고 말았다. 두 갈래 길로 장강을 따라 내려가자 이르는 곳마다 승리를 거두지 못하는 곳이 없었다.

한편 동오의 승상 장제는 좌장군 심영, 우장군 제갈정에게 명하여 진병晉兵과 맞서게 했다. 심영이 제갈정에게 일렀다.

"상류의 모든 군이 방어를 하지 못했기에 내 짐작에는 진군이 틀림없이 이곳까지 이를 것이니 힘을 다해 대적해야 할 것이오. 만약 다행히 승리를 거둔다면 강남은 저절로 편안해질 것이오. 지금 강을 건너 싸우다가 불행하게 패한다면 대사를 그르치게 될 것이오."

제갈정이 말했다.

"공의 말씀이 옳소."

말을 마치기도 전에 누군가 진병이 물결을 따라 내려오고 있는데 그 세력을 감당할 수 없다고 보고했다. 깜짝 놀란 두 사람은 황급히 장제를 찾아가 대책을 상의했다. 제갈정이 장제에게 일렀다.

"동오가 위태로워졌는데 어찌하여 숨지 않으십니까?"

장제가 눈물을 떨어뜨리며 말했다.

"오나라가 장차 망할 것이라는 것은 현명한 자나 어리석은 자나 모두 알고 있었던 바요. 지금 만약 군신들이 모두 항복하고 국난에 목숨을 바치는 자가 한 사람도 없다면 이 또한 치욕스럽지 않겠소!"

제갈정 또한 눈물을 떨어뜨리며 떠났다. 장제는 심영과 함께 군사들을 지휘하며 대적했으나 진병이 일제히 그들을 포위했다. 주지가 앞장서서 오의 군영으로 돌진해 들어갔다. 장제는 홀로 있는 힘을 다해 백병전을 벌이다 어지러운 군사들 속에서 죽고 말았다. 심영은 주지에게 죽임을 당했고 오나라 병사들은 사방으로 흩어져 도망쳤다. 후세 사람이 장제를 찬탄한 시가 있다.

파산 땅에 두예의 큰 깃발 펄럭이며 나타나더니

강동의 승상 장제가 충성을 다해 죽을 때로구나

제왕의 상서로운 기운 남쪽에서 이미 버려졌지만

차마 구차하게 살 수 없어 알고도 목숨 저버렸네

杜預巴山見大旗, 江東張悌死忠時

已拚王氣南中盡, 不忍偸生負所知

한편 우저를 함락한 진병은 오의 경내로 깊숙이 들어갔다. 왕준은 사람을 파견해 질주해 달려가 승전보를 알리게 했고, 소식을 들은 진주 사마염은 크게 기뻐했다. 가충이 아뢰었다.

"우리 군대가 밖에서 오래도록 수고로운 데다 음식이나 기후에 적응을 하지 못하니 틀림없이 질병에 걸릴 것입니다. 군사들을 불러들였다가 다시 훗날 도모하는 것이 좋을 듯합니다."

장화가 말했다.

"지금 대군이 이미 적의 소굴로 들어가 오나라 사람들의 간담이 떨어졌을 것이니 한 달도 되지 않아 손호를 틀림없이 사로잡을 것입니다. 만약 경솔하게 군사들을 돌아오도록 불러들인다면 앞서 세운 공적이 모조리 쓸모없게 될 것이니 진실로 애석하다 할 만합니다."

진주가 미처 대답하지 못하고 있는데 가충이 장화를 큰 소리로 꾸짖었다.

"너는 하늘이 내려준 시기와 지리적 이득을 살피지도 않고 망령되이 공적만 꾀하다 사졸들을 곤궁에 빠뜨리고 몹시 지치게 만드니 비록 너를 참수한다 하더라도 천하에 사죄하기가 부족하리라!"

사마염이 말했다.

"이것은 짐의 뜻이오. 장화는 다만 짐과 같은 생각일 뿐이니 구태여 논쟁할 필요가 있겠는가!"

그때 별안간 두예가 전하는 표문이 당도했다는 보고가 들어왔다. 진주가 표문을 살펴보니 또한 급히 군사들을 진격시켜야 마땅하다는 뜻이었다. 진주는 마침내 더 이상 의심하지 않고 끝내 군사를 진격시켜 정벌하라는 명령을 하달했다. 왕준 등이 진주의 명령을 받들어 수륙 양면으로 광풍과 우레와 같은 맹렬한 기세로 진격하며 북소리를 진동하자 오나라 사람들은 깃발만 보고도 항복했다.

그 소식을 들은 오주 손호는 몹시 놀라 얼굴빛이 변했다. 신하들이 고했다.

"북쪽의 군사들이 날로 접근해오고 있고 강남의 군사들과 백성은 싸우지도 않고 항복하고 있으니 장차 어찌하면 좋겠습니까?"

손호가 말했다.

"무슨 까닭으로 싸우지 않는단 말이오?"

모두 대답했다.

"오늘의 화는 모두 잠혼의 죄이니 청컨대 폐하께서는 그를 죽이십시오. 신등이 성을 나가 생사를 걸고 싸우겠습니다."

손호가 말했다.

"일개 시종 환관이 어찌 나라를 그르칠 수 있겠소?"

모두 크게 소리 질렀다.

"폐하께서는 어찌 촉의 황호를 보지 못하십니까!"

마침내 오주의 명령을 기다리지도 않고 일제히 궁중으로 몰려들어가 잠혼을 으깨고 절단하여 그 살을 생으로 씹어 먹었다. 도준陶濬이 아뢰었다.

"신이 거느리고 있는 전선은 모두가 작은 배지만 원컨대 군사 2만 명을 내어주신다면 큰 배를 타고 싸우겠습니다. 그렇게 한다면 적들을 깨뜨릴 수 있습니다."

손호는 그 말에 따라 즉시 모든 어림군을 선발해 도준에게 주고 상류로 가서 적에 맞서게 했다. 전장군 장상³²에게는 수군을 인솔하여 강을 내려가면서 적과 맞서게 했다. 두 사람의 부하 병사들이 막 떠나려 하는데 생각지도 못하게 서북풍이 크게 일었고 오군의 깃발은 제대로 서 있지 못하고 모조리 배 안으로 꺾이며 자빠지고 말았다. 병졸들은 배에 타려 하지 않고 사방으로 흩어져 달아났고 장상에게는 단지 수십 명의 군사만이 남아 적과 대적하게 되었다.

한편 진 장수 왕준이 돛을 올리고 가고 있는데 삼산³³을 지나자 조타수가 말했다.

"풍랑이 너무 급하여 배가 나아갈 수 없으니 잠시 바람의 기세가 멈추기를 기다렸다가 나아가시지요."

왕준이 크게 노하여 검을 뽑아 들고 꾸짖었다.

"내 석두성石頭城 점령을 눈앞에 뒀는데 어찌하여 배를 멈춘다고 말하는가!"

그러고는 북을 두드리며 기세 좋게 진격했다. 오나라 장수 장상이 따르는 군사들을 이끌고 와서 항복을 청했다. 왕준이 말했다.

"만일 진정으로 항복한다면 즉시 선두 부대가 되어 공을 세우라."

장상은 자신의 배로 돌아가더니 곧장 석두성 아래로 가서 성문을 열라 크게 소리치고는 진군을 맞아들이게 했다. 진군이 이미 성으로 들어왔다는 소식을 들은 손호는 스스로 목을 베어 자결하려고 했다. 그러자 중서령 호충胡沖과 광록훈 설영薛瑩(설종의 아들)이 아뢰었다.

"폐하께서는 어찌하여 안락공 유선을 본받지 않으십니까?"

손호는 그 말에 따라 역시 수레에 관을 싣고 스스로 결박하고는 모든 문무관원을 인솔하여 왕준의 최전방 진지로 가서 투항했다. 왕준은 결박을 풀어주고 관을 불태우고는 왕의 예로써 손호를 대접했다. 당나라 사람이 탄식하며 지은 시[34]가 있다.

서진의 거대한 전선들이 익주로부터 내려가니
금릉[35] 땅 제왕의 기운이 어둡게 사라져가네
천 길의 쇠사슬은 강바닥으로 가라앉았고
한 조각 항복의 깃발 석두성에서 나오는구나

인간 세상 몇 번이나 지난 일들을 슬퍼하지만
산은 옛 그 모습 그대로 찬 물결 베고 누웠네
지금은 온 천하가 한집안 된 날 맞이했지만
옛 보루엔 휙휙 갈대와 물억새 소리 가을이네

西晉樓船下益州, 金陵王氣黯然收

千尋鐵鎖沈江底, 一片降旗出石頭

人世幾回傷往事, 山形依舊枕寒流

今逢四海爲家日, 故壘蕭蕭蘆荻秋 ❽

이에 동오 4주(양주, 형주, 교주, 광주)와 43개 군, 313개 현, 호구戶口 52만 3000,³⁶ 관리 3만2000명, 군사 23만 명, 남녀노소 230만 명, 미곡 280만 곡, 선박 5000여 척, 후궁 5000여 명은 모두 대진의 소유로 돌아갔다. 대사가 이미 정해지자 방문을 내걸어 백성을 안정시키고 부고府庫(국가가 재물, 병기, 갑옷을 저장한 곳)와 창름倉廩(미곡을 저장한 창고)을 모조리 봉했다. 이튿날 도준의 군사는 싸우지도 않고 스스로 무너졌다. 낭야왕 사마주와 왕융의 대군이 모두 당도하여 왕준이 큰 공을 이룬 것을 보고는 진심으로 즐거워했다. 이튿날 두예 또한 당도하여 삼군을 크게 포상하고 창고를 열어 오나라 백성을 구제했다. 이에 오나라 백성은 안정되게 평안히 지냈다. 오직 건평建平 태수 오언吾彦만이 대항하여 성을 함락시키지 못했으나, 오나라가 망했다는 소식을 듣고는 이내 항복했다.

왕준이 표문을 올려 승전보를 알렸다. 조정에서는 오나라가 이미 평정되었다는 소식을 듣고는 군신들이 술을 올리며 축하했다. 진주는 술잔을 들고 눈물을 흘리며 말했다.

"이는 양태부羊太傅의 공인데 그가 친히 보지 못한 것이 애석할 따름이로다!"

표기장군 손수孫秀가 조정에서 물러나 남쪽을 바라보며 곡을 했다.

"옛날 토역장군討逆將軍(손책)께서는 장성한 나이에 일개 교위 신분으로 기업을 창립하셨는데, 지금 손호가 강남을 들어서 내버렸구나! 아득히 먼 푸른 하늘이여, 이것이 누구 때문이란 말인가!"

한편 왕준은 회군하면서 오주 손호를 낙양으로 데려와 군주를 알현시켰다. 대전에 오른 손호는 무릎을 꿇고 머리를 조아리며 진 황제를 알현했다. 황제가 자리를 내어주며 말했다.

"짐이 이 자리를 마련하고 경을 기다린 지 오래되었소."

손호가 대답했다.

"신 또한 남방에 있으면서 이런 자리를 마련해놓고 폐하를 기다렸습니다."

황제가 껄껄 웃었다. 가충이 손호에게 물었다.

"듣자 하니 공이 남방에 있을 때 매번 사람들의 눈알을 파내고 얼굴 가죽을 벗겼다고 하던데, 그것은 무슨 형벌이오?"

손호가 말했다.

"신하로서 임금을 시해하거나 간사하고 아첨하며 불충한 자에게 그런 형벌을 내렸을 뿐입니다."

가충은 잠자코 입을 다물고는 몹시 부끄러워했다. 황제는 손호를 봉하여 귀명후歸命侯로 삼고 그의 자손들을 중랑³⁷으로 봉했으며 그를 따라 항복한 대신도 모두 열후로 봉했다. 승상 장제는 전사했으므로 그의 자손을 봉해줬다. 왕준을 봉하여 보국대장군輔國大將軍으로 삼고 그 나머지 사람도 각기 작위를 더해 봉해주고 상을 내렸다.❾

이로부터 삼국은 진나라 황제 사마염에게 돌아가 통일 기반이 되었다. 이것이 이른바 '천하의 대세란 합쳐진 지 오래되면 반드시 나뉘고, 나뉜 지 오래되면 반드시 합쳐진다'는 것이다. 그 후 후한後漢 황제 유선은 진晉 태시泰始 7년(271)에 세상을 떠났고, 위주 조환은 태안³⁸ 원년(302)에 숨을 거두었으며, 오주 손호는 태강³⁹ 4년(283)에 세상을 등졌으니 세 사람 모두 제명을 누렸다고 하겠다. 후세 사람이 고풍古風 한 편을 지어 지금까지 있었던 일을 서술했다.

한고조 검을 뽑아 들고 함양으로 들어가니
타오르는 붉은 해 부상[40]에서 솟아오르네
광무제 용처럼 흥기하여 대통 이루게 되자
금오[41] 높이 날아올라 하늘 가운데 떴구나

슬프도다, 한 헌제가 황제 자리를 계승하자
붉은 해 서쪽으로 함지[42] 가에 떨어졌도다
하진은 지모 없어 환관들의 난리 일어나고
양주涼州 땅의 동탁이 조정에서 살게 되었다네

왕윤이 계책 세워 역적의 무리 죽였으나
이각과 곽사 창칼 들고 난리 일으켰다네
사방에서 도적들 개미떼처럼 몰려들었고
천하의 간웅들 모조리 매처럼 날아올랐네

손견과 손책 강동 땅에서 떨쳐 일어나고
원소와 원술은 하북과 하남에서 일어났네
유언과 유장 부자는 파촉의 땅 점유하고
유표는 형양 땅에다 군대를 주둔시켰다네

장연[43]과 장로는 남정 땅에서 패권 잡고
마등과 한수는 서량 땅 지키고 있었다네
도겸과 장수 그리고 공손찬까지 나서더니

출중한 재능 뽐내며 한 지역씩 차지했네

조조는 권력을 독점하여 승상부에 살면서
영준한 인재들 속여서 문무로 임용했다네
천자를 끼고 위협하고 제후들을 호령하며
용맹한 군대 통솔하며 중원을 진압했다네

누상촌의 유현덕은 본래 황실의 후예로서
관우 장비와 결의해 군주 지탱 바랐다네
동분서주했으나 머물 곳이 없어 한탄하며
장수 적고 군사 미약하여 타향 떠돌았네

남양을 세 번 찾아간 그 정이 너무 깊어
와룡 선생 한 번 보자 천하삼분을 나누네
먼저 형주를 취하고 후에 서천을 얻으니
패업과 왕업의 도모는 익주에 있었다네

오호라, 삼년 만에 세상을 저버리게 되니
백제성에서 자식 부탁 몹시 고통스러웠네
공명 여섯 차례나 기산 앞으로 출병하여
단지 한 손으로 하늘을 메우려고 애썼다네

어찌 알았으랴, 운수가 거기서 끝날 줄을

장성이 한밤중에 오장원으로 떨어졌다네
강유가 홀로 기세와 힘 높음에 의지하여
아홉 번[44] 중원을 공격했으나 헛수고였네

종회와 등애가 군사 나누어 진격해 오니
한나라 강산 모조리 조씨 소유 되었다네
조비 조예 조방 조모 거쳐 조환에 이르러
사마씨가 다시 천하 주인으로 교체되었네

수선대 앞에는 구름과 안개가 피어오르고
석두성 아래에는 파도조차 일지 않았다네
진류왕과 귀명후 그리고 안락공 된 것과
왕후공작은 모두가 근본을 따른 것이니라

어지러운 세상일은 그 끝이 없는 것이니
천수는 한없이 넓어 피해갈 수가 없도다
솥발 같은 삼분천하 이미 꿈이 되었으니
후인들 추모한다며 공연히 넋두리한다네
高祖提劍入咸陽, 炎炎紅日升扶桑
光武龍興成大統, 金烏飛上天中央
哀哉獻帝紹海宇, 紅輪西墜咸池傍
何進無謀中貴亂, 涼州董卓居朝堂
王允定計誅逆黨, 李傕郭汜興刀槍

四方盜賊如蟻聚, 六合奸雄皆鷹揚
孫堅孫策起江左, 袁紹袁術興河梁
劉焉父子據巴蜀, 劉表軍旅屯荊襄
張燕張魯霸南鄭, 馬騰韓遂守西涼
陶謙張繡公孫瓚, 各逞雄才占一方
曹操專權居相府, 牢籠英俊用文武
威挾天子令諸侯, 總領貔貅鎮中土
樓桑玄德本皇孫, 義結關張願扶主
東西奔走恨無家, 將寡兵微作羈旅
南陽三顧情何深, 臥龍一見分寰宇
先取荊州後取川, 霸業圖王在天府
嗚呼三載逝升遐, 白帝托孤堪痛楚
孔明六出祁山前, 願以隻手將天補
何期曆數到此終, 長星半夜落山塢
姜維獨憑氣力高, 九伐中原空劬勞
鍾會鄧艾分兵進, 漢室江山盡屬曹
丕叡芳髦才及奐, 司馬又將天下交
受禪臺前雲霧起, 石頭城下無波濤
陳留歸命與安樂, 王侯公爵從根苗
紛紛世事無窮盡, 天數茫茫不可逃
鼎足三分已成夢, 後人憑弔空牢騷

제120회 삼분천하, 하나로 통일되다

①

복양흥과 장포의 죽음

『삼국지』「오서·복양흥전」에 "영안永安 7년(264) 7월, 좌전군左典軍 만욱萬彧은 평소 오정후烏程侯 손호와 사이가 좋았으므로 복양흥과 장포를 설득했고 이에 복양흥과 장포는 손휴의 적장자를 폐위시키고 손호를 맞아 세웠다.

오래지 않아 만욱은 복양흥과 장포가 전에 손호를 세워 황제로 삼은 일을 후회하고 있다고 날조하여 모함했다. 11월 초하루에 입조했을 때 손호는 기회를 틈타 복양흥과 장포를 체포하여 광주廣州(주 명칭, 치소는 지금의 광둥성 광저우廣州)로 귀양 보내고 또 사람을 보내 도중에 그들을 뒤쫓아 죽이게 하고는 삼족을 멸했다"고 했고,「오서·삼사주전」에는 "원흥元興 원년(264) 10월, 손호는 뜻을 얻어 황제가 된 이후에 난폭하고 거만해졌으며 꺼리는 것이 많아지고 주색을 좋아하여 대소 관원이 모두 실망했다. 복양흥과 장포는 사사로이 손호를 맞아 세운 것을 후회했다. 어떤 사람(만욱)이 은밀히 손호에게 그들을 중상하고 모략하여 11월 손호는 복양흥과 장포를 주살했다"고 기록하고 있다.

❷

소설에서 양호와 육항 사이에 발생한 일들을 역사는 사실로 기록하고 있다. 『진서』「양호전羊祜傳」에 따르면 다음과 같은 기록도 있다.

"양호와 육항이 대치했는데 사절이 서로 왕래했고 육항은 양호의 도덕과 기량이 악의樂毅와 제갈공명보다 더 높다고 칭찬했다. 손호는 양국의 경계가 화해하자 육강을 꾸짖었다. 그러자 육강이 대답했다. '한 읍邑 한 향鄕에서조차 신의가 없을 수 없는데 하물며 대국은 어떻겠습니까! 신 이와 같이 하지 않는다면 바로 그의 미덕이 드러날 것이고 양호에게는 손해가 없습니다.'"

❸

양호의 죽음

『진서』「양호전」에 따르면 "양호는 병세가 위중해지자 두예를 천거해 자신을 대신하게 했다. 오래지 않아 세상을 떠났는데 당시 58세였다. 무제武帝(사마염)는 상복을 입고 그를 위해 곡을 했는데 대단히 애통해했다. 이날은 날씨가 매우 추웠고 무제가 눈물을 흘려 수염을 적셨는데 모두 얼어붙었다. 남주南州(형주) 사람들이 시장에 갔다가 양호의 사망 소식을 듣고는 비통해하며 울부짖지 않는 자가 없었고 시장에서의 교역을 중지하고 길거리와 골목에도 곡소리가 끊이지 않았다. 오나라의 경계를 지키던 장수와 병사들도 그를 위해 흐느껴 울었다"고 기록하고 있고, 『자치통감』권80 「진기 2」에 따르면 "양호가 현산峴山(현수산峴首山이라고도 하는데, 지금의 후베이성 샹양襄陽 남쪽)에서 놀며 즐기는 것을 좋아했기에 양양襄陽 백성이 산 위에 사당을 건립하고 비석을 세워 매년 제사를 지냈는데, 비석을 본 사람 중에 눈물을 흘리지 않는 자가 없었기 때문에 타루비墮淚碑라고 불렀다"고 기록하고 있다.

❹

정봉의 죽음

『삼국지』「오서·정봉전」에 따르면 "건형建衡 3년(271), 정봉丁奉이 죽었다. 정봉은 지위가 높아지고 공로가 있게 되자 점점 교만해지고 자만해졌다. 누군가 그에 대해 험담하자 손호는 이전의 군사 행동을 추궁하여 정봉의 가족을 임천臨川(군 명칭으로 치소는 지금의 장시江西성 난청南城 동남쪽)으로 유배 보냈다. 정봉丁奉의 아우 정봉丁封은 관직이 후장군에 이르렀으나 정봉보다 일찍 죽었다"고 기록하고 있다.

❺

『삼국지』「오서·삼사주전」에서는 손호의 만행에 대해 다음과 같이 기록하고 있다.

"처음에 손호는 군신들을 모아놓고 연회를 열 때마다 그들을 만취하게 만들지 않는 경우가 없었다. 그는 황문랑 열 명을 배치하여 유독 그들에게는 술을 주지 않고 연회 석상에 처음부터 끝까지 서 있게 하여 과실을 규찰하는 관리가 되도록 했다. 연회가 끝난 뒤에 그들은 각자 발견한 과실을 아뢰었는데 정면으로 똑바로 쳐다본 죄과와 터무니없는 말을 제멋대로 지껄인 잘못을 포함하여 고발되지 않는 자가 없었다. 큰 잘못을 저지른 자는 즉시 형벌을 시행했고 작은 잘못을 저지른 자는 죄에 따라 선고를 내렸다. 후궁이 수천 명이나 되었지만 여전히 민간에서 미녀를 선발하여 끊임없이 궁으로 들였다. 또 물살을 가로막아 궁중으로 끌어들이고 궁인들 중에 자신의 뜻에 부합하지 않는 자가 있으면 죽여 물살에 떠내려가게 했다. 어떤 때는 사람의 얼굴 가죽을 벗기기도 하고 어떤 때는 사람의 눈알을 파내기도 했다."

❻

『자치통감』권79「진기晉紀 1」과『진서』「오언전吾彦傳」에서는 다음과 같이 기록하고 있다.

"왕준은 큰 배를 건조했는데 길이가 120보이고 2000여 명을 태울 수 있었다. 선상에 나무로 성을 만들어 망루를 세웠고 사면으로 문이 있어 모두들 선상에서 말을 타고 왕래할 수 있었다. 당시 배를 건조한 나뭇조각이 강에 가득히 떠내려왔는데 동오 건평建平(치소는 무현巫縣, 지금의 충칭重慶 우산巫山 동북쪽)태수 오군吳郡 사람 오언吾彦이 떠내려오는 나뭇조각을 가지고 오주 손호에게 보고했다. '진나라는 틀림없이 오나라를 공격할 계획이 있으니 건평군에 군사를 증강시켜 요충지를 지켜야 합니다.' 그러나 오주는 그의 의견을 받아들이지 않았다. 오언은 이에 쇠사슬을 주조하여 강에 가로질러 설치했다."

쇠사슬 설치는 제1차 방어선이었는데, 소설의 내용처럼 잠혼의 계책이 아니라 건평태수 오언이었다. 오나라 멸망 후 오언은 투항했고 금성金城태수로 임명된다.

❼
손흠은 전사하지 않았다

『진서』「두예전」에 따르면 "두예는 아문장 관정管定, 주지周旨, 오소伍巢 등에게 기습 부대 800명을 인솔하여 밤에 배를 타고 강을 건너 낙향성을 기습하고 깃발들을 두루 꽂고 파산 위에서 큰불을 지르고 오군의 요충지를 공격하여 우선 적군의 사기를 손상시키게 했다. 오군 도독 손흠은 대단히 놀라 오언에게 보낸 편지에서 '북방에서 온 군대는 진실로 날아서 장강을 건넜도다'라고 했다. 오나라 남녀 1만여 명이 투항했고 주지, 오소는 또 낙향성 밖에 매복했다. 손흠이 왕준에 저항하도록 보낸 군대가 대패하여 돌아왔을 때 주지 등의 복병들이 오군 속에 섞여 오의 군영으로 진입했는데 손흠은 알아차리지 못했다. 진나라 복병들은 곧장 손흠의 군막으로 달려가 그를 포로로 잡아 돌아왔다.

왕준이 먼저 보고하면서 손흠의 머리를 언급했는데, 이후에 두예가 도리어 사로잡은 손흠을 경사로 보내자 낙양성 안에서 큰 웃음거리가 되었다"고 기록하고 있다.

❽
손호는 항복문서를 세 곳으로 보냈다

『삼국지』「오서·삼사주전」에 따르면 "왕준王濬의 수군이 물길 따라 거의 도달했고, 사마주司馬伷와 왕혼王渾 또한 도성에 가까워졌다. 손호는 광록훈 설영薛瑩과 중서령 호충胡沖 등의 계책을 써서 왕준, 사마주, 왕혼에게 각각 나누어 사자를 파견해 항복문서를 받들도록 했다"고 기록하고 있어 손호는 세 갈래 길의 군마에 각기 항복문서 세 부를 만들어 보냈다.

❾

『세설신어』「배조排調」에 다음과 같은 이야기가 있다.

"진무제晉武帝(사마염)가 손호에게 물었다.

'듣자 하니 그대 남방 사람들은 「이여가爾汝歌」(위진 시기에 남방의 조롱하는 일종의 만가)를 지어 부르기를 좋아한다고 하던데 그대가 한번 부를 수 있소?'

손호는 술을 마시고 있다가 잔을 들어 무제에게 삼가 술을 권하면서 말했다.

'종전엔 그대와 이웃이었는데, 지금은 그대에게 신하라 칭하네. 그대에게 술 한 잔 올리노니, 그대의 만수무강을 비네!昔與汝爲鄰, 今與汝爲臣. 上汝一杯酒, 令汝壽萬春'

무제는 물어본 것을 매우 후회했다."

삼국지 읽는 법讀三國志法

_모종강

『삼국지』를 읽는 사람은 마땅히 정통正統, 윤운閏運[1] 그리고 참국僭國[2]의 구별이 있음을 알아야 한다. 정통 국가란 어느 나라인가? 바로 촉한蜀漢이다. 비합법적으로 건립된 국가란 어느 나라인가? 바로 오吳와 위魏라 하겠다. 비정통의 국가는 어느 나라인가? 바로 진晉을 말한다. 위가 정통 국가가 될 수 없는 것은 무엇 때문인가? 땅으로 논한다면 중원을 지배해야 하고 이치로 논한다면 유劉씨가 주인이 되어야 하니 땅으로 논하는 것은 이치를 논하는 것만 못하므로 정통을 위나라에 부여한 사마광司馬光의 『통감通鑑』[3]은 잘못이라 하겠다. 그렇기 때문에 촉에 정통을 부여한 자양紫陽의 『강목綱目』[4]이 바르다고 하겠다. 『강목』은 헌제獻帝 건안建安(196~220) 말에 '후한 소열황제 장무원년後漢昭烈皇帝章武元年'(한나라 소열제昭烈帝, 유비의 연호, 221~223)으로 크게 적고 오와 위를 나누어 그 아래에 주를 달았는데, 아마도 촉을 황실의 후예로 정통을 부여하고 위는 나라를 찬탈한 역적임으로 마땅히 박탈해야 한다고 여긴 것 같다. 그러므로 앞에서는 '유비가 서주에서 군대를 일으켜 조조를 토벌하다'라고 적고 뒤에서는 '한 승상 제갈량이 출병하여 위를 정벌하다'

라고 적어 대의大義를 천고千古에 분명하게 한 것이다. 무릇 유씨가 아직 멸망하지 않았고 위가 하나로 통일하지 못했기에 위는 본디 정통이 될 수 없는 것이다. 유씨가 이미 멸망했고 진晉이 하나로 통일했지만 진 또한 정통이 될 수 없는 것은 무엇 때문인가? '진은 신하가 되어 군주를 시해했으니 위나라와 다를 바가 없고 한 대를 전한 다음에 황위가 성장하여 이어지지 못했으니, 비정통이라 할 수 있지 정통이라 말할 수는 없다'고 이를 수 있겠다. 동진東晉에 이르러 한 구석 지방에서 일시적인 안일을 누렸다고는 하지만 소牛를 말馬로 바꾼 것(우牛씨로 사마司馬씨를 대신해 제위를 계승하다)5이므로 더욱이 정통으로 귀결시킬 수는 없다. 그러므로 삼국이 진晉에게 합병된 것은 마치 육국六國(전국시대의 제齊, 초楚, 연燕, 한韓, 조趙, 위魏)이 진秦에 의해 통일되고 오대五代(동진東晉이 망한 뒤부터 당唐나라 이전까지 흥망興亡한 다섯 왕조. 곧, 남조南朝의 송宋, 제齊, 양梁, 진陳, 수隋)가 수隋에 의해 하나로 통일된 것과 같을 뿐이다. 진秦은 한에 의해 제거된 것에 불과하고 수隋는 당唐에게 쫓겨난 것에 지나지 않는다. 전자의 정통은 한을 기본으로 했기 때문에 진秦과 위, 진晉에게 정통을 부여할 수 없는 것이다. 또한 후자의 정통은 당과 송宋을 기본으로 했기 때문에 남조의 송, 제, 양, 진, 수, 오대五代(당唐이 망한 후 송 건립까지 난립했던 정권)의 후량後梁, 후당後唐, 후진後晉, 후한後漢, 후주後周는 모두가 정통을 부여할 수 없을 따름이다. 또한 위와 진晉은 한이 정통이 되는 것만 못할 뿐만 아니라 당, 송 또한 한이 정통이 되는 것만 못하다. 수의 양제煬除(수나라 2대 황제)가 무도하여 당이 대신하게 되었지만 이것은 애석하게도 주周가 상商을 대신하게 된 것과 같이 명백하게 드러나지 못했으며 당공唐公이라 칭하고 구석九錫6을 더하며 위魏와 진晉의 추한 전철을 밟아 천하의 정통을 얻었으므로 한나라만 못하다. 송에 대해서는 충실하고 관대함으로 나라를 세웠고 또 그 기간에 유명한 신하와 대학자가 많이 배출되었으므로 논리를 추구하는 자들은 송에 정통을 부여했다. 그러나 송 말기에는 연운燕雲 16주州[7]를 국가의 영역에 편입시키지 못하여 그 규모가 당에 뒤처지고, 진교병변陳橋兵變[8]을 일으켜 황포黃袍를 걸쳤고,[9] 천하를 고아와 과부의 손에서 취했으니 천하의 정통을 얻은 것이 또한 한나라만 못하다. 이렇듯 당, 송이 한만 못하거늘 어찌 위와 진晉을 논할 수 있겠는가! 고조高祖 황제는 포악한 진秦을 제거하고 의제義帝를 죽인 초楚를 공격하여 흥기했고 광무제光武帝는 왕망王莽을 주살하여 옛 제도와 문물을 수복했으며 소열황제는 조조를 토벌하여 서천西川에서 한나라 제사를 보존했다. 조상의 창립이 바르고 자손이 그것을 계승함이 또한 바르다면, 광무제가 혼란을 하나로 통일한 것을 정통으로 삼으면서 소열황제가 중원이 아닌 한 부분의 영토를 통치했다고 하여 어찌 정통이 아니라고 할 수 있겠는가. 소열황제가 정통이라면 유유劉裕(남조南朝 송의 건국자, 재위 420~422)와 유지원劉智遠(오대五代 후한後漢의 건국자, 재위 947~948) 또한 모두 유씨의 자손인데 정통이 될 수 없는 것은 무엇 때문인가? '유유와 유지원은 한나라 후예지만 계보가 멀고 증거가 없으니 소열황제가 중산정왕의 후손으로 가깝고 고증할 수 있는 것만 못하며, 또 두 유씨는 모두 군주를 시해하고 제위를 찬탈했으므로 소열황제와 함께 나란히 할 수 없다'고 하겠다. 후당後唐의 이존욱李存勖(후당의 창건자, 재위 923~926)이 정통이 될 수 없는 것은 무엇 때문인가? '이존욱은 이李씨가 아니라 이씨 성을 하사받은 것으로 여진呂秦(진시황은 여불위呂不韋의 자식으로 전해짐), 우진牛晉(동진東晉의 건국자인 원제元帝 사마예司馬睿는 우금牛金의 자식으로 전해짐)과 서로 상이하지 않으므로 또한 소열황제와 함께 나란히 할 수 없다'고 하겠다. 남당南唐의 이변李昪(남당의 창건자, 재위 937~943) 역시 당을 계승하여 정통이 될 수 없는 것은 무엇 때문인가? '세대가 멀어 역시 유유와 유지원과 견줄 수 있으므로 또한 소열황제와 함께 나란히 할 수 없다'고 하겠다. 남당의 이변은 당을 계승하고도 정통이 될 수 없는데 남송南宋의 고종高宗(남송의 개국 황제 조구趙構, 재위 1127~1162)만이 홀로 송을 계승하여 정통이 될 수 있는 것은 무엇 때문인가? 고종은 태조의 후손으로 후사가 되어 송의 황위를 끊어지지 않게 했으므로 정통에 귀속된다. 무릇 고종이 악비岳飛(남송의 무장으로 주전파, 1103~1141)를 죽이고 진회秦檜(남송의 간신, 1090~1155)를 등용했으며 두 황제(금金나라로 잡혀간 휘종徽宗과 흠종欽宗)를 전혀 고려하지 않고 역사가들이 송 황위를 이었다는 것만으로 정통으로 귀결시켰는데, 하물며 군신들이 마음을 합쳐 한나라 역적을 토벌하고자 맹세한 소열황제는 어떠하겠는가? 소열황제가 정통이 되는 것은 의심할 여지가 없다고 하겠다. 진수陳壽의 지志(삼국지)는 이것을 분별하지 못했기에 나는 자양의 『강목』을 절충하여 특별히 연의演義(삼국연의)에 덧붙여 바로잡았다.

옛 역사 서적이 매우 많지만 사람들이 유독 『삼국지』 읽기를 좋아했던 것은 고금의 인재들을 『삼국지』만큼 왕성하게 모은 적이 없었기 때문이다. 재주 있는 사람이 재주 없는 사람과 대적하는 것을 보면 기이하지 않지만 재주 있는 사람들끼리 대적하는 것을 보는 것은 기이하다고 하겠다. 재주 있는 사람이 재주 있는 사람과 대적하면서 한 명의 재주 있는 사람이 또 재주 있는 여러 사람과 만나 필적하는 것을 보는 것은 기이하지 않지만, 재주 있는 사람이 재주 있는 사람과 대적하면서 재주 있는 여러 사람이 더욱이 한 명의 재주 있는 사람에게 패배하는 것을 보는 것은 더욱 기이하다. 나는 『삼국지』에 세 명의 기이한 사람이 있어 삼절三絶이라 부를 만하다고 여기는데, 제갈공명이 하나요, 관운장이 하나이며 조조 또한 그 하나라 하겠다. 각종 서

적에 기재된 것을 찾아보면 현명한 재상들이 숲이 밀집되어 서 있는 것처럼 많지만 만고에 명성이 두드러진 자는 공명孔明만 한 인물이 없다. 은둔하고 있을 때는 거문고를 타고 무릎을 감싸고 사색에 잠겼으니 분명히 은사의 풍류였고 세상 밖으로 나와서도 깃털 부채에 관건을 쓰고 고상하고 우아한 정취를 바꾸지 않았다. 초려에 있으면서도 천하삼분을 알았으니 천지자연의 운행 법칙에 통달한 것이고, 유비의 막중한 유언의 뜻을 받들어 여섯 번이나 기산을 나갔으니 사람이 해야 할 바를 다한 것이다. 칠종칠금과 팔진도, 목우와 유마는 귀신도 예측할 수 없는 것이고, 조심스럽고 신중하며 죽을 때까지 온 힘을 다하고 뜻을 확고히 하여 몸을 바쳤으니 여전히 신하와 자식 된 마음을 모두 기울인 것이다. 관중管仲(춘추시대 제齊나라 재상)과 악의樂毅(전국시대 연燕나라 무장)에 비교해도 그들보다 뛰어나고 이윤伊尹(하夏말 상尙초 사람으로 중국 역사상 현명한 재상으로 존경받는 인물)과 여상呂尙(일명 강태공)에 비한다면 그들을 모두 합친 것과 같았으니, 고금의 현명한 재상 중에 제일가는 걸출한 인물이라 하겠다.

각종 서적들에 기재된 것들을 찾아보면 유명한 장수들이 구름같이 많았지만 월등히 출중하여 견줄 자가 없는 사람으로는 운장만 한 인물이 없다. 푸른빛 등잔靑燈 아래서 역사서靑史를 읽으니 지극히 온화하고 우아하며, 참된 충심赤心은 붉은 얼굴빛赤面과 같았으니 지극히 영명하고 빼어나다. 손에 촛불 들고 두 형수 모시며 이튿날 아침에 이르도록 서 있었으니 그 고상한 절개 전해지고, 칼 한 자루 들고 홀로 적장의 연회에 나갔으니 세상은 그의 신묘한 위력에 탄복했도다. 홀로 천리를 달렸으니 주인에 보답하려는 의지 굳건했고, 의리로 화용도에서 조조를 풀어주니 은혜 보답하려는 우의 무거웠다. 일을 함에 맑은 하늘에 뜬 해와 같이 투명했으며, 남을 대함에 비 그치고 날이 갠 후의 밝고 맑은 달의 정경같이 품격이 고상했다. 마음은 조변趙抃[10]이 향을 사르고 하늘에 고했던 마음보다 더 공명정대하고, 뜻은 완적阮籍[11]이 눈의 흰자위 드러내고 남을 업신여기던 태도보다 더 엄정했으니, 이는 고금의 유명한 장수 중에 제일가는 걸출한 인물이라 하겠다.

각종 서적들에 기재된 것들을 찾아보면 간웅들이 뒷사람의 발끝이 앞사람의 발꿈치에 닿을 정도로 잇따라 출현했지만 인재를 끌어들이면서도 천하를 기만하는 지혜를 가진 자는 조조만 한 인물이 없었다. 군주가 국가를 통제하는 데 어려움이 있을 때 신하가 군사를 일으켜 구원하라는 순욱의 설득을 듣고서 스스로 주周나라 문왕文王에 비교했으니 충성스러운 듯하며, 원술이 분수에 넘치게 제멋대로 황제라 칭한 과실을 물리치고 조후曹侯가 되기를 원했으니 순종한 듯하다. 진림을 죽이지 않고 그 재주를 아꼈으니 관대한 것 같고, 관공을 추격하지 않고 그 의지를 온전하게 해주었으니 의로운 듯하다. 왕돈王敦은 곽박郭璞[12]을 쓸 수 없었는데 조조가 현사를 얻은 것은 그보다 뛰어났고, 환온桓溫은 왕맹王猛[13]을 알아볼 수 없었지만 조조는 사람을 알아보는 것이 그보다 우월했다. 이임보李林甫[14]가 비록 안녹산을 제어할 수 있었지만 조조가 변방에서 오환烏桓을 공격한 것만 못했고, 한탁주韓侂胄[15]가 비록 진회秦檜(악비岳飛를 모해한 간신)를 폄하할 수 있었지만 조조가 생전에 동탁을 토벌한 것만 못했다. 국가 권력을 도둑질했으나 잠시나마 그 연호를 존속시켰으니 왕망王莽이 명백하게 군주를 시해한 것과 다르며, 개혁의 일을 남겨두어 자신의 아들이 하도록 기다렸으니 유유가 급히 진晉을 찬탈하려 했던 것보다 우월했다. 이것은 고금 이래로 간웅 중에서 가장 뛰어난 인물이다. 이 세 명의 걸출한 인물들은 전후사에 결코 미칠 수 있는 자가 없다. 그러므로 여러 역사를 두루 읽을수록 『삼국지』 읽는 것이 기쁘지 않을 수 없는 것이다.

『삼국지』에 삼절이 있는 것은 본래 그렇다고 하겠다. 그러나 우리가 삼절 이외에 『삼국지』의 앞과 뒤를 두루 살펴보면 또 군막에서 책략을 세운 서서와 방통 같은 인물이 있음을 묻지 않을 수 있겠는가? 군대를 움직이고 군사를 부리는 데 주유, 육손, 사마의 같은 인물이 있음을 묻지 않을 수 있겠는가? 사람을 헤아리고 일을 예측하는 데 곽가, 정욱, 순욱, 가후, 보즐, 우번, 고옹, 장소 같은 인물이 있음을 묻지 않을 수 있겠는가? 무공과 용병의 모략에 있어서 출중하고 뛰어나기로 장비, 조운, 황충, 엄안, 장료, 서황, 서성, 주환 같은 인물이 있음을 묻지 않을 수 있겠는가? 적진 깊숙이 돌진하여 함락시키고 용맹하고 예리하여 감당할 수 없기로 마초, 마대, 관흥, 장포, 허저, 전위, 장합, 하후돈, 황개, 주태, 감녕, 태사자, 정봉 같은 인물이 있음을 묻지 않을 수 있겠는가? 두 명의 재주가 대등하고 두 명의 현명함이 서로 대적하는 것으로 강유와 등애가 지혜와 용기로 맞서고, 양호와 육항같이 침착하게 서로 안정시킨 인물이 있음을 묻지 않을 수 있겠는가? 도학道學으로 말하면 마융과 정현, 화려한 문사로는 채옹과 왕찬, 총명하고 민첩하기로는 조식과 양수, 어려서부터 총명하기로는 제갈각과 종회, 대처를 잘하기로는 진복과 장송, 변론에 뛰어나기로는 이회와 감택, 군주의 명령을 욕되게 하지 않기로는 조자와 등지, 문장과 격문을 나는 듯이 짓기로는 진림과 완우阮瑀, 번거로운 것을 관리하고 복잡하고 어려운 사무를 처리하는 데는 장완과 동윤, 명성을 널리 알리기로는 마량과 순상, 옛것을 좋아하기로는 두예, 각종 사물을 이해하고 판별하는 데는 장화張華가 있으니 그들을 다른 서적에서 찾으려 한다면 일일이 모두 살펴보기는 쉽지 않을 것이다. 어질고 현명함을 알아보기로 말한다면 사마의의 명철함이 있고, 절개를 고쳐시키기로는 관녕의 고귀함이 있으며, 은둔으로 말한다면 최주평, 석광원, 맹공위의 한가하고 편안함이 있다. 간사함을 거스르기로 말한다면 공융의 바름이 있고, 바르지 못한 것에 부딪쳐 판별하기로는 조언의 곧음이 있으며, 사악한 것을 물리치기로는 예형의 호방함이 있고 역적을 질책하기로는 길평의 장렬함이 있으며, 나라 위해 목숨을 희생하기로는 동승과 복완의 어짊이 있고, 목숨을 내던지는 것으로 말하면 경기와 위황의 절개가 있다. 자식이 부친을 위해 죽은 것을 말하자면 유심과 관평의 효도가 있고, 신하가 군주를 위해 죽은 것으로는 제갈첨과 제갈상의 충성이 있으며, 부하가 주장을 위해 죽은 것으로 말하자면 조루와 주창의 의리가 있다. 그 외에 미리 예상한 선견지명의 인물로는 전풍이 있고, 간곡하게 권한 것으로는 왕루가 있으며, 화살같이 곧은 충정으로는 저수가 있으며 굴복하지 않기로는 장임과 같은 인물이 있다. 재물을 가볍게 여기고 벗에 진실하기로는 노숙이 있고, 주인을 섬기는 데 두마음이 없기로는 제갈근이 있으며, 세력 있는 자를 두려워하지 않기로는 진태가 있고, 죽음을 집으로 돌아가듯이 한 인물로는 왕경이 있으며, 홀로 정직함을 간직하기로는 사마부 같은 인물이 있어 선명하게 빛나 역사서를 환하게 비춘다. 아마도 전대前代에서 그것을 열거하자면 풍패삼걸豊沛三傑,[16] 상산사호商山四皓,[17] 운대雲臺에 그려진 28장수,[18] 부춘富春의 객성客星,[19] 후대後代에서는 영주학사瀛洲學士,[20] 기린각麒麟閣의 공신功臣,[21] 배주절도杯酒節度,[22] 의를 위해 시시柴市[23]에서 희생한 남송의 재상 문천상文天祥 등 각 왕조에 나뉘어 보였던 인물들이 삼국이라는 한 시대에 수레바큇살이 한데 모이듯이 합쳐졌으니 어찌 인재들이 크게 모두 모였다고 하지 않을 수 있겠는가! 등림鄧林[24]으로 들어가 유명하고 진귀한 목재를 고르고 현포玄圃[25]에서 노닐다가 쌓여 있는 옥을 보는 것 같아 거두려 해도 거둘 수 없고 접하려 해도 접할 겨를이 없으니 나는 『삼국지』에서 관지觀止[26](보는 것을 멈출 수 없는)의 감탄을 금치 않을 수 없다.

『삼국지』는 바로 문장 중에 가장 기묘한 것이다. 삼국을 서술하면서도 삼국에서 시작하지 않았으니 삼국에는 반드시 시작되는 바가 있어야 하므로 곧 한나라 황제로부터 시작한 것이다. 삼국을 서술하면서도 삼국에서 끝내지 않았으니 삼국에는 반드시 결말이 있어야 하므로 곧 진晉나라에서 끝낸 것이다. 이뿐만이 아니다. 유비는 황제의 후예로서 정통을 계승했으니 유표, 유장, 유요, 유벽 등과 같은 종실들과 동반한다. 조조는 권력을 차지한 대신으로서 전제 정치를 했으니 폐립을 한 동탁과 나라를 어지럽힌 이각, 곽사와 동반한다. 손권은 변방의 군주로서 천하를 삼분하고 한 지방에 웅거했으니 제멋대로 황제라 칭한 원술과 한 지역에서 군림하고 통치한 원소, 한 지방의 땅을 점거하고 정권을 이룬 여포, 공손찬, 장양, 장막, 장로, 장수 등과 동반한다. 유비와 조조는 제1회에서 이름이 출현하지만 손권은 제7회에서 비로소 그 이름이 등장한다. 조씨가 허도에 도읍을 정한 것은 제11회이고, 손씨가 강동을 평정한 것은 제12회이지만, 유씨가 서천을 취한 것은 제60회 이후의 일이다. 가령 지금 사람에게 소설을 지으라고 한다면 근거 없이 삼국의 일을 모방하고자 하여 형세가 틀림없이 세 사람을 첫머리에서 서술하고 세 사람이 바로 각자 한 나라씩 차지하는 것으로 할 것이니, 이처럼 앞에서 뒤엉켜 있다가 뒤에서부터 풀리게 하고 여러 방면으로 좌우를 맴돌게 할 수 있겠는가? 옛일을 전함에 자연 그대로 이러한 기복이 있고 자연스러운 이러한 겹겹의 전환이 있어 당대에 비길 수 없는 기묘한 문장을 이루었다. 그러므로 『삼국지』를 읽는 것은 진실로 수많은 소설을 읽는 것보다 낫다고 하겠다.

삼국을 개국한 군주를 논한다면 사람들은 모두 유비, 손권, 조조를 알겠지만 그들 사이에 각기 다른 것이 있음은 알지 못한다. 유비와 조조는 모두 자신이 창업했지만 손권은 부친과 형의 힘을 빌려 창업했으니 이는 첫 번째로 다른 것이다. 유비와 손권은 모두 자신에 이르러 황제가 되었으나 조조는 자신이 아닌 아들과 그 자손이 황제가 되기를 기다렸으니 이는 두 번째로 다른 것이다. 삼국이 황제로 칭한 것은 유독 위나라가 시기가 빨랐으나 촉나라는 조조가 죽고 조비가 이미 황제가 된 다음에 황제로 칭했고 오나라는 유비가 죽고 유선이 황제가 된 다음에야 황제라 칭했으니 이는 세 번째로 다른 것이다. 삼국이 서로 대치할 때 오나라는 촉의 이웃이 되었지만 위나라는 촉의 원수가 되었다. 촉과 오는 화해하기도 하고 전쟁을 하기도 했으나 촉과 위는 전쟁만 있었지 화해는 없었다. 오와 촉은 전쟁보다 화해가 많았으며 오와 위는 화해보다 전쟁이 많았으니 이는 네 번째로 다른 것이다. 삼국이 황제의 자리를 전함에 촉은 2대에 그쳤으나 위는 조비부터 조환에 이르기까지 무릇 5대, 오는 손권부터 손호까지 무릇 4대를 이었으니 이것이 다섯번째로 다른 것이다. 삼국이 멸망함에 오나라가 가장 마지막이었고 촉이 맨 먼저였으며 위나라가 그다음이었다. 위는 그 신하에게 빼앗겼고 오와 촉은 그 적에게 합병되었으니 이것이 여섯 번째로 다른 것이다. 단지 이뿐만이 아니다. 손책과 손권은 형이 죽자 아우가 그 뒤를 이었고, 조비와 조식은 아우를 버리고 형을 세웠으며, 유비와 유선은 부친은 황제가 되었는데 아들은 포로가 되었으며, 조조와 조비는 부친은 신하가 되었는데 아들은 군주가 되었으니 가지런하지 않고 들쭉날쭉하여 변화가 많고 고정된 방향과 방식이 없다고 이를 만하겠다. 지금 그림을 잘 그리지 못하는 사람은 비록 다른 두 사람을 그리더라도 틀림없이 피차 같은 모습이 될 것이고, 지금 노래를 잘 부르지 못하는 사람은 설령 두 곡조를 부를지라도 역시 앞뒤가 같은 목소리로 부를 것이다. 문장의 의미가 서로 같거나 비슷한 것도 왕왕 이러한 종류인 것이다. 옛사람들은 본래 남이 하는 대로 따르는 일이 없는데 지금 사람들은 유사한 문장을 짓기를 좋아하니 어찌하여 내가 비평을 한 『삼국지』를 가져 다 읽지 않는가?

『삼국지』에는 전체 시작과 결말에서 또 여섯 가지의 시작과 여섯 가지의 결말이 있다. 헌제를 서술함에 동탁의 폐립으로 시작하여 조비가 찬탈하는 것으로 결말을 맺는다. 서촉을 서술함에 성도에서 황제로 칭하는 것으로 시작하여 면죽綿竹을 나가 투항하는 것으로 결말을 맺는다. 유비, 관우, 장비 세 사람을 서술함에 도원결의로 시작하여 백제白帝에서 제갈량에게 자식을 부탁하는 것으로 결말을 맺는다. 제갈량을 서술함에 삼고초려三顧草廬로 시작하여 여섯 번 기산祁山을 나가는 것으로 결말을 맺는다. 위나라를 서술함에 황초黃初로 개원한 것으로 시작하여 사마염이 선양을 받는 것으로 결말을 맺는다. 동오를 서술함에 손견이 옥새를 감추는 것으로 시작하여 손호가 입에 벽옥碧玉을 머금고 투항하는 것으로 결말을 맺는다. 무릇 이러한 몇 단계의 문장은 그 사이에 서로 연결되어 있으니 이곳에서 시작하면 저곳에서 결말을 맺기도 하고 혹은 이곳에서 아직 결말을 내지 않았는데 저쪽에서 다시 시작하기도 한다. 읽는 사이에 끊어지고 이어지는 흔적을 볼 수 없으나 대조하고 탐구해보면 자체적으로 문장의 구조가 있음을 알 수 있을 것이다.

『삼국지』에는 사건의 발생 원인을 찾을 수 있는 묘함이 있다. 삼국으로 분리된 것은 여러 진鎭[27]이 서로 대치했기 때문이다. 여러 진이 대치한 것은 동탁이 나라를 어지럽혔기 때문이다. 동탁이 나라를 어지럽힌 것은 하진이 외부의 군사를 불러들였기 때문이다. 하진이 외부 군사를 불러들인 것은 십상

시가 정권을 독점한 데서 기인하므로 삼국을 서술할 때는 반드시 십상시를 발단으로 삼아야 한다. 그러나 유비가 처음 일어났을 때는 아직 초야에 있었다. 대저 초야에서 영웅들이 기의起義하고 여러 진에서 무기와 갑옷을 수선한 것은 황건이 난을 일으켰기 때문이므로 삼국을 서술함에 또한 반드시 황건을 주요 발단으로 삼아야 한다. 황건이 난을 일으키기 전에 하늘에서는 자연재해와 특이한 자연현상을 일으켜 경계했고 더욱이 충성스러운 계획과 지모 있는 인사들은 그것을 예측하고 직언으로 극력 간언했다. 당시 군주된 자가 천심의 자애로움을 체득하고 어진 신하의 정직한 의론을 받아들여 단호하게 십상시를 배척했더라면 황건이 난을 일으키지 않았을 것이고 초야의 영웅들이 일어나지 않았을 것이며 여러 진에서 병기와 갑옷을 정비하지 않아도 되었을 것이니 삼국으로 나누어지지 않았을 수도 있었다. 그러므로 삼국을 서술함에 환제와 영제를 근원으로 거슬러 올라가게 되니 마치 황하의 수원이 성수해星宿海(황하의 발원지)에 있다고 말하는 것과 같다.

『삼국지』에는 교묘하게 거두고 예측할 수 없게 끝맺는 묘함이 있다. 가령 위나라를 촉에 병합되도록 했다면 이것은 인심이 몹시 원하는 바일 것이며, 만일 촉이 망하고 위가 통일했다면 이것은 인심이 크게 불평하는 바일 것이다. 하늘의 뜻은 인심이 심히 원하는 바를 따르지 않고 또한 인심이 크게 불평하는 바에서 나오지 않으며 특별히 남의 손을 빌려 진에 통일되게 했으니 이것은 조물주의 예측할 수 없는 변화다. 그러나 하늘이 이미 한나라의 황위를 잇게 하지도 않고 또 위나라에 주지도 않았다면 어찌하여 오나라의 손을 빌리지 않고 반드시 진나라의 손을 빌려야만 했는가? '위나라는 본래 한나라의 역적이었고 오나라는 일찍이 관공을 해치고 형주를 빼앗았으며 위를 도와 촉을 공격했으니 또한 한나라의 역적이다. 만약 진이 위를 빼앗은 것이 한나라를 위해 원수를 갚은 것이라면 오나라가 통일하도록 하는 것이 진나라가 통일하는 것만 못하다. 게다가 오는 위의 적이었고 진은 위의 신하였다. 위는 신하로서 군주를 시해했고 진은 바로 그와 같은 일로써 갚았으니 천하 후세에 경계가 될 수 있다. 위를 그의 적에게 합병되게 하는 것보다 자신의 신하에게 합병되도록 하는 편이 나으며 통쾌하다. 이것이 조물주의 교묘함이다. 예측할 수 없는 변화는 이미 드나듦이 의외이고 교묘함은 다시 사람들의 의중에 있으니 조물주가 문장을 짓는 데 훌륭하다고 하겠다. 지금 사람들이 붓을 대더라도 틀림없이 이와 같이 예측할 수 없는 변화와 교묘함은 할 수 없을 것이다. 그렇다면 조물주의 자연 그대로의 문장을 읽지 또 구태여 지금 사람들의 주관적인 상상으로 지어낸 문장을 읽을 필요가 있겠는가!'라고 말하겠다.

『삼국지』에는 손님으로 주인을 부각시키는 묘함이 있다. 도원에서 결의형제를 맺은 세 사람을 서술함에 먼저 황건의 형제 세 사람을 서술했으니 도원은 주인이고 황건은 손님이다. 중산정왕의 후예를 서술함에 먼저 노공왕의 후손을 서술하니 중산정왕이 주인이고 노공왕은 손님이다. 하진을 서술함에 먼저 진번과 두무를 서술했으니 하진이 주인이고 진번과 두무는 손님이다. 유비, 관우, 장비 및 조조와 손견의 뛰어남을 서술하면서 아울러 각 진의 제후들이 쓸모가 없음을 서술했으니, 유비, 조조, 손견은 주인이고 각 진의 제후들은 손님이다. 유비가 제갈량을 만나려는데 먼저 사마휘, 최주평, 석광원, 맹공위 등의 여러 사람과 마주쳤으니 제갈량이 주인이고 사마휘 등 여러 사람은 손님이다. 제갈량은 두 군주를 섬겼는데 또 먼저 왔다가 바로 떠난 서서와 늦게 왔다가 먼저 죽은 방통이 있으니, 제갈량이 주인이고 서서와 방통은 또 손님이다. 조운은 먼저 공손찬을 섬겼고 황충은 먼저 한현을 섬겼으며 마초는 먼저 장로를 섬겼고 법정과 엄안은 먼저 유장을 섬겼으나 나중에 모두 유비에게 귀의했으니, 유비가 주인이고 공손찬, 한현, 장로, 유장은 손님이다. 태사자는 먼저 유요를 섬겼으나 나중에 손책에게 귀의했고, 감녕은 먼저 황조를 섬겼으나 나중에 손권에게 귀의했다. 장료는 먼저 여포를 섬겼고 서황은 먼저 양봉을 섬겼으며 장합은 먼저 원소를 섬겼고 가후는 먼저 이각과 장수를 섬겼으나 나중에 모두 조조에게 귀의했으니, 손책, 손권과 조조는 주인이고 유요, 황조, 여포, 양봉 등 여러 사람은 손님이다. '한나라를 대신할 자는 당도고當塗高(당도고는 한대의 예언서 중의 은어로 삼국의 위를 가리킨다)'는 본래 위나라에 상응하는 것인데 원공로袁公路(공로는 원술의 자)는 그릇되게 자신이라 자부했으니, 위나라가 주인이고 원공로는 손님이다. 삼마동조三馬同槽(세 마리의 말이 같은 구유에 있다는 뜻으로 사마의司馬懿 세 부자가 위나라 정권을 찬탈한 것을 나타내며 일반적으로 정권을 찬탈하기 위해 음모를 꾸미는 것을 가리킨다)의 꿈은 본래 사마씨에 상응하는 것인데 조조가 잘못하여 마등의 부자로 여겼으니, 사마씨가 주인이고 마등 부자는 손님이다. 수선대受禪臺의 말은 이숙이 동탁을 속인 것이나 조비에게는 즉시 사실이 되었고 사마염에게도 또한 진실이 되었으니, 조비와 사마염은 주인이고 동탁은 손님이다. 게다가 사람에게만 손님과 주인이 있는 것이 아니라 땅에도 또한 그것이 있다. 헌제는 낙양에서 장안으로 도읍을 옮겼고 다시 장안에서 낙양으로 천도했으나 끝내는 허창으로 옮겼으니, 허창은 주인이 되고 장안과 낙양은 모두 손님이 된다. 유비는 서주를 잃고 형주를 얻었으니, 형주는 주인이고 서주는 손님이다. 양천을 얻은 다음에 다시 형주를 잃었으니, 양천은 주인이 되고 형주는 또 손님이 된다. 공명은 북으로 중원을 정벌하기에 앞서 먼저 남쪽으로 남방을 평정했는데 그 뜻은 남방에 있지 않고 중원에 있었으니,

중원이 주인이고 남방은 손님이다. 땅에만 손님과 주인이 있는 것이 아니라 사물에도 또한 그것을 가지고 있다. 이유가 짐주, 단도, 흰 명주를 가지고 황제 변雜에게 주었으니, 짐주가 주인이고 단도와 흰 명주는 손님이다. 허전許田에서 포위 사냥할 때 조조가 사슴을 쏘는 것을 서술하고자 먼저 현덕이 토끼를 쏘는 것을 서술했으니, 사슴이 주인이고 토끼는 손님이다. 적벽의 격전에서 공명이 바람을 빌리는 것을 서술하는데 먼저 공명이 화살을 빌리는 일을 서술했으니, 바람은 주인이고 화살은 손님이다. 동승이 옥대를 받았을 때 비단 도포와 같이 받았으니, 옥대가 주인이고 도포는 손님이다. 관공이 적토마를 삼가 받았을 때 황금 인장과 붉은 전포 등 여러 가지를 함께 하사받았으니, 말이 주인이고 황금 인장 등은 손님이다. 조조가 땅을 파내 구리 참새를 얻고서 동작대銅雀臺를 축조했는데 옥룡대玉龍臺와 금봉대金鳳臺를 함께 세웠으니, 참새가 주인이고 용과 봉황은 손님이다. 이와 같은 예는 일일이 열거할 수가 없다. 이 책을 잘 읽어본 사람은 여기에서 문장에서의 손님과 주인의 법칙을 깨달을 수 있을 것이다.

『삼국지』에는 같은 한 나무에서 다른 가지가 자라나고, 같은 가지에서 다른 잎이 나오며, 같은 잎에서 다른 꽃이 피어나고, 같은 꽃에서 다른 열매가 열리는 묘함이 있다. 문장을 짓는 사람에게 잘 피避(이야기 유형의 변화, 새로운 의미의 도출)하는 것도 능력이고 또한 그것을 훌륭하게 범犯(이야기 유형의 중복)하는 것도 능력이라 하겠다. 그것을 범하지 않고 피하려고만 한다면 그 피하는 것을 보여줄 수가 없다. 오직 그것을 범한 다음에 그것을 피해야만 바로 그 피할 수 있음을 보여주는 것이다. 예를 들면 궁전의 일을 기재할 때 하태후何太后를 쓰고 다시 동태후董太后를 썼으며, 복황후伏皇后를 쓰고 다시 조황후曹皇后를 썼으며, 당귀비唐貴妃를 쓰고 다시 동귀인董貴人을 썼다. 감甘, 미부인糜夫人을 쓰고 다시 손부인孫夫人을 썼으며 또 북지왕비北地王妃를 썼다. 위의 진후甄后와 모후毛后를 쓰고 다시 장후張后를 썼으나, 그들 가운데에 한 글자도 일치하는 것이 없다. 인척을 기재할 때 하진 다음에 동승을 썼고, 동승 다음에 다시 복완을 썼다. 위의 장집張緝을 쓰고 나서 다시 오의 전상全尙을 썼으니, 그 가운데에 또한 한 글자도 똑같은 것이 없다. 권신權臣을 쓸 때는 동탁 다음에 다시 이각과 곽사를 썼고, 이각과 곽사 다음에는 다시 조조를 썼다. 조조 다음에는 다시 조비를 썼고, 조비 다음에는 다시 사마의를 썼다. 사마의 다음에는 다시 사마사와 사마소 형제를 함께 썼으며, 사마사와 사마소 다음에는 다시 이어서 사마염을 썼으며, 다시 곁들여서 오의 손침을 썼으니, 그 가운데에 또한 한 글자도 같은 것이 없다. 그밖에 형제의 일을 서술할 때는 원담과 원상은 화목하지 못했고, 유기와 유종도 화목하지 못했으며, 조비와 조식 또한 화목하지 못했는데, 원담과 원상은 모두 죽었고 유기와 유종은 한 사람(유종)은 죽고 다른 한 사람(유기)은 죽지 않았으며 조비와 조식은 모두 죽지 않았으니 크게 다르다고 하지 않겠는가? 혼인의 일을 서술할 때 예를 들면 동탁은 손견에게 혼사를 요청했고 원술은 여포와 혼사를 약속했으며 조조는 원담에게 혼사를 약속했고 손권은 유비와 혼사를 맺었으며 또한 운장에게도 혼사를 요청했다. 거절하여 허락하지 않기도 하고 혹은 허락하고도 다시 거절했으며 혹은 거짓으로 약속했는데 반대로 성사되었으며 혹은 진짜로 약속하고도 이루어지지 못했으니 크게 다르지 않은가? 왕윤이 미인계를 사용했고 주유 또한 미인계를 썼지만 하나(왕윤)는 효과를 보았지만 다른 하나(주유)는 효과를 보지 못했으니 서로 다르다. 동탁과 여포는 서로 증오했고 이각과 곽사 또한 서로 미워했으나 하나(이각과 곽사)는 무사했지만 다른 하나(동탁과 여포)는 그렇지 못했으니 서로 다르다. 헌제는 두 차례 비밀 조서를 내렸는데 앞의 것은 감추었지만 나중 것은 분명하게 드러냈으며, 마등 또한 두 차례 역적을 토벌하려 했는데 앞의 것은 드러냈지만 뒤의 것은 감추었으니 이것이 같지 않은 것이다. 여포는 두 번이나 부친을 죽였는데 앞의 것은 재물에 움직인 것이고 뒤의 것은 여색에 움직였으니, 앞의 것은 사사로움 때문에 공적인 것을 없애버린 것이고 뒤의 것은 공적인 명의를 빌려서 자기 잇속을 채웠으니 이것 또한 같지 않은 것이다. 조운은 두 차례나 주인(유선)을 구했는데 앞의 것은 육지에서 구했고 나중 것은 강에서 구했다. 앞에서는 주모主母(미부인)²⁸의 손에서 넘겨받았지만 나중 것은 주모(손부인)의 품에서 빼앗았으니 이 또한 같지 않은 것이다. 그리고 물에 대해 쓴 것이 한 번에 그치지 않고 불에 대해 쓴 것 또한 한 번에 그치지 않는다. 조조에게는 하비下邳의 물이 있고 또한 기주冀州의 물도 있으며, 관공은 백하白河의 물이 있고 또한 증구천罾口川의 물도 있다. 여포에게는 복양濮陽의 불이 있고 조조에게는 오소烏巢의 불이 있으며 주랑에게는 적벽의 불이 있고, 육손에게는 효정猇亭의 불이 있으며, 서성에게는 남서南徐의 불이 있고, 무후에게는 박망博望과 신야新野의 불이 있으며 또 반사곡盤蛇谷, 상방곡上方谷의 불이 있으니, 전후가 일찍이 조금이라도 서로 중복되는 것이 있었는가? 심지어 맹획을 사로잡은 것이 일곱 번이고 기산으로 출병한 것이 여섯 번이며 중원 정벌이 아홉 차례인데, 그 한 글자라도 중복되는 것을 찾으려 해도 찾을 수가 없으니 묘하구나, 문장이여! 비유하건대 나무는 같은 나무이고 가지는 같은 가지이며 잎은 같은 잎이고 꽃은 같은 꽃이지만 그것이 뿌리를 내리고 꼭지가 안정되게 자리 잡고 꽃을 드러내며 열매를 맺고 오색이 어지럽게 퍼지면서 각기 다른 모습을 이룬다. 독자는 여기에 이르러서 문장에 피하는 법이 있고 또 범하는 법이 있음을 깨달을 수 있게 된다.

『삼국지』에는 별자리가 이동하고 북두칠성이 방향을 바꾸는 것과 같은 시간의 변화, 비바람으로 뒤집히는 것과 같은 변화의 묘함이 있다. 두소릉杜少陵(두보杜甫의 호가 소릉少陵)의 시에 "하늘에는 흰옷처럼 구름이 떠 있더니, 잠깐 사이에 검은색 개처럼 변하는구나天上浮雲如白衣, 斯須改變成蒼狗"라고 했으니, 세상일은 예측할 수 없다는 말이다. 『삼국지』의 문장 역시 이와 같다. 본래는 하진이 환관을 죽이려 했으나 도리어 환관이 하진을 죽이도록 했으니 상황이 변화된 것이다. 본래는 여포가 정원을 도왔지만 도리어 여포가 정원을 죽이게 만들었으니 상황이 변화된 것이다. 본래는 동탁이 여포와 부자 관계를 맺었는데 도리어 여포가 동탁을 죽이게 만들었으니 상황이 변화된 것이다. 본래는 진궁이 조조를 풀어줬는데 도리어 진궁이 조조를 죽이고자 하도록 만들었으니 상황이 변화된 것이다. 진궁은 조조를 죽이지 않았는데 반대로 조조가 진궁을 죽이게 만들었으니 상황이 변화된 것이다. 본래는 왕윤이 이각과 곽사를 용서하지 않았는데 도리어 이각과 곽사가 왕윤을 죽이게 했으니 상황이 변화된 것이다. 본래는 손견과 원술이 화목하지 못했는데 도리어 원술이 손견에게 편지를 보내게 만들었으니 상황이 변화된 것이다. 본래는 유표가 원소에게 구원을 요청했는데 도리어 유표가 손견을 죽이는 상황을 만들었으니 상황이 변화된 것이다. 본래는 소열황제가 원소를 따라 동탁을 토벌했는데 도리어 공손찬을 도와 원소를 공격하게 만들었으니 상황이 변화된 것이다. 본래는 소열황제가 서주를 구원했는데 도리어 소열황제가 서주를 취하도록 설정했으니 상황이 변화된 것이다. 본래는 여포가 서주에 몸을 의탁했는데 도리어 여포가 서주를 빼앗도록 만들었으니 상황이 변화된 것이다. 본래는 여포가 소열황제를 공격했는데 도리어 여포가 소열황제를 영접하게 하는 것으로 만들었으니 상황이 변화된 것이다. 본래는 여포가 원술과 관계를 끊었는데 다시 여포가 원술에게 구원을 요청하게 만들었으니 상황이 변화된 것이다. 본래는 소열황제가 여포를 도와 원술을 토벌했는데 다시 조조를 도와 여포를 죽이게 했으니 상황이 변화된 것이다. 본래는 소열황제가 조조를 도왔는데 다시 소열황제가 조조를 토벌하도록 했으니 상황이 변화된 것이다. 본래는 소열황제가 원소를 공격했는데 다시 소열황제가 원소에게 몸을 의탁하게 만들었으니 상황이 변화된 것이다. 본래는 소열황제가 원소를 도와 조조를 공격했는데 다시 관공이 조조를 도와 원소를 공격하게 했으니 상황이 변화된 것이다. 본래는 관공이 소열황제를 찾으러간 것인데 다시 장비가 관공을 죽이고자 하도록 만들었으니 상황이 변화된 것이다. 본래는 관공이 허전에서 조조를 죽이고자 했었는데 다시 화용도에서 조조를 놓아주게 만들었으니 상황이 변화된 것이다. 본래는 조조가 소열황제를 추격했는데 다시 소열황제가 동오에 몸을 의탁하여 조조를 격파하게 만들었으니 상황이 변화된 것이다. 본래 손권은 유표와 원수지간이었는데 다시 노숙이 유표를 조문하고 또 유기를 조문하게 만들었으니 상황이 변화된 것이다. 본래는 공명이 주랑을 도왔는데 도리어 주랑이 공명을 죽이고자 하도록 만들었으니 상황이 변화된 것이다. 본래는 주랑이 소열황제를 죽이고자 했는데 도리어 손권이 소열황제와 혼인 관계를 맺도록 했으니 상황이 변화된 것이다. 본래는 손부인을 이용해 소열황제를 말려들게 하려 했는데 도리어 손부인이 소열황제를 돕도록 했으니 상황이 변화된 것이다. 본래는 공명이 주랑을 화가 나 죽도록 했는데 다시 공명이 주랑을 위해 곡을 하게 만들었으니 상황이 변화된 것이다. 본래는 소열황제가 유표의 형주를 받지 않았는데 도리어 소열황제가 형주를 빌리도록 했으니 상황이 변화된 것이다. 본래는 유장이 조조와 동맹을 맺으려 했는데 도리어 소열황제를 맞이하게 만들었으니 상황이 변화된 것이다. 본래는 유장이 소열황제를 맞이했는데 도리어 소열황제가 유장에게서 서천을 빼앗도록 만들었으니 상황이 변화된 것이다. 본래는 소열황제가 형주를 나누려 했지만 다시 여몽이 형주를 기습하게 했으니 상황이 변화된 것이다. 본래는 소열황제가 동오를 격파했지만 다시 육손이 소열황제를 패배시키게 만들었으니 상황이 변화된 것이다. 본래는 손권이 조비에게 구원을 요청했는데 도리어 조비가 손권을 기습하게 만들었으니 상황이 변화된 것이다. 본래는 소열황제가 동오와 원수지간이었는데 다시 공명이 동오와 우호 관계를 맺도록 했으니 상황이 변화된 것이다. 본래는 유봉이 맹달의 말을 들었는데 도리어 유봉이 맹달을 공격하게 만들었으니 상황이 변화된 것이다. 본래는 맹달이 소열황제를 배신했는데 다시 맹달이 공명에게 귀순하고자 했으니 상황이 변화된 것이다. 본래는 마등이 소열황제와 함께 일을 꾸몄는데 다시 마초가 소열황제를 공격하게 만들었으니 상황이 변화된 것이다. 본래는 마초가 유장을 구하려고 했는데 도리어 마초가 소열황제에게 의탁하게 만들었으니 상황이 변화된 것이다. 본래는 강유가 공명과 대적했는데 도리어 강유가 공명을 돕게 했으니 상황이 변화된 것이다. 본래는 하후패가 사마의를 도왔는데 도리어 하후패가 강유를 돕게 만들었으니 상황이 변화된 것이다. 본래는 종회가 등애를 시기했는데 도리어 위관이 등애를 죽이게 만들었으니 상황이 변화된 것이다. 본래는 강유가 종회를 속였는데 도리어 여러 장수가 종회를 죽이도록 했으니 상황이 변화된 것이다. 본래는 양호가 육항과 화목하게 지냈지만 도리어 양호가 손호를 정벌하도록 청하게 만들었으니 상황이 변화된 것이다. 본래는 양호가 오를 정벌하도록 청했으나 도리어 두예와 또 왕준을 출현하게 만들었으니 상황이 변화된 것이다. 그 호응하는 데 법칙이 있음을 논한다면 앞 권을 읽으면 그 뒤권이 있음을 알게 된다. 그 변화무쌍함을 논한다면 앞의 문장을 읽는다 해도 그 뒤에 나오는 문장을 헤아릴 수 없다. 앞 권을 읽으면 그 뒤 권이 있음을 알게 되는 것은 『삼국지』 문장의 정교함을 보게 되는 것이고, 앞의 문장을 읽는다 해도 그 뒤에 나오는 문장을 헤아릴 수 없다는 것은 『삼국지』 문장의 예측할 수 없는 변화를 보게 된다.

『삼국지』는 가로로 깔린 구름이 고개를 끊고 가로로 놓인 다리가 계곡을 이어주는 묘함이 있다. 문장에는 응당 이어야 하는 곳이 있고 마땅히 끊어주어야 하는 곳이 있다. 관우가 다섯 관문을 지나면서 장수들을 베어 죽이고, 유비가 제갈량의 초려를 세 번이나 찾아가고, 맹획을 일곱 번 사로잡은 것은 문장이 연결되는 오묘함이다. 제갈량이 주유를 세 번 화나게 하고, 기산으로 여섯 번 출병하고, 강유가 아홉 차례 중원을 정벌한 것은 문장이 끊어지는 오묘함이다. 무릇 문장이 짧은 것은 연결하여 서술하지 않으면 처음부터 끝까지 꿰뚫을 수 없고, 문장이 긴 것은 연결해서 서술하면 번잡해질 염려가 있으므로 반드시 다른 일을 서술하여 그 중간에 놓은 다음에야 문체가 뒤얽히면서 한데 모여 변화를 다하게 된다. 후세의 소설가 중에 여기까지 미칠 수 있는 자는 드물다.

『삼국지』에는 눈이 내리려 할 때 싸리기 눈을 보고 비가 쏟아지려 할 때 천둥소리를 듣는 것과 같은 묘함이 있다. 한 단락의 본문이 뒤에 있으면 반드시 먼저 한 단락의 중요하지 않은 문장이 그것을 이끌어내고, 한 단락의 큰 문장이 뒤에 있으면 반드시 먼저 한 단락의 작은 문장이 그것의 발단이 된다. 예를 들면 조조의 복양에서의 화공을 서술함에 앞서 미축 집안에서 불이 나는 중요하지 않은 한 단락을 서술함으로써 시작하고, 공융이 소열황제에게 구원을 요청하는 것을 서술하기에 앞서 공융이 이응에게 만나기를 요청하는 중요하지 않은 한 단락을 서술하면서 시작한다. 적벽에서 불을 놓는 한 단락의 큰 문장을 서술하기에 앞서 박망과 신야의 작은 문장 두 단락을 서술함으로써 시작하고, 여섯 번 기산으로 출병하는 한 단락의 큰 문장을 서술하기에 앞서 맹획을 일곱 번 사로잡는 작은 문장 한 단락을 서술함으로써 시작하는 것이 바로 이것이다. '노나라 사람이 하늘에 제사를 지낼 때 반드시 먼저 반궁泮宮(서주西周 시기 제후들이 설치한 대학)에서 제사를 지낸다'고 했으니 문장의 묘함이 바로 이와 같다.

『삼국지』에는 파도 다음에 잔물결이 일고 큰비가 쏟아진 다음에 가랑비가 내리는 것과 같은 묘함이 있다. 무릇 문장이 진기한 것은 문장 앞에 반드시 전조가 있고 문장 뒤에 또한 반드시 여세가 남는 것이다. 예를 들면 동탁 이후에 또 그를 따르는 도적이 있어 이어가고, 황건 다음에는 다시 잔당이 있어 이야기를 발전시킨다. 소열황제의 삼고초려 이후에 다시 유기가 세 번 제갈량에게 요청하는 한 단락의 문장이 있어 서로 어울리고, 무후가 출병하는 한 단락의 큰 문장 다음에 다시 강유가 위를 정벌하는 한 단락의 문장으로써 드러내게 하니 바로 이것이다. 이러한 유형은 모두 다른 책에는 없는 것들이다.

『삼국지』에는 차가운 얼음이 뜨거운 열기를 식히고 시원한 바람이 먼지를 쓸어버리는 듯한 묘함이 있다. 예를 들면 관공이 다섯 관문을 지나면서 장수들을 베어버렸을 때 별안간 진국사 안에서 보정 장로를 만나는 한 단락의 문장이 있고, 소열황제가 말을 박차 단계를 뛰어넘었을 때 별안간 수경 장원에서 사마 선생을 만나는 한 단락의 문장이 있다. 손책이 강동에서 범이 버티고 앉아 있듯 웅거하고 있을 무렵에 갑자기 우길을 만나는 한 단락의 문장이 있고, 조조가 위왕의 작위에 나아갔을 때 별안간 좌자를 만나는 한 단락의 문장이 나온다. 소열황제가 세 번 초려로 제갈량을 찾아갔을 때 우연히 최주평을 만나 땅바닥에 자리를 깔고 앉아 한담을 나눈 한 단락의 문장이 나오며, 관공이 칠군을 수장시킨 다음에 갑자기 옥천산 달빛 아래에서 선인이 되는 한 단락의 문장이 나온다. 무후가 남방을 정벌하러 갔다가 별안간 맹절을 만나고, 육손이 촉군을 추격하다가 갑자기 황승언을 만나며, 장임이 적과 대적하기 직전에 자허상인에게 운수를 물어보고, 소열황제는 오를 정벌하러 가다가 별안간 청성산의 노인 이의에게 길흉을 물어보게 된다. 승려이거나 혹은 도인이고, 은사이거나 혹은 재능과 식견이 높은 사람들로 모두가 지극히 소란스러운 가운데 그들을 찾았으니 참으로 사람들로 하여금 조급한 생각을 잠시나마 없애고 답답하고 근심스러운 마음을 모조리 깨끗하게 제거하기에 충분하다.

『삼국지』에는 생황과 퉁소를 북소리 사이에 넣고 거문고와 슬瑟 사이에 종을 울리는 듯한 묘함이 있다. 예를 들면 황건의 혼란함을 서술함에 별안간 하태후와 동태후 두 궁이 논쟁을 벌이는 한 단락의 문장이 나오고, 동탁이 제멋대로 행동하는 것을 서술함에 갑자기 초선이 봉의정에서 여포를 만나는 한 단락이 나온다. 이각과 곽사의 흉포함을 서술함에 별안간 양표 부인과 곽사의 처가 왕래하는 한 단락의 문장이 있고, 하비에서의 교전을 서술함에 별안간 여포가 딸을 보내고 엄씨가 남편 여포를 사랑하는 한 단락이 나온다. 기주에서 교전을 벌이는 것을 서술하는데 갑자기 원담이 조조의 딸인 아내를 잃고 조비가 부인 진씨를 맞아들이는 한 단락이 나온다. 형주의 변란을 서술하는데 갑자기 채부인이 상의하는 한 단락이 있고, 적벽의 격전을 서술하는데 별안간 조조가 이교를 취하고자 하는 한 단락이 나온다. 원성에서 조조와 장수가 서로 공격함을 서술하는데 갑자기 장제의 처와 조조가 서로 만나는 한 단락이 나오고, 조운이 계양을 취하는데 별안간 조범의 과부가 된 형수가 삼가 술을 올리는 한 단락이 나온다. 소열황제가 형주를 두고 다투는데 갑자기 손권의 누이동생과 신방에서 촛불을 밝히는 한 단락이 나오고, 손권이 황조와 싸우는 것을 서술하는데 별안간 손익의 처가 남편의 원수를 갚는 한 단락이 나온다. 사마의가 조상을 죽이는 것을 서술하는데 갑자기 신헌영이 동생을 위해 방도를 마련하는 한 단락이 나온다. 원소가 조조를 토벌할 때에 이르러서는 별안간 정강성鄭康成(정현鄭玄)의 하녀들을 겸해서 간단하게 서술했고, 조조가 한중을 구하는 날에는 별안간 채중랑蔡中郞(채옹)의 딸을 겸해서 간략하게 서술했다. 이와 같은 예들은 아주 많다. 사람들은 단지 『삼국지』의 문장이 용과 호랑이가 치열하게 싸우는 것을 서술한 것으로만 알고 있지만 봉황이 되고 난새가 되며, 꾀꼬리나 제비가 되기도 하고 문장 중에서 사람이나 사건이 많고 번잡하여 미처 다 대응하지 못한 것은 알지 못한다. 사람들로 하여금 방패와 창을 든 군대 속에서 붉은 치마를 입은 미녀를 보게 하고, 깃발들 그림자 속에서 항상 가루분을 바른 미녀를 보게 한다. 아마도 호걸 협객과 인자하며 지조 있는 인사들의 열전과 미인들의 열전을 한 권의 책으로 합쳐 놓은 것과 같다.

『삼국지』에는 한 해씩 걸러 파종하고 앞선 시기에 복선을 깔아놓은 묘함이 있다. 채소밭을 잘 꾸리는 자는 땅에 씨를 뿌리고 때가 되어 싹이 나오기를 기다리며, 바둑을 잘 두는 사람은 수십 수 전에 한가하게 두지만 수십 수 후에 그것에 대한 답을 알게 된다. 문장에서 사건을 서술하는 방법 또한 이와 같을 따름이다. 예를 들면 서촉의 유장은 바로 유언의 아들로 첫 권에서 유비를 서술하기에 앞서 유언을 서술한 것은 미리 유비가 서천을 취하게 되는 복선을 깔아놓은 것이다. 또 현덕이 황건을 격파할 때 함께 조조를 서술하면서 동탁을 겸해서 서술했는데 이것은 동탁이 나라를 어지럽히고 조조가 권력을 독점하게 되는 복선을 미리 깔아놓은 것이다. 고성에서 기의했을 때 조운이 소열황제에게 귀의했지만 원소가 반하 전투에서 공손찬과 싸울 때 미리 소열황제가 조운을 만나는 것으로 복선을 깔아놓았다. 마초는 가맹관에서 장비와 싸운 다음 소열황제에게 귀의했는데 옥대 속의 비밀 조서를 받았을 때 소열황제가 마등과 함께 일을 꾸미는 것으로 미리 복선을 깔아놓았다. 방통은 주랑이 죽은 다음에 소열황제에게 귀의했는데 수경 선생의 장원 앞에서 동자가 방통의 성명을 말하는 것으로 미리 복선을 깔아놓았다. 무후가 상방곡에서 불이 꺼진 후에 '일을 꾸미는 것은 사람이나, 일이 이루어지는 것은 하늘에 달려 있다'고 탄식했는데, 유비가 초려로 제갈량을 세 번 찾아가기에 앞서 사마휘가 '아직 그 때를 만나지 못했구나'라고 한 말과 최주평이 '하늘의 뜻은 억지로 할 수 없다'고 한 말에서 그것에 대한 복선을 미리 깔아놓은 것이다. 제110회 이후에 유선 황제의 촉이 40여 년 만에 망하게 되는데 신야에서 태어났을 때 학이 울었던 징조로 미리 복선을 깔아놓은 것이다. 제105회 이후에 강유가 아홉 차례 중원 정벌에 나서는데 처음 기산으로 나갔을 때 무후가 강유를 거두어들이는 것으로 미리 복선을 깔아놓은 것이다. 강유가 세 번째 중원 정벌에 나선 이후에 등애와 만나게 되고 강유가 아홉 번째 중원 정벌에 나선 후에 종회를 만나게 되는데 중원 정벌에 나서기 전에 하후패가 두 사람의 성명을 말하는 것으로 미리 복선을 깔아놓은 것이다. 제80회에서 조비가 한나라를 찬탈하게 되는데 제33회 앞에서 푸른 자줏빛 운무의 상서로운 징조가 나타나게 되는 것으로 미리 복선을 깔아놓은 것이다. 제85회 뒤쪽에서 손권이 제멋대로 황제를 칭하게 되는데 제38회에서 오부인이 해가 품으로 들어오는 꿈을 꾼 징조로 그것에 대한 복선을 미리 깔아놓은 것이다. 제119회에서 사마씨가 위를 찬탈하게 되는데 제 78회에서 조조가 세 마리의 말이 같은 구유에서 말먹이 꼴을 먹는 꿈을 꾸는 징조로 미리 복선을 깔아놓은 것이다. 이외에 무릇 복선을 깔아놓은 것은 너무 많아 이루 다 헤아릴 수가 없다. 매번 근래의 소설가들이 머뭇거리다가 이야기를 전개시키지 못할 때는 근거 없이 한 사람을 출현시키거나 아무런 단서 없이 한 사건을 조성시켜 뒤 문장과 앞 문장이 단절되고 더욱이 관련 없게 되는 것을 보게 된다. 『삼국지』의 문장을 읽어보게 한다면 부끄러워 온 얼굴에 땀이 흐르지 않을 수 있겠는가?

『삼국지』에는 실을 이어 비단을 수선하고 바늘을 찔러 수를 놓는 듯한 묘함이 있다. 무릇 사건을 서술하는 법으로 이 문장에서 모자라는 것을 다른 문장에서 보충하고, 상권에서 넘쳐나는 것은 하권에 나누어 균등하게 한다. 앞 문장을 간결하게 만들 뿐만 아니라 뒤 문장도 적막하지 않게 하며, 앞의 사건을 누락되지 않게 할 뿐만 아니라 또 뒤의 사건을 과장이 증가되지 않게 하니, 이것은 역사가의 뛰어난 작품이다. 예를 들면 여포가 조표의 딸을 맞아들인 것은 본래 서주를 빼앗기 전의 일인데 도리어 하비에서 곤궁에 처했을 때 그것을 서술했다. 조조가 군사들에게 허공을 가리키며 매화 숲을 바라보게 하여 갈증을 멈추게 한 일은 본래 장수를 공격했을 때의 일인데 도리어 푸른 매실로 술을 데웠을 때 그것을 서술했다. 관녕이 칼로 자리를 잘라 따로 앉은 것은 본래 화흠이 관직에 나가기 전의 일인데 도리어 벽을 부숴 복황후를 끌어냈을 때 그것을 서술했다. 오부인이 달이 품으로 들어오는 꿈을 꾼 것은 본래 손책이 태어나기 전의 일인데 도리어 임종에 임박하여 유언을 말할 때 그것을 서술했다. 무후가 황씨를 배필로 삼은 일은 본래 초려에서 나오기 전의 일인데 도리어 제갈첨이 나라를 위해 싸우다 죽었을 때 그것을 서술했다. 이러한 예 또한 너무 많아 이루 다 헤아릴 수가 없다. 앞에서 언급하지 않아 뒤에서 호응할 수 있고 뒤에서 반영하므로 앞에서 호응할 수 있으니 사람이 읽게 되면 진실로 한 편이 한 구절과 같을 것이다.

『삼국지』에는 가까운 산은 짙게 칠하고 멀리 떨어진 나무는 엷게 덧칠하는 묘함이 있다. 화가의 방법으로 산과 나무가 가까운 것은 짙고 두껍게 칠하고, 멀리 떨어져 있는 산과 나무는 엷고 엷게 칠하는 것이다. 그렇게 하지 않으면 산림은 멀고 아득하며 산중의 구름과 안개는 중첩되어 있는데 어찌 한 자 길이의 화폭에 일일이 그것들을 세세하게 그릴 수 있겠는가? 문장을 짓는 것 또한 이와 같다. 예를 들면 황보숭이 황건을 격파한 것은 단지 주준 곁에서 물어보고 들은 것이며, 원소가 공손찬을 죽인 것은 단지 조조의 곁에 있었기에 알아보고 들은 것이다. 조운이 남군을 기습하고 관우와 장비가 두 군을 습격한 것은 단지 주랑의 눈과 귀를 통해 알게 된 것이며, 소열황제가 양봉과 한섬을 죽인 것은 단지 소열황제의 입을 통해 알게 된 것이다. 장비가 고성을 빼앗은 것은 관공의 귀로 들은 것이고, 간웅이 원소에게 몸을 의탁한 것은 소열황제의 입을 통해 나오게 된 것이다. 조비가 세 갈래 길로 오를 정벌했다가 모두 패했는데 한 갈래 길은 직접적으로 묘사했으나 두 갈래 길은 간접적인 표현을 사용했으며, 무후가 조비의 다섯 갈래의 병마를 물리쳤지만 오직 사신을 오로 파견한 것만 직접적 묘사를 사용했지 나머지 네 갈래 길은 모두 간접적으로 표현했다. 이러한 예 또한 너무 많아 이루 다 헤아릴 수가 없다. 단지 한두 구절에 불과하지만 얼마나 많은 사건을 포함하며 얼마나 많은 문장을 줄였는지 알 수가 없다.

『삼국지』에는 기이한 봉우리들이 마주하여 꽂혀 있고 비단 병풍이 서로 마주 서 있는 듯한 묘함이 있다. 대구對句의 수법에는 내용이 비슷하거나 관련되어 있고 다른 각도에서 동일한 도리를 설명하고 내용상 상호 보충하는 대구의 법(정대正對)과 내용이 상반되고 대비가 선명한 법(반대反對), 한 권 안에서 자연스럽게 대비시키는 법(자위대自爲對)과 수십 권을 사이에 두고 멀리 대비시키는 법(요위대遙爲對)이 있다. 예를 들면 소열황제는 어려서부터 대담했으나 조조는 어려서부터 간사했다. 장비는 무턱대고 성질이 급했으나 하진은 성질이 느긋했다. 온명원에서 동탁에게는 군주가 없는 것이고 정원을 죽인 여포에게는 아비가 없는 것이다. 원소는 반하 전투에서 승패가 수시로 변했고, 손견이 현산에서 싸운 것은 생사를 예측할 수 없었다. 마등은 왕실을 위해 마음을 다해 공적은 없었으나 충성심을 잃지 않았고, 조조는 아비를 위해 원수를 갚고자 했으나 결과가 없었으니 효를 다할 수 없었다. 원소는 마보군 삼군을 일으켰으나 다시 회군했으니 힘으로는 싸울 수 있었으나 우유부단했고, 소열황제는 왕충과 유대 두 장수를 사로잡고도 다시 풀어줬으니 이것은 세력으로 대적할 수 없어 임기응변으로 대처한 것이다. 공융이 예형을 천거한 것은 『시경詩經』의 정무공鄭武公이 현자를 아껴 조복朝服이 낡고 허름하여 새옷을 만들어준 '치의緇衣' 시의 호감이고, 예형이 조조를 욕한 것은 사실을 날조하여 모함하는 것을 분노하여 질책한 '항백巷伯' 시의 마음이다. 소열황제가 사마덕조를 만난 것은 본의 아니게 우연히 만난 것이고, 선복이 신야를 방문한 것은 유비를 알현할 마음이 있었던 것이다. 조비가 살아 있는 조식을 고통스럽게 핍박한 것은 같은 형제인데도 창칼로 위협한 것이며, 소열황제가 죽은 관공을 위해 통곡한 것은 성이 다른데도 골육으로 여긴 것이다. 상방곡에서 불길이 꺼진 것은 사마씨가 마땅히 살 운수였고, 오장원에서 등불이 꺼진 것은 제갈량이 죽을 운명이었던 것이다. 이러한 여러 예는 내용이 비슷하거나 관련되어 있고 내용상 상호 보충하는 것 혹은 내용이 상반되고 대비가 선명한 것으로 모두 한 회에 자연스럽게 대비시킨 것이다. 예를 들면 외척이면서 외척을 해친 사람으로는 하진이 있고, 외척이면서 외척을 천거한 사람으로는 복완이 있다. 이숙이 여포를 설득한 것은 지혜로써 그의 악함을 이루도록 한 것이고, 왕윤이 여포를 설득한 것은 교묘함으로 그의 충성을 실행시킨 것이다. 장비가 서주를 잃은 것은 술을 마셔 일을 그르친 것이고, 여포가 하비에서 함정에 빠진 것은 술을 금지했기에 재앙을 받은 것이다. 관공이 노숙의 술을 마신 것은 한 편의 신비한 위력이고, 양호가 육항의 술을 마신 것은 허물없이 화목하게 지낸 것이다. 공명이 맹획을 죽이지 않은 것은 어진 자의 너그러움이고, 사마의가 공손연을 기필코 죽인 것은 간웅의 무자비함이다. 관공이 의리로 조조를 놓아준 것은 이전에 베풀었던 덕에 보답한 것이고, 익덕이 의리로 엄안을 풀어준 것은 그를 거두어 나중에 쓰기 위함이었다. 무후가 자오곡의 계책을 쓰지 않은 것은 신중하게 계획하여 보전하기 위함이었고, 등애가 음평 고개의 위험을 두려워하지 않았으니 모험을 감행하여 의외의 성공을 거둔 것이다. 조조가 병을 앓다가 진림의 욕으로 즉시 병이 좋아졌고, 왕랑은 병이 없었는데 공명의 욕으로 바로 죽고 말았다. 손부인이 갑옷과 병장기를 좋아했으니 여자 중의 장부이고, 사마의가 부인네 머릿수건을 받았으니 남자 중의 여자다. 사마의가 8일 만에 상용을 취한 것은 신속함으로 신기함을 이룬 것이고, 100일 만에 양평을 취한 것은 느린 것으로 승리를 거둔 것이다. 공명이 위수 가에서 둔전을 시행한 것은 진취적으로 계책을 세운 것이고, 강유가 답중에서 둔전을 시행한 것은 피하려는 계책이다. 조조는 위공으로서 한나라의 구석九錫을 받았으니 조조는 한나라의 신하가 아닌 것이고, 손권이 위나라의 구석을 받았으니 손권은 군주가 아닌 것이다. 조조가 사슴을 쏘았으니 군신의 의에 위배된 것이고, 조비가 사슴을 쏜 것은 모자간의 정을 흔든 것이다. 양의와 위연이 철군하는 날 서로 다투었고, 등애와 종회는 군사를 부릴 때 서로 시기했다. 강유는 공명의 뜻을 계승하고자 했으나 사람의 일이 천심을 역행했고, 두예는 양호의 계책을 받들 수 있었으니 하늘의 때가 사람의 힘에 호응한 것이다. 이러한 여러 예는 내용이 비슷하거나 관련되어 있고 내용상 상호 보충하는 것 혹은 내용이 상반되고 대비가 선명한 것으로 모두 한 회에 있는 것이 아니라 수십 회를 사이에 두고 멀리서 서로 대비시키는 것이다. 진실로 이를 염두에 두고 비교하고 살펴본다면 어찌 옛사람들의 흉금을 읽어내는 것을 즐겁게 하고 논리의 지식을 중시함을 넓히는 데 부족하겠는가!

『삼국지』에는 머리와 꼬리가 크게 호응하고 중간에는 중요한 대목을 채워주는 곳이 있다. 예를 들면 첫 권은 십상시로 시작해 마지막 권에는 유선이 환관을 총애하는 것으로 결말을 짓고 또 손호가 환관을 총애하는 것으로 쌍이 되어 결말을 지었으니 이것이 크게 호응하는 것이다. 또 첫 권에서 황건의 요술로 시작하여 마지막 권에는 유선이 무당을 신임하는 것으로 결말을 맺고 또 손호가 술사를 믿는 것으로 쌍이 되어 결말을 지으니 이것은 또 크게 호응하는 것이다. 머리와 꼬리에서 이미 호응한다 해도 중간 100여 회 안에 전후가 서로 관련되어 합쳐지는 것이 없다면 문장 구조가 이루어지지 않는다. 이에 복완이 환관에게 부탁하여 편지를 보내고 손량이 환관이 꿀을 훔친 것을 조사하는 것으로 앞뒤가 관련되어 호응하고, 또 이각이 무녀를 좋아하고 장로가 좌도左道를 사용하여 앞뒤를 관련지어 호응한다. 무릇 이와 같은 것은 모두 하늘이 조성하고 땅이 세운 아주 자연스럽고 이상적인 것으로 전체의 구조를 이루고 있다. 그러나 여기에서 그치지 않는다. 작자의 의도는 환관과 요술 이외에 더욱이 난신적자를 단호하게 징벌하는 것을 중요하게 여김으로써 『춘추春秋』의 의리에 부합된다. 그러므로 책 중에 역적을 토벌하는 충성의 기록과 군주를 시해한 악행을 기재한 것이 많다. 첫 편의 끝에는 장비가 화를 내며 동탁을 죽이려 한 것으로 마치고 마지막 편의 말미에는 손호가 은연중에 가충을 죽이려고 하는 것으로 끝을 맺었다. 이로 보건대 비록 연의演義라고 말하기는 했지만 그야말로 『인경麟經』(춘추春秋의 다른 명칭)을 계승한다고 해도 손색이 없다고 하겠다.

『삼국지』의 사건 서술의 훌륭함은 『사기史記』와 유사하나 사건 서술의 어려움은 『사기』보다 갑절이나 어렵다. 『사기』는 각 나라를 나누어 서술하고 각 사람을 나누어 기재했으므로 이에 본기本紀, 세가世家, 열전列傳의 구분이 있다. 그러나 『삼국지』는 그와 같지 않아서 본기, 세가, 열전을 합쳐서 한 편으로 이루어졌다. 나누면 문장이 짧아져서 작업하기 쉬워지고 합치면 문장이 길어져서 잘 만들기가 어렵다.

『삼국지』를 읽는 것은 『열국지列國志』를 읽는 것보다 낫다. 무릇 『좌전左傳』이나 『국어國語』는 참으로 문장 중에 가장 훌륭한 것이다. 그러나 좌씨左氏(좌구명左丘明)는 경經에 의거하여 전傳을 세웠으니 경은 단락에 따라 각기 스스로 문장을 이루고 전 또한 단락을 따라 각기 스스로 문장을 이루어 서로 연계되지 않는다. 『국어』는 경에서 분리되어 독자적으로 한 권의 책을 이루었으니 연계될 수 있으나, 결국 『주어周語』 『노어魯語』 『진어晉語』 『정어鄭語』 『제어齊語』 『초어楚語』 『오어吳語』 『월어越語』 등 여덟 나라를 각기 8편으로 나누어 지었으므로 서로 연계되지 않는다. 후세 사람이 『좌전』과 『국어』를 합쳐 『열국지』를 만들었는데 나라의 일이 많고 번잡스럽기 때문에 단락이 떨어져 결국은 처음부터 끝까지 일관되게 할 수 없었다. 그러나 『삼국연의』는 처음부터 끝까지 읽어보아도 단 한 곳도 끊을 만한 곳이 없으니 또한 『열국지』보다 위에 있다고 하겠다.

『삼국지』를 읽는 것은 『서유기西遊記』를 읽는 것보다 낫다. 『서유기』는 요괴의 일을 꾸며내 황당무계하니 『삼국지』가 제왕의 일을 실제로 서술하고 진정으로 고증할 수 있는 것만 못하다. 게다가 『서유기』의 좋은 점은 『삼국지』도 이미 갖추고 있다. 예를 들면 아천啞泉과 흑천黑泉 같은 것은 자모하子母河와 낙태천落胎泉의 기이함과 무엇이 다르겠는가? 타사대왕朶思大王과 목록대왕木鹿大王 같은 종류는 우마왕牛魔王, 녹력대선鹿力大仙, 금각대왕金角大王, 은각대왕銀角大王의 호칭과 무엇이 다르겠는가? 복파장군伏波將軍이 신령이 되어 나타나 산신에게 의혹을 해소시켜준 것과 같은 종류는 남해관음南海觀音이 구원해주는 것과 무엇이 다르겠는가? 한나라 승상의 남쪽 정벌 기록 한 권만으로도 『서유기』 전부에 견줄 만하다. 앞에서는 진국사가 있고 뒤에서는 옥천산에 이르렀으니, 손으로 계도를 올리며 눈길을 보내 화재火災에서 벗어나게 하기도 하고 허공을 바라보며 한마디 말로 깨달음을 인도하게 하기도 했으니, 어찌 영대방촌靈臺方寸과 사월삼성斜月三星 같은 문장을 암송해야만 선심禪心(고요하고 안정되어 움직이지 않는 마음의 경지)을 깨닫겠는가?

『삼국지』를 읽는 것은 『수호전水滸傳』을 읽는 것보다 낫다. 『수호전』의 문장은 진실하기에 『서유기』의 비현실성보다는 비교적 낫다고 하겠으나 본래 없던 일을 있다고 말하고 터무니없이 꾸며대며 제멋대로 사라졌다 나타났다 하니 그 창조성의 구상이 어렵지 않지만, 일정한 사건을 서술하기에 변경을 허용하지 않아 결국 창조성의 구상이 어려울 수밖에 없는 『삼국지』만 못하다. 게다가 삼국의 넘쳐나는 인재들의 묘사된 각각의 걸출함은 오용吳用, 공손승公孫勝과 같은 수많은 인물보다 뛰어나다. 나는 '재자서才子書'의 목록에서 『삼국연의』를 응당 첫 번째로 삼아야 한다고 말하는 것이다.

제101회 계속되는 북벌의 실패

1 오류. 앞 100회 마지막 부분에 사마의는 장안이 아닌 낙양으로 돌아갔다고 했다.
2 오류. 검각은 한중의 서남쪽에 위치해 있다. 한중에서 출발한 제갈량이 검각을 거칠 필요
 는 없다. 산관散關은 진창 서남쪽에 위치해 있고 야곡은 진창 동쪽에 위치해 있다. 진창은
 산시陝西성 바오지寶鷄 쪽으로 관중과 한중 사이의 교통 요충지이자 역사적으로 전략 요
 지였다. 산관은 산시성 바오지 서남쪽 다싼링大散嶺 위에 있다.
3 농상隴上: 산시陝西성 북쪽, 간쑤성과 서쪽 일대 지방.
4 노성鹵城: 서현西縣을 말하며, 간쑤성 톈수이天水 서남쪽.
5 오류. 노성은 현이므로 태수가 아닌 '현령'이다.
6 오류. 상기 주석에 의해 현령이라고 해야 한다.
7 천봉天蓬: 천봉원수天蓬元帥를 말하며 신화, 전설 속의 천신이다.
8 잠관簪冠: 관에 비녀를 꽂은 것으로 옛날에 관리가 되었음을 나타낸다.
9 팔문둔갑八門遁甲: 주역周易 팔괘八卦 중에 여덟 개 방향으로 구분한 들어가는 문으로 개
 문開門, 휴문休門, 생문生門, 상문傷門, 두문杜門, 경문景門, 경문驚門, 사문死門을 가리킨다.
 8문은 길흉을 판별할 수 있고 음양을 구분할 수 있어 음양술의 중요한 구성 부분이다.
10 육정육갑六丁六甲: 도교의 신 명칭으로 육정은 정묘丁卯, 정사丁巳, 정미丁未, 정유丁酉, 정해
 丁亥, 정축丁丑으로 음신陰神이고, 육갑은 갑자甲子, 갑술甲戌, 갑신甲申, 갑오甲午, 갑진甲辰,
 갑인甲寅으로 양신陽神이다.
11 축지縮地: 전설에 따르면 후한 사람인 비장방費長房에게 선술仙術이 있었는데 하루에 천리
 밖의 몇 개 지방 사람을 만날 수 있다고 하여 '축지술縮地術'이라고 했다.
12 오류. 아래 내용에 따르면 손례만이 싸움을 돕는다.
13 오류. 위 내용에 따라 옹주, 양주涼州라고 해야 한다.

14 오류. 검각은 목문 남쪽 멀리 떨어져 있으므로 같은 곳으로 표현할 수 없다. 검각은 생략해
   야 맞다. 이하 동일. 목문은 산골짜기 명칭으로 간쑤성 톈수이天水 서남쪽에 위치해 있다.
15 오류.『삼국지』「위서·장합전」에 따르면 장합은 목문에서 전사했다. 검각은 목문 남쪽 멀
   리 떨어져 있다.
16 본래는 사마의를 쏘아 죽이려 했는데 도리어 장합을 쏘고 말았다는 뜻이다. '말'의 '마馬'
   자는 사마의 줄임말이고 '노루'의 '장獐(노루 장)' 자는 장합張郃의 '장' 자와 발음이 같다.
17 도호都護: 한나라 때 설치되었으며 서역의 여러 속국과 귀순한 여러 소수 민족의 통솔을
   관장했다. '도'는 전부라는 뜻이고 '호'는 군사를 거느리고 감독한다는 뜻으로 도호는 '총
   감독하고 보호하다'라는 뜻이다.
18 오류.『삼국지』「촉서·장완전」에 따르면 "건흥 8년(230)에 장예張裔 대신 장사長史가 되었
   다"고 기록하고 있다.
19 재동군梓潼郡: 본래는 현 명칭으로 익주 광한군에 속했다. 광한군에서 나뉘어 군이 되었다.
   쓰촨성 쯔퉁梓潼.
20 오류.『삼국지』「촉서·이엄전」에 따르면 강주江州 도독독군都督督軍으로 기록되어 있다.

제102회 목우와 유마

1 사천대司天臺: 관청 명칭으로 천체 현상의 관찰과 역법의 제정, 반포 등의 직무를 관장했다.
2 규성奎星: 이십팔수二十八宿 가운데 하나로 북두칠성 국자 부분의 네 개 별.
3 유사有司: 주관 부서의 관리를 가리킨다. 고대에는 관직을 두고 직분을 나누었으며 각기 전
   사專司(전문 관리)가 있었으므로 유사라 칭했다.
4 태뢰太牢: 고대 최고 등급의 제수 용품으로 소, 양, 돼지의 세 가지 희생물을 준비하는 것을
   태뢰라 한다.
5 교송喬松: 고대 전설 속 왕자교王子喬와 적송자赤松子의 합칭이다. 두 사람은 모두 전설 속
   의 장수를 누린 선인仙人이다.
6 오류.『삼국지』「위서·명제기」에는 '겹현郟縣의 마피摩陂'로 기록되어 있다. 겹현은 춘추시
   대 때 정鄭의 읍邑이었다가 후에 초楚에 속했다. 진秦 시기에 현을 설치했고 치소는 지금의
   허난성 자현郟縣이었다.
7 청룡靑龍: 위나라 명제明帝 조예의 두 번째 연호. 233~237년.
8 북산北山: 구종산九嵕山으로 함양咸陽 북부에 위치해 있다.
9 북원北原: 적석원積石原이라고도 하며 위수渭水 북쪽에 위치해 있다. 위수 남쪽의 남원南原
   과 서로 마주하고 있어 북원이라 했다. 산시陝西성 치산岐山 남쪽의 우장위안五丈原과 거리
   가 멀지 않다.
10 오류.『삼국지』「위서·명제기」에는 '거소호居巢湖 어귀'로 기록되어 있다. 거소는 지명으로
   안후이성 차오후巢湖 동북쪽에 있다.
11 신성新城: 합비合肥 신성新城을 말한다. 안후이성 허페이合肥 서북쪽.
12 면구沔口: 하구夏口를 말한다. 후베이성 우한武漢으로 한수이漢水강은 양양襄陽 위쪽으로

면수沔水라 했고 아래쪽은 하수夏水라 불렀으므로 장강으로 들어가는 곳을 면구 혹은 하구라 불렀다.

13 오류. 『자치통감』 권72 「위기 4」에 따르면 '회음淮陰'으로 기록되어 있다. 회양淮陽은 광릉과 거리가 멀다.

14 후한 삼국 시기에 이런 지명은 없었다. 소설에만 등장하는 지명이다.

15 목우와 유마에 관련된 내용은 학자마다 원전의 해석이 다르고 자료들 또한 상이한 내용이 많아 역자는 명확하게 판단을 내리기 어려움을 밝혀둔다. 2013년 바수서사巴蜀書社가 출판한 양야오쿤楊耀坤, 제커룬揭克倫 교주校注『삼국지』 주석에서는 "목우는 사람이 끄는 독륜거獨輪車(바퀴 하나)로 다리 하나에 발이 네 개다. 한 개의 다리는 한 개의 수레바퀴이고 네 발은 수레 양옆과 앞뒤에 장착된 네 개의 나무 기둥으로 수레가 움직이고 정지할 때 쉽게 쓰러지지 않는다. 유마는 목우를 개량한 것으로 전후 네 개의 다리, 즉 사륜거다"라고 했다.

16 추축鞦軸: 손을 뻗어 당기는 축으로 소 뒤쪽 엉덩이에 위치해 있는 일종의 제동 장치로 판단된다.

17 후한後漢 시기의 길이 단위. 1분分(0.231센티미터), 1촌寸(2.31센티미터)=10분分, 1척尺(23.1센티미터)=10촌寸, 1장丈(231센티미터)=10척尺, 1인引(2310센티미터)=10장丈.

18 검관劍關: 검문관劍門關을 말한다. 검문진劍門鎭에서 30킬로미터 떨어져 있고 대검산大劍山의 깎아 세운 듯한 낭떠러지 사이의 협곡 입구에 돌을 쌓아 문을 만들었으며 가파른 산봉우리가 검과 같아 검문관이라 불렀다.

19 소설 속에 등장하는 허구의 인물이다.

20 군장軍將: 주周 시기에 일군一軍(1만2500명)을 통솔하는 주장을 군장이라 했다.

제103회 오장원에 지는 별

1 수채水寨: 물가의 방어용 울타리, 군영과 보루.

2 오류. 제102회에서 "육손과 제갈근 등에게 강하와 면구에 군사를 주둔시켜 양양을 빼앗게 했다"고 했는데, 여기서는 도리어 "면구로 달아났다"고 했다. 서로 모순된다.

3 부오部伍: 군대의 편제 단위로 부곡部曲과 행오行伍를 나타내며 일반적으로 군대를 가리킨다.

4 출전은 『논어』 「위영공衛靈公」으로 "간교한 말은 덕을 어지럽히고, 작은 것을 참지 못하면 큰일을 그르치게 된다巧言亂德, 小不忍則亂大謀."

5 칠성호대七星號帶: 북두칠성이 그려진 깃발. 호대號帶는 군대의 깃발을 말하며 고대에 대장이 출정할 때 깃발에 주장의 성씨를 수놓은 것은 호기號旗라 한다.

6 무공武功: 현 명칭. 옹주 부풍군에 속했으며 산시陝西성 우궁武功 서쪽.

7 오장원五丈原: 산시陝西성 치산岐山 남쪽, 웨이허강 남쪽 기슭.

8 전한의 승상이었던 병길丙吉이 봄에 외출을 했는데 길에서 싸우다 죽은 사람이 있었으나 묻지 않더니 소가 헐떡거리는 것을 보고는 관심을 가졌다. 어떤 사람이 그것을 비난하자 그는 "백성이 서로 싸우다 상한 것은 그 일을 주관하는 관리가 신경 쓸 일이다. 지금 날씨가 아직 덥지도 않으니 소가 헐떡거려서는 안 된다. 날씨가 바르지 못하여 수확에 영향을

줄까 염려될 따름이다. 이것은 승상의 직무이니 내가 마땅히 주의해야 한다"고 말했다.

9   진평陳平은 전한 문제 때 승상이었다. 문제가 그에게 "전국에서 1년에 어느 정도의 형벌 안
    건을 판결하고, 어느 정도의 돈과 곡식을 거두어들이는가?"라고 묻자 그는 "그것을 주관하
    는 부서에 물으시고, 승상의 직책은 군신들을 관리할 뿐이고 그런 일은 관여하지 않습니
    다"라고 대답했다.

10 위위衛尉: 진秦 시기에 설치되기 시작했다. 구경 가운데 하나였으며 한대에도 설치됐다. 호
    위병을 통솔하여 궁전을 방비했고 수隋 시기 이후에는 병기와 의장 등의 일을 관장했다.

11 삼태성三台星: 성관星官(몇 개의 항성이 결합된 것)의 명칭으로 모두 여섯 개의 별이다.

12 객성客星: 새로 출현한 별의 통칭.

13 기양祈禳: 기도를 올려 복을 구하고 재앙을 제거하는 것.

14 조두刁斗: 군에서 행군할 때 사용하던 용구로 말斗 모양에 자루가 달려 있고 재질은 구리
    다. 대낮에는 밥을 짓는 데 사용하고 밤에는 두드려 시각을 알렸다.

15 척소尺素: 서신의 대칭. 고대에는 1척 넓이의 흰 비단에 글을 적었으므로 척소라 한다. 여기
    서는 기원하는 표문을 가리킨다.

16 보강답두步罡踏斗: 도교에서 법사들이 기도할 때 별자리에 예배하고 신령을 부르는 동작을
    말한다. 걸으면서 방향을 전환하는데 마치 북두칠성 위를 밟는 것과 같다.

제104회 죽은 제갈량이 산 중달을 도망치게 하다

1   오류.『삼국지』「촉서·양희전」의 『계한보신찬季漢輔臣贊』에 따르면 '상서복야尙書僕射'로
    기록되어 있다.

2   유표遺表: 고대에 대신이 임종 전에 짓는 표문으로 죽은 후에 상주한다.

3   고황膏肓: 고는 심장 아랫부분이고 황은 심장과 횡경막 사이를 말한다. 고와 황은 약의 힘
    으로 도달할 수 없는 곳이라고 했고 병이 고황에 들어갔다는 것은 상태가 매우 위중하여
    치료할 방법이 없음을 말한다.

4   경頃: 토지 면적 단위. 1경頃=6.66666헥타르=100묘畝, 1묘=666.66666제곱미터.

5   감실龕室: 신불神佛像을 모셔둔 석실 혹은 함.

6   훙薨: 주周 시기에 제후가 죽었을 때 훙이라 했고, 후한 때는 후작侯爵 이상의 작위를 가진
    자가 죽었을 때 훙이라 했으며, 당唐 이후에는 이품二品 이상의 대신이 죽었을 때 훙이라
    했다. 졸卒은 고대 제후, 대부大夫의 죽음을 가리킨다.

7   장성長星: 별 명칭으로 혜성과 유사하며 긴 형태로 빛을 발산한다.

8   인대麟臺: 기린각麒麟閣의 별칭이다. 전한 시기 미앙궁未央宮에 공신들의 화상畫像을 모셔
    두고 제사를 지내던 누각이다. 여기서는 제갈량이 촉한 공신 중에서도 공훈이 탁월하고 명
    성이 영원히 존재함을 은연중에 보여준다.

9   삼천객三千客: 전국시대의 네 공자인 신릉군信陵君, 맹상군孟嘗君, 평원군平原君, 춘신군春
    申君을 말한다. 이들은 문객이 3000명이나 있었다고 한다.

10 물고기는 유비를 비유하며 물은 제갈량을 비유한다.

11 문산汶山: 군 명칭. 익주에 속했으며 치소는 면사綿虒(쓰촨성 원촨汶川 서남쪽).

12 옛날 중원 사람은 옷자락을 오른쪽으로 덮었고 소수 민족의 옷자락은 대부분 왼쪽으로 덮었다. 여기서는 다시 조정에 받아들여지지 못하고 평생 궁벽한 소수 민족 속에서 살아야 함을 말한다.

13 오류. 『삼국지』「촉서·위연전」의 기록에 따르면 '점몽占夢(해몽하는) 조직趙直'으로 기록되어 있다.

14 오류. 『삼국지』「촉서·위연전」의 기록에 따르면 '사마'로 기록되어 있다.

15 병부兵符: 군사를 파견하고 장수를 쓸 때 쓰는 일종의 증빙. 비유하여 병권을 가리킨다.

16 오류. 『삼국지』「촉서·위연전」의 기록에 따르면 "전군사前軍師, 정서대장군征西大將軍으로 승진하고 남정후南鄭侯에 봉해졌다"고 기록하고 있다.

17 관關은 양평관을 말한다. 양평관은 요충지 명칭으로 산시陝西성 멘현勉縣 서쪽 바이마白馬강이 한수이漢水강으로 들어가는 곳이며, 한중 분지 서쪽의 관문이다.

18 적안파赤岸坡: 산시陝西성 류바留壩 북쪽.

19 잔각도棧閣道 입구: 포야도褒斜道 입구를 말한다. 남쪽 입구를 '포'라 하고 북쪽 입구를 '야'라 부른다.

제105회 반골 위연

1 사산棧山: 『삼국지』「촉서·위연전」에 따르면 "양의 등은 산의 나무들을 잘라내어 길을 뚫어儀等棧山通道"라고 기록하고 있다. 소설에서처럼 어떤 길의 명칭이 아니라 역사 기록에서 '사산棧山'은 산 위의 나무들을 잘라내어 길을 낸다는 의미다.

2 남곡南谷: 포곡褒谷을 말하며 산시陝西성 한중漢中 북쪽.

3 오류. 『삼국지』「촉서·왕평전」에 따르면 "그는 본래 외가인 하씨何氏에게서 자랐는데 나중에 성을 왕王으로 고쳤다"고 하여 '하평何平'과 '왕평王平'은 같은 사람이다.

4 중군사中軍師: 건안 연간에 조조가 설치했고 승상부 중요 관원으로 지위는 전, 좌, 우군사右軍師의 위였다. 촉한에도 중中, 전前, 후군사後軍師를 설치했는데 군정을 관장했고 감군監軍의 임무를 겸임했다. 지위는 감군의 위였다.

5 제갈량을 제사 지내는 사당으로 쓰촨성 청두成都에 있는 무후사武侯祠를 가리킨다.

6 금관성錦官城: 성도成都를 말하며 금성錦城이라고도 불렀다. 촉한 때 비단 생산을 관리하는 관리를 성도에 두었기에 금관성이라 불렀다.

7 제갈량이 유비를 도와 창업하고 또 유선을 보좌하여 위태로운 정세에 대처한 것을 가리킨다.

8 종신宗臣: 대대로 존경받는 명신.

9 유상遺像: 죽은 자의 화상畫像 혹은 조각상.

10 제갈량의 명성은 만고에 보기 드물다는 의미다.

11 상나라 탕왕 때의 이윤伊尹과 서주西周 때의 여상呂尙. 이윤은 상의 탕왕을 보좌하여 하夏를 전복시켜 상 왕조를 건립했고, 여상은 주 문왕과 무왕을 보좌하여 은殷을 무너뜨리고 주 왕조를 건립했다.

12 소하蕭何와 조참曹參은 전한의 개국 공신이다.
13 오류.『삼국지』「촉서·종예전」에 따르면 "파구巴丘의 수비군을 증가시키고"라고 기록하고 있다. 파구는 후난성 웨양岳陽으로 오와 촉의 경계 지점이 아니다. 경계라는 말은 삭제해야 한다.
14 영안永安: 현 명칭으로 치소는 충칭重慶 평제奉節 동쪽 백제산白帝山 동남쪽. 유비가 황제를 칭한 이듬해에 어복魚復을 영안으로 변경했다.
15 안중安衆: 현 명칭. 형주 남양군에 속했으며 치소는 허난성 덩저우鄧州 동북쪽이었다.
16 지금의 난징南京을 말하나, 동오의 도성은 건업에 있었고 후한 삼국 시기에 금릉金陵이라는 지명은 없었다.
17 금비전金鈚箭: 황금으로 촉을 만든 비전鈚箭. 비전은 화살촉이 얇으면서 넓고 화살대가 비교적 긴 화살이다.
18 전의奠儀: 제사를 지내어 추도하는 데 사용하는 예품.
19 오류.『삼국지』「촉서·장완전」에 따르면 장완은 제갈량이 죽은 뒤에 상서령이 되었다가 대장군 녹상서사錄尙書事로 승진되었다고 기록하고 있다. 승상이 된 적은 없었다.
20 녹상서사錄尙書事: 처음에는 영상서사領尙書事라 칭했다. 전한 후기에 설치되었고 후한 삼국 시대 최고의 문직文職 칭호였다. 녹錄은 통괄, 통솔의 의미로 녹상서사는 대권을 독점했다.
21 오류. 상기 주석에 의해 장완은 승상이 된 적이 없기 때문에 승상이라는 말은 생략해야 한다. "함께 정사를 처리하게 했다"고 해야 맞다.
22 보한장군輔漢將軍: 왕망 시기에 설치되었는데 촉한이 다시 설치했다. 권력이 막중했다.
23 한가군漢嘉郡: 군 명칭. 촉한 익주에 속했으며 치소는 한가漢嘉(쓰촨성 야안雅安 밍산구名山區 북쪽).
24 오류.『삼국지』「위서·명제기」에 따르면 '소양전昭陽殿'으로 기록하고 있다.
25 오류.『삼국지』「위서·명제기」 배송지 주『위략』에 따르면 '사도군의연司徒軍議掾'으로 기록되어 있다. 사도군의연은 사도부司徒府의 속리로 7품이었다.
26 관면冠冕: 제왕, 관원들이 쓰는 모자.
27 출전은『논어』「팔일八佾」.
28 태자사인太子舍人: 진秦 시기에 설치되기 시작했고 좋은 집안의 자제를 선발하여 직무를 맡겼는데 교대로 궁전의 경호를 담당했다. 낭중郎中과 비슷하다. 이현 주석에 의하면 "『한관의漢官儀』에 '태자사인은 양가 자손을 선발했고 봉록이 이백석秩二百石이다'라고 했다."
29 오류.『삼국지』「위서·명제기」 배송지 주『위략』에 따르면 '언림彦林'으로 기록되어 있다.
30 옹중翁仲: 진秦나라 사람 원옹중阮翁仲은 키가 1장 3척이었다. 진시황이 그에게 변경을 지키고 흉노를 정벌하게 했고 그가 죽은 뒤에 그의 동상을 함양咸陽에 만들었다. 그 이후로 높고 큰 동상이나 석상을 '옹중'이라 부르게 되었다.
31 사마문司馬門: 황궁의 외문外門.
32 오류.『삼국지』「위서·양부전楊阜傳」에 따르면 "소부少府가 되었다"고 기록하고 있다. '소부'는 구경 가운데 하나로 산, 바다, 못, 호수의 세금을 관장했고 황실의 수공업을 제조했으며 황실에 공급했다. 후한 시기에도 여전히 구경 가운데 하나였으며 궁중에서 제왕의 의복, 진귀한 물품, 진귀한 음식을 관장했다.

33 9연筵: '연筵'은 대자리를 말하며 길이는 9척이다. 9연은 즉 81척을 말한다. 후에 '구연九筵'
   은 명당을 가리키는 말로도 쓰인다.

34 녹대鹿臺: 남단南單의 대臺라고도 부른다. 은나라 주왕이 진주, 옥, 돈, 비단을 저장해두었던
   곳. 옛터는 허난성 치현淇縣 자오거朝歌 남쪽에 있다.

35 영왕靈王: 재위 기원전 541~기원전 529년. 재위 기간 중에 국사가 혼란스러웠다.

36 장화대章華臺: 옛터는 후베이성 젠리監利 서북쪽.

제106회 사마의의 권력 쟁탈

1 오류. 『삼국지』 「위서·공손도전公孫度傳」에 따르면 '평곽후平郭侯'라고 기록되어 있다.

2 요동遼東: 군 명칭으로 전국시대 연燕나라 때 설치되었다. 유주에 속했으며 치소는 양평襄
   平(랴오닝성 랴오양遼陽)이었다.

3 오류. 『삼국지』 「위서·공손도전」에 따르면 "공손연을 대사마로 임명하고 낙랑공樂浪公으
   로 봉했다"고 기록하고 있다.

4 오류. 『진서』 「선제기宣帝紀」에 따르면 '윤직綸直'으로 기록되어 있다.

5 양평襄平: 현 명칭으로 유주 요동군에 속했으며 군의 치소였다. 랴오닝성 랴오양.

6 오류. 『진서』 「선제기」에 따르면 '요수遼水'로 기록되어 있다.

7 요수遼隧: 현 명칭. 조위曹魏 유주 요동군遼東郡에 속했으며 치소는 랴오닝성 안산鞍山 서쪽.

8 노영老營: 군대가 장기간 주둔하고 있는 병영 혹은 무장 근거지.

9 요수遼水: 요하遼河를 말한다. 네이멍구內蒙古에서 발원하여 랴오닝성 잉커우營口에서 바다
   로 흘러 들어간다.

10 수산首山: 지명. 조위 유주 요동군 양평(랴오닝성 랴오양遼陽) 서남쪽.

11 오류. 『진서』 「선제기」에 따르면 도독영사都督令史 장정張靜으로 기록되어 있다.

12 오류. 『진서』 「선제기」에 따르면 '진규陳圭'로 기록되어 있다.

13 오류. 『삼국지』 「위서·유방전」에 따르면 유방을 중서감中書監, 손자를 중서령中書令에 임명
   했다고 기록하고 있고, 일체 사무가 아닌 기밀 사무를 관장하게 했다고 기록하고 있다. 그
   리고 추밀원은 당唐, 오대五代, 송宋, 요遼, 원元 대의 관서 명칭이었다.

14 오류. 『삼국지』 「위서·무문세왕공전武文世王公傳」에 따르면 조우曹宇는 문제 조비의 아들
   이 아닌 무제 조조의 아들로 기록되어 있다. 환부인環夫人 소생이다.

15 오류. 『삼국지』 「위서·명제기」에 따르면 이때 조예는 낙양에 있었다.

16 오류. 앞의 주석에 따라 유방은 중서감中書監, 손자는 중서령中書令이었다.

17 고평릉高平陵: 왕릉 명칭으로 허난성 뤄양洛陽 동남쪽.

18 선공先公: 천자나 제후의 선조에 대한 존칭이며 죽은 부친을 가리키기도 한다. 여기서는 조
   상의 부친인 조조를 말한다.

19 무위장군武衛將軍: 금군禁軍을 관장했다. 조조 시기에 무위중랑장武衛中郎將으로 설치되기
   시작했고 조비가 무위장군으로 변경했다.

20 고신씨高辛氏에게 재능이 출중한 제자가 여덟 명 있었는데 이들을 '팔원八元'이라 불렀고,

고양씨高陽氏에게도 여덟 명이 있어 이들을 '팔개八愷'라 칭했다. 모두 순임금이 중용했고 함께 순임금을 보좌하여 정사를 잘 다스렸다.

21 군후君侯: 진, 한 시기에는 열후나 승상이 된 자를 부르는 말이었으나 한 이후에는 관직이 귀인에 도달한 자에 대한 경칭으로 사용됐다. 하안이 이미 열후에 봉해졌기에 군후라 칭한 것이다.

22 귀조鬼躁, 귀유鬼幽는 사람이 죽기 전의 형체를 표현한 일종의 병적인 상태.

23 삭방朔方: 군 명칭. 치소는 임융臨戎(네이멍구內蒙古 덩커우磴口 북쪽).

24 한상漢上은 한수 유역을 가리키는 말이다. 형주 전체를 가리키려면 '강한江漢'이라 해야 한다.

25 가장家將: 옛날 부호 관료 집안에 고용된 무장 하인.

제107회 정권을 탈취한 사마씨

1 성중省中: 황궁을 말한다. 황제가 기거하는 곳을 금중禁中이라 했는데, 효원황후孝元皇后(왕성군王政君으로 원제元帝 유석劉奭의 황후이고 성제成帝 유오劉驁의 생모다)의 부친인 왕금王禁의 이름을 피하기 위해 성중省中으로 변경했다. 이후에 다시 두 명칭을 합하여 금성禁省이라 했다.

2 오류.『진서』「선제기」에 따르면 장하독帳下督 엄세嚴世로 기록되어 있다.

3 낙하洛河: 낙수洛水라고 칭한다. 산시陝西성 란톈藍田에서 발원하여 뤄양洛陽을 거쳐 허난성 궁이鞏義에서 황하로 유입된다.

4 『삼국지』「위서·조상전」배송지 주 간보干寶의『진기晉紀』에 따르면 이 말은 소설에서처럼 장제가 사마의에게 한 말로 기록되어 있지만,『진서』「선제기」에는 오히려 반대로 사마의가 장제에게 한 말로 기록하고 있다.「선제기」에 따르면 "선제(사마의)가 말하기를, '조상은 환범과 내심 소원하고 조상의 지혜가 환범에 미치지 못하며 노둔한 말은 작은 콩에 연연하는 법이니 환범은 틀림없이 쓰이지 못할 것이다'라고 했다." 소설과『진기晉紀』에서는 '노마연잔두駑馬戀棧豆'라고 했으나「선제기」에서는 '노마연단두駑馬戀短豆'라고 기록하고 있다.

5 진왕秦王: 위 명제 조예의 양자 조순曹詢으로 진왕에 봉해졌다.

6 어상御床: 황제가 사용하는 앉거나 눕는 가구.

7 고명顧命: 제왕이 임종 전에 남긴 유조遺詔(조서詔書).

8 영녕궁永寧宮: 곽태후가 기거하던 궁. 곽태후를 가리키기도 한다.

9 황문령黃門令: 한 시기 소부少府의 속관. 환관이 담당했으며 모든 환관을 주재했다.

10 오류.『삼국지』「위서·조상전」배송지 주『위략』에 의하면 이때 환범은 '대사농'이었다고 기록하고 있다.

11 동시東市: 한나라 때 장안 동쪽 시장에서 사형을 판결받은 범인을 처결했다. 나중에는 '형장刑場'을 가리켰다.

12 1곡斛은 20리터, 100곡은 2000리터다.

13 장가長枷: 범인의 머리와 팔을 함께 칼을 씌우는 형구로 비교적 길고 넓고 무거워 장가라

불렀다.

14 반좌反坐: 무고죄의 형벌. 무고하여 남을 벌 받게 만든 사람에게 무고당한 사람이 받은 벌과 같은 형벌을 주는 것.

15 종제從弟: 증조부가 같고 부친이 다른 자기보다 나이 어린 같은 항렬의 남자.

16 오류. 『삼국지』 「위서·조상전」 배송지 주 『열녀전』에 따르면 "하후문녕夏侯文寧의 딸 이름은 영녀令女"라고 기록하고 있다.

17 미자微子: 서주西周 말기 송나라의 국군. 은나라 주紂임금이 폭정을 일삼자 여러 차례 간절히 간했지만 듣지 않아 결국 은나라를 떠났다. 주나라 무왕이 은나라를 멸망시키자 항복을 청했다.

18 오류. 등애는 197년생이고 종회는 225년생이다. 나이 차가 28년이 나는데 두 사람 다 한창 나이라는 것은 맞지 않다.

19 비서랑祕書郞: 후한 시기에 설치되었고 위, 진 때 비서성祕書省에 속했으며 도서와 경서를 관장했다.

20 오류. 『삼국지』 「위서·등애전」에 따르면 등애는 의양군義陽郡 극양棘陽 사람으로 기록하고 있으며, 남안南安태수였다. 의양은 군 명칭으로 치소는 후베이성 짜오양棗陽 동남쪽이고 극양은 현 명칭으로 치소는 허난성 난양南陽 동남쪽이었다.

21 출전은 『논어』 「미자微子」.

22 오류. 『삼국지』 「촉서·비의전」에 따르면 이때 비의는 '대장군'이었다. 그리고 소설에서는 비의가 '간언했다'는 표현을 사용했는데, 당시 비의는 '대장군'이었고 강유는 '위장군'으로 비의가 강유보다 지위가 더 높았기 때문에 '간언했다'는 말은 어울리지 않는다.

23 서평西平: 군 명칭, 치소는 칭하이성 시닝西寧.

24 국산麴山: 산 명칭. 조위의 농서군과 남안군의 경계로 간쑤성 민현岷縣과 리현禮縣 사이. 산세가 험준하여 지키기는 쉽고 공격하기는 어려워 강유가 산을 의지해 성을 축조했는데, 이를 국성麴城이라고 한다.

25 오류. 『삼국지』 「위서·곽회전」에 따르면 곽회는 옹주자사를 역임했으나 이때는 정서장군征西將軍, 옹주와 양주涼州의 군대를 총지휘하는 도독옹량제군사都督雍涼諸軍事로 승진했다. 당시 옹주자사는 진태였다고 기록하고 있다.

26 오류. 상기 주석에 따라 '부장副將'이 아닌 '옹주자사 진태'라고 해야 맞다.

27 오류. 옹주성雍州城은 옹주의 주치州治인 장안長安을 말한다. 장안은 국산麴山 동쪽으로 멀리 떨어져 있고 우두산은 국산 서남쪽에 있어 방위가 맞지 않는다. 임조성臨洮城으로 해야 맞다. 이하 동일. 임조臨洮의 치소는 간쑤성 민현岷縣이었다.

28 우두산牛頭山: 조위의 옹주 농서군 임조현에 속하며 촉한과 경계다. 간쑤성 민현岷縣 동남쪽.

29 오류. 상기 주석에 따라 '임조臨洮의 뒤쪽'이라고 해야 맞다.

30 오류. 『삼국지』 「위서·진태전陳泰傳」에 따르면 '백수白水'로 기록되어 있다. 조수洮水는 우두산의 북쪽에 있고 촉군의 군량 수송로와는 거리가 멀다. 조수는 황하의 지류. 칭하이성과 간쑤성 경계인 시칭산西傾山 동쪽 기슭에서 발원하여 간쑤성을 거쳐 융징永靖에 모여 황하로 유입된다. 이하 '조수'가 아닌 '백수'로 해야 맞다. 백수는 간쑤성, 쓰촨성 경계의 자링강嘉陵江 지류인 바이룽강白龍江이다.

31 오류. 상기 주석에 따라 '백수'라고 해야 맞다.

32 오류. '임조'라고 해야 맞다.

33 오류. '백수'라고 해야 맞다.

34 오류. 『진서晉書』「경제기景帝紀」에 따르면 '위장군衛將軍'이었다.

제108회 사마의와 손권, 역사 속으로

1 적오赤烏: 손권의 네 번째 연호. 238~251년.

2 오류. 『삼국지』「오서·오주오자전吳主五子傳」의 기록에 따르면 손화는 손권의 셋째 아들로 기록되어 있다.

3 전공주全公主: 손권의 딸로 이름은 노반魯班. 전종全琮의 처였기에 전공주라 불렀다.

4 오류. 『삼국지』「오서·손량전」의 기록에 따르면 손량은 손권의 막내아들(일곱째)이다.

5 태원太元: 손권의 다섯 번째 연호. 251~252년.

6 연희延熙: 촉한 후주 유선의 두 번째 연호. 238~257년.

7 건흥建興: 손량의 연호. 252~253년.

8 장릉蔣陵: 능묘 명칭. 장산蔣山에 능이 있었기 때문에 장릉이라고 했다. 장쑤성 난징 중산 鍾山산 남쪽 기슭.

9 동흥東興: 소호 어귀 유수수濡須水 물가에 있는 제방. 동오는 제방 좌우에 성을 축조하여 전초기지로 삼았다. 안후이성 차오후巢湖와 우웨이無爲 중간에 위치해 있다.

10 오류. 『삼국지』「위서·삼소제기三少帝紀」의 기록에 따르면 '진남장군鎭南將軍'으로 되어 있다.

11 오류. 당시에 동흥군東興郡은 없었다. 동흥은 소호 어귀 유수수 물가에 있는 제방 명칭이 다. 『삼국지』「오서·제갈각전」, 이하 동일.

12 오류. 앞부분에서 10만 명이라고 했다.

13 오류. 앞 주석에 따라 '동흥'으로 해야 맞다.

14 오류. 『삼국지』「오서·정봉전」에 따르면 관군장군冠軍將軍으로 기록되어 있다. 관군장군은 한 헌제 건안 연간에 설치되었고 조위曹魏, 손오孫吳 모두 설치했다.

15 서당徐塘: 동흥 제방 부근.

16 완병지계緩兵之計: 상대방의 진공을 지연시키는 계책. 잠시 시간을 지연시킨 다음에 사태 를 완화시키고 기회를 기다렸다가 다시 움직이는 책략.

17 오류. 『삼국지』「오서·제갈각전」에서는 '도위都尉'로 기록되어 있다.

18 석자강石子崗: 건업성建業城 남문 밖에 위치해 있다. 지금의 장쑤성 남경성南京城 남쪽 위 화타이雨花臺 일대.

제109회 돌고 도는 권력

1 오류. 『삼국지』「촉서·강유전」에 따르면 '여름'이었다.

2 오류. 『삼국지』「촉서·강유전」에 따르면 '위장군衛將軍'이었다.

3 남안南安: 군 명칭으로 양주涼州에 속했다. 한 영제 중평中平 5년(188) 한양군漢陽郡을 나누어 설치했다. 치소는 원도豲道(간쑤성 룽시隴西 동남쪽 웨이허渭河강 동쪽 연안).

4 석영石營: 조위 옹주 남안군 신흥新興에 속했다. 취락 명칭으로 간쑤성 우산武山 서남쪽.

5 동정董亭: 조위 옹주 남안군 신흥에 속했다. 석영 북쪽에 위치해 있으며 간쑤성 우산 남쪽.

6 오류. 남안은 군 명칭이지 구체적인 성의 이름이 아니다. 여기서는 군의 치소인 '원도豲道'를 말한다.

7 아하소과俄何燒戈: 『삼국지』「위서·곽회전」에 따르면 "아하俄何, 소과燒戈"라고 하여 한 사람이 아닌 두 사람으로 기록하고 있다. '아하'의 '아' 자도 소설과 정사 기록이 다르다.

8 오류. 『삼국지』「위서·곽회전」에 따르면 '거기장군'으로 기록되어 있다.

9 철질려鐵蒺藜: 군대에서 사용하는 일종의 철로 만든 가시를 살포하는 장애물로 질려蒺藜라고도 한다. 고대의 전쟁에서 철질려를 땅에 살포해 적군의 행동을 지체시키는 데 사용했다. 어떤 것은 철질려 중심에 구멍이 있어 끈으로 연결시켜 부설하고 걷어내는 데 편리하게 사용하기도 했다. 전국시대에 이미 사용되었고 진, 한 이후에는 군대에서 일반적으로 사용하는 방어 기구가 되었다.

10 철롱산鐵籠山: 간쑤성 리현禮縣 남쪽에 있다.

11 오류. '위병의 갑옷을 촉병에게 입히고 마필은 타도록'이라고 표현해야 맞다.

12 주周나라 현왕顯王 때 위魏나라가 조趙나라와 함께 한韓나라를 공격하자 한나라가 제齊나라에 구원을 요청했다. 제나라는 전기田忌를 장수로 삼고 손빈孫矉을 군사로 삼아 군사를 일으켜 위나라를 공격했다. 제나라는 손빈의 계책을 써서 위군을 속여 추격해오도록 유인했고 마릉도馬陵道로 몰아넣어 10만 명을 몰살시켰다. 위나라 장수 방연龐涓도 자살했다. 마릉도는 허난성 판현範縣 서남쪽.

13 구리산九里山은 장쑤성 쉬저우徐州 북쪽에 있다. 한신이 항우를 공격할 때 이곳에서부터 군사를 진격시켰다고 한다.

14 경공耿恭은 후한 시기의 장수로 명제 때 무기교위戊己校尉로 있었는데 후에 소록성疏勒城에 주둔했다가 흉노에게 포위되었고 적들이 물길을 끊었다. 우물을 팠지만 물이 나오지 않자 우물을 향해 두 번 절을 했더니 물이 갑자기 솟아올랐다.

15 오류. 『삼국지』「위서·곽회전」에 따르면 "곽회는 진군하여 배반한 강인을 토벌하고 아하와 소과를 참살했고 1만여 개의 부락이 투항하여 귀순했다"고 기록하여, 아하와 소과는 자살한 것이 아니라 곽회에 의해 참수당했음을 알 수 있다.

16 강창鋼槍: 보창步槍으로 보병들이 주로 사용한 긴 창.

17 태상太常: 구경 가운데 하나로 종묘제례, 예악의 제반 사무를 관장했다. 진秦 시기에 봉상奉常이라 칭했고, 한 경제 중원 6년(기원전 144) 때 태상으로 개명했다. 남조 양梁나라 때는 '태상경太常卿'이라 칭했다.

18 중서령中書令: 조조가 위왕이었을 때 비서령祕書令을 설치하여 상서의 상주문을 주관하게 했는데, 조비가 황제로 칭한 다음에 비서령을 중서령中書令으로 개명했다.

19 광록대부光祿大夫: 전국시대에 중대부中大夫가 설치되었고 한 무제 때 처음으로 광록대부로 변경되었다. 고문顧問과 의론을 관장했으며 광록훈에 속했다.

20 오류. 조조에게 무조武祖라는 칭호는 옳지 않다. 위나라 신하와 백성이 조조를 칭할 때는 묘호廟號인 '태조太祖' 혹은 시호인 '무황제武皇帝'라고 해야 한다.

21 시독侍讀: 제왕을 모시고 책을 읽고 학문을 논하거나 혹은 황자皇子(황제의 아들) 등을 위해 책을 주고 강연을 하는 것.

22 전한의 소제昭帝가 자식이 없어 대장군 곽광霍光이 소제의 조카인 창읍왕昌邑王 유하劉賀를 세워 황제로 삼았다. 유하가 즉위하자 제멋대로 굴어 곽광은 다시 유하의 황위를 폐했다.

23 원성元城: 조위 기주 양평군陽平郡에 속했으며 치소는 허베이성 다밍大名 동쪽.

24 오류. 『삼국지』 「위서·왕랑전」에 따르면 왕숙은 하남윤河南尹이자 태상太常이었다.

25 동당東堂: 동쪽 사랑채의 전당 혹은 대청. 고대에는 대부분 황궁 혹은 관사를 가리켰다.

26 정원正元: 조모의 연호. 254~256년.

제110회 거듭되는 강유의 출병

1 하동河東 문희聞喜: 하동은 군 명칭으로 치소는 산시山西성 샤현夏縣 서북쪽. 문희는 현 명칭으로 치소는 산시山西성 원시聞喜.

2 오류. 『삼국지』 「위서·관구검전」 배송지 주 『위씨춘추』에 따르면 '문숙文俶'으로 기록되어 있다.

3 삽혈歃血: 고대에 동맹을 맺을 때의 의식으로 맹약을 낭독한 다음 참가자들이 희생물의 피를 마시는 것으로 성의를 표시한다. 일설에는 피를 묻혀 입 주변에 바르는 것을 가리키기도 한다.

4 항성項城: 조위 예주 여남군에 속했으며 치소는 허난성 선추沈丘.

5 유병遊兵: 자주 옮겨 다니며 싸우는 작은 군대.

6 오류. 『삼국지』 「위서·왕랑전」에 따르면 왕숙은 하남윤이자 태상이었다.

7 중서시랑中書侍郎: 중서감中書監, 영슈의 속관으로 황제 조서의 초안을 관장했다.

8 오류. 『삼국지』 「위서·관구검전」과 「위서·제갈탄전」에 따르면 '진남장군鎭南將軍'으로 기록되어 있다.

9 안풍진安風津: 회하淮河 옛 나루터 명칭. 안후이성 잉상潁上 남쪽.

10 초譙와 송宋: 초현譙縣(치소는 안후이성 보저우亳州)과 송현宋縣(치소는 안후이성 타이허太和 서북쪽). 조위 예주 초군에 속했다.

11 감군監軍: 출정하는 장수의 감독을 관장했다. 지위는 군사軍師 아래였고 호군護軍 위였다.

12 오류. 『삼국지』 「위서·관구검전」에 따르면 "남돈南頓을 점거하고 반군을 기다리게 했다"고 했다. 남돈은 현 명칭으로 지금의 허난성 샹청項城 서남쪽.

13 오류. 『삼국지』 「위서·관구검전」에 따르면 '여양汝陽'으로 기록되어 있다. 여양은 현 명칭으로 치소는 허난성 저우커우周口 서남쪽. 양양은 항현 서남쪽으로 멀리 떨어진 곳이다.

14 광록훈光祿勳: 본래의 명칭은 낭중령郎中令이었고 한나라 구경 가운데 하나였다. 한 무제 태초太初 원년(기원전 104)에 광록훈으로 개명되었다. 진, 한 시기에는 궁전 문을 방비하는 직무였으나 후대에는 궁전의 잡무를 관장하는 관리로 변천했다. 속관으로 대부大夫, 낭郎,

알자謁者, 기문期門, 우림羽林 등이 있다. 후에 광록시경光祿寺卿으로 개칭되었는데 청나라 말기까지 사용되었다.

15 아부亞夫: 전한 시기의 명장으로 한나라를 건국하는 데 공을 많이 세운 주발周勃의 아들. 경제 때 오초吳楚가 반란을 일으키자 칠국七國의 난을 평정했다.

16 은수瀷水: 허난성 상수이商水에 모여 잉수이潁水강으로 흘러 들어간다.

17 남돈南頓: 현 명칭. 조위 예주 여남군에 속했다. 치소는 허난성 샹청項城 서남쪽.

18 낙가성樂嘉城: 조위 예주 여남군 남돈현에 속했으며 허난성 상수이商水 동남쪽.

19 조개皂蓋: 고대 관원들이 사용한 검은색의 해 가리개.

20 주번朱幡: 붉은색 깃발로 지위가 존귀하고 명성이나 권세가 혁혁한 자가 사용한다.

21 강편鋼鞭: 병기의 일종으로 철로 만들어졌으며 마디가 있고 날은 없다.

22 오류. 내용상 낙가성 밖에서 교전을 벌였다.

23 오류. 앞의 내용에 따라 '눈알'이라 해야 맞다.

24 신현愼縣: 현 명칭. 조위 예주 여남군에 속했으며 치소는 안후이성 잉상潁上 서북쪽.

25 오류. 『진서』 「경제기景帝紀」에 따르면 '윤정월閏正月'로 기록되어 있다.

26 사마사의 죽음에 관련된 소설의 내용은 『진서』 「경제기景帝紀」와 『자치통감』 권76 「위기 8」의 기록과 일치한다. 문양의 공격에 놀라 앓고 있던 눈알이 튀어나왔고 군심이 어지러워 질까 두려워 이불을 악물고 통증을 참아냈다는 내용도 일치한다.

27 오류. 『삼국지』 「위서·왕랑전」에 따르면 왕숙은 하남윤이자 태상이었다.

28 부한枹罕: 조위 옹주 농서군 적도狄道에 속했으며 간쑤성 린샤臨夏 동북쪽.

29 출전은 『손자』 「계편計篇」.

30 적도성狄道城: 적도현을 말한다. 조위 옹주 농서군에 속했으며 치소는 간쑤성 린타오臨洮.

31 오류. 『삼국지』 「위서·등애전」에 따르면 등애는 이때 안서장군安西將軍 대리라고 기록하고 있다.

32 노필의 『삼국지집해』 주석에 따르면 "호삼성이 '사군四郡은 농서隴西, 남안南安, 천수天水, 약양略陽이다. 약양은 당시 광위군廣魏郡으로 진晉 시기에 와서 약양으로 명칭을 변경했 다'고 했다." 광위군의 치소는 임위臨渭(간쑤성 친안秦安 동남쪽)였다.

33 오류. 『삼국지』 「위서·진태전」에 따르면 "지금 우리가 높은 곳에 올라 유리한 지형을 점거 하여 적의 목덜미 같은 항령項嶺을 마주한다면 적들은 싸우지 않고도 도주할 것이다"라고 했다. 소설에서는 '항령項嶺'이라고 표현하여 어떤 장소를 의미하지만 역사에서는 '항령項 領'이라고 다르게 기록하고 있다. 이는 목덜미의 의미로 요충지를 가리킨다. 또한 소설에서 는 등애가 말한 것으로 묘사됐지만 역사에서는 진태가 말한 것으로 기록하고 있다.

34 오류. 『삼국지』 「촉서·강유전」에 따르면 "물러나 종제鍾題에 주둔했다"고 기록하고 있다. 한중은 종제 동남쪽으로 멀리 떨어져 있다. 뒤의 문장에도 "물러나 종제에 주둔했다"고 하 고 있다.

35 오류. 검각은 한중의 서남쪽에 위치해 있기 때문에 한중으로 물러났다가 다시 서북쪽인 종 제로 가는 것은 불가능하다. 또한 검각으로 물러났다가 다시 종제로 가는 것도 불가능하 다. 적도狄道(간쑤성 린타오臨洮)와 종제의 중간 지점인 안고安故(간쑤성 린타오 남쪽)로 물 러났다고 해야 맞겠다.

36 종제鍾提: 군사를 주둔시켜 지키게 하는 군영과 보루의 명칭으로 간쑤성 린타오 남쪽 타
    오허洮河강 서쪽에 있었다. 『삼국지』 「촉서·강유전」에 따르면 '종제鍾題'로 기록하고 있고
    「위서·등애전」에는 '종제鍾提'로 기록하고 있다.

제111회 제갈탄의 봉기

1   안서장군安西將軍: 위, 진 시기에 모두 2품이었다. 지방의 군사 장관 직무를 맡아 나가거나
    혹은 주자사가 군사 사무를 겸임할 때 더해준 관직이었다.
2   가절假節: 절은 중앙 권력을 대표하는 신물로 한나라 제도에서 사신으로 가는 자는 지절을
    했다. 군사 행동 시 보고와 비준 없이 군령을 어긴 자를 사형에 처할 수 있었다.
3   호동강교위護東羌校尉: 관직 명칭으로 조위曹魏가 설치했고 옹주 서부의 강족羌族을 다스
    렸다.
4   오류. 당시 등애는 60세 정도였고 진태도 비슷한 나이였다. 나이를 따지지 않는 교분(망년지
    교)은 어울리지 않는다.
5   영사令史: 한대에는 난대상서蘭臺尚書의 속관으로 낭郎 아래였으며 문서 사무를 관장했다.
6   오류. 당시 등애는 60세 정도였다.
7   오류. 강유는 이때 농서 경내인 종제에 주둔하고 있어 이미 농서에 있었다. 기산으로 해야
    맞다.
8   오방기五方旗: 고대에 청·적·백·흑·황 다섯 가지 색깔을 사용하여 동·서·남·북·중앙의
    다섯 개 방향을 대표하는 깃발로 군중에서 사용했다.
9   무성산武城山: 간쑤성 우산武山 서남쪽.
10 단곡段谷: 간쑤성 톈수이天水 동남쪽.
11 오류. 『삼국지』 「위서·진태전陳泰傳」에 따르면 진태는 "가평嘉平 연간 초에 곽회를 대신해
    옹주자사가 되었다"고 기록하고 있다. 가평 연간은 249~254년인데 이때는 256년으로 최대
    로 잡는다 해도 7년이다.
12 오류. 상규는 천수군天水郡에 속했다. '천수'로 해야 맞다.
13 감로甘露: 위주 조모의 두 번째 연호. 256~260년.
14 오류. 『삼국지』 「위서·삼소제기」에 따르면 제갈탄을 토벌한 이후에 사마소는 상국相國에
    임명된다. 아직은 상국이 아니므로 '승상부'가 아닌 '부'로 해야 맞다.
15 오류. 『삼국지』 「위서·제갈탄전」에 따르면 이때 제갈탄은 '정동대장군征東大將軍'이었다고
    기록하고 있다.
16 오류. 『삼국지』 「위서·제갈탄전」에 따르면 제갈탄은 낭야 양도陽都 사람으로 기록하고 있
    다. 양도는 현 명칭으로 치소는 산둥성 이난沂南 남쪽.
17 족제族弟: 같은 항렬이지만 고조가 같고 증조가 다른 이를 '족형제'라 하고 그중에서 연장
    자가 나이가 어린 자를 '족제'라 부른다. 즉 자기보다 나이 어린 같은 항렬을 '족제'라 한다.
    또한 일반적으로 동족 동년배 중에 나이가 비교적 어린 자를 가리키기도 한다.
18 오류. 당시 양회라는 말은 사용하지 않았다. 『삼국지』 「위서·제갈탄전」에 따르면 "도독양

주都督揚州로 임명되었다'고 하여 '양주'라고 해야 맞다.

19 오류.『삼국지』「위서·제갈탄전」에 따르면 제갈탄은 도독양주都督揚州로 수춘壽春에 있었고, 악침은 양주자사로 역시 주州의 치소인 수춘에 있었다. 그러므로 여기서는 수춘성 안에 자사가 거주하는 곳이라고 해야 맞다. 배송지 주『세어』에서도 제갈탄이 "수하 수백 명을 이끌고 양주에 당도했다"고 했는데 여기서도 양주의 치소인 수춘의 자사가 거주하는 작은 성 정도의 의미라고 봐야 한다.

20 팔황八荒: 중원에서부터 팔방(동·서·남·북·동남·동북·서남·서북)으로 지극히 먼 곳. 천하를 가리킨다.

제112회 제갈탄의 멸망과 거듭된 강유의 중원 정벌 실패

1 오류.『삼국지』「위서·삼소제기」에는 산기상시散騎常侍로 기록되어 있다.

2 석두성石頭城: 여기서의 석두성은 허구의 지명이다. 동오의 도성인 건업의 석두성과는 무관하다.

3 안풍安豊: 군 명칭으로 조위가 여강군을 나누어 설치했다. 예주에 속했으며 치소는 안풍安風(안후이성 훠추霍邱 서남쪽)에 있었다.

4 기각지세掎角之勢: '기'는 사슴을 잡을 때 다리를 잡는 것을, '각'은 뿔을 잡는 것을 가리킨다. 원래는 양쪽 방향에서 적을 협공한다는 의미였으나 현재는 병력을 나누어 적을 견제하거나 혹은 상호 지원하는 형세를 비유한다.

5 오류.『삼국지』「오서·삼사주전三嗣主傳」에 따르면 전의는 전서全緖의 아들로 기록되어 있다. 즉 전단의 조카다. 그러므로 부자간이 아니라 숙질간이다.

6 오류. 숙부인 전단과 전역이라고 해야 맞다.

7 오류.『삼국지』「위서·제갈탄전」에 따르면 장반과 초이는 제갈탄의 모사가 아니라 심복 장군이라고 기록하고 있다.

8 제갈공휴諸葛公休: 공휴는 제갈탄의 자.

9 해로薤露: 악부樂府『상화곡相和曲』명칭으로 출상할 때 상여꾼들이 부르는 만가挽歌다. 해로는 마치 염교 잎의 이슬처럼 눈 깜짝할 사이에 마르듯 인명이 짧다는 것을 형용한다.

10 전횡田橫: 진秦 말엽 제나라 사람으로 초한 전쟁 때 스스로 제나라 왕이 되었다. 한나라 건국 이후 그는 부하 500여 명을 이끌고 섬으로 달아났다. 유방이 그에게 낙양으로 돌아오라 명했으나 그는 신하로 칭하는 것을 원치 않아 자살했고 소식을 들은 섬에 있던 부하들도 모두 자살했다.

11 전국위상全國爲上: 출전은『손자』「모공편謀攻篇」으로 살인과 파괴를 최소화해야 충분한 승리의 효과를 얻을 수 있다는 뜻이다.

12 삼하三河: 하남윤河南尹, 하동군河東郡, 하내군河內郡을 말한다. 하남윤은 위나라 도읍 낙양의 소재지이고 하동과 하내 또한 도성 부근이다.

13 장성長城: 산시陝西성 저우즈周至 서남쪽.

14 경요景耀: 촉한 후주 유선의 연호(258~263).『삼국지』「촉서·후주전」에 따르면 연희 20년

이 아닌 21년(258)에 경요 원년으로 바꾸었다고 했고, 연회 20년(257)에 강유가 낙곡에서 출전했다고 기록하고 있다. 실제 역사 기록과는 1년의 차이가 있다.

15 중귀中貴: 중귀인中貴人을 말하며 지위가 높고 존귀한 환관을 말한다.

16 주 문왕은 백성의 힘을 소중히 여기고 그들의 지지를 얻었으므로 그의 아들 무왕이 나라를 토벌할 때 적은 숫자로 많은 적을 이길 수 있었다.

17 월왕越王 구천은 전쟁에서 패한 뒤에 와신상담臥薪嘗膽하며 고통을 참아내고 자신을 격려했기에 끝내 강대한 오나라를 멸망시킬 수 있었다.

18 초와 한이 다툴 때 홍구鴻溝를 경계로 삼아 천하를 나누자고 약속했다. 홍구는 옛날 운하의 명칭으로 한대 이후에는 낭탕거狼湯渠라 했다.

19 진시황이 천하를 통일한 다음에 분봉제分封制를 폐지하고 제후왕을 파한 뒤 전국을 36군群으로 나누어 각기 태수를 두었다.

20 낙곡駱谷: 산골짜기 명칭. 북쪽 입구는 산시陝西성 저우즈周至 서남쪽이고, 남쪽 입구는 산시성 양현洋縣 북쪽. 관중과 한중 사이 교통의 중요한 길. 길이가 대략 210킬로미터다.

21 심령沈嶺: 낙곡駱谷 북쪽 입구 부근으로 장성의 남쪽에 위치해 있다. 산시陝西성 저우즈周至 서남쪽. 강유가 이곳까지 출병했기 때문에 상유링姜維嶺이라고도 한다.

22 족형族兄: 고조가 같고 증조부가 다른 동년배 형제지간을 족형제라 한다. 그중에 연장자를 족형이라 한다. 일반적으로 서면 등에 사용된다.

23 사릉철간四楞鐵簡: 편편과 유사하며 네모진 형태로 철로 만들어졌다.

24 오류. 등애는 당시 이미 60대였다. 등애와 여러 차례 교전을 벌인 강유가 등애를 모를 리가 없다.

25 조궁雕弓은 각종 무늬와 도안이 새겨진 활이고, 우전羽箭은 꼬리 부분을 새 깃털로 꿰맨 화살이다.

제113회 강유와 등애의 진법 대결

1 위원장군威遠將軍: 삼국 시기 위와 오가 임시로 설치한 잡호장군 명칭으로 5품이었다.

2 창룡문蒼龍門: 오나라 도읍 건업 황궁의 동문. 창룡은 고대 신화 속 동방의 신이다.

3 『삼국지』 「오서·손침전」 배송지 주 『한진춘추』에 따르면 "환이桓彝는 위魏 상서령 환계桓階의 아우"라고 기록하고 있다.

4 혼군昏君: 명청하고 어리석고 무도한 제왕.

5 이윤伊尹: 상나라 탕왕을 보좌하여 하나라 걸왕을 멸망시켜 상 왕조를 세웠다.

6 곽광霍光: 한나라 소제昭帝를 보필하여 정사를 집행했으며 창읍왕昌邑王의 제위를 박탈하고, 여태자戾太子의 손자를 옹립하여 선제로 즉위시켰다. 그러나 선제는 그가 죽은 뒤에 그의 일족을 모두 죽였다.

7 종정宗正: 관직 명칭으로 진秦 시기에 설치되었다. 전한 시기에도 설치되었고 구경九卿 중 하나였다. 황족이 담당했고 황족을 위한 사무 기관의 장관이었다. 한, 위 이후에는 모두 황족이 담당했다.

8 　오류.『삼국지』「오서·삼사주전」에 따르면 손휴는 처음에 호림虎林에서 살다가 단양丹陽
　　으로 옮겼고, 그 이후에 회계會稽로 옮겼다. 여기서는 회계로 해야 맞다. 호림虎林은 안후이
　　성 츠저우池州 구이츠貴池구 서쪽, 장강의 남쪽 연안.
9 　오류. 상기 주석에 따라 회계라 해야 한다.
10 　곡아曲阿: 현 명칭. 오가 운양雲陽으로 개명했는데 당시 오군에 속했다. 치소는 장쑤성 단
　　양丹陽.
11 　포색정布塞亭: 장쑤성 쥐룽句容.
12 　오류.『삼국지』「오서·삼사주전」에 따라 형 손화孫和의 아들로 해야 맞다.
13 　상수上壽: 신하가 군주에게 혹은 아랫사람이 웃어른에게 삼가 술을 올려 장수를 축원하는
　　것. 소고기와 술은 고대에 선물, 위로, 제사에 사용하는 물품이었다.
14 　오류.『삼국지』「오서·삼사주전」에 따르면 이때 맹종은 '광록훈'이었다. 「오서·손침전」에
　　따르면 맹종은 파견된 것이 아니라 스스로 무창에 주둔하기를 원했다.
15 　납일臘日: 음력 12월 8일로 여러 신에게 제사 지내는 날.
16 　오류. 형주라고 해야 맞다.
17 　반문농부班門弄斧: 노반魯班은 춘추시대 노나라 사람으로 유명한 목공이다. '공자 앞에서
　　문자 쓴다', '부처에게 설법한다'는 의미와 같다.
18 　전국시대 때 연나라 장수 악의樂毅가 군사를 이끌고 제나라를 공격하여 연거푸 70여 개의
　　성을 함락했다. 후에 연나라 혜왕이 제나라 장수 전단田單의 반간계에 걸려들어 따로 장수
　　를 보내 제나라를 치자 악의는 조나라로 달아났고 연나라 군사는 참패를 당했다.
19 　남송南宋 시기의 대장 악비岳飛는 전력으로 금나라 군사들의 진격을 막아냈고 여러 차례
　　적군을 격파하고 잃어버린 땅을 수복했으나 간신 진회秦檜의 중상모략으로 송 고종高宗이
　　즉시 악비를 돌아오게 했다. 이것은 삼국시대 이후의 사례인데 비유하기 위해 후대 사람의
　　예를 끌어온 것이다.

제114회 황제를 살해한 사마소

1 　영릉寧陵: 현 명칭. 조위 예주 양국梁國에 속했으며 치소는 허난성 닝링寧陵 동남쪽.
2 　춘추시대 때 노나라 대부 계손씨季孫氏가 정권을 장악하자 노나라 군주 소공昭公이 불만
　　을 품고 군사를 파견해 계씨를 공격했으나 실패하고 제나라로 달아났다.
3 　출전은『논어』「팔일八佾」로 '是可忍也, 孰不可忍也?'
4 　남궐南闕: 황궁의 남문. '궐闕'은 궁전 앞의 대臺 형태의 건축물로 항상 궁문의 대칭으로 사
　　용된다.
5 　운룡문雲龍門: 조위曹魏 황궁의 바깥문.
6 　출전은『진서』「종실전宗室傳」으로 침시어고枕尸於股로 기록되어 있다. 죽은 자의 머리를
　　자신의 다리에 받치는 것은 고대에 신하가 뜻밖에 살해된 군주에게 애통함을 표시하고 예
　　를 다하는 일종의 방법이다.
7 　오류.『삼국지』「위서·삼소제기」에는 성쉬가 형이고 성제가 동생으로 기록되어 있다.

8 정위廷尉: 진한 시기 중앙 최고 사법 행정 장관. 구경 가운데 하나로 형벌을 관장했다.
9 동시東市: 한대에는 장안 동쪽 시장에서 사형을 판결받은 범인을 처결했다. 나중에는 '형장刑場'을 가리켰다.
10 복검伏劍: 왕릉王陵은 한고조 유방의 부하 장수다. 초한 전쟁 때 항우가 왕릉의 모친을 잡아 그 아들을 항복하게 하려 했으나 모친은 자신의 아들이 한마음으로 유방을 따르도록 하기 위해 검으로 자결했다.
11 태화泰華: 동악東岳 태산泰山과 서악西岳 화산華山.
12 오류. 『삼국지』 「위서·삼소제기」에 따르면 "사마소를 상국으로 임명하고 진공으로 봉하며, 돈 1000만을 하사했다"고 기록하고 있다.
13 오류. 야곡斜谷은 기산에서 동쪽으로 상당히 멀리 떨어져 있다. 야곡의 동쪽에는 낙곡駱谷이 있고 다시 동쪽으로 자오곡子午谷이 있다. 결국 촉군의 출병이 장안을 목표로 한다면 미현郿縣-무공武功-괴리槐里-장안長安으로 이어지는 전선을 취할 것이다. 여기서는 '기산 앞에서 집합'이 아닌 '장안 앞에서 집합'으로 고쳐야 하고 세 갈래 길로 군사들이 '기산'을 향해 나아가는 것이 아니라 미현, 무공, 괴리가 속해 있는 부풍군扶風郡과 경조군京兆郡으로 나아간다고 해야 맞다.
14 오류. 강유 자신은 야곡(산시陝西성 메이현眉縣 서남쪽)으로 나갔다고 했으니 당연히 기산이 아닌 미성郿城(미현郿縣. 산시성 메이현 동쪽)을 취해야 한다.
15 오류. 상기 주석에 따라 '미성'이라고 해야 맞다.
16 담산壜山: 허구의 지명.
17 오류. 야곡은 기산에서 동쪽으로 상당히 멀리 떨어져 있다.
18 오류. 야곡에서 한중으로 쳐들어간다면 방향은 남쪽이 되어야 한다.
19 흑룡강黑龍江: 포수襃水를 말한다. 산시陝西성 타이바이太白에서 발원하여 남쪽으로 흘러 지금의 한중에 모여들어 한수이漢水강으로 흘러 들어간다.

제115회 실패로 끝난 중원 정벌

1 조양洮陽: 간쑤성 린탄臨潭.
2 오류. 『삼국지』 「촉서·강유전」과 「위서·등애전」에는 '후화侯和'로 기록되어 있다. 후화는 취락 명칭으로 간쑤성 줘니卓尼 동북쪽.
3 옹성甕城: 성문 밖에 축조한 반원형의 작은 성으로 성문을 보호하고 방어를 강화하기 위해 쌓은 성.
4 오류. 『삼국지』 「촉서·유염전」에 따르면 '태후'로 기록되어 있다.
5 오류. 『삼국지』 「촉서·유염전」에 따르면 '오백五百'은 군사 500명이 아닌 '오백五佰'으로 관부에서 심부름하는 근무병을 가리킨다. 관원이 출행할 때 수레를 선도하기도 했다.
6 유사有司: 주관 부서의 관리를 가리킨다. 고대에는 관직을 두고 직분을 나누었으며 각기 전사專司(전문 관리)가 있었으므로 유사라 칭했다.
7 오류. 『삼국지』 「촉서·유염전」에 따르면 "신발이 닿을 곳(신발로 때리는 곳)"으로 기록하고

있다.

8 기시棄市: 사형의 일종으로 번화한 시가지에서 사형을 집행하고 시체를 거리에 내버렸기 때문에 기시棄市라 했다. 보편적인 형법으로 진시황 통치 기간에 시작되었다. 진한秦漢 시기의 기시는 참형이 아니라 교수형이었다.

9 명부命婦: 봉호封號를 받은 부인을 가리킨다. 궁정 안에 있는 비빈들은 내명부內命婦라 했고 궁정 밖 신하의 모친이나 부인은 외명부外命婦라 했다.

10 오류.『삼국지』「촉서·강유전」에 따르면 우대장군右大將軍으로 기록하고 있다. 우대장군은 촉한 후기에 염우를 위해 설치된 관직으로 황호가 이것으로 대장군 강유를 견제하고 염우로 강유를 대신하게 했다.

11 호산湖山: 태호석太湖石(장쑤성 타이후太湖호에서 나는 돌로 구멍과 주름이 많고 정원 장식에 많이 쓰임)을 쌓아 만든 인공 산.

12 출전은『논어』「안연顔淵」.

13 오류. 답중은 당시 익주 음평군陰平郡 북부로 조위의 농서군隴西郡과 가까운 지역이었다. 음평 북쪽으로 해야 맞다.

14 답중沓中: 촉한 익주 음평군陰平郡 음평현陰平縣에 속했다. 간쑤성 저우취舟曲 서북쪽.

15 한수성漢壽城: 한수현漢壽縣을 말한다. 촉한 익주 재동군梓潼郡에 속했다. 쓰촨성 광위안廣元 서남쪽.

16 낙성樂城: 성고현成固縣의 성을 말한다. 치소는 산시陝西성 청구城固 동쪽.

17 한성漢城: 면양현沔陽縣의 성을 말한다. 치소는 산시陝西성 멘현勉縣 동쪽.

18 오류.『삼국지』「촉서·강유전」에 따르면 "양안관陽安關을 지키게 했다"고 기록하고 있다. 양안관은 양평관陽平關으로 산시陝西성 멘현勉縣 서쪽.

19 가절월假節鉞: 절과 월은 황제의 신물信物이다. '절'은 황제를 대표하는 신분으로, 절을 소지한 사신은 황제와 국가를 상징하며 상응하는 권력을 행사할 수 있다. 무장에게 '가절假節'은 자신의 군중에서 군령에 저촉된 사졸을 참살할 수 있는 권한이었다. '월'은 도끼와 같은 형태로 일종의 형구이며, 군왕의 전속으로 간혹 신하에게 잠시 빌려줄 수 있는데 이것을 '가절월'이라고 칭한다. 군왕이 소유한 권한을 부여하는 것 중에 '가절월'의 규격은 지극히 높으며 '가절월'을 보유했다는 것은 자기 마음대로 군령에 저촉된 사졸을 참살할 수 있을 뿐만 아니라 군주를 대신해 출정할 수 있으며 절을 소지한 대장을 참살할 수 있는 권력이 있다는 뜻이었다.

20 진, 한 시기에 함곡관 혹은 동관 동쪽 지구를 관외關外라 했다. 농상隴上은 산시陝西성 북쪽, 간쑤성과 서쪽 일대 지방.

21 등돈은 소설에만 등장하는 허구의 인물이다.

22 위나라 감로 2년(257) 사마소가 대군을 인솔하여 제갈탄을 공격한 일.

23 멸괵취우滅虢取虞: 가도멸괵지계假途滅虢之計로 춘추시대 때 진晉나라는 우虞나라의 길을 빌려 괵虢나라를 공격했다. 진나라는 괵나라를 친 다음 군사를 회군시켜 기세를 몰아 우나라까지 멸망시켰다.

24 오류. 등주登州와 내주萊州는 수隋, 당唐 시기의 지명으로 당시는 청주 동래군東萊郡에 속했다. 등주는 무주武周 때 처음으로 설치되었고 치소는 지금의 산둥성 옌타이煙臺 무핑牟

平구다. 내주는 수나라 때 설치되었는데 치소는 산둥성 라이저우萊州였다.

제116회 정군산의 신령

1 이 말은 『삼국지』와 배송지 주 『진서』에는 보이지 않는다. 출전은 『사기』 「회음후열전淮陰侯列傳」 『오월춘추吳越春秋』 「구천입신외전勾踐入臣外傳」.
2 오류. '세 골짜기'는 서쪽에서 동쪽의 순서로 야곡-낙곡-자오곡이다. 종회가 관중으로부터 남하한다면 오른쪽은 야곡, 가운데는 낙곡, 왼쪽은 자오곡이 되므로 가운데 길은 낙곡, 좌군은 자오곡, 우군은 야곡으로 고쳐야 맞다.
3 오류. 『삼국지』 「위서·등애전」에 따르면 진로호군珍虜護軍으로 기록되어 있다. 진로호군은 호군의 일종으로 6품이었다.
4 건蹇은 『주역』에서 제39괘卦의 괘명卦名이다. 간괘艮卦와 감괘坎卦로 이루어져 있고 아래의 간괘는 산을 대표하고 위의 감괘는 물을 대표하므로 산 위에 물이 있다고 한 것이다.
5 감송甘松: 간쑤성 데부迭部 동남쪽.
6 『진서』 「유식전劉寔傳」에 따르면 소설과 같은 내용으로 기록하면서 유식이 선견지명이 있었다고 기록하고 있다. 역사에서는 대화를 나눈 상대가 왕상이 아니라 어떤 손님이라고만 기록하고 있다.
7 양안관陽安關: 북송 이후의 양평관이다. 산시陝西성 닝창寧強 서북쪽.
8 음평교陰平橋: 음평현陰平縣(간쑤성 원현文縣) 동남쪽에 있었으며 백수白水를 건너는 옛 다리의 명칭이다.
9 염흥炎興: 촉한 후주 유선의 네 번째 연호. 263년.
10 남정南鄭: 현 명칭으로 한중군의 군치 소재지. 산시陝西성 한중漢中.
11 산관山關: 산에 의지하여 건설된 성보城堡.
12 오류. 『삼국지』 「위서·종회전」에 따르면 '전장군前將軍'으로 기록되어 있다.
13 오류. 정군산은 양안관 동북쪽에 위치해 있다. '동북쪽'으로 해야 맞다.
14 오류. '동북쪽'으로 해야 맞다.
15 오류. '동북쪽'으로 해야 맞다.
16 신묘神廟: 일반적으로 제왕의 종묘를 가리키며 사찰을 가리키기도 한다.
17 태뢰太牢: 고대 최고 등급의 제수 용품으로 소, 양, 돼지 세 가지 희생물을 준비하는 것을 태뢰라 한다.
18 강천구彊川口: 강수彊水의 어귀. 간쑤성 원현文縣 서북쪽.
19 공함곡孔函谷: 하곡河谷(하천이 흐르는 골짜기) 명칭. 백수白水 옆이며 간쑤성 저우취舟曲 동남쪽 일대.
20 오류. 『삼국지』 「촉서·강유전」 「촉서·장익전」 「촉서·종예전」에 따르면 "좌거기장군左車騎將軍 장익, 우거기장군右車騎將軍 요화"로 기록되어 있다.
21 백수관白水關: 요충지 명칭으로 광한군廣漢群 백수현白水縣에 있었다. 쓰촨성 광위안성廣元城 북쪽.

제117회 등애, 음평을 넘어 면죽을 함락시키다

1 보국대장군輔國大將軍: 신新 말기에 유영劉永이 설치했다가 촉한 경요 4년(261)에 다시 설치되었다.

2 함거檻車: 대나무, 나무 쇠막대 등으로 만든 울타리로 폐쇄한 수레. 죄인을 가두거나 맹수를 싣는 데 사용했다. 『후한서』 이현 주석에 따르면 "함거는 판자로 사면을 울타리로 만든 것으로 보이지 않는다"고 했다.

3 출전은 『논어』 「위영공衛靈公」.

4 오류. 『삼국지』 「위서·등애전」에는 한중 덕양정德陽亭이 아닌 한대漢代의 덕양정이라고 기록하고 있다. 덕양정은 쓰촨성 장유江油 동북쪽의 옌먼진雁門鎭.

5 마천령摩天嶺: 쓰촨성, 간쑤성 경계에 동서로 뻗쳐 있고 주봉은 쓰촨성 핑우平武 북쪽에 있다.

6 강유江油: 쓰촨성 핑우平武 동남쪽의 난바진南壩鎭.

7 '두 불二火'은 '염염炎炎'을 말하니 후주 유선의 연호 염흥炎興을 가리킨다.

8 '두 인사二士'는 등애와 종회를 가리키는 것이다. 등애의 자는 사재士載, 종회의 자는 사계士季로 두 사람 모두 자에 '사士' 자가 들어간다.

9 검은 학玄鶴은 서진 때 최표崔豹의 『고금주古今注』 「조수鳥獸」에 "학이 1000년을 살면 푸른색으로 변하고, 또 2000년을 살면 검은색으로 변해 현학玄鶴이라 한다"고 기록하고 있다.

10 오류. 동천東川은 당나라 때 처음 설치되었으며 한중으로 해야 맞다.

11 오류. 『삼국지』 「촉서·제갈량전」에 따르면 "기도위騎都尉로 임명되었다"고 기록하고 있다.

12 오류. 『삼국지』 「촉서·제갈량전」에 따르면 도호都護 대리, 위장군衛將軍으로 기록하고 있다. 이하 동일. 도호都護는 관직 명칭으로 촉한은 중, 좌, 우 삼도호三都護를 설치했는데 군사軍事를 관장했다. 여기서는 중도호中都護를 가리킨다.

13 왕기王氣: 제왕의 운수를 상징하는 상서로운 기운.

14 면중沔中: 지구 명칭으로 한중漢中이라고도 한다. 일반적으로 후베이성 샹양을 중심으로 한 한수이강 중류 지구로 이때는 위의 관할에 속했다. 대략 산시陝西성 남부에서 후베이성 서북부 지구 일대.

15 염유炎劉: 한나라는 화덕火德에 응했고 유방이 적제자赤帝子로 칭했으므로 한나라를 염유炎劉라 한다. 여기서는 촉한을 가리킨다.

제118회 마침내 멸망한 촉한

1 남중칠군南中七郡: 월수越嶲, 주제朱提, 건녕建寧, 장가牂柯, 운남雲南, 영창永昌, 흥고興古를 가리킨다. 쓰촨성 남부, 윈난성과 구이저우성 대부분과 광시성 서북부 지역까지 포함한다.

2 사서私署: 사적으로 관직을 수여했다는 의미. 유선이 항복을 청할 때 겸손의 표현을 사용한 것이나 합법적인 것이 아니다. 시중 장소라고 해야 맞다.

3 면박여츤面縛輿櫬: 고대 군주가 패전하여 투항하는 의식이다. 면박은 두 손을 뒤로 결박하고 얼굴은 승리를 거둔 자에게 향하는 것으로 저항을 포기한다는 표시다. 여츤은 관을 수

레에 싣는 것으로 다시는 저항하지 않고 스스로 형벌을 받겠다고 청하는 것이다.

4 오류. 『삼국지』 「촉서·후주전」 배송지 주 왕은王隱의 『촉기蜀記』에 "익주별가益州別駕 여초汝超"라고 기록하고 있다. 앞에서 장소張紹는 '시중侍中'이라고 했다.

5 당나라 시인 이상은李商隱의 「주필역籌筆驛」을 말한다.

6 전거傳車: 고대 역참의 장거리 여행 전용 수레.

7 금리錦里: 쓰촨성 청두成都 남쪽 무후사武侯祠 소재지.

8 양보음梁父吟: 「양보음梁甫吟」이라고도 하며 악부 초조楚調의 곡명이다. 양보는 산 이름으로 태산 아래에 있다. 사람이 죽으면 이 산에 매장했기에 만가輓歌가 되었고 가사가 구슬프고 강개하다.

9 오류. 익주는 '주州'이므로 주 이하 단위인 "각 군郡을 통솔하게 했다"고 해야 맞다.

10 출전은 『사기』 「회음후열전淮陰侯列傳」.

11 백기白起: 전국시대 후기 진秦나라 명장. 수만 명의 군사를 인솔하여 초나라를 공격했고 이듬해 초나라 도성 영郢을 점령했다.

12 정후亭侯: 작위 명칭. 진秦, 한漢, 위魏, 진晉 때 설치되었고 20등급의 작위 중에 가장 높은 것을 철후徹侯라 했다. 나중에 한 무제를 피휘하기 위해 통후通侯로 변경되었고 다시 열후로 변경되었다. 후한 시기 때 열후 중에 공이 큰 자는 식현食縣, 공이 작은 자는 식향食鄕, 정후이었는데 열후 가운데 식록이 현에 해당하는 자를 현후縣侯라 했고 향鄕, 정에 해당하는 자를 향후鄕侯, 정후亭侯라 했다.

13 오류. 『삼국지』 「위서·등애전」에 따르면 등애는 옹주 서부로부터 익주를 공격했으므로 '남쪽 정벌'이다. 여기서는 '정벌에 나서'로 표현해야 맞다.

14 출전은 『손자병법』 「지형地形」으로 본문과는 다르게 '戰不求名, 退不避罪'라고 했다.

제119회 사마염의 등장

1 오류. 이때 등애는 이미 '태위'로 임명되어 있었다. (118회 참조)

2 한신韓信은 한나라 개국 공신으로 병권을 잡고 있을 때 그의 모사인 괴통蒯通이 기회를 틈타서 자립하여 유방을 배반하고 초, 한과 천하를 삼분하라고 권했으나 한신은 듣지 않았다. 전국을 통일한 다음에 유방은 한신의 병권을 빼앗았고 여후呂侯는 그를 미앙궁으로 유인한 다음 죽였다.

3 대부종大夫種은 문종文種을 말하며 춘추시대 월나라 대부였다. 범여范蠡와 함께 월왕 구천을 도와 오나라를 멸망시켰다. 오를 멸망시킨 뒤에 범여는 구천과는 함께할 수 없다는 것을 알고 몰래 떠났고 떠나기 전에 문종에게 오호五湖로 가서 은거하자고 했는데 문종은 듣지 않았다. 나중에 문종은 결국 구천에게 핍박받다가 자살하고 말았다.

4 적송자赤松子: 전설 속의 신선으로 신농神農 때 비를 맡은 신으로 전해진다.

5 오류. 『삼국지』 「촉서·강유전」에 "건흥建興 6년(228)에 27세였다"는 기록이 있다. 즉 강유는 202년에 태어났고 이때가 264년이므로 63세였다.

6 자방子房은 유방을 도와 한나라의 천하 통일을 이룬 장량을 말한다.

7 도주공陶朱公은 범여를 말한다. 월왕 구천을 도와 오나라를 멸망시키고 관직을 버리고 숨었다. 도주공은 범여가 은거한 이후의 별호다.

8 함희咸熙: 위주 조환의 두 번째 연호. 264~265년.

9 중서승中書丞: 손오가 설치했고 중서령中書令 속관이다. 지위는 중서시랑中書侍郎의 위였고 국정에 참여했다.

10 오류.『삼국지』「오서·육손전」에 첨부된『육항전』에 따르면 "영안 2년(259), 진군장군鎭軍將軍, 서릉西陵(현 명칭으로 치소는 후베이성 시수이浠水 서남쪽) 도독都督(오는 군사 요지에 도독을 설치했고 주둔군을 통솔했다)으로 임명했다"고 했고, "영안 3년(260) 진군대장군을 더해주고 익주목을 겸하게 했다"고 기록하고 있다.

11 강구江口: 장강 서릉협구西陵峽口로 장강에서 촉으로 나가는 요충지. 후베이성 이창宜昌.

12 오류.『삼국지』「오서·손소전孫韶傳」에 따르면 영군장군領軍將軍(조비가 설치한 고급 무관으로 황궁의 금위 부대를 통솔했다. 오도 위를 모방해 설치했다)으로 기록하고 있다. 또한, 남서南徐는 동진東晉 때 서주西州를 설치했다가 남조 유송劉宋 때 남서로 개명되었고, 이때는 '경성京城'이었다.

13 오류. 곽익이 있던 남중南中 지구는 성도의 남쪽에 위치해 있으므로 북쪽을 향해야 한다.

14 오류.『삼국지』「위서·삼소제기」에 따르면 이 일은 사마소가 죽은 함희 2년(265) 8월의 일로 지난 일을 서술하는 것은 아니다. '올해'라고 바꿔야 맞다.

15 양무현襄武縣: 조위 옹주 농서군隴西郡에 속했다. 남안 군치 소재지로 간쑤성 룽시隴西 동남쪽.

16 오류.『삼국지』「위서·삼소제기」에서는 '3장'으로 기록하고 있다.

17 금근거金根車: 황금으로 장식한 근거根車로 제왕이 타는 수레. 근거는 자연적으로 원형으로 굽은 나무를 사용하여 수레바퀴를 제조한 수레를 말한다.

18 오류.『삼국지』「위서·삼소제기」에는 '사공'으로 기록되어 있다.

19 오류. 조조에게 무조라는 칭호는 옳지 않다. 위나라 신하와 백성이 조조를 칭할 때는 묘호인 '태조太祖' 혹은 시호인 '무황제武皇帝'라고 해야 한다.

20 장절張節은 역사 기록에 없는 허구의 인물이다.

21 과瓜: 금과金瓜를 말한다. 호위병들이 지니고 있던 의장용 병기로 봉의 끝이 참외 모양이며 구리로 제작되었고 금색이었다.

22 오류.『진서』「무제기」에 따르면 '병인丙寅일'로 기록되어 있다.

23 금용성金墉城: 위 명제明帝 때 축조되었다. 폐위된 황제와 황후를 안치하는 데 사용되었고 당시 낙양성(허난성 뤄양洛陽 동쪽) 서북쪽 모퉁이에 있었다.

24 태시太始: 진나라 무제武帝 사마염의 첫 번째 연호. 265~274년.

25 산양공山陽公: 건안 25년(220) 위 문제 조비가 한나라 헌제 유협을 폐위하고 산양공山陽公으로 봉했었다.

26 칠묘七廟: 제왕의 종묘에서 태조와 3소昭 3목穆, 모두 7대 조상을 모시는 것. 소와 목은 고대의 종법 제도로 종묘에서 신위의 배열 순서로 왼쪽은 소, 오른쪽은 목이다.

제120회 삼분천하, 하나로 통일되다

1 좌전군左典軍: 손오孫吳가 중中, 좌左, 우右 삼전군三典軍을 설치했는데 숙위병을 관장했고 황제 신변의 측근 신하가 되었다.

2 원흥元興: 손호의 첫 번째 연호. 264~265년.

3 감로甘露: 손호의 두 번째 연호. 265~266년.

4 보정寶鼎: 손호의 세 번째 연호. 266~269년.

5 오류.『삼국지』「오서·육개전」에 따르면 '협挾(협박하다)'이 아닌 '부扶(의지하다)'로 기록되어 있어 '붕당을 결성하고 서로 도우며 사리를 도모하다'라고 해야 한다.

6 진나라 태강 원년(280)에 손호는 항복했다.

7 청개青蓋: 푸른색의 덮개가 있는 수레로 한나라 제도에서 황제가 타는 수레.

8 오류.『삼국지』「오서·육항전陸抗傳」에는 '진군대장군鎮軍大將軍'으로 기록되어 있다.

9 경경頃: 토지 면적 단위, 1경頃 = 6.66666헥타르 = 100묘畝. 1묘畝 = 666.66666제곱미터.

10 서릉西陵: 현 명칭. 오국 형주 의도군宜都郡에 속했다. 후베이성 이창宜昌.

11 오류. 영군장군領軍將軍 손이孫異였다.

12 건형建衡: 손호의 네 번째 연호. 269~271년.

13 봉황鳳凰: 손호의 다섯 번째 연호. 272~274년.

14 함녕咸寧: 진晉 무제武帝 사마염의 두 번째 연호. 275~280년.

15 오류.『진서』「두예전杜預傳」에는 "도지상서度支尚書로 임명했다"고 기록하고 있다.

16 오류.『진서』「두예전」에는 '중서령中書令'으로 기록되어 있다.

17 오류.『진서』「무제기」와『삼국지』「오서·삼사주전」,『자치통감』권80「진기 2」에는 두예를 대도독으로 임명했다는 기록은 없으며 여섯 갈래 길 장군 가운데 한 명이었다.

18 도중涂中: 도수涂水 유역을 말한다. 지금의 추허滁河강 유역을 말한다. 안후이성 페이둥肥東에서 장쑤성 난징 일대까지다.

19 오류.『진서』「무제기」에는 '안동장군安東將軍'으로 기록되어 있다.

20 횡강橫江: 안후이성 허현和縣 동남쪽, 장강 북쪽 연안.

21 광무장군廣武將軍: 잡호장군 중 하나로 위가 설치했으며 4품이다.

22 관군장군冠軍將軍: 잡호장군 중 하나.

23 오류.『진서』「무제기」에 따르면 "태위 가충을 대도독으로 삼고, 관군장군 대리 양제에게 그를 보좌하여 군사들을 통솔하게 했다"고 기록하고 있다.

24 오류.『삼국지』「오서·삼사주전」에 따르면 '좌장군'이 아닌 '단양丹陽태수'로 기록되어 있다.

25 오류.『삼국지』「오서·삼사주전」 배송지 주『진기晉紀』에 따르면 '부군사副軍師'로 기록되어 있다.

26 낙향樂鄉: 동오 형주 남군 강릉현에 속했다. 후베이성 장링江陵 서쪽, 장강 남쪽 연안.

27 파산巴山: 낙향의 서쪽에 있으며 장강 남쪽 연안.

28 광주廣州: 주 명칭. 동오가 교주를 나누어 설치했다. 치소는 광둥성 광저우廣州 판위番禺구였다.

29 오류.『진서』「두예전」에 따르면 '내년 봄'이 아닌 '돌아오는 겨울'이라고 했다.

30 오류. 『진서』「왕준전」에 따르면 "큰 뗏목 수십 개를 만들었으며 사방 100여 보였다"고 기록하고 있다.

31 위체: 원주를 계산하는 대략적인 단위다. 양팔을 벌려 껴안은 길이를 가리키기도 하고 양손의 집게뼘을 합친 길이를 나타내기도 하는데 정확하게 정해진 수는 없다.

32 오류. 『진서』「왕준전」에 따르면 유격장군遊擊將軍 장상張象으로 기록하고 있다.

33 삼산三山: 산 명칭. 세 봉우리가 서로 연결되어 있다고 해서 삼산이라 했다. 장쑤성 난징南京 서남쪽, 장강 동쪽 연안에 위치해 있다.

34 당나라 시인 유우석劉禹錫의 「서새산회고西塞山懷古」. 원시와는 약간의 차이가 있는데, 첫 구절에서 서진이 아닌 '왕준'으로 나와 있다.

35 금릉金陵: 오나라 도읍 건업建業. 지금의 난징南京.

36 오류. 호는 가정을 가리키며 구는 인구를 가리킨다. 『삼국지』「오서·삼사주전」 배송지 주 『진양추晉陽秋』에 따르면 52만3000호라고 기록하고 있다.

37 오류. 『삼국지』「오서·삼사주전」에 따르면 "여러 아들 중에서 왕이 된 자는 낭중으로 임명했다"고 기록하고 있다.

38 태안太安: 진 혜제惠帝 사마충司馬衷의 여섯 번째 연호. 302~303년.

39 태강太康: 진 무제武帝 사마염의 세 번째 연호. 280~289년.

40 부상扶桑: 전설 속의 신령스러운 나무로 해가 뜨는 곳이라 한다.

41 금오金烏: 태양 속에 세 발 달린 까마귀로 태양의 별칭이다.

42 함지咸池: 신화 속의 지명으로 태양이 목욕하는 곳.

43 오류. 당시 장연張燕은 '하북河北'에 있었다. '장수張修'로 고쳐야 맞다.

44 오류. 강유는 여덟 차례 중원 정벌에 나섰다. 마지막 여덟째 중원 정벌에 나서고 답중沓中에서 둔전하며 더 이상 중원 정벌에 나서지 못했다.

삼국지 읽는 법

1 윤운閏運: 운수가 정상적이지 않은 난세를 말하며 정통이라 할 수는 없다. 비정통을 말한다.

2 참국僭國: 정통이 아닌 비합법적 방식으로 건립된 국가를 말한다.

3 『통감通鑑』: 『자치통감資治通鑑』을 말한다. 『자치통감』은 북송北宋 때 학자인 사마광司馬光(1019~1086) 등이 19년에 걸쳐 편찬한 편년체編年體 통사通史다.

4 『강목綱目』: 주희朱熹(1130~1200)의 저작 『통감강목通鑑綱目』을 말하며 사마광의 『자치통감』을 강綱과 목目으로 나누어 편찬한 것이다. 삼국사에 대해 위나라의 연대를 기재한 사마광의 『자치통감』을 주희가 촉한의 연대를 기재하여 정통 관념을 널리 알렸다. 자양紫陽은 주희의 부친인 주송朱松이 자양산紫陽山(안후이성 서현歙縣)에서 독서를 했었는데, 주희는 자신의 대청을 '자양서실紫陽書室'이라 하고 잊지 않았다. 이후에 자양은 주희의 별칭이 되었다.

5 동진東晉(317~420)의 건국자인 원제元帝 사마예司馬睿(276~322)는 우牛 씨인 우금牛金의 자식으로 전해지고 있다.

6 구석九錫: 고대에 천자가 제후나 대신에게 하사한 아홉 가지 물품으로 일종의 가장 높은 예우다.

7 연운燕雲 16주州: 후진後晉 천복天福 3년(938), 석경당石敬瑭이 거란契丹에 할양한 것으로 지금의 베이징, 톈진과 산시山西성, 허베이성 북부의 16주.

8 진교병변陳橋兵變: 진교陣橋는 지금의 허난성 펑추封丘 동남쪽 진교진陣橋鎭에 위치해 있는 역참으로 조광윤趙匡胤이 이곳에서 군사 반란을 일으키고 송을 건립했다.

9 진교병변 때 제장들이 조광윤에게 황포黃袍(고대 제왕 복색의 상징)를 걸치게 하고 그를 옹립하여 제위에 오르게 했다.

10 조변趙抃(1008~1084): 자는 열도閱道이고 송나라 때 구주衢州 서안西安(지금의 저장성 취저우衢州) 사람이다. 조변은 하루에 한 일을 그날 밤에 반드시 의관을 갖추어 분향하고 하늘에 고했다고 한다.

11 완적阮籍(210~263): 삼국시대 위나라 시인. 자는 사종嗣宗으로 진류陳留 위씨尉氏(지금의 허난성) 사람. 죽림칠현竹林七賢 중 한 명으로 '청안백안靑眼白眼'의 고사로 유명하다. 그와 마음이 맞는 사람은 '청안(보통 눈)'으로 대하고, 싫은 사람에게는 '백안(백안시白眼視, 업신여기는 눈)'으로 대했다고 한다.

12 왕돈王敦(266~324)은 자가 처중處仲이고 낭야琅邪 임기臨沂(지금의 산둥성 린이臨沂 북쪽) 사람으로, 사마예司馬睿를 도와 동진東晉 정권을 건립했으나 후에 정변을 일으켰다. 곽박郭璞(276~324)은 자가 경순景純이고 하동河東 문희현聞喜縣(지금의 산시山西성 원시聞喜) 사람으로, 왕돈의 기실참군記室參軍이 되었는데, 왕돈이 무창武昌에서 반란을 일으켰을 때 점을 치고는 반드시 패할 거라고 말했다가 왕돈에게 살해당했다.

13 환온桓溫(312~373)은 자가 원자元子이고 동진東晉 초국譙國 용항龍亢(지금의 안후이성 화이위안안懷遠 룽캉진龍亢鎭) 사람으로, 해서공海西公 사마혁司馬奕을 폐위시키고 간문제簡文帝를 세워 몰래 황위를 찬탈하려고 하다가 뜻을 이루지 못하고 병들어 죽었다. 왕맹王猛(325~375)은 자가 경략景略이고 십육국시대 전진前秦 북해군北海郡 극현劇縣(지금의 산둥성 웨이팡濰坊 서우광壽光) 사람으로, 환온이 천하의 인재를 모집했는데 왕맹이 찾아가 이야기를 하면서 자주 손을 옷 속에 넣어서 이(슬蝨)를 잡으며 천하의 대사를 논한 것으로 유명하다.

14 이임보李林甫(683~752): 당 현종玄宗 때의 재상으로 19년 동안 재상으로 있으면서 제멋대로 독재 정치를 했으며 언로를 막아 '구밀복검口蜜腹劍'이라는 말을 만들어낸 인물이다. 변경의 절도사節度使로 이민족異民族 출신의 번장番將들을 등용하여 안사安史의 난을 불러일으켰다.

15 한탁주韓侂胄(1152~1207): 자는 절부節夫로 안양安陽(지금의 허난성에 속함) 사람으로 남송의 정치가. 13년 동안 군사와 정치 대권을 장악했으며 개인의 권세 확장을 위해 금金 토벌군을 일으켰다가 실패하고 사미원史彌遠에게 살해당했다.

16 패삼걸沛三傑: 한고조 유방은 패沛 땅 풍현豊縣 사람으로, 같은 고향 출신인 소하蕭何, 주발周勃, 번쾌樊噲를 말한다.

17 상산사호商山四皓: 진秦 말기의 동원공東園公, 기리계綺里季, 하황공夏黃公, 각리 선생角里先生을 말하며 진의 난을 피하여 상산商山(지금의 산시陝西성 상뤄商洛 경내)에 은거했는데 나

이가 모두 80세가 넘었고 수염과 눈썹이 모두 희어 상산사호라 불린다.

18 한나라 광무제光武帝 휘하에서 천하를 통일하고 한나라 황실을 중흥시키는 데 공적이 가장 큰 28명의 대장을 말한다. 명제明帝 때 이 28명의 공신들의 화상을 낙양 남궁南宮의 운대雲臺에 그려넣어 '운대 28장수'라고 한다.

19 후한의 은사 엄광嚴光을 가리킨다. 회계會稽 여요餘姚(지금의 저장성 닝보寧波 츠시慈溪) 사람으로 자는 자릉子陵이다. 젊어서부터 명성이 높았고 광무제 유수劉秀와 함께 공부했다. 광무제가 즉위하자 간의대부諫議大夫를 제수하려고 했지만 사양하고 부춘산富春山에 은거했다.

20 영주학사瀛洲學士: 당 태종太宗(이세민李世民)이 진왕秦王이 되었을 때 문학관文學館을 설립하여 재능과 지혜가 출중한 인재들을 초빙하여 학사로 임명했다. 이때 등용된 학사는 18명으로 이들을 18학사라고 부른다. 영주는 전설에서 신선이 산다는 삼신산三神山의 하나인 영주산瀛洲山을 말한다.

21 한나라 선제宣帝가 지난날 보좌하여 공이 있는 신하들을 회고하며 미앙궁未央宮의 기린각麒麟閣에 11명 공신의 초상화를 그려넣어 기념하고 표창했다.

22 배주절도杯酒節度: 한 잔 술로 절도사의 병권을 빼앗다. 송 태조太祖 조광윤趙匡胤은 즉위 후에 석수신石守信, 왕심기王審琦 등을 불러 술을 마시며 그들이 병권을 놓기를 권유했다. 이는 금군禁軍 장수들이 반란을 일으켜 정권을 탈취하는 것을 제거하고자 취한 중요한 절차였다.

23 시시柴市: 지금의 베이징 선무문宣武門 밖 채시구菜市口.

24 등림鄧林: 고대 전설 속의 숲. 걸음을 잘 걷던 과보夸父가 해와 경주하다가 중도에서 목이 말라 죽었고 그가 지팡이를 버렸는데 그것이 등림鄧林이 되었다고 한다.

25 현포玄圃: 전설 중에 곤륜산崑崙山 꼭대기에 있다는 신선이 거처하는 곳으로 진귀한 꽃과 신기한 돌이 있다고 전해진다.

26 출전은 『좌전左傳』 「양공襄公 29」로 "오국吳國의 공자 계찰季札이 소소韶箾(우순虞舜을 칭송한 악무) 춤을 보고 말했다. '성덕이 극점에 도달했으니 어떠한 것도 이 악무보다 좋은 것은 없을 것이며 보고 즐기는 것이 정점에 도달했도다.'"

27 진鎭: 군사 거점, 주둔지로 고대 변경에 군사를 주둔시키고 방비하는 곳을 진鎭이라 했다.

28 주모主母: 비첩(첩과 시녀), 하인이 여주인에 대한 호칭.

1. 소설 『삼국지』 관련 자료

三國演義: 沈伯俊 校理, 鳳凰出版社, 2009
三國演義: 人民文學出版社, 第3版, 2013
四大名著 名家點評, 三國演義: 毛綸, 毛宗崗 點評, 中華書局, 2009
毛宗崗 批評本 三國演義: 鳳凰出版社, 2010
軍事地圖本 三國演義: 許盤淸, 萬波, 尹小林 主編, 中國地圖出版社, 2011
三國演義 補證本: 盛巽昌 補證, 上海人民出版社, 2007
三國演義 文史對照本: 周文業 主編, 鄧宏順 編著, 中州古籍出版社, 2013
三國演義 資料匯編: 朱一玄, 劉毓忱, 南開大學出版社, 2012
三國演義 詩詞鑑賞: 鄭鐵生 著, 新華出版社, 2012
三國志演義 板本硏究: [日]中川諭 著, 林妙燕 譯, 上海古籍出版社, 2010
三國史話: 呂思勉 著, 中華書局, 2009
三國秘傳: 江波, 江駿祥 著, 中國靑年出版社, 2011
三國原來是這樣, 姜狼 著, 大地出版社, 2012

2. 정사正史 관련 자료

三國志: (晉) 陳壽 撰, (宋) 裴松之 注, 中華書局, 2011
今注本二十四史 三國志: 楊耀坤, 揭克倫 校注, 巴蜀書社, 2013
裴松之 注 三國志: 天津古籍出版社, 2009
新校三國志注: 世界書局, 2012

三國志: 上海古籍出版社, 2011
三國志集解: 盧弼 集解, 錢劍夫 整理, 上海古籍出版社, 2012
三國志詳節: (晉) 陳壽 原著, (宋) 呂祖謙 編纂, 上海古籍出版社, 2007
新譯 三國志: 梁滿倉, 吳樹平 等 注譯, 三民書局印行, 2013
後漢書: (宋) 范曄 撰, (唐) 李賢 注, 中華書局, 1965
後漢書集解: (清) 王先謙, 廣陵書社, 2006
新譯 後漢書: 魏連科 等 注譯, 三民書局印行, 2013
後漢書集解補: 施之勉 著, 中國文化大學出版部印行, 中華民國71年(1982)
後漢書 文白對照: 章惠康 主編, 華夏出版社, 2012
東觀漢記 校注: (東漢) 劉珍, 吳樹平 校注, 中華書局, 2008
後漢書詳節: (南朝宋) 范曄 原著, (宋) 呂祖謙 編纂, 上海古籍出版社, 2007
晉書: (唐) 房玄齡 等 撰, 中華書局, 2012
晉書: 中國文史出版社, 2002
資治通鑑: (宋) 司馬光 編著, (元) 胡三省 音注, 中華書局, 1996
文白對照 資治通鑑: (宋) 司馬光 著, 王英俊 等 編, 時代文藝出版社, 2002
史記: (西漢) 司馬遷 撰, 2版, 中華書局, 1982
史記: 點校本二十四史修訂本, 中華書局, 2013
史記會注考證: (漢) 司馬遷 撰, (日)瀧川資言 考證, 上海古籍出版社, 2015
新譯 史記: 韓兆琦 注譯, 三民書局印行, 2011
漢書: (漢) 班固 著, (唐) 顏師古 注, 中華書局, 1962
新譯 漢書: 吳榮曾, 劉華祝 等 注譯, 三民書局印行, 2013

3. 경전, 제자백과 및 기타 관련 자료

新譯 四書讀本: 謝冰瑩 等 編譯, 三民書局印行, 2013
春秋左傳注: 楊伯峻 編著, 3版, 中華書局, 2009
新譯 左傳讀本: 郁賢皓, 周福昌, 姚曼波 注譯, 傅武光 校閱, 三民書局印行, 2012
左傳: 郭丹, 程小青, 李彬源 譯注, 中華書局, 2012
論語譯注: 楊伯峻 譯注, 中華書局, 2014
新譯 禮記讀本: 姜義華 注譯, 黃俊郎 校閱, 三民書局印行, 2012
禮記全譯孝經全譯: 呂友仁, 呂詠梅 譯注, 貴州人民出版社, 2008
新譯 孔子家語: 洋春秋 注譯, 周鳳五 校閱, 三民書局印行, 2013
孔子家語: 王國軒, 王秀梅 譯, 中華書局, 2014
新譯 公羊傳: 雪克 注譯, 周鳳五 校閱, 三民書局印行, 2008
春秋公羊傳譯注: 劉尚慈 譯注, 中華書局, 2010
新譯 易經讀本: 郭建勳 注譯, 黃俊郎 校閱, 三民書局印行, 2013
周易 譯注: 黃壽祺, 張善文 譯注, 上海古籍出版社, 2015

新譯 詩經讀本: 滕志賢 注譯, 葉國良 校閲, 三民書局印行, 2011
詩經 譯注: 程俊英 譯注, 上海古籍出版社, 2015
新譯 尚書讀本: 郭建勳 注譯, 三民書局印行, 2011
尚書 譯注: 李民, 王健 撰, 上海古籍出版社, 2012
김학주 역저, 『서경』, 명문당, 2012
김학주 역저, 『시경』, 명문당, 2010
이기동 역해, 『서경강설』, 성균관대학교출판부, 2007
이기동 역해, 『시경강설』, 성균관대학교출판부, 2004
이기동 역해, 『주역강설』, 성균관대학교출판부, 2006
정이천 주해, 『주역』, 심의용 옮김, 글항아리, 2015
김도련 역주, 『논어』, 현음사, 2008
김학주 역주, 『논어』, 서울대학교출판문화원, 2015

孫子兵法: 陳曦 譯注, 中華書局, 2015
新譯 孫子讀本: 吳仁傑 注譯, 三民書局印行, 2012
孫子今註今譯: 魏汝霖 註譯, 常務印書館, 1984
墨子: 方勇 譯注, 2版, 中華書局, 2014
新譯 墨子讀本: 李生龍 注譯, 李振興 校閲, 三民書局印行, 2010
莊子今注今譯: 陳鼓應 注譯, 中華書局, 2011
莊子: 方勇 注譯, 2版, 中華書局, 2015
新譯 莊子讀本: 黃錦鋐 注譯, 三民書局印行, 2013
韓非子: 高華平, 王齊洲, 張三夕 譯注, 2版, 中華書局, 2015
新譯 韓非子: 賴炎元 注譯, 傅武光 校閲, 三民書局印行, 2013
新譯 荀子讀本: 王忠林 注譯, 三民書局印行, 2009
荀子集解: (清) 王先謙 撰, 沈嘯寰, 王星賢 整理, 中華書局, 2012
管子校注: 黎翔鳳 撰, 梁運華 整理, 中華書局, 2004
孟子譯注: 楊伯峻 譯注, 中華書局, 2014
管子全譯: 謝浩范 朱迎平 譯注, 貴州人民出版社, 2008
新譯 管子讀本: 湯孝純 注譯, 李振興 校閲, 三民書局印行, 2006
김학주 역주, 『맹자』, 서울대학교출판문화원, 2013
김학주 역저, 『묵자』, 명문당, 2014
장주, 『장자』, 김갑수 옮김, 글항아리, 2015
장자, 『장자』, 김학주 옮김, 연암서가, 2010

世說新語: 朱碧蓮 詳解, 上海古籍出版社, 2013
世說新語 譯注: 張撝之 撰, 上海古籍出版社, 2012
新譯 世說新語: 劉正浩 等 注譯, 三民書局印行, 2013
水經注校證: 陳橋驛 校證, 中華書局, 2013

新譯 水經注: 陳橋驛, 葉光庭 注譯, 三民書局印行, 2011
新譯 古文觀止: 謝冰瑩 等 注譯, 三民書局印行, 2014
戰國策: 繆文遠, 繆偉, 羅永蓮 譯注, 中華書局, 2014
新譯 全國策: 溫洪隆 注譯, 陳滿銘 校閱, 三民書局印行, 2012
淮南子: 陳廣忠 譯, 中華書局, 2014
新譯 淮南子: 熊禮匯 注譯, 侯迺慧 校閱, 三民書局印行, 2014
吳越春秋 譯注: 張覺 譯注, 上海三聯書店, 2013
新譯 吳越春秋: 黃仁生 注譯, 李振興 校閱, 三民書局印行, 2010
新譯 列女傳: 黃淸泉 注譯, 陳滿銘 校閱, 三民書局印行, 2008
爾雅: 管錫華 譯注, 中華書局, 2014
新譯 爾雅讀本: 陳建初, 胡世文, 徐朝紅 注譯, 三民書局印行, 2011

中國度量衡史: 吳承洛 著, 商務印書館, 1998
中國古代官制槪論: 李世愉, 孟彦弘 撰, 中國社會科學出版社, 2009
中國俸祿制度史: 黃惠賢, 陳鋒 著, 武漢大學出版社, 2012
中國古代度量衡: 丘光明 著, 中國國際廣播出版社, 2011
中國政治制度通史: 白鋼 主編, 社會科學文獻出版社, 2011
리둥팡易東方, 『삼국지 교양강의』, 문현선 옮김, 돌베개, 2010
이중톈易中天, 『삼국지 강의』, 양휘웅·김성배 옮김, 김영사, 2007

4. 사전류

三國演義 大辭典: 沈伯俊, 譚良嘯 編著, 中華書局, 2007
後漢書辭典: 張舜徽 主編, 山東敎育出版社, 1994
後漢書索引: 李波, 趙惜微, 李曉光 主編, 中國廣播電視出版社, 2002
說文解字注: (淸) 殷玉裁 撰, 中華書局, 2013
中國 官制大辭典: 徐連達 編著, 上海大學出版社, 2010
辭海: 上海辭書出版社, 2010
『한한대자전漢韓大字典』 제3판, 민중서림, 2010
네이버 중국어 사전
중국 바이두百度 사전

삼국지 6

1판 1쇄 2019년 4월 26일
1판 3쇄 2022년 12월 23일

지은이 나관중
정리자 모종강
옮긴이 송도진
펴낸이 강성민
편집장 이은혜
마케팅 정민호 이숙재 김도윤 한민아 정진아 이민경 정유선 김수인
브랜딩 함유지 함근아 김희숙 고보미 박민재 박진희 정승민
제작 강신은 김동욱 임현식
독자모니터링 황치영

펴낸곳 (주)글항아리 | 출판등록 2009년 1월 19일 제406-2009-000002호
주소 10881 경기도 파주시 회동길 210
전자우편 bookpot@hanmail.net
전화번호 031-955-1936(편집부) | 031-955-2696(마케팅)
팩스 031-955-2557

ISBN 978-89-6735-619-4 04910
      978-89-6735-613-2 (세트)

geulhangari.com